中国居民收入分配份额变动与公平优化研究

吕光明　李　莹　于学霆等　著

科学出版社

北　京

内 容 简 介

　　本书立足于改革开放以来中国居民收入分配份额变动与公平优化问题，以"统计测算—变动原因—提升对策"为主线展开研究。主要工作有三：一是厘清核算口径、数据修订和资料来源三大数据质量问题，从拨开统计核算和数据质量"迷雾"角度重新测算纵向可比的劳动报酬占比、居民收入占比指标；二是从结构变化、工资与生产率关系、要素替代弹性和省份面板模型四个维度探索劳动报酬占比和居民收入占比变化的决定因素；三是基于前沿的收入公平理论，从代际流动性与机会不平等等角度剖析中国收入分配不公的症结所在。

　　本书是在拓展居民收入分配份额理论分析框架的基础上，结合我国收入分配实践所做的具有较强针对性的应用研究，既可为破解我国收入分配领域难题和实现共享发展提供重要启示，同时也可供相关领域的研究人员和实际工作者参考。

图书在版编目（CIP）数据

中国居民收入分配份额变动与公平优化研究/吕光明等著. —北京：科学出版社，2021.4
ISBN 978-7-03-066937-7

Ⅰ. ①中… Ⅱ. ①吕… Ⅲ. ①国民收入分配－研究－中国
Ⅳ. ①F126.2

中国版本图书馆 CIP 数据核字（2020）第 225926 号

责任编辑：陈会迎 / 责任校对：贾娜娜
责任印制：霍 兵 / 封面设计：无极书装

科 学 出 版 社 出版
北京东黄城根北街 16 号
邮政编码：100717
http://www.sciencep.com

三河市春园印刷有限公司 印刷
科学出版社发行　各地新华书店经销

*

2021 年 4 月第 一 版　开本：720×1000 1/16
2021 年 4 月第一次印刷　印张：22
字数：444 000
定价：198.00 元
（如有印装质量问题，我社负责调换）

前　　言

英国经济学家Atkinson曾经讲过，没有任何一个问题比收入分配更令人感兴趣，但也没有任何一个经济问题像收入分配一样那么缺少科学研究。居民收入分配问题研究更是如此。近二三十年来，包括我国在内的全球大多数国家普遍开始出现较为持久的劳动报酬占比下降过程，这引发了人们对以前被很多经济学家称为稳定"奇迹"、自然"法则"甚至"典型化事实"的要素分配份额稳定与否问题研究的新热潮。

居民收入分配份额变动与公平优化更是一个关乎广大人民共享发展成果的现实问题。共享发展是中国特色社会主义的本质要求，也是促使共同富裕这一共产主义奋斗目标最终实现的重要途径。在当前全面建成小康社会目标渐进达成并开始向全体人民共同富裕社会迈进的中国，居民收入分配份额集中反映国民收入分配过程中居民收入流转渠道、数量以及体现在其中的居民与其他分配主体之间的复杂关系。对居民收入分配份额进行准确测算和深入分析居民收入分配公平程度，对缩小贫富差距和改善收入分配格局，进而实现共享发展意义重大。

本书在对相关理论和文献进行系统评析的基础上，围绕改革开放以来中国居民收入分配份额变动与公平优化问题这一主题，以新时代中国的共享发展实现为研究目标，以"统计测算—变动原因—提升对策"为主线展开研究。

首先，立足于国民收入分配核算的基础理论、中国国民经济核算制度的变革过程及其与相关国际准则和其他国家制度的差异，梳理了国民收入分配格局测算的不同方法及相应数据来源，剖析了干扰居民收入分配份额准确测算和纵横向比较的数据质量问题及可能的修正办法。在此基础上，依托全国资金流量表等基础数据，并选择恰当的办法修正部分基础数据，重新测算并还原了中国国民收入分配格局及其中的居民部门收入占比和劳动报酬占比指标的真实变化过程。

其次，依托核算口径统一可比的、样本区间较长的、资料来源多方面的居民收入分配份额数据，借助于现代统计和计量经济分析方法，从相关结构变化、工资和生产率关系、要素替代弹性（elasticity of substitution）和省份[①]面板模型四个方面，较为全面、深入地剖析了我国居民收入分配份额变动的决定因素，研判了相关决定因素的可调控性及相应政策内涵，检验了国外一些分配理论假说在我国的适用性。

最后，立足于让广大人民群众更多更好地共享发展成果的发展理念与我国收入分配制度"兼顾效率和公平"和"更加注重公平"的改革要求，应用机会不平等和代际流动性等前沿收入分配公平分析理论和方法剖析了我国居民收入分配不公平的表现特点。在此基础上，结合多个国家长期的收入分配调控经验，从初次分配和再分配两个环节提出我国居民收入分配公平优化和份额提升的基本对策，以期为"共享发展""两个提高""两个同步"等国家收入分配战略实施提供决策参考。

本书从结构安排上分为四篇 16 章。经过这些篇章分析，本书研究得到的主要结论如下。

（1）在测算居民收入分配份额时，劳动报酬占比测算主要会受到劳动报酬指标的核算口径、GDP（gross domestic product，国内生产总值）数据的修订、基础数据的来源等数据质量问题的影响。这些数据质量问题有着不同的影响机制，需要采取不同的调整修正办法，相对而言，基于资金流量表数据的调整修正难度要小一些，核算结果更为可靠一些。依据资金流量表数据修正后测算发现，在初次分配前，在最接近真正完整意义的劳动报酬者口径下，中国 GDP 中的劳动报酬占比在 1993 年有所下降，1993~1997 年基本稳定在 54%左右的水平，1997~2011 年由 54.87%下降到 46.81%，下降 8.06 个百分点，2011~2015 年又从 46.81%上升至 51.57%，上升 4.76 个百分点；初次分配前后，居民收入分配份额（居民部门收入占比相比劳动报酬占比）提升明显；再分配前后，居民收入分配份额（国民总收入中的占比相比国民可支配收入中的占比）在 1992~1999 年也有不到 3 个百分点的波动式提升。

（2）从综合因素看，结合产业行业、区域和机构部门等多重结构分析发现，水平效应和对居民收入分配份额尤其是劳动报酬占比升降的影响总体上要比产业结构效应大一些；结构效应在下降阶段表现得相对突出，水平效应在占比上升阶段表现得更为突出，结构效应的倒"U"形特点明显。在劳动报酬占比变动的决定因素中，第三产业增加值占比、政府财政支出占 GDP 比重具有显著的同向影响；其他因素在下降阶段和上升阶段的表现存在差异。我国劳动报酬占比在过去的长时间下降与资本-劳动替代弹性增大密切相关，这种相关性引起德拉格兰德维尔分配效应在除东北之外的大多数地区表现显著。相对生产率、劳动力供

---

① 本书中"省份"指省级行政区划，省、自治区、直辖市都包括在内。

给、劳动力转移、投资规模占比与投资结构等结构因素极大地驱动了工资水平的超劳动生产率增长，且这种表现在东部、中部和西部存在明显差异。

（3）解决居民收入分配不平等问题必须从测度开始。当前居民收入公平性的测度方法可分为以居民主观判断或收入流动性作为代理指标的传统测度和基于Roemer "环境–努力"（circumstance-efforts）二元分析框架的机会不平等测度两大类。基于1989~2011年CHNS（China Health and Nutrition Survey，中国健康与营养调查）数据，应用机会不平等和代际流动性等收入分配公平测度方法分析表明，中国居民代际收入弹性和机会不平等都有两次先升后降的近似 "M" 形的变动态势，都在 2005 年前后达到最高点；代际收入弹性在不同收入分布上存在异质性，低收入群体的代际收入弹性显著高于高收入群体，这种异质性是造成居民收入不平等程度变动的重要因素；机会不平等在女性、2000 年前的农村和 2000年后的城镇、中部地区表现得更为明显。

（4）核算口径的可比性和参照对象的可靠性问题是居民收入分配份额的国际比较与分配流程调控效果分析所面临的主要统计障碍。排除统计障碍进行国际比较后发现，中国劳动报酬占比与发达国家差距明显，尤其是在正规部门，但这种差距会随着时间的推移和核算口径纳入非正规部门而缩小，但与不少发展中国家差距不大；中国收入分配过程尤其是再分配对居民部门收入份额的提升作用较为有限。从典型国家的调控经验看，社会保障和税收是比较常规的调控工具，劳动者权益保护和加大人力资本投入教育是比较常见的公平调节手段，慈善、捐赠和救助等是一些个性化的补充手段。

针对上述结论，中国居民收入分配的公平优化需要从两个方面着手：一方面，从公平角度着手，针对居民收入分配差距的形成过程中不公平因素的影响，研究从机会均等、初次分配、再分配、第三次分配的角度提出相关促进收入分配机会均等与制度公正政策建议；另一方面，从份额提高着手，构建我国居民收入增长长效机制的总体思路，研究从初次分配、再分配、第三次分配三个阶段，从就业、工资和生产率增长、财政转移支付、税收政策社会保障、扶贫脱贫、社会捐助等多个方面提出相应的政策建议。

本书是本人主持的国家社会科学基金重点项目（批准号：13ATJ005）的研究成果，同时获得北京师范大学统计学院图书出版专项基金的资助。在本书的成稿过程中，我的博士研究生李莹、于学霆、崔新新和硕士研究生贺立、宋官钰参与到部分章节的撰写中。按照贡献大小依次如下：李莹撰写了第 11、12、13章，参与了第 10 章的部分撰写工作，于学霆参与了第 5、6、7、8、15 和 16 章的部分撰写工作，贺立参与了第 9 章的较大部分撰写工作，宋官钰参与了第 3、7章的部分撰写工作，崔新新参与了第 2 章的部分撰写工作。

本书在研究过程中参阅了国内外大量文献资料，在部分内容投稿评审或依托项目验收评审过程中得到了各方面专家学者的建议和意见，在出版过程中得到了科学出版社经管分社编辑的支持和帮助，在此一并表示感谢。当然，囿于研究能力和学科视野等因素，书中难免存在不足之处，恳请各位专家、同仁和读者批评指正。

　　我的邮箱：lgmdufe@163.com。

吕光明

2020 年 11 月 25 日于北京

目　　录

第三篇　因素分析篇

第四篇　政策研讨篇

第一篇

背景基础篇

第1章 绪 论

1.1 研 究 背 景

收入分配是国民经济运行过程中的重要环节,是长期以来经济学研究的重要主题。从国民经济运行过程看,收入分配环节向上追溯与生产环节密切相关,向下追溯则与使用环节紧密关联,因此,经济学研究非常重视收入分配问题。

从研究内容看,经济学研究中的收入分配问题大致可以分为两个层次:一是国民收入分配,主要从功能等角度考察国民收入在参与生产的各生产要素主体之间的分配关系。在市场经济活动中,资本和劳动等不同生产要素按照贡献大小获取相应的报酬收入是市场配置资源的有效手段。国民收入在不同生产要素之间的分配状况构成了国民收入的功能分配格局。对功能性收入分配的研究起源于古典经济学家李嘉图(Ricardo)。二是个人收入分配,也称规模收入分配,主要从居民家庭或个人角度考察不同个体或群体所获得收入之间的差异状况(郭庆旺和吕冰洋,2012;周明海等,2012;吕光明,2016)。个人收入分配分析起源于帕累托(Pareto)于1897年提出的帕累托最优分配问题。国民收入分配与生产环节直接相关,更多地从宏观角度揭示国民经济生产成果分配的合理性;个人收入分配则与使用环节密切关联,更多地从微观角度揭示不同个体收入分配的不均等程度。

在市场经济活动中,居民、政府和企业是国民收入分配的三大主体,三者之间的收入分配关系是否合理对经济增长起着推动或阻碍的作用[1]。居民部门收入占比也称居民部门收入份额,是指在收入分配过程重要节点的国民收入中居民部门收入所占的比例。从收入分配流程来看,在初次分配收入形成环节,居民主要为生产经营活动提供劳动要素投入,其劳动收入(报酬)在全部增加值(即 GDP)中的比重,也称为劳动报酬占比或劳动收入份额,是考察居民收入分配份额的极为重要的指标。初次分配后和再分配后的居民部门收入中既有劳动收入,也有资本收入。为了与劳动报酬占

---

① 有时也可以省略政府主体,分析居民和企业两部门关系,本书后续也有这样的研究处理。

比指标区分，本书将初次分配后和再分配后的居民部门收入占比笼统称为居民部门收入占比。这样，本书研究的居民收入分配份额既包括初次分配前的劳动报酬占比指标，也包括初次分配后和再分配后的居民部门收入占比指标。我们研究的重点是劳动报酬占比和居民部门收入占比的准确测算、变动因素分析及相应政策设计。

1.1.1　国际背景

从国际研究历程看，自 18 世纪开始，以李嘉图和马克思（Marx）等古典经济学家的收入分配理论为代表的国民收入分配问题研究在收入分配研究中占据主流地位，其内容也进入主流经济理论的核心部分。

李嘉图在其经典著作《政治经济学及赋税原理》中认为，"在社会的不同阶段，土地总产出分配给不同阶级的比例，也称为地租、利润和工资，在本质上是不同的；它们主要取决于土壤的实际肥力，资本和人口的集聚程度，农业所运用的技能、技巧和工具。政治经济学的首要问题是确定支配这种分配的法则"。李嘉图的分配理论用"边际"原理解释产出中的地租占比，用"剩余"原理解释扣除地租后剩余部分的工资和利润分割。

马克思则是从资本积累的角度来分析国民收入分配问题。他认为，资本家为了获得超额利润而提高生产技术，这就导致了资本家把大量资本作为不变资本用来购买机器设备，而用于给工人发工资的可变资本所占的部分就越来越小，所以工资性收入占国民收入的比例会越来越低，工人阶级陷入了相对贫困，甚至绝对贫困。正因为如此，马克思把资本积累过程称为两极的积累：资本家在积累财富，而工人阶级在积累贫困。

在李嘉图和马克思之后，关于工资性收入在国民收入中所占比例的研究便成了经济学家们研究的热点。这种研究的热潮一直持续到 20 世纪上半叶甚至 60 年代。1968 年，在国际经济学会（International Economic Association，IEA）收入分配的高层会议上，六篇讨论工业化国家实证文章中的五篇和七篇理论文章中的六篇都是关于国民收入功能分配的（Marchal and Ducros，1968）。

进入 20 世纪，特别是自 20 年代开始伴随着国民经济核算的发展，关于要素份额变化的实证测算开始出现。由于没有官方权威数据且没有统一的统计标准，这就需要把不同来源工资等数据进行加总，因此以英国学者 Bowley[①]和波

---

① Bowley（1869—1957 年）是英国数学家、统计学家和经济学家。除了在工资和国民收入核算实证与方法方面的贡献外，他在数理经济、经济测量、统计方法等方面也做出过卓越贡献。他撰写了世界上第一部现代统计学教材《基础统计学》（*Elements of Statistics*），将概率论的思想引入，提出随机抽样理论，最先提出缺失数据问题和设计茎叶图。他还担任过世界经济计量学会主席和英国皇家统计协会会长。

兰学者 Kalecki[①]为代表的早期研究更多面临的是测度和比较问题。后来，随着英国和美国国民经济核算的完善和发展，Hart 和 Phelps（1952）、Johnson（1954）等研究发现，英美两国工资份额是长期稳定不变的，这与古典经济学家本质可变的观点截然不同。很多来自不同学派的经济学家都认可这种长期稳定性。Keynes（1939）将这种稳定性的存在描述为"经济统计学的完整历程中最令人惊奇但又最成熟的事实"（one of the most surprising，yet best-established，facts in the whole range of economic statistics），甚至"有点奇迹"（a bit of a miracle）。Maloney 和 Weintraub（1960）将它称为经济学中可以"与牛顿万有引力常数并列"（a parallel to Newton's gravitational constant）的自然法则。Robinson（1966）将它称为"借口申斥理论经济学"（a reproach to theoretical economics）的一个不能反驳的谜底甚至污点。

到了 20 世纪 50 年代末 60 年代初，工资份额的长期稳定不变特征成为众多经济学家认可的典型化事实。Kaldor（1961）更是将这一事实归结为经济增长的六个典型化事实（stylized facts）之一[②]。萨缪尔森为纪念英国学者 Bowley 在工资数据收集和统计分析中的先驱贡献，在 1964 年第六版流行教科书《经济学》中将工资份额的长期稳定不变命名为 Bowley 法则（Bowley's law）。至此，劳动和资本的收入分配份额长期不变就成为当时三大宏观收入分配理论——新古典分配理论、后凯恩斯主义分配理论和卡莱斯基主义分配理论——的基石（Krämer，2010）。在新古典分配理论中，使用柯布－道格拉斯（Cobb-Douglas）生产函数（以下简称 C-D 生产函数）[③]并结合规模经济不变、利润最大化和完全竞争等假定就可以得出，要素收入份额无论是否在均衡增长路径上都保持不变。在这一条件下，要素收入份额并不会因内生因素而发生变化，而是由生产函数中恒定的资

---

① Kalecki（1899—1970 年）是具有犹太血统的波兰经济学家。1936~1945 年，Kalecki 曾先后在英国剑桥大学和牛津大学从事教学与研究，并在加拿大蒙特利尔的国际劳工局工作。他的重要贡献是利用马克思的社会再生产公式推论出了有效需求问题，即在假设工人的工资全部用于消费的条件下，当资本家的储蓄大于投资时，将导致有效需求不足和利润下降。这一分析不但早于凯恩斯，而且更深刻地表明了有效需求问题的性质。在要素分配研究方面，Kalecki 第一次整合了英国和美国 1880~1935 年的工资份额统计数据，并论证了垄断程度是要素份额变动的重要决定因素。

② 1961 年，Kaldor 归纳经济学家们对 20 世纪经济增长分析得到的结论和观点进而提出六个典型化事实，分别如下：一是劳动生产率以稳定的速率不断提高。二是人均资本以稳定的速率不断增长。三是实际利率或资本回报率保持稳定。四是资本产出比保持稳定。五是资本和劳动在国民收入中的份额保持稳定。六是在世界上快速发展的各个国家中，增长率存在显著差异，差距达到 2%~5%。Kaldor 第五条结论的主要参考文章是 Phelps 和 Weber（1953），该文参考的数据主要来自 Hart 和 Phelps（1952）；而 Hart 和 Phelps（1952）又借鉴了 Bowley（1937）和 Prest（1948）的研究数据。

③ 1927 年，经济学教授 Douglas 发现，国民收入在资本与劳动之间的划分在一段较长的时期大体上不变。于是，他向数学家 Cobb 请教，如果要素价格等于它们的边际产量，什么生产函数能够产生不变的要素份额。Cobb 证明了具有这种性质的函数是 C-D 生产函数。这也是 C-D 生产函数的由来。

本和劳动替代弹性外生决定①。在后凯恩斯主义分配理论和卡莱斯基主义分配理论中，为能够解释要素收入份额不变的存在性，Robinson 依托有效需求发展了宏观分配理论。上述理论对要素收入分配份额的稳定不变给予近乎完美的解释，其中的模型将其看作一个不容置疑的基础假设条件，并对理解生产函数形式、收入分配格局和宏观经济动态有着深远的含义。

20 世纪 70 年代以后，宏观经济学中关于国民收入分配问题的研究开始陷入沉寂。经济学教科书也只是将要素份额稳定作为常识性结论轻描淡写地描述一下，而不再给要素份额更多空间。与此相对应，经济学研究开始考虑采用个人收入分配这样一个"所有经济体都时刻存在的问题"，以 Becker 人力资本为代表的测度理论开始出现，以基尼系数和泰尔指数为代表的测度方法研究获得了极大的推进。同时，伴随着监测住户贫困和不平等福利状态的微观经济调查数据的大量出现，个人收入分配的实证研究也越来越多。当时的个人收入分配研究也没有考虑个人收入分配与国民收入分配的联系。

然而，自 20 世纪 80 年代以来，全球大多数发达国家和发展中国家普遍开始出现较为持久的劳动报酬占比下降和资本报酬占比上升过程。Rodríguez 和 Jayadev（2013）基于联合国（United Nations，UN）国民账户调查和联合国工业发展组织（United Nations Industrial Development Organization，UNIDO）行业调查数据库分别对国家总体与制造业部门的劳动报酬份额进行考察后发现，世界上大多数地区的劳动报酬占比下降出现在 20 世纪 80 年代。为什么劳动报酬占比失去其"奇迹般"的稳定性而开始突然下降？这一问题与收入分配差距扩大问题引发了经济学家研究国民收入分配问题的新的热潮。1996 年，英国经济学家 Atkinson 在纪念诺贝尔经济学奖得主米德（Meade）的学术会议上发言指出，在过去一段时间的经济学研究中被边缘化的收入分配问题正在开始回到主流研究关注的视野中。

归纳起来，近三十年的国外收入分配份额研究大致可以分为两个方面：一是基于核算技术和已有数据评估劳动或资本报酬占比测算的准确性，确保测算问题不会干扰要素收入份额的变动趋势分析，这方面的代表性研究有 Krueger（1999）、Serres 等（2001）、Gollin（2002）、Bentolila 和 Saint-Paul（2003）、Gomme 和 Rupert（2004）、Ortega 和 Rodríguez（2006）、Feldstein（2008）、Young 和 Zuleta（2008）、Karabarbounis 和 Neiman（2014）、Koh 等（2016）；二是从资本深化或资本偏向型技术进步、产业或制度结构、全球化或贸易开放、收入不平等方面探析要素收入分配份额的决定因素，这方面的代表性

---

① 当采用 CES（constant elasticity of substitution，固定替代弹性）生产函数且资本和劳动替代弹性不等于 1 时，资本劳动比率将影响收入份额。因此，收入分配份额是由内生因素决定。但是，在稳态增长路径上，收入分配份额不变的结论仍然成立。

研究有 Harrison（2002）、Ortega 和 Rodríguez（2002）、Jayadev（2007）、Guscina（2007）、Hutchinson 和 Persyn（2012）、Rodríguez 和 Jayadev（2013）、Elsby 等（2013）、Karabarbounis 等（2014）、Lawrence（2015）、Rognlie（2015）、Autor 等（2020）。

1.1.2　国内背景

中国的国民收入分配研究是与收入分配制度密切挂钩的。在改革开放前，中国传统的计划经济体制过于注重公平，实行"吃大锅饭"式的平均主义。这种体制效率较为低下，不但会挫伤劳动者的积极性和创造性，而且阻碍了社会发展。

从 1978 年开始，针对计划经济体制的平均主义弊端，我国实施了市场取向的经济改革和对外开放，提出建设有中国特色的社会主义市场经济体制，极大地解放和发展了生产力，推动了经济的高速发展，增强了综合国力，改善提高了居民生活水平。与此同时，在"效率优先、兼顾公平"[①]的收入分配制度原则下，受种种因素影响，我国的收入分配格局出现较为明显的变化，收入分配差距整体上呈现扩大趋势，尤其是改革开放前 30 年。同时，我国国民经济的国民收入分配主体格局发生了较大变化。大约以 20 世纪 90 年代中后期为分界点[②]，居民部门收入占比开始持续下降，政府和企业部门收入占比开始持续上升，广大劳动者和居民家庭并没有充分享受到经济增长带来的好处。

随着居民部门收入占比下降的趋势性累积，提高劳动报酬乃至提高居民收入在国民收入分配中的占比就显得日益重要。它不但是全社会普遍关注的焦点问题，而且是关系到我国全面建成小康社会和建设社会主义现代化国家等重大战略实现的掣肘问题。

党和政府高度关注这一问题，并在党的重大会议报告和国家重大规划中都对此做出了重要论述。

2010 年，中国共产党十七届五中全会通过的《中共中央关于制定国民经济和社会发展第十二个五年规划的建议》指出：坚持和完善按劳分配为主体、多种分配方式并存的分配制度。初次分配和再分配都要处理好效率和公平的关系，再分配更加注重公平。努力提高居民收入在国民收入分配中的比重，提高劳动报酬在初次分配中的比重。创造条件增加居民财产性收入。健全扩大就业增加劳动收

---

① "效率优先，兼顾公平"的原则是针对传统体制平均主义分配模式严重损害效率的弊端提出来的，党的十三大、十四大、十五大和十六大文件中均有论及。这一原则的设立目的就是要建立市场经济体制，用按劳分配和按要素分配的办法促进效率提高与经济发展。

② 不同学者依据不同数据得到的分界点出现时间并不一致，因而这里给出一个概数。

入的发展环境和制度条件，促进机会公平。逐步提高最低工资标准，保障职工工资正常增长和支付①。

2012 年，党的十八大报告中明确提出："实现发展成果由人民共享，必须深化收入分配制度改革，努力实现居民收入增长和经济发展同步、劳动报酬增长和劳动生产率提高同步，提高居民收入在国民收入分配中的比重，提高劳动报酬在初次分配中的比重。初次分配和再分配都要兼顾效率和公平，再分配更加注重公平。"

2015 年，《中华人民共和国国民经济和社会发展第十三个五年规划纲要》指出："正确处理公平和效率关系，坚持居民收入增长和经济增长同步、劳动报酬提高和劳动生产率提高同步，持续增加城乡居民收入，规范初次分配，加大再分配调节力度，调整优化国民收入分配格局，努力缩小全社会收入差距。"②

2017 年，党的十九大报告指出，"坚持按劳分配原则，完善按要素分配的体制机制，促进收入分配更合理、更有序。鼓励勤劳守法致富，扩大中等收入群体，增加低收入者收入，调节过高收入，取缔非法收入。坚持在经济增长的同时实现居民收入同步增长、在劳动生产率提高的同时实现劳动报酬同步提高。拓宽居民劳动收入和财产性收入渠道。履行好政府再分配调节职能，加快推进基本公共服务均等化，缩小收入分配差距"。

不难看出，我国的收入分配制度原则已经由之前的"效率优先，兼顾公平"转变为"兼顾效率和公平"和"更加注重公平"。其中，公平与否已经成为解决我国当前收入分配问题的优先考虑的原则，劳动收入份额和居民部门收入分配份额指标是衡量公平的重要抓手。

在学术界，尽管居民部门收入占比的下降与政府和企业部门收入占比的上升已经是普遍共识，但对具体升降幅度的测算与认定却难以达成一致。国家发改委社会发展研究所课题组（2012）对初次收入分配结果的测算显示，在 1992~2008 年，企业收入占比从 19.1%增长到 22.3%，政府收入占比从 15.5%增长到 20.3%，而居民收入占比从 65.4%下降到 57.5%，进入 21 世纪后变动更快。刘学民（2012）的测算表明，1992~2008 年，企业收入占比从 17.4%上升到 25.3%，政府收入占比从 16.6%上升到 17.5%，居民收入占比从 66.1%下降到 57.2%。

同时，由于中国劳动报酬核算口径出现过两次重大调整，许多学者致力于劳动报酬占比的准确核算，大部分研究结论都认为劳动报酬占比呈现下降趋势，但对下降幅度以及与国际比较差距的研究结论分歧很大。白重恩和钱震杰（2009a）采用资金流量表数据并进行适当修正后发现，中国的劳动报酬占比从 1996 年最高点的 66.83%下降到了 2007 年的 50.63%。李稻葵等（2009）利用

---

① http://www.most.gov.cn/yw/201010/t20101028_82966.htm。

② http://www.gov.cn/xinwen/2016-03/14/content_5052963.htm。

省份收入法数据发现，劳动报酬占比从 1990 年的 53% 下降到 2006 年的 40%。张车伟和张士斌（2010）利用省份收入法数据并剔除自我雇佣者资本收入后发现，尽管中国劳动报酬占比在 1999~2007 年有轻微的下降，但改革开放以来中国面临的主要问题并不是劳动报酬占比的下降，而是长期处于低水平稳定的状态。钱震杰和朱晓冬（2013）从 4 位数制造业层面比较中国和 79 个经济体的劳动报酬占比发现，1998 年之前中国劳动报酬占比高于世界平均水平，而在 2007 年降至世界平均水平之下。

应该说，近年来随着我国国民经济核算体系（system of national accounts，SNA）的不断完善，核算方法和技术逐渐更新和不断发展，为测算国民收入分配主体格局提供了更多的核算数据来源。不同学者基于不同年份或不同核算口径的核算数据来源就会得到不同的测算结果。然而，与国外相比，中国统计制度变迁较为频繁，核算问题更为复杂，致使现有居民收入分配份额研究在变动测算结果上或多或少地存在偏差，在变动规律上很难形成统一结论。这不但严重影响了社会各界对中国收入分配功能格局的准确判断，而且很可能导致在公平收入分配背景下决策部门提升居民收入分配份额的路径选择和优化政策设计出现差错。要转变这一局面，亟待结合中国统计制度变迁和具体核算问题率先从统计测算方法论上做出突破。在此基础上结合中国居民收入分配份额的决定因素分析设计公平合理的优化路径和关联政策。

1.2　研　究　意　义

英国经济学家 Atkinson 曾经讲过，没有任何一个问题比收入分配更令人感兴趣，但也没有任何一个经济问题像收入分配一样那么缺少科学研究[①]。居民收入分配份额问题研究更是如此。Atkinson（2009）曾经乐观地[②]指出，要素收入分配份额研究在 21 世纪仍将是政治经济学的首要问题。研究中国居民收入分配问题，既有一定的理论意义，又有很强的现实意义。

1.2.1　理论意义

研究中国居民收入分配问题具有重要的理论意义和学术价值，主要表现

---

① 转引自张平《增长与分享：分配理论与政策框架》，2003 年 3 月社会科学文献出版社出版。

② 之所以说乐观，是因为一些经济学教科书并不愿意这么处理。其原因如 Sandmo 在 2013 年文章 "The principal problem in political economy：income distribution in the history of economic thought" 中所指出的：当今的收入分配问题涉及很多伦理和哲学内容，离经济学的研究领域稍远，因而一些经济学教科书不愿触碰。

如下。

第一，有助于深刻揭示我国居民收入分配份额的演变机理。国民收入分配格局的演变机理是一个关系到收入分配政策调控的大问题。在要素收入分配份额几乎恒定的过去，很少有学者研究居民收入分配份额的演变规律，更不用说受当时核算数据质量和统计计量分析方法缺失的制约，相关研究难以形成体系。

作为一个兼具发展、转型和大国三重特征的国家，我国也许是世界上国情最为复杂的国家之一。我国国情的复杂性决定了我国居民收入分配份额乃至国民收入分配格局演变因素的复杂性。这里面有产业发展带来的资本深化、市场化改革推动经济主体行为演变、经济全球化推动国际贸易和国际投资等发展因素的影响，有产业行业结构、机构部门结构、正规与非正规结构、所有制结构等转型因素的影响，也有地域辽阔带来的要素流动和空间复杂性等大国因素的影响。与此同时，受改革开放和国际核算准则等因素的综合影响，中国统计制度变迁较为频繁，国民经济总量和居民收入核算更为复杂，存在核算口径变更、来源资料多样、宏观经济数据修订干扰等数据质量问题，这就带来了居民收入分配份额核算的准确性及其纵横向的可比性等问题，对我国居民收入分配份额演变规律发掘和分析造成干扰。因此，本书研究在详细的国民核算剖析并排除数据质量问题干扰的基础上，准确测算了我国收入分配主体格局及其中的居民收入分配份额指标，然后借助于现代统计和计量方法从相关结构变化、工资和生产率关系、要素替代弹性和省份层面四个方面深刻揭示我国居民收入分配份额的演变规律。

第二，有助于检验经济增长动态分析方法和宏观分配模型的科学性与适用性问题。如前人所言，很多宏观增长动态分析方法和宏观分配模型都是建立在 20世纪 60 年代之前。那时候，国民经济核算制度不完善，宏观数据比较少且质量不高，成熟的统计和计量检验方法还没有出现。因此。这些理论方法都缺乏系统的统计检验，存在科学性和适用性问题。本书研究通过中国实际数据分析来部分解决这一问题。

首先，一些宏观经济增长模型都直接或间接隐含着要素分配份额参数。在经济增长动态分析中，最著名的 C-D 生产函数就隐含着完全竞争要素市场下要素收入分配份额不变的假设。很多总量经济增长模型都是利用这一生产函数模拟的。与此相关的增长核算中，要素收入分配份额就是测算经济体生产率的关键参数。要素收入分配份额稳定与否是一个关系到经济增长动态分析科学性的关键问题。

其次，现代收入分配模型，如新古典、后凯恩斯主义和卡莱斯基主义分配模型等，都是建立在要素收入分配份额恒定的假设前提下。如果现实中要素收入分配份额变动与这一假设吻合，那么任何提高工资和劳动份额在自然或均衡水平上的努力，都将会引发劳动力市场的扭曲进而带来高失业率（Ivan，2017）；如果现实要素收入分配份额变动与这一假设不符，那么如何开创出不依赖要素收入分配份额恒定的新的宏观分配模型，是当今宏观经济分配理论研究面临的一大挑战（Krämer，2010）。

最后，本书关于中国居民收入分配份额变动特征的结论，有助于间接评判Solow 因素分析、C-D 生产函数等经济增长动态分析方法与新古典、后凯恩斯主义和卡莱斯基主义分配模型在中国的适用性。

1.2.2　现实意义

要素收入分配份额不仅是一个关乎收入分配理论和规律的学术问题，更是一个关乎广大人民共享发展成果的现实问题。在当前全面建成小康社会目标渐进达成并开始向全体人民共同富裕社会迈进的中国，居民收入分配份额集中反映国民收入分配过程中居民收入流转渠道、数量以及体现在其中的居民与其他分配主体之间的复杂关系，对其进行准确测算研究具有重要的现实意义。Atkinson（2009）曾经详细给出研究要素收入分配份额的三个现实理由。

第一，可以在宏观经济层面收入（国民经济核算）与住户层面收入之间建立联系。针对当前经济表现的宏观经济测度与居民收入感受之间的脱节，有必要在国民经济核算和居民感受之间搭建桥梁，其中，要素收入分配份额是一个重要的起点。要素收入分配份额是研究工资和资本收入带来的种种问题时需要考虑的重要元素。考察要素收入分配份额能够比较劳动活动的收益[1]和所有者收益[2]，这为理解经济增长收益的停滞损失的分配提供了重要视角。

第二，能够帮助理解个人收入分配的不平等。在很多国家，近些年来个人收入分配不平等在上升，而劳动报酬占比在下降，因而有必要借助要素收入分配份额数据分析收入不平等的演变特征。事实上，相对于住户调查的个案数据，要素收入分配份额数据在很多国家都是相对高频的数据。在住户调查中经常系统性地缺失相对较富人群的收入数据，借助于要素收入分配份额数据可以有效修正这一偏差。考察收入是如何在资本和劳动之间分配有助于为收入不平等的演变提供更为全面的画像。

第三，能够借助于不同收入来源的公正性来表达社会公平正义。包括学者和普通民众在内的很多人通常将各自的薪水和自我雇佣收入称作"劳动收入"，而将利润和租金称为"非劳动收入"。这种划分本身就包含着公平判断。要素收入

---

① 这也是大多数人重要的甚至首要的收入来源。

② 这也是富人们重要的收入来源。

分配份额将收入与生产活动关联。这不但关系着收入分配，而且关系着如何表达公正性和合理性。工资和劳动生产率同步变动本身就意味着要素收入分配份额蕴含的公平性。

结合中国的现实情况看，Atkinson 所指出的三个理由在中国同样可以找到现实依据。

就第一条而言，众所周知，改革开放以来，我国实施的市场取向的经济改革，极大地解放和发展了生产力，推动了经济的高速发展，增强了综合国力。然而，近年来，中国各级统计部门发布宏观经济总量和收入的相关数据后，由于这些数据和公众对于收入的实际感受存在一定差异，往往会引发公众的质疑，"工资被增长"的报道频繁出现[1]，"国强民不富"的议论不绝于耳[2]。更为糟糕的是，在学术界，由于不同学者所依据指标的统计口径不完全一致，基础数据的质量参差不齐，基于数据质量调整的计算方法也不完全相同，居民部门收入份额和劳动收入下降幅度及持续时间的研判结果存在较大差异。这种局面不但严重干扰了社会各界对中国收入分配功能格局的准确判断，而且很可能导致在公平收入分配背景下决策部门提升居民收入分配份额的路径选择和政策设计出现差错。

就第二条而言，改革开放以来，中国国民经济快速增长，人民收入水平不断提高，但中国居民收入分配领域发展不平衡不充分问题依然存在。收入分配问题不但是全社会普遍关注的涉及全体居民共享改革发展成果的焦点问题，而且是关系到我国"四个全面"中全面建成小康社会和全面深化改革重大战略实现的掣肘问题。正确处理公平和效率关系，规范初次分配，加大再分配调节力度，调整优化国民收入分配格局，努力缩小全社会收入差距是解决中国收入分配问题的普遍共识。党中央和国务院多次专门召开会议，研究收入分配制度改革和收入分配公平问题，并多次强调，从我国实际出发，把解决好收入分配问题放在重要的位置，进行广泛深入的调查研究，找准解决问题的切入点，拿出切实可行的方案。居民部门收入占比和劳动报酬占比是很好的问题切入点，但受制于国民收入分配演变因素的复杂性和相关核算数据质量问题，对二者变动规律的认识尚不全面，相关改革方案和配套政策的学理依据还需要仔细斟酌。

就第三条而言，在建设中国特色社会主义的关键时期，社会公平正义的诉求更为迫切，愿望更为强烈。党的十九大明确指出，中国特色社会主义进入新时代，我国社会主要矛盾已经转化为人民日益增长的美好生活需要和不平衡不充分的发展之间的矛盾。其中，发展不平衡，主要指各区域各领域各方面发展不够平衡，制约了全国水平的提升；发展不充分，主要指一些地区、一些领域、一些方

---

① 参见《中国统计》2010 年第 9 期文章《从"工资被增长"看住户调查统计数据公布方式的改进》。

② 参见 2010 年 10 月 28 日《人民日报》崔鹏文章《走出"国强民不富"的怪圈》。

面还存在发展不足和发展短板的问题，发展的任务仍然很沉重。实质上，发展不平衡和发展不充分本身就会影响后续分配的公平，这与坚持以人民为中心的发展思想和让广大人民群众更多更好地共享发展成果的共享发展理念相矛盾。共享发展意味着经济发展的成果应由全民来共享，其目的在于实现全民共享的小康，其立足在于改善民生，其愿景在于满足人民日益增长的美好生活需要。在国民收入分配中，居民共享经济发展成果的主要表现形式是获取劳动报酬和居民收入，因而劳动报酬占比和居民部门收入占比就成为监测全民共享程度的重要指标。准确测算劳动报酬占比和居民部门收入占比变动趋势，深入分析其背后的变动原因并给出相应的政策建议，是破解收入分配领域发展不平衡不充分问题进而实现共享发展的一项基础性研究工作。同时，在有中国特色社会主义的新时代，为促使共享发展真正实现，在保证居民收入分配份额稳步合理提高的同时，必须保证居民收入分配的公平。

党的十九大报告指出，"带领人民创造美好生活，是我们党始终不渝的奋斗目标。必须始终把人民利益摆在至高无上的地位，让改革发展成果更多更公平惠及全体人民，朝着实现全体人民共同富裕不断迈进"。研究要素收入分配份额问题，对缩小贫富差距和改善收入分配格局，进而实现共享发展意义重大。本书首先排除统计制度变更和数据质量问题干扰，重新测算了中国收入初次分配和再分配中的劳动报酬占比与居民部门收入占比指标，其次从相关结构变化、工资和生产率关系、要素替代弹性和省份面板模型四个方面深入剖析了中国劳动报酬占比和居民部门收入占比的决定因素，并深入研判相关决定因素的可调控性和公平性。最后，立足新时代的共享发展理念和"更加注重公平"的改革要求，应用机会不平等和代际流动性等前沿收入分配公平分析理论与方法剖析了中国居民收入分配不公的表现特点。这可以为我国收入分配战略的实施提供路径选择，为我国国民收入分配格局的优化提供决策参考。

此外，本书研究基于不同核算来源数据对我国居民收入分配份额的不同测算结果进行准确性评判，对不同测算方法的优缺点进行剖析，可以为进一步优化相关核算技术、提高相关数据质量提供科学思路。

1.3 研究的基本内容

1.3.1 研究思路

本书研究在对相关理论和文献进行系统评析的基础上，围绕改革开放以来中国居民收入分配份额变动与公平优化问题这一主题，以新时代中国的共享发展实现为研究目标，以"统计测算—变动原因—提升对策"为主线展开研究。

首先，立足于国民收入分配核算的基础理论、我国国民经济核算制度的变革过程及其与相关国际准则和其他国家制度的差异，梳理了国民收入分配格局测算的不同方法及相应数据来源，剖析了干扰居民收入分配份额准确测算和纵横向比较的数据质量问题及可能的修正办法。在此基础上，依托全国资金流量表、省份收入法GDP 等基础数据，并选择恰当的办法修正部分基础数据，重新测算并还原了中国国民收入分配格局及其中的居民部门收入占比和劳动报酬占比指标的真实变化过程。

其次，依托核算口径统一可比的、样本区间较长的、资料来源多方面的居民收入分配份额数据，借助于现代统计和计量经济分析方法，从相关结构变化、工资和生产率关系、要素替代弹性和省份面板模型四个方面较为全面、深入地剖析了中国居民收入分配份额变动的决定因素，研判了相关决定因素的可调控性及相应政策内涵，检验了国外一些分配理论假说在中国的适用性。

最后，立足于让广大人民群众更多更好地共享发展成果的发展理念与我国收入分配制度"兼顾效率和公平"和"更加注重公平"的改革要求，应用机会不平等和代际流动性等前沿收入分配公平分析理论和方法剖析了中国居民收入分配不公的表现特点。在此基础上，结合多个国家长期的收入分配调控经验，从初次分配和再分配两个环节提出中国居民收入分配公平优化和份额提升的基本对策，以期为"共享发展""两个提高""两个同步"等国家收入分配战略实施提供决策参考。

1.3.2 结构安排

本书从结构安排上分为四篇16章。第一篇为背景基础篇，主要包括第1和第2章；第二篇为统计测算篇，主要包括第 3~6 章；第三篇为因素分析篇，主要包括第 7~10 章；第四篇为政策研讨篇，主要包括第 11~16 章。各章的主要内容安排如下。

第1章为绪论。该章首先阐述本书研究的背景、意义，然后总结给出本书的研究思路、结构安排和研究发现。

第2章为居民收入分配份额测算分析的基础理论。该章首先阐述国民收入分配流程理论、国民收入分配格局（包括主体分配格局和要素分配格局）理论，重点梳理其中的指标界定及关联关系；其次归纳评析国民收入分配格局测算方法理论；最后系统阐述当前主要的要素收入分配基础理论。

第3章为基于不同核算数据来源的我国居民收入分配份额初步测算。该章在论述我国 GDP 核算制度的基础上，分别使用资金流量表核算、省份收入法 GDP

核算和投入产出表三种来源的初步核算和最终核实后的数据对我国居民收入分配三主体和两主体格局进行测算,并进行一些比较,初步展示我国居民收入分配份额的变化情况。

第4章为居民收入分配份额测算中的数据质量问题:以劳动报酬占比为例。该章首先探讨劳动报酬占比具体测算时面临的定义和数据方面的偏差问题及相应的修正办法,其次从劳动报酬指标的核算口径、GDP数据的修订、核算资料的来源等三个方面,剖析数据质量问题对我国初次分配中劳动报酬占比测算的影响机制,探讨必要的规避办法。

第5章为数据质量问题修正视角下居民收入分配份额的再测算。该章首先在相关文献综述基础上依据资金流量表资料来测算国民收入分配主体格局,以最接近真正完整意义的劳动报酬指标核算口径三为统一标准,调整测算了1992~2015年的中国劳动报酬总额,其次依次重新测算了初次分配前、初次分配后和再分配后的国民收入主体分配格局,并进行三格局和两格局比较,进一步展示我国真实的居民收入分配份额变化情况。

第6章为基于口径调整的中国省份劳动报酬数据再测算。该章首先在中国劳动报酬两次核算口径变动的基础上,在统一可比的核算口径之下重新测算了中国1993~2016年省份收入法劳动报酬占比,然后根据统一可比核算口径之下测度的省份劳动报酬占比,分析省份、区域、全国层面的中国劳动报酬占比变动趋势。

第7章为居民收入分配份额变动的结构因素解析。该章利用省份收入法GDP核算数据、资金流量表核算数据和投入产出表核算数据,分别从产业行业结构、区域结构和机构部门结构三种视角系统地对我国劳动报酬占比进行结构解析,从机构部门结构视角对居民部门收入占比的变动进行解析,以期解析我国劳动报酬占比和居民部门收入占比升降背后的推动因素。

第8章为基于省份数据修正的中国劳动报酬占比决定因素再研究。该章充分考虑中国劳动者报酬核算口径两次重大变更的现实情况,借助两个鉴别准则和多种估算方法对各省份劳动报酬数据进行核算口径甄别与修正调整,在真正完整意义的核算口径下重新测算了1993~2016年省份层面劳动报酬占比数据。然后通过构建省份面板数据模型来剖析中国省份劳动报酬占比变动背后的基本规律,揭示劳动报酬占比升降背后的决定因素变化。

第9章为基于省份数据估计的要素替代弹性与劳动报酬占比关系解析。该章首先运用CES和VES(variable elasticity of substitution,可变替代弹性)两种生产函数形式和单方程、系统估计两类估计方法对我国31个省区市(不含港、澳、台地区)1993~2016年资本-劳动替代弹性及有偏技术进步进行估计,进而分析各省区市技术进步及要素配置情况,然后基于省份替代弹性的估计结果,从面板维度证实了德拉格兰德维尔假说中的分配效应部分"资本-劳动要素替代弹性与劳动报酬占比负相关关系"的存在性。

第 10 章为基于省份面板模型的我国工资与劳动生产率关系分析。该章首先纳入相对生产率、劳动力供给、劳动力转移、投资规模占比与投资结构三类五大结构因素,搭建工资与劳动生产率的非一致性变动的结构分析框架,然后采集 1998~2014 年我国 31 个省区市(不含港、澳、台地区)数据构建省份面板模型,从全国层面定量揭示工资超劳动生产率增长背后的结构诱因及其驱动机理,以期为近年来的劳动报酬占比变动提供一个方面解释。

第 11 章为居民收入分配公平理论与测度方法。首先,辨析收入分配公平的相关概念与关系,包括收入均等与收入公平的概念辨析、收入分配公平与效率的关系辨析、收入分配均等与公平的关系辨析、居民收入分配公平的现实判断问题;其次,论述居民收入分配公平观的演进过程,包括传统的功利主义公平观、古典自由主义的收入公平观、以机会平等为核心的收入公平观发展及以机会不平等为核心的收入公平性的经济学表述;最后,论述居民收入公平性的测度方法,包括收入公平性的传统测度方法和以机会不平等为核心的测度新方法。

第 12 章为基于代际流动性的中国居民收入分配不公测度分析。该章首先基于 CHNS 1989~2011 年九轮调查数据,并进行适当的样本归并、测量误差修正和可比性调整等处理,其次从纵向变动和横向异质性两个层面定量刻画中国居民收入代际弹性的变异特征,最后估计分析代际收入弹性变异对收入不平等变动的影响。

第 13 章为基于机会不平等的中国居民收入分配不公测度分析。该章采用 1989~2011 年的 CHNS 数据,基于机会不平等的测度方法,首先,将收入不平等分解为机会不平等与公平合理的不平等,描绘分析 20 余年来三类不平等的变动画面;其次,以 2000 年上升转为下降为分界点,探析前后两个阶段机会不平等、公平合理的不平等对收入不平等变动的影响;最后,基于整体样本和地区等分类样本剖析收入不平等变动及根源。

第 14 章为居民收入分配份额的国际比较与相关调控经验。该章首先从典型国家 GDP 中雇员报酬占比的变动特征及不足出发,进行真正可比意义下劳动报酬占比变动的国际比较;其次选取日本、美国、俄罗斯和瑞典四个典型国家,结合初次分配中劳动报酬占比和再分配中居民部门收入份额变动,归纳总结这些国家调控收入分配差距和居民收入份额的基本经验。

第 15 章为中国居民收入分配差距的公平成因及实现对策。该章首先在学术界常用的市场和政府维度上纳入分配公平维度,考察中国居民收入分配差距的形成过程与原因,剖析其中不公平因素的作用机制;其次从机会均等、初次分配、再分配、三次分配的角度提出相关促进收入分配机会均等与制度公正政策建议,以期为消除我国居民收入分配不公平现象、实现居民收入分配结果公平提供一些决策参考。

第 16 章为中国居民收入分配份额的优化对策分析。该章首先从总体和结构上描述分析中国居民收入增长状况，其次剖析中国居民收入增长的主要阻碍因素，最后构建中国居民收入增长长效机制的总体思路，并从就业、工资、社会保障、扶贫脱贫等八个方面探讨促进居民收入增长并优化中国居民收入分配份额的相应政策措施。

　　本书各个篇章之间的逻辑关系如图 1-1 所示。

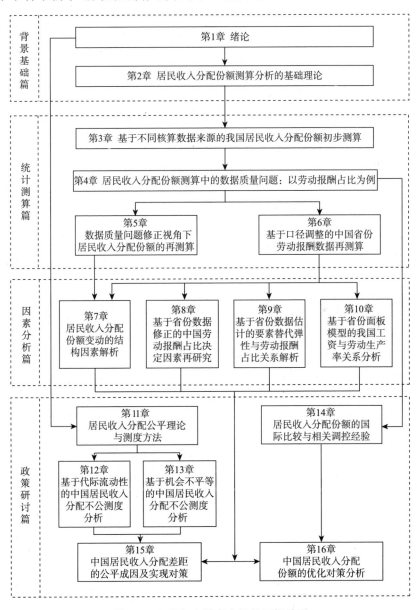

图 1-1　本书各个篇章之间的逻辑关系

1.3.3 研究发现

本书研究发现主要体现在以下几个方面。

（1）中国的居民收入分配份额变动频繁，问题交织，既涉及经济发展方面的问题，又有统计数据质量方面的问题。作为一个兼具发展、转型和大国三重特征的国家，中国也许是世界上国情最为复杂的国家之一。中国国情的复杂性决定了中国居民收入分配份额乃至国民收入分配格局演变因素的复杂性。这里面有产业发展带来的资本深化、市场化改革推动经济主体行为演变、经济全球化推动国际贸易和国际投资等发展因素的影响，有产业行业结构、机构部门结构、正规与非正规结构、所有制结构等转型因素的影响，也有地域辽阔带来的要素流动和空间复杂性等大国因素的影响。与此同时，受改革开放和国际核算准则等因素的综合影响，中国统计制度变迁较为频繁，国民经济总量和居民收入核算更为复杂，存在核算口径变更、来源资料多样、宏观经济数据修订干扰等数据质量问题，这就带来了居民收入分配份额核算的准确性及其纵横向的可比性等问题。这不但严重影响了社会各界对中国收入分配功能格局的准确判断，而且很可能导致在公平收入分配背景下决策部门提升居民收入分配份额的路径选择和政策设计出现差错。要转变这一局面，亟待结合中国统计制度变迁和具体核算问题率先从统计测算方法论上做出突破。在此基础上结合中国居民收入分配份额的决定因素分析设计合理的优化路径和关联政策。

（2）数据质量问题的存在会直接影响中国劳动报酬占比乃至居民部门收入占比的准确测算结果，进而影响其在纵横向对比中的应用。在具体测算时，劳动报酬占比测算主要会受到劳动报酬指标的核算口径、GDP 数据的修订、基础数据的来源等数据质量问题的影响。这些数据质量问题有着不同的影响机制，需要采取不同的调整修正办法，相对而言，基于资金流量表数据的调整修正难度要小一些，核算结果更为可靠一些。依据资金流量表数据修正后测算发现，在初次分配前，在最接近真正完整意义的劳动报酬者口径下，中国 GDP 中的劳动报酬占比在 1993 年有所下降，1993~1997 年基本稳定在 54%左右的水平，1997~2011 年由 54.87%下降到 46.81%，下降 8.06 个百分点，2011~2015 年又从 46.81%上升至51.57%，上升了 4.76 个百分点；初次分配前后，居民收入分配份额（居民部门收入占比相比劳动报酬占比）在 1992~1999 年有 4~6 个百分点的上升，2000 年后，居民收入分配份额提升幅度有所下降，在 2~3 个百分点；再分配前后，居民收入分配份额（国民总收入中的占比相比国民可支配收入中的占比）在1992~1999 年也有不到 3 个百分点的上升；2000 年后，居民收入分配份额提升幅度有所下降，不到 1 个百分点，在 2002~2010 年甚至为负。

（3）中国劳动者报酬数据的核算口径经历过两次重大的修订，不同年份的口径并不一致。与此同时，省份层面修订工作相对滞后，以及部分省份对历史数据进行过回溯调整，使中国劳动者报酬数据变得更为错综复杂。倘若对省份收入法 GDP 数据不加处理直接进行分析，势必会影响研究结论的准确性、可靠性和科学性，更可能会对相关政策制定和效果评价产生严重误导。这也是一些研究根据这些数据得到骇人听闻结果的重要原因。按照统一可比的劳动报酬口径核算研究发现：①从全国层面看，中国劳动报酬占比并未出现如调整之前的大起大落，在 1993~2016 年呈现出先上升后下降再上升的趋势，劳动报酬占比从 1993 年的 47.1%上升到 1998 年的 49.18%，再从 1998 年下降到 2011 年的 42.87%，从 2011 年又上升到 2016 年的 45.6%。②分区域看，1993~2016 年，中部和西部地区劳动报酬占比下降趋势较为明显，分别累计下降 6.67 个百分点、5.3 个百分点；东部和东北地区劳动报酬占比则呈现小幅上升，分别累计上升 1.02 个百分点、0.76 个百分点。

（4）拨开数据质量问题的"统计迷雾"进一步分析后发现，中国居民收入分配份额的历史变动仍然是多重因素综合作用的结果。从综合因素看，结合产业行业、区域和机构部门等多重结构分析发现，水平效应和对居民收入分配份额尤其是劳动报酬占比升降的影响总体上要比产业结构效应大一些；结构效应在下降阶段表现得相对突出，水平效应在占比上升阶段表现得更为突出，结构效应的倒"U"形特点明显。在劳动报酬占比变动的决定因素中，第三产业增加值占比、政府财政支出占 GDP 比重具有显著的同向影响；FDI 占 GDP 比重增加具有显著的反向影响；其他因素在下降阶段和上升阶段的表现存在差异。从要素配置角度看，中国劳动报酬占比在过去的长时间下降与资本-劳动替代弹性增大密切相关，这种相关性引起德拉格兰德维尔分配效应在除东北之外的大多数地区表现显著。从融入巴拉萨-萨缪尔森效应等非一致性变动因素的结构诱因看，相对生产率、劳动力供给、劳动力转移、投资规模占比与投资结构等结构因素极大地驱动了工资水平的超劳动生产率增长，且这种表现在劳动生产率水平较高的东部表现更为明显。

（5）判断一个国家的居民收入分配是否公平，更重要的是要看这个国家市场竞争环境是否公平，能够保障收入分配机会公平和规则公平。相比于直接减小收入不平等，降低机会不平等、保证机会平等的公共政策和制度更容易受到大众的认可，但正如阿玛蒂亚·森在经典著作《论经济不平等》中所指出的：解决不平等问题必须从测度不平等开始。当前居民收入公平性的测度方法可分为以居民主观判断或收入流动性作为代理指标的传统测度和基于 Roemer "环境-努力"二元分析框架的机会不平等测度两大类。基于 1989~2011 年 CHNS 数据，应用机会不平等和代际流动性等收入分配公平测度方法分析发现，中国居民代际收入弹性和机会不平等都有两次先升后降的近似"M"形的变动态势，都在 2006 年前后达到最高点；代际收入弹性在不同收入分布上存在异质性，低收入群体的代际收入弹性显著高于高收入群体，这种异质性是造成居民收入不平等程度变动的重要因素；机会不平等在女性、2000 年前的农村和 2000 年后的城镇、中部地区表现得更为明显。

（6）核算口径的可比性和参照对象的可靠性问题是居民收入分配份额的国际比较与分配流程调控效果评价所面临的主要统计障碍。排除统计障碍进行国际比较后发现，中国劳动报酬占比与发达国家差距明显，尤其是在正规部门，但这种差距会随着时间的推移和核算口径纳入非正规部门而缩小，但与不少发展中国家差距不大；中国收入分配过程尤其是再分配对居民部门收入份额的提升作用较为有限。从典型国家的调控经验看，社会保障和税收是比较常规的调控工具，劳动者权益保护和加大人力资本投入教育是比较常见的公平调节手段，慈善、捐赠和救助等是一些个性化的补充手段。

（7）中国居民收入分配的公平优化需要从两个方面着手：一方面，从公平角度着手，针对居民收入分配差距的形成过程中不公平因素的影响，研究从机会均等、初次分配、再分配、第三次分配的角度提出相关促进收入分配机会均等与制度公正政策建议；另一方面，从份额提高着手，构建中国居民收入增长长效机制的总体思路，研究从初次分配、再分配、第三次分配三个阶段，从就业、工资和生产率增长、财政转移支付、税收政策社会保障、扶贫脱贫、社会捐助等多个方面提出相应的政策建议。

第2章　居民收入分配份额测算分析的基础理论

本章集中阐述居民收入分配份额相关的基础理论，以期为后续的测算分析奠定理论基础。本章依次阐述国民收入分配流程理论、国民收入分配格局（包括主体分配格局和要素分配格局）理论、国民收入分配格局测算方法理论和当前主要的要素收入分配基础理论。

2.1　国民收入分配流程与格局理论[①]

2.1.1　国民收入分配流程理论

国民收入分配是一个连续不断的过程，大致可以分为以交换性分配活动为主的初次分配和以非交换性分配活动为主的再分配两个阶段。

1. 国民收入初次分配

国民收入初次分配是与国民收入的来源、生产或创造相联系的一个分配层次，是指因参与生产过程或因拥有生产活动所需资产的所有权而获得的收入在机构单位之间进行的分配。在初次分配阶段发生的主要是交换性分配活动，分配的主体是生产活动的直接或间接参与者，客体是生产性收入。

---

① 本节没有直接阐述居民收入分配份额相关的基础理论，而是从国民收入分配流程与格局出发，逐渐过渡到国民收入格局理论。之所以这样安排，基本考虑如下：其一，国民分配格局中居民收入分配份额的形成是国民收入分配的必然结果；其二，阐述国民收入分配流程与格局理论，有利于梳理居民收入分配形成的过程，从而更好地理解国民分配格局中居民收入分配份额。

在初次分配阶段，具体包括收入形成和财产收入分配两个环节，分别指进行生产经营成果的直接分配活动和财产收入的分配活动。

收入形成环节主要指以增加值为起点的生产经营成果的直接分配，主要表现为企业、居民和政府部门的增加值形成额。从生产者角度出发，生产经营成果的直接分配反映了机构部门的增加值要素构成，从而反映出劳动者、企业和政府之间最初的分配关系，其中包括劳动者报酬、生产税净额、固定资产折旧和营业盈余。生产税净额主要由政府主体获得，固定资产折旧和营业盈余由企业获得，劳动者报酬分配给居民。收入形成环节反映的是在国民收入中各收入主体的贡献份额，对主体分配格局形成起基础性和决定性作用。

财产收入分配是初次分配的第二个环节，经过财产收入分配后形成初次分配格局。财产收入是指由于资产的所有者将其所拥有资产的使用权让渡给其他单位使用而从对方获得的回报，具体包括使用金融资产而产生的投资收入以及使用自然资源产生的地租两大类，其中投资收入包括利息、公司已分配收入、FDI 的再投资收益、其他投资收入，地租主要形式有土地地租和地下资产地租，投资收入与地租之和为财产收入。需要注意的是，并非所有资产都能为其所有者带来财产收入，只有当金融资产或自然资源的所有者将其交由其他机构单位支配时，才会产生财产收入。

需要指出的是，中国财产收入的定义与 SNA2008 有所差别。SNA2008 对财产收入的定义如下："财产收入是初始收入的一部分，它是贷出金融资产或出租包括土地在内的自然资源给其他单位在生产中使用所获得的回报。"我国财产收入数据有两类，一是《中国统计年鉴》中的资金流量表（实物交易），主要包括利息、红利、地租及其他；二是住户调查方案，在《城镇住户调查方案》中放宽了有关的财产收入范围，出租房屋的收入、专利所得收入、收藏品所得等也属于调查中的财产收入。可以看出，首先，中国财产收入分类与 SNA2008 分类标准具有一定程度的差异，即便是在相同的分类中，两者的核算口径也存在着明显的偏差。其次，资金流量表中的财产收入分类较为简单、笼统，同时存在一定程度的漏算。《城镇住户调查方案》无疑扩大了财产收入的核算范围。

在经过国民收入初次分配的两个环节后，各个部门获得各自的原始收入，所有原始收入之和即国民总收入，包括了全部的生产性收入和财产收入。

国民收入初次分配流程图如图 2-1 所示。

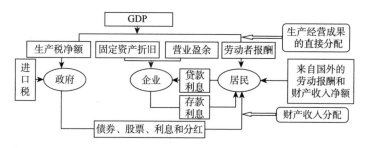

图 2-1　国民收入初次分配流程图

2. 国民收入再分配

国民收入再分配记录以经常转移方式在机构单位以及国外之间进行的交易，是在初次分配基础上进一步完成的、以间接分配手段实现的分配过程。

为了更好地理解收入再分配流程，需要辨析一个基本概念——转移。转移是指在交易中，一个机构单位向另一个机构单位提供货物、服务或资产，但又不向后者索取任何货物、服务或资产作为与之直接对应的回报的一种交易。也就是说，这是一种单方面的交易活动，具体包括资本转移和经常转移两种类型。资本转移是指以资产所有权被转让造成转移双方资产增减为前提而不涉及现期收入的转移支付。经常转移则是会经常性、有规律地发生，并且会影响转移双方的现期收入水平和消费水平的转移方式。经常转移有三类形式：所得税和财产税等经常税、社会缴款和社会福利以及其他经常转移收支。经常转移与资本转移的区别在于：经常转移与现期收入以及消费相关，会在收入分配和使用账户中予以反映；资本转移与投资和积累有关，直接影响接受者的资产负债水平，会在资本形成账户中予以反映。

只有经常转移才属于收入再分配的内容，国民收入再分配流程见图 2-2。

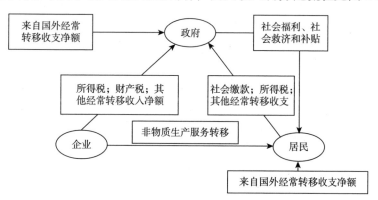

图 2-2　国民收入再分配流程

在国民总收入基础上，通过经常转移收支形成可支配总收入，构成了国民收入使用的前提。

国民收入分配以增加值总和——GDP 为开端，经过初次分配和再分配分别形成原始收入与可支配收入，其中，原始收入总和即国民总收入，可支配收入总和即国民可支配总收入（national disposable income，NDI）。在收入分配过程中各主要指标存在以下联系：

GDP=劳动者报酬+生产税净额+营业盈余总额+固定资产折旧

国民总收入=GDP+来自国外的初始收入净额

NDI=国民总收入+来自国外的经常转移净额

相应地，居民部门收入指标存在如下联系：

居民部门原始收入=劳动者报酬+居民部门财产收入净收入

居民部门可支配收入=居民部门原始收入+居民部门经常转移净收入

所有相关指标的示意图如图 2-3 所示。

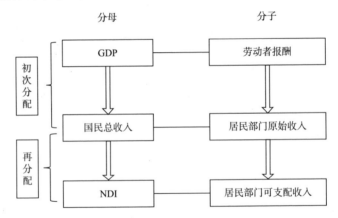

图 2-3　国民收入分配流程图中居民收入分配份额相关指标

2.1.2　国民收入分配格局理论

如果说收入分配流程从纵向上刻画了国民收入运转的动态过程与数量关系的演变状况，那么收入分配格局则是从横向上刻画了国民收入运转的静态分配状况和结果。一般而言，研究中常用的收入分配格局有如下两类。

1. 国民收入主体分配格局

一般而言，国民收入分配的三大主体分别是居民、政府和企业，三者之间的收入分配关系是否合理对经济增长起着推动或阻碍的作用，因此有必要分析收入主体分配格局。主体分配格局是指政府、企业和居民等主体部门收入在国民收入分配中所占的比例关系。

按照分配环节不同，国民收入主体分配格局可分为初次分配前、初次分配后、再分配后三种。

初次分配前的主体分配格局是初次分配环节收入形成之后的结果，其结果即增加值的直接分配，主要表现为增加值在企业、居民和政府部门的分配。企业主要得到固定资产折旧和营业盈余，居民主要得到劳动者报酬，政府主要得到生产税净额。收入形成环节反映的是各收入主体对国民收入的贡献，因此初次分配前主体格局（即收入形成环节）反映的是产生的各收入主体对国民收入的相对贡献份额比例。

初次分配后的主体分配格局体现的是经过财产收入分配之后形成的各主体原始收入的相对比例。财产收入是基于财产利得、财产收益核算的收入来源，它指金融或有形非生产资产所有者向另一机构单位提供资金或有形非生产资产的使用权而得到的收入，即出让使用权而产生的收入，属于间接生产要素收入。财产收入分配环节，各主体各自得到因转让资金或有形生产资产的使用权而获得的间接生产要素收入，从而形成国民收入初次分配后主体格局。

再分配后的主体分配格局是在初次分配后获得的各部门原始收入基础上进行国民收入的再分配而形成的各部门可支配收入相对比例格局。该主体格局是在各部门形成相应的原始收入之后通过非交易性的转移收支分配而形成的。经常转移主要包括所得税和财产税等经常税、社会缴款与社会福利以及其他经常转移收支。

在一些情形（如初次分配格局）分析中，我们还可以忽略政府经济主体，单纯分析居民和企业在国民收入分配中的格局，这就是国民收入两主体分配格局。这么做的原因如下：在收入初次分配中，居民主体因提供劳动要素而获得劳动者报酬，企业主体因提供资本要素而获得营业盈余，而政府主体不提供任何要素，其收入来源是"政府对生产单位从事生产、销售和经营活动以及因从事这些活动使用某些生产要素所征收的各种税、附加费和规费"①。

2. 国民收入要素分配格局

在经济学中，投入生产的要素有很多，既有传统的劳动、资本和土地，也有现代化的技术、信息和知识。国民收入在不同生产要素之间的分配格局在经济学上也称为功能分配格局。在中国，按劳分配是传统计划经济条件下的唯一分配方

---

① 经济学上把这一政府利用税收手段占有企业产出的份额称为税收楔子（tax wedge）。关于税收楔子存在性的学术争论很多。

式，但在社会主义市场经济条件下，按生产要素分配成为客观现实。党的十八届三中全会报告提出："让一切劳动、知识、技术、管理、资本的活力竞相迸发，让一切创造社会财富的源泉充分涌流，让发展成果更多更公平惠及全体人民。"在社会主义市场经济条件下，要素分配格局是人们极为关心的一种国民收入分配格局。要素分配格局是指国民收入在投入生产的各个要素之间的分配比例关系。

从国民收入分配流程来看，要素分配属于初次分配的范畴，因而考察要素分配格局应该着眼于国民收入初次分配环节的收支流量，尤其是利息、红利、地租等财产收支流量。

特别地，在初次分配的收入形成环节，居民主体因提供劳动要素而获得劳动者报酬，企业主体因提供资本要素而获得营业盈余，而政府主体不提供任何要素，其收入来源是"政府对生产单位从事生产、销售和经营活动以及因从事这些活动使用某些生产要素所征收的各种税、附加费和规费"。此时，忽略政府仅考虑劳动和资本两个投入要素，劳动所有者的收入（即劳动者报酬）和资本所有者收入之和粗略等于国民收入（剔除生产税净额的 GDP）。通常把国民收入中劳动者报酬所占比例称为劳动报酬占比或劳动收入份额，把国民收入中资本所有者收入所占比例称为资本收入份额或资本收入占比[①]。此时，资本和劳动两要素分配格局与居民和企业两主体分配格局实质上完全等价。

同时，由于要素分配格局中劳动报酬占比和资本收入占比之和等于 1，两者存在此消彼长的关系，若资本收入占比上升，必定意味着劳动报酬占比下降，因此，要素分配格局测算分析只需重点关注劳动报酬占比或资本收入占比即可。

3. 要素分配格局与主体分配格局之间的关联关系

要素分配格局与主体分配格局之间密切联系的起点是初次分配的收入形成环节。在收入形成环节，要素分配和主体分配是同一过程中的两个不同方面，一方面是 GDP 的要素分配，另一方面则体现为要素所有者的收入，于是，要素分配格局反映的是各机构部门的增加值在各个主体之间的分配格局。

初次分配前三主体格局和两主体（要素）格局在核算上可以相互转换。Gomme 和 Rupert（2004）给出了具体实现方法。他们依据收入法 GDP 组成部分的性质将收入法 GDP 划分为三个部分：确定无疑归属劳动收入的部分（如雇员报酬）Y^{UL}；确定无疑归属资本收入的部分（如折旧）Y^{UK}；在劳动和资本之间无法完全准确确定的收入部分，即政府得到的生产税净额 Y^G。假定有疑问的收入 Y^G 的划分比例与其他收入的比例相同，劳动收入份额为 a，则总劳动

---

① 之所以未称为资本报酬占比，主要因为与劳动收入和劳动报酬通用说法不同，资本所有者收入仅有资本收入之常用说法，而资本报酬说法不常见。

收入 Y^{L} 为

$$Y^{\mathrm{L}} = Y^{\mathrm{UL}} + aY^{\mathrm{G}} \qquad (2\text{-}1)$$

既然总增加值 Y 中的劳动收入份额为 a，则有

$$Y^{\mathrm{L}} = aY = a\left(Y^{\mathrm{UL}} + Y^{\mathrm{G}} + Y^{\mathrm{UK}}\right) \qquad (2\text{-}2)$$

综合式（2-1）和式（2-2），可得到劳动收入份额：

$$a = Y^{\mathrm{UL}} \big/ \left(Y^{\mathrm{UL}} + Y^{\mathrm{UK}}\right) \qquad (2\text{-}3)$$

归纳以上分析，国民收入分配流程与国民收入分配格局二者互为条件，相互影响。期末收入分配格局的形成是本期收入分配流程的结果，而期末收入分配格局又是下一期收入分配流程的条件。二者相互配合，从纵、横两个方向上刻画了国民收入分配的整体过程。结合国民经济核算指标关系，可以得到国民收入分配格局中居民部门收入份额指标的计算和称谓说明（表 2-1）。

表 2-1　国民收入分配格局中居民部门收入份额指标的计算和称谓说明

情形	初次分配前	初次分配后	再分配后
三主体	劳动者报酬/GDP	居民部门原始收入/国民总收入	居民部门可支配收入/NDI
两主体	劳动者报酬/（GDP-生产税净额）	居民部门原始收入/（GDP-政府部门原始收入）	居民部门可支配收入/（GDP-政府部门可支配收入）
两要素	劳动者报酬/（GDP-生产税净额）		
对应指标常见称谓	（GDP 中）劳动收入份额、（GDP 中）劳动报酬占比、初次分配前的居民部门收入占比（或份额）	初次分配后居民部门收入占比（或份额）、国民总收入中居民收入占比（或份额）	NDI 再分配后居民部门收入占比（或份额）、NDI 中居民收入占比（或份额）
本书使用称谓	（GDP 中）劳动报酬占比	（初次分配后或再分配后）居民（或"住户"）部门收入占比	
	居民收入分配份额		

4. 国民收入分配格局下的效率与公平关系

国民收入分配格局下效率与公平的体现离不开社会经济增长。从古典经济学时期开始，国民收入分配与经济增长就是学者们研究的重要主题。时至今日，两大主题及其关系研究仍然备受学者们的关注。不同时期的经济学者不但关注经济增长，而且关注财富在各种要素之间的分配。这些学者不是孤立地就收入分配研究收入分配，而是将国民收入分配与经济增长联系起来。

从理论上说，经济增长是国民收入分配的物质基础，如果没有经济增长，更谈不上国民收入分配。经济增长是国民收入分配的基础和条件，一定条件的经济高速增长可以有助于消除贫困、改善民生、提高国民收入分配效率，但并非在任何时候、任何情况下经济增长都有助于改善收入分配结构。某些条件下的经济增长也可能会引起收入分配状况的恶化，即贫困人口增多、贫富差距扩大，基尼系

数增大，甚至出现严重的两极分化。

经济增长的最终目的是提高福利水平，而社会福利水平的提高要通过初次分配和再分配来实现，国民收入分配框架下初次分配与再分配的关系在本质上是效率与公平的关系。在收入分配差距不太悬殊的市场经济条件下，初次分配中的效率问题相对公平问题要更加重要一些。在市场竞争条件下，适当的收入差距有利于形成对要素所有者的激励，从而形成经济增长的动力，这也是经济增长的前提。再分配在强调效率的基础上，更加注重公平，一般是通过政府力量，采取一些措施将富人的收入分配转移给穷人。通常而言，在社会总福利水平不变的情况下，穷人获得一定数量转移性收入提高的效用水平，要高于富人同等数量收入减少造成的效用水平的损失，因此国民收入分配越平等，穷人与富人收入差距越小，社会总福利就越大。因此在经济增长不变的状况和条件下，收入分配与再分配可以明显改善社会福利，从而使社会成员更好地共享社会经济发展的成果，尤其是再分配过程，可以在不改变效率的前提下提高社会公平，调节收入差距扩大问题，改善社会福利水平。

当前研究中，劳动收入份额相比资本收入份额受到的关注更多，其原因如下：一方面，劳动收入范围更大，核算更为复杂，测算研究价值更高，而资本收入核算相对简单，测算研究价值不大。另一方面，与资本拥有量相比，劳动技能在家庭或个人的分布更广泛、更均等，家庭或个体劳动收入差别比较有限。若劳动收入份额增加，意味着更多收入以工资等形式流入居民部门，有助于社会公平的实现。若劳动收入份额下降，就意味着更多收入流向资本分配，会引起基尼系数变动、扩大收入差距、加剧社会不平等。

根据 Jacobson 和 Occhino（2012）的研究，劳动收入份额下降是引起社会不平等的重要原因。基尼系数衡量的收入差距大小可以用劳动收入份额、资本收入份额及集中指数反映，具体关系为

$$基尼系数 = 劳动收入份额 \times 劳动收入集中指数$$
$$+ 资本收入份额 \times 资本收入集中指数 \qquad (2\text{-}4)$$

其中，劳动收入集中指数和资本收入集中指数指的是劳动或资本收入在收入分配顶部的集中度。从式（2-4）可以看出，在劳动收入份额和资本收入份额不变的条件下，如果劳动收入集中指数或资本收入集中指数上升，那么相应的基尼系数也会增大。同样的，在劳动收入集中指数与资本收入集中指数不变的条件下，如果劳动收入份额下降，资本收入份额必定上升，那么基尼系数取决于劳动收入集中指数与资本收入集中指数的相对数值大小，但一般而言，劳动收入份额下降，意味着收入更多地流向资本分配，那么在顶部收入分配中资本收入集中度会更高，劳动收入集中度下降，因此会造成基尼系数的增大，社会不平等程度加剧。

2.2　国民收入分配格局测算方法理论

目前国民核算中对于国民收入分配格局测算主要有以下四种数据来源：①全国资金流量表核算数据；②省份收入法 GDP 数据；③全国投入产出表数据；④城乡居民住户调查收入数据和国家财政数据。依据数据来源的不同产生了四种相对应的收入分配格局测算方法。

2.2.1　全国资金流量表测算方法

1. 资金流量表法简介

资金流量表是以收入分配和社会资金运动为对象的核算，其实物部分可以用于测算国民收入主体格局。资金流量表较详细地核算了收入分配过程，不仅包含 GDP 核算中的原始分配，还包括各种形式的其他分配。资金流量表各部门某项交易项目资金来源减去运用就是该部门该交易项目下的净所得。

资金流量表横栏是机构部门，包含非金融企业部门、金融机构部门、政府部门、居民（住户）部门以及国外部门[1]，其中，非金融企业和金融机构可以合并为企业部门。表的纵列为交易项目，包括从国民收入初次分配到国民收入再分配的前后状况。资金流量表（实物交易）基本格式及构成如表 2-2 所示。

表 2-2　资金流量表（实物交易）基本格式及构成

机构 \ 交易项目	非金融企业部门		金融机构部门		政府部门		住户部门		国内合计		国外部门		合计	
	运用	来源	运用	来源	运用	来源	运用	来源	运用	来源	运用	来源	运用	来源
净出口														
增加值														
劳动者报酬														
生产税净额														
财产收入														

---

① 《中国国民经济核算体系（2016）》把整个国民经济分成非金融公司部门、金融公司部门、一般政府部门、住户部门、为住户服务的非营利机构部门和国外机构部门六大机构部门，与联合国最新版《国民经济核算体系（2008）》保持一致，而上一版本《中国国民经济核算体系（2002）》考虑到为住户服务的非营利机构部门规模较小而把整个国民经济分成非金融公司部门、金融公司部门、一般政府部门、住户部门和国外机构部门五大机构部门。因此，中国的资金流量表数据仍然是五大机构部门格式。

续表

机构 / 交易项目	非金融企业部门		金融机构部门		政府部门		住户部门		国内合计		国外部门		合计	
	运用	来源	运用	来源	运用	来源	运用	来源	运用	来源	运用	来源	运用	来源
初次分配总收入														
经常转移														
可支配总收入														
……														

资金流量表从 1992 年开始编制：《中国资金流量表历史资料（1992—2004）》根据第一次全国经济普查资料对 1992~2004 年资金流量表数据进行了调整，《中国统计年鉴（2010）》根据第二次全国经济普查资料对 2004~2008 年资金流量表数据进行了调整，之后数据由历年《中国统计年鉴》给出。资金流量表中的劳动者报酬统计口径历经两次重大调整，分别是 2004 年和 2008 年：2004 年经济普查数据把个体经营户的雇员报酬从混合收入中独立出来计入劳动者报酬，而把剩余部分作为混合收入计入营业盈余；国有和集体农场不再单独计算营业盈余，而将其列入劳动者报酬；2008 年依据第二次经济普查资料计算的每一行业相近规模企业的劳动者报酬和营业盈余的比例，将个体经营户的混合收入分劈为业主劳动报酬和营业盈余，并将业主劳动报酬计入劳动者报酬。2004 年对生产税净额进行了调整，在口径范围上将房产税和土地增值税纳入生产税净额中。对于国民收入的再分配，2004 年对收入税做出了修订，为了与生产税净额相衔接，修订后的收入税中剔除了房产税和土地增值税，仅包含企业所得税和个人所得税。

资金流量表数据可以用来核算所有三个层次的收入分配主体格局。

2. 初次分配前收入主体格局核算方法

初次分配前格局是在收入形成环节之后的结点，其结果表现为企业、居民和政府主体的增加值形成额。资金流量表中，生产税净额相当于政府部门初次分配的收入；劳动者报酬大体相当于劳动要素初次分配收入，归于居民部门；其余部分相当于资本要素初次分配收入，归于企业部门。因此，不考虑财产收入，即可用资金流量表得到三主体格局。其中，三个主体收入的计算公式为

初次分配前居民主体收入=劳动者报酬国内合计运用 　　　　（2-5）

初次分配前政府主体收入=生产税净额国内合计运用 　　　　（2-6）

初次分配前企业主体收入=增加值国内合计运用−劳动者报酬国内合计运用

−生产税净额国内合计运用

（2-7）

3. 初次分配后收入主体格局核算方法

初次分配后格局是财产收入分配环节之后形成的原始收入格局，该环节中各主体获得来自其他主体的财产收入，主要表现为地租、利息、红利和股息。因此，在初次分配前格局的基础上再纳入各主体的财产收入。其中，三个主体收入的计算公式为

居民主体原始收入=劳动者报酬国内合计运用+居民主体财产收入来源
　　　　　　　　－居民主体财产收入运用

$$（2-8）$$

政府主体原始收入=生产税净额国内合计运用+政府主体财产收入来源
　　　　　　　　－政府主体财产收入运用

$$（2-9）$$

企业主体原始收入=增加值国内合计运用－劳动者报酬国内合计运用
　　　　　　　　－生产税净额国内合计运用+企业主体财产收入来源
　　　　　　　　－企业主体财产收入运用

$$（2-10）$$

白重恩和钱震杰（2009a）认为各主体得到的原始收入中还应包含一部分"经营性存留"，即增加值剔除向其他机构支付的要素成本以及缴纳生产税净额后的余额。

4. 国民收入再分配后主体格局核算方法

在收入再分配的过程中，各部门均获得一部分转移收入，并向其他机构转移一部分原始收入，最终形成各部门的可支配收入。居民部门主要向政府缴纳收入税和社会保险缴款，并获得政府的转移收入；政府部门主要获得居民与企业部门缴纳的收入税和社会保险缴款，并向居民和企业部门转移一部分转移收入；企业部门主要向政府缴纳收入税，并得到政府转移的一部分转移收入。其中，三个主体收入的计算公式如下：

居民主体可支配收入=居民主体原始收入+居民部门经常转移来源
　　　　　　　　　－居民部门经常转移运用

$$（2-11）$$

政府主体可支配收入=政府主体原始收入+政府部门经常转移来源
　　　　　　　　　－政府部门经常转移运用

$$（2-12）$$

企业主体可支配收入=企业主体原始收入+企业部门经常转移来源
－企业部门经常转移运用

（2-13）

2.2.2　省份收入法 GDP 测算方法

1. 收入法 GDP 简介

收入法 GDP 是从生产过程创造收入的角度，根据生产要素在生产过程中应得到的收入份额反映最终成果的一种计算方法。按照此方法，增加值由劳动者报酬、生产税净额、固定资产折旧和营业盈余四部分组成，其计算公式为增加值=劳动者报酬+生产税净额+固定资产折旧+营业盈余。其中，劳动者报酬粗略等于劳动要素收入，归于居民部门；营业盈余和固定资产折旧归于企业部门；生产税净额归于政府部门。省份收入法 GDP 数据由 31 个省区市（不含港、澳、台地区）的收入法 GDP 构成，表格的横行表示各年份的劳动者报酬、固定资产折旧、生产税净额和营业盈余，纵列表示年份。其基本格式如表 2-3 所示。

表 2-3　省份收入法 GDP 构成项目

省（区、市）	1993 年				1994 年	...	...
	劳动者报酬	固定资产折旧	生产税净额	营业盈余	劳动者报酬	...	...
北京							
天津							
河北							
山西							
内蒙古							
...							

省份收入法 GDP 可用于测算相应年份的全国、分省份的国民收入主体分配情况。《中国国内生产总值核算历史资料（1952—2004）》详细给出了经第一次全国经济普查资料调整后的 1993~2004 年各省份收入法 GDP 数据，《中国统计年鉴》又给出后续省份收入法 GDP 数据，其中 2009 年为经第二次全国经济普查资料调整后的数据。数据中的指标口径在 2004 年和 2009 年前后变动较大，主要是 2004 年之前将个体经济所有者的劳动者报酬和经营利润统一作为劳动者报酬处理；2004 年之后将个体经济业主的劳动者报酬和经营利润统一视为营业盈余；2009 年又重新采用 2004 年之前的处理口径，这导致数据的可比性下降。省份收入法 GDP 核算数据公布修订缓慢，指标口径变动较大，且与其省级加总值和全国 GDP 误差较大。

省份收入法 GDP 数据由于只涉及初次分配环节的增加值分配成果，故只能用以核算初次分配前的收入分配格局。

2. 初次分配前分配格局核算方法

在假设有居民、政府和企业且不考虑数据调整的情况下，初次分配前分配格局核算主要采取如下公式：

$$各省份居民部门初次分配前收入=劳动者报酬 \qquad （2-14）$$
$$各省份政府部门初次分配前收入=生产税净额 \qquad （2-15）$$
$$各省份企业部门初次分配前收入=固定资产折旧+营业盈余 \qquad （2-16）$$

由于对 2004 年和 2009 年省份收入法 GDP 数据中的指标口径进行了调整，故实际操作时还需依照核算口径对数据进行调整。

2.2.3　全国投入产出表测算方法

1. 投入产出表法简介

投入产出表描述国民经济各部门在一定时期生产活动的投入来源和产出使用去向，是一段时间内经济运行的缩影。投入产出表可以为分析经济结构转型与国民收入分配主体格局关系提供准确的统计数据，该数据准确全面，但是中国目前仅编制了 1987 年、1990 年、1992 年、1995 年、1997 年、2000 年、2002 年、2005 年、2007 年、2010 年、2012 年和 2015 年的数据，连续性较差，数据更新较慢，因此在实际应用中并不常用。

投入产出表有中间产品、最终产品、增加值和再分配四大象限，其中增加值象限主要反映增加值的构成和国民收入初次分配情况，该象限以收入法 GDP 核算，分为劳动者报酬、生产税净额、营业盈余和固定资产折旧四部分。再分配象限由于实际编制较困难一般会省略。投入产出表基本结构如表 2-4 所示。

表 2-4　投入产出表基本结构

投入 产出		中间产品			最终产品				总产品
		部门 1	部门 2	…	积累	消费	出口	合计	
中间 消耗	部门 1								
	部门 2								
	…								
增加值	劳动者报酬								
	生产税净额								

续表

投入 产出		中间产品			最终产品				总产品
		部门1	部门2	…	积累	消费	出口	合计	
增加值	营业盈余								
	固定资产折旧								
	合计								
	总产值								

2. 初次分配前收入分配格局核算方法

全国投入产出表法和省份收入法 GDP 法思路相近，其主要核算初次分配前分配格局，其核算公式完全相同，这里不再赘述。

2.2.4 城乡居民住户调查收入数据和国家财政数据测算方法

用资金流量表测算中国国民收入分配格局存在一些问题。首先，资金流量表在计算非经济普查年度的劳动者报酬时，是以经济普查年份的劳动者报酬数据为基础的，假设劳动者报酬增长率由城乡居民人均可支配收入增长率推算得来，该假设的可靠性有待检验；其次，在 SNA1993 中劳动者报酬分为雇员报酬和混合收入，需要将自我雇佣者的劳动者收入与营业盈余进行分劈分别计入劳动者报酬和营业盈余；最后，资金流量表数据测算的政府收入应包括财政收入、各级政府及其部门向企业和个人收入的不纳入财政预算管理的预算外收入以及未纳入预算外管理的制度外收入。

研究中通常使用城乡居民住户调查收入数据对资金流量表的测算结果进行修正。最为常用的指标是可支配收入，也是 2013 年国家统计局推行城乡收入统计一体化调查后城乡居民住户调查的最重要收入指标。国家统计局发布的《住户收支与生活状况调查方案（2018）》[①]中规定，可支配收入是指调查户在调查期内获得的、可用于最终消费支出和储蓄的总和，即调查户可以用来自由支配的收入。可支配收入既包括现金，也包括实物收入。可支配收入按照收入的来源分为工资性收入、经营净收入、财产净收入和转移净收入四项。其计算公式为

$$可支配收入=工资性收入+经营净收入+财产净收入+转移净收入 \quad (2-17)$$

其中，工资性收入是指就业人员通过各种途径得到的全部劳动报酬和各种福利，包括受雇于单位或个人、从事各种自由职业、兼职和零星劳动得到的全部劳动报酬和福利。经营净收入是指住户或住户成员从事生产经营活动所获得的净收入，是全部经营收入中扣除经营费用、生产性固定资产折旧和生产税之后得到的净收入。财产净收入是指住户或住户成员将其所拥有的金融资产、住房等非金融资产

---

① http://www.stats.gov.cn/tjsj/tjzd/gjtjzd/201807/t20180717_1610146.html。

和自然资源交由其他机构单位、住户或个人支配而获得的回报并扣除相关的费用之后得到的净收入。财产净收入包括利息净收入、红利收入、储蓄性保险净收益、转让承包土地经营权租金净收入、出租房屋净收入、出租其他资产净收入和自有住房折算净租金等。转移净收入是指国家、单位、社会团体对住户的各种经常性转移支付和住户之间的经常性转移收入与转移支出的差额。

需要指出的是，在 2013 年城乡收入统计一体化调查以前，受制于城乡二元结构和工作模式的影响，我国的住户收支抽样调查各自在城镇和农村分开进行，相应调查得到的收入指标分别是城镇居民可支配收入和农村居民纯收入。城镇居民可支配收入和农村居民纯收入在收入口径之间存在一定的差异。尽管城镇居民可支配收入大致可以分为工资性收入、经营净收入、财产性收入和转移净收入四个部分，农村居民纯收入也大致可以分为工资性收入、家庭经营收入、财产性收入和转移净收入四个部分[①]，但是，2013 年前的城镇居民可支配收入和农村居民纯收入与 2013 年后的可支配收入在统计口径上存在很大的不同。

白重恩和钱震杰（2009a）用住户调查中的城镇和农村居民的人均可支配收入分别乘以各自人口得到全国居民可支配收入总额，计算公式为

$$居民可支配收入=城镇居民人均可支配收入×城镇居民人口数$$
$$+农村居民人均可支配收入×城镇居民人口数$$

$$（2-18）$$

吕光明（2011）根据城乡居民住户调查和人口调查结果，分别得到农村居民年均非农业经营性纯收入数据、城镇居民年均经营净收入和各自的年平均人口数据，分别相乘得到农村和城镇的个体经济业主的营业盈余，再分劈自我雇佣者的劳动者报酬，以修正劳动者报酬，计算公式为

个体经济业主自我雇佣收入（OSPUE[②]）
=农村居民年均非农业经营性收入×农村年平均人口数
　+城镇居民年均经营净收入×城镇年均人口数

$$（2-19）$$

白重恩和钱震杰（2009a）利用《中国财政年鉴》数据对政府收入进行了修正，认为中国的政府收入应用国家财政收入、预算外收入、社会保险净收入与制度外收入之和测算，计算公式为

$$政府初次分配收入=国家财政收入+预算外收入$$
$$+社会保险净收入+制度外收入　　（2-20）$$

---

① 之所以称为大致，是因为城镇居民还需要扣除交纳的所得税、社会保障支出和记账补贴等项目，农村居民还需要扣除家庭经营费用支出、税费支出、生产性固定资产折旧、赠送农村外部亲友支出和记账补贴等项目。

② OSPUE：operating surplus of private unincorporated enterprise，私人非法人企业营业盈余。

$$政府可支配收入=（国家财政收入+预算外收入+社会保险净收入$$
$$+制度外收入）-政府转移支出 \tag{2-21}$$

制度外收入目前没有统一的较好的测算方法，会对测算结果造成影响。

2.2.5　不同数据来源方法的比较与评价

上述基于四种不同数据来源的国民收入分配主体格局核算方法的特点和应用各有不同，以下从收入分配环节、数据连续性及研究应用三个角度对四种方法做出比较与评价。

1. 收入分配环节比较

按照收入分配环节不同有收入分配前、收入分配后以及再分配后三种不同的主体格局。各种方法适用的环节不同：全国资金流量表法适用于所有三种主体格局的核算，省份收入法 GDP 法和全国投入产出表法仅适用于收入分配前主体格局的测算，城乡居民住户调查收入数据和国家财政数据测算方法仅适用于再分配后主体格局的测算。

2. 数据连续性

全国资金流量表数据连续性最强，从 1992 年开始编制：《中国资金流量表历史资料（1992—2004）》根据第一次全国经济普查资料对 1992~2004 年资金流量表数据进行了调整，《中国统计年鉴（2010）》根据第二次全国经济普查资料对 2004~2008 年资金流量表数据进行了调整，之后数据由历年《中国统计年鉴》给出。城乡居民住户调查收入数据和国家财政数据的数据联系也比较强。国家统计局从 1995 年开始在《中国统计年鉴》中提供省份收入法 GDP 数据。《中国国内生产总值核算历史资料（1952—2004）》根据第一次全国经济普查资料对 1993~2004 年各省份收入法 GDP 数据进行了调整，《中国统计年鉴》给出之后年份的省份收入法 GDP 数据。全国投入产出表数据每五年编制一次（逢二、逢七年份），因此连续性较差且更新速度较慢。从数据连续性角度来看，全国资金流量表数据和省份收入法 GDP 数据连续性明显优于全国投入产出表数据。

3. 研究应用

资金流量表和省份收入法 GDP 两种核算资料在现实测算劳动收入份额中应用较多，由于资金流量表数据在稳定性上的优势，大多数文献以资金流量表数据测算。例如，白重恩和钱震杰（2009a）利用资金流量表数据计算了国民收入分配三主体分配格局下居民部门劳动收入份额的变化趋势；吕冰洋和郭庆旺（2012）利用资金流量表数据测算税前和税后要素收入分配状况；吕光明和李莹（2015）利用资金流量表数据对中国劳动份额进行了再估计。

由于省份收入法 GDP 年份连续且提供分行业数据，故李清华（2013）利用省份收入法 GDP 数据测算了我国劳动收入份额，并进行了国际比较；吕光明和于学霆（2018）基于省份收入法 GDP 数据对分省份的劳动收入份额进行了测算和比较，投入产出表可以分析经济结构转型与国民收入分配主体格局关系并提供准确的统计数据。

投入产出表也有一些应用。例如，陈璋等（2011）通过建立两部门投入产出模型解释收入分配结构与消费结构的关系；李学林和李晶（2011）基于扩展的投入产出模型刻画中国区域收入分配差距状况及其形成机制；唐志芳和顾乃华（2017）基于投入产出模型研究了制造业服务化、行业异质特性与劳动收入占比变化趋势的关系。

城乡居民住户调查收入数据和国家财政数据测算方法应用较少，多用于一些补充推算。

2.3　要素收入分配基础理论

2.3.1　要素收入分配主要经济观点

1. 古典经济学分配理论

有关劳动要素收入分配理论的研究可以追溯到古典经济学时期。那时的经济学家从劳动、资本、土地三个生产要素角度研究要素收入分配的规律，代表人物有斯密、李嘉图、马克思等。斯密认为，全部国民收入是工资、利润和地租的加总，工资、利润和地租各自有其普通率和平均率，三种收入的决定因素不相关。他认为价值的源泉是劳动、工资水平与雇主的垄断势力及对工人的需求。在雇主的垄断势力下，最低工资有利于促进收入分配公平，此外，若社会工人需求大于供给，此时工人工资水平上升，高于最低工资水平。地租高低与土地的肥沃程度以及市场的距离有关，土地越肥沃，离市场越近，地租越高；反之，地租越低。对于利润，斯密认为资本增加对利润有负影响，资本增加可能促使工资上涨，工资上涨有利于人口增长，从而降低利润水平。

李嘉图在 1817 年出版的《政治经济学及赋税原理》中认为，政治经济学的基本问题就是要确立租金、利润及工资之间的分配法则。为了阐述利润率与国民收入分配的变动理论,李嘉图提出了两个重要假设:一是经济中存在农业和工业两个部门;二是劳动力的供给具有无穷大的弹性。收入分配理论建立在边际原则和剩余原则基础上。边际原则主要解释租金份额的决定,剩余原则用于解释扣除地租后剩余部分工资和利润的分配。对于农业部门和工业部门来说,假定平均产出为 AP(L),边际产出为 MP(L),利用边际原则,当有 L 个工人时,总产出 TO(L) 和单位地租 R(L) 分别为

$$TO(L) = \int_0^L MP(x)dx \qquad (2\text{-}22)$$

$$R(L) = AP(L) - MP(L) \qquad (2\text{-}23)$$

那么总的地租可以表示为

$$TR(L) = \int_0^L R(x)dx = \int_0^L (AP(x) - MP(x))dx = TO(L) - SV(L) \qquad (2\text{-}24)$$

其中,SV(L) 为剩余价值,它等于全部利润 TP(L) 与工资收入 TW(L) 的加总,具体可以用如下公式表示:

$$SV(L) = L \times MP(L) = TP(L) + TW(L) \qquad (2\text{-}25)$$

李嘉图认为,土地具有边际报酬递减规律,生产效率最高的土地首先被投入使用,而随着时间的推移,生产效率较低的土地得以保留,生产效率最高的土地价格最高。对于工资和利润之间的分配,李嘉图认为,边际报酬递减规律并不适用,而是利用马尔萨斯的人口理论①对此加以解释——随着人口的成倍增长,工资的增长速度会超过利润,劳动份额不断上升,利润份额不断下降,直至利润被完全挤出,资本家此时不会有动机扩大投资,经济增长结束。

19 世纪中后期,马克思在批判继承古典政治经济学劳动价值论的基础上,通过资本主义生产关系建立起一套完整的、科学的劳动价值理论。马克思认为,在资本主义生产关系下,生产资料由资本家所有,工人只能通过出卖自己的劳动力以获取生存的必需资料。同时,他还认为,工人的劳动时间包括两部分:一是生产自己劳动力价值的必要劳动时间,也是工人维持最低生存所必需的时间;二是生产剩余价值的时间,资本家通过消费工人的剩余时间来获取剩余价值。在生产资料私有制的经济制度下,经济生产创造的总价值 Y 包括三部分:一是用于弥补生产所投入的要素、中间品以及固定资产折旧的价值 C;二是创造工人生存所必需的价值 V;三是由工人创造的剩余价值 S。因此在资本主义生产关系下,劳动收入份额可以表示为

---

① 马尔萨斯认为人口是按照几何级数增长的,因此随着时间的变化,会有越来越多的人获得工资。

$$\beta = \frac{V}{C+V+S} \tag{2-26}$$

将式（2-26）中的分子分母同时除以 V，变换后劳动收入份额可以表示为

$$\beta = \frac{1}{\dfrac{C}{V}+\dfrac{S}{V}+1} \tag{2-27}$$

其中，$\dfrac{C}{V}$ 表示资本有机构成；$\dfrac{S}{V}$ 表示剩余价值率。从式（2-27）可以看出，若资本有机构成或剩余价值率提高，都会降低劳动收入份额 β。马克思认为，在资本主义经济下，资本家通过规模化生产"吞食"了大量的手工作坊，然而新的生产方式又不能完全吸纳由此失业的手工业劳动者，因此在劳动力市场上对劳动的供给大于劳动需求，此时存在大量的劳动力后备军，资本家支付给工人的工资水平较低。在资本家具有垄断势力的情况下，资本家还会增加工人的劳动时间以获取更高的剩余价值，不管是剩余价值的增加还是工人工资的下降，最终都会导致劳动收入份额的必然下降。

2. 新古典经济学派分配理论

新古典经济学派的宏观分配理论建立在生产函数、替代弹性、边际生产力等微观理论逻辑之上，用数学化的边际分析替代了"迷糊"的政治经济学，推广了李嘉图边际报酬递减规律，将所有生产要素都纳入边际报酬递减分析框架。20世纪 20 年代，Cobb 和 Douglas 在以往研究基础上，建立了一种可用来研究收入和分配之间关系的宏观分配理论，即 C-D 生产函数，具体形式是

$$Y = F(K,L) = AK^{\alpha}L^{\beta} \tag{2-28}$$

其中，Y 为总产出；K 为资本要素；L 为劳动要素；A 衡量生产技术；α、β 分别衡量收入中资本和劳动要素的收入份额。对生产函数两边分别取对数，可表示为

$$\ln Y = \ln A + \alpha \ln K + \beta \ln L \tag{2-29}$$

假定劳动工资等于劳动的边际产出，那么劳动收入份额可以表示为

$$LS = \frac{\omega \cdot L}{Y} = \frac{\partial Y}{\partial L} \cdot \frac{L}{Y} = \frac{\partial \ln Y}{\partial \ln L} = \beta \tag{2-30}$$

在新古典经济理论中，要素替代弹性是非常重要的概念，在只有劳动和资本两种生产要素的情况下，劳动和资本的替代弹性为

$$\sigma = \frac{\mathrm{d}(L/K)/(L/K)}{\mathrm{d}(\partial L/\partial K)/(\partial L/\partial K)} \tag{2-31}$$

要素替代弹性可以大于 1、小于 1、等于 1，当要素替代弹性为 1 时，为 C-D

生产函数形式。此外，根据新古典经济理论，要素替代弹性的变化和技术进步也是影响劳动收入份额变动的重要因素，劳动与资本的替代弹性小于1将导致劳动份额增加，反之，则劳动份额减少；而节约资本型的技术进步增加劳动报酬占比，节约劳动型的技术进步则使劳动报酬占比下降。

3. 新剑桥学派分配理论

新剑桥学派强调要素分配和经济增长理论结合分析的必要性，主要代表人物有罗宾逊（Robinson）、卡尔多（Kaldor）、帕西内蒂（Pasinetti）等。罗宾逊的主要观点是资本主义制度下的收入分配模式是不合理的，经济增长只给利润所有者带来利益，依靠工资为生的工人收入增长大大慢于利润所有者，会导致资本主义社会的收入分配越来越不合理，产生"富裕中的贫困"现象。

卡尔多在凯恩斯的"投资-储蓄"分析框架下，假定经济满足充分就业条件，分析了工资和利润的分配关系，提出了卡尔多收入分配模型。该模型是在卡尔多提出的"六个典型化事实"基础上发展而来的，主要用以说明工资和利润随经济增长是如何变化的，它假设经济中只有两种生产要素（劳动和资本），并将国民收入分为工资（W）和利润（P），劳动收入和资本收入储蓄率分别为 s_w 和 s_p，且满足 $s_p > s_w$，国民收入均衡条件为储蓄等于投资，即 $S=I$，则有

$$Y=P+W \tag{2-32}$$

$$I = S = s_p \times P + s_w \times (Y - P) \tag{2-33}$$

$$\frac{P}{Y} = \frac{I}{Y} \times \frac{1}{(s_p - s_w)} - \frac{s_w}{(s_p - s_w)} \tag{2-34}$$

由卡尔多收入分配模型可知，资本在国民收入中的比重与投资率 I/Y 和储蓄率 s_w、s_p 有关，而从长期看，收入者的消费倾向较稳定，资本在国民收入中的份额主要取决于投资率的变化。较高的经济增长率来自高的投资率，较高的投资率又会带来利润收入份额的增加，并总结出经济增长中收入分配的变动趋势，即当其他条件不变时，经济增长率越高，利润率越大，利润在国民收入中的份额就越大，工资收入比重则越小。卡尔多收入分配模型是在反对边际生产力分配理论的基础上提出来的，其主要观点是要素的生产力并不能决定收入份额，要素的收入与如何被投入生产、自身稀缺程度没有直接联系，而是由投资行为和储蓄行为所决定的。

4. 刘易斯二元经济模型

刘易斯二元经济模型由英国经济学家刘易斯（Lewis，1915—1991 年）在1954 年的文章《劳动无限供给条件下的经济发展》中提出。该模型主要从供求

角度出发考察劳动要素与资本要素之间关系，进而解释经济发展中要素收入分配关系。该模型认为，发展中国家经济中存在传统农业和现代工业两个部门，即存在二元经济结构。其中，传统农业部门生产率低，收入水平也比较低，而现代工业部门生产率和收入水平都比较高，因而资本积累更容易发生。

在经济发展初期，农业部门有大量剩余劳动力，此时劳动要素的价格相对较低，两部门的收入差距促使农业剩余劳动力向工业部门转移，促进经济发展。如图 2-4 所示，随着资本存量从 K_1 增加到 K_2，劳动需求曲线右移，劳动力由农业部门转移到工业部门，劳动报酬占比由原来的 $S_{WOL_1F}/S_{D_1OL_1F}$ 下降到 $S_{WOL_2G}/S_{D_2OL_2G}$（S 代表图中面积）；而随着经济的发展，农业部门剩余劳动力全部被工业部门吸收，劳动要素逐渐变成稀缺资源，劳动供给曲线斜率将会增大，工资水平开始上升，此时资本要素相对充裕，资本收益逐渐下降，劳动报酬占比不断提高，收入分配将逐渐趋于平等。

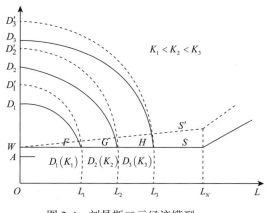

图 2-4　刘易斯二元经济模型

刘易斯二元经济模型也存在缺陷。一方面，现实中劳动供给曲线并不是无限供给的，即劳动供求曲线不是水平的，具有正斜率，如图 2-4 中虚线 WS'，这就会造成劳动报酬占比被低估；另一方面，当实际中资本家采用节约劳动型技术时，会使得劳动需求曲线更为陡峭，如图 2-4 中虚线 $D_1'L_1$，这将进一步降低劳动要素在收入中的份额。

2.3.2　要素收入分配份额变动因素理论

1. 工资与生产率关系理论

在两主体国民收入分配格局下，功能性收入分配主要研究劳动及资本要素的分配，收入流入劳动的部分称为劳动收入份额，流入资本的部分称为资本收入份额，资本收入份额等于 1 减去劳动收入份额。用公式可表示为

$$\frac{W}{Y} + \frac{C}{Y} = 1 \tag{2-35}$$

其中，$\frac{W}{Y}$ 和 $\frac{C}{Y}$ 分别为劳动收入份额和资本收入份额，此外，劳动收入份额也可以分解为

$$\frac{W}{Y} = \frac{w}{P} \times \frac{N}{Q} = \frac{w}{P} \Big/ \frac{Q}{N} = w_R / A_L \tag{2-36}$$

其中，W 为劳动工资；Y 为国民收入；w 为名义工资；N 为就业水平；P 为价格水平；Q 为产出；w_R 和 A_L 分别为真实工资水平和劳动产出，那么劳动收入份额的变化可以表示为

$$\left(\frac{\dot{W}}{Y}\right) = \dot{w}_R - \dot{A}_L \tag{2-37}$$

式（2-37）意味着：当实际工资高于劳动生产率时，劳动收入份额上升，资本收入份额下降；反之，当实际工资低于劳动生产率时，劳动收入份额下降，资本收入份额上升。从式（2-37）中可以看出，劳动收入份额的变动由实际工资和劳动生产率共同决定，除此之外，一些影响实际工资和劳动生产率的间接因素，通过影响实际工资和劳动生产率的方式也能间接影响劳动收入份额。此外，在劳动力市场条件不变的情况下，如果资本收入发生变化，也会影响劳动收入份额。资本收入增加，劳动收入份额下降；反之，资本收入减少，劳动收入份额上升。

2. 要素替代弹性理论

"资本–劳动替代弹性"概念最早是由 Hicks（1932）在《工资理论》一书中提出的，主要用来分析资本要素相对劳动要素在经济增长中收入份额的变化。替代弹性可以表示为资本–劳动投入比的变化率与这两种要素相对价格变化率的比值，它可以反映出资本–劳动两种要素投入比例受其相对价格变化率的影响程度。

假设生产函数为 CES 生产函数，生产函数形式为

$$Y = A\left[\alpha K^{\frac{\sigma-1}{\sigma}} + (1-\alpha) L^{\frac{\sigma-1}{\sigma}}\right]^{\frac{\sigma}{\sigma-1}} \tag{2-38}$$

其中，σ 为资本劳动的替代弹性。容易推导出劳动收入份额为

$$\text{LS} = \frac{\omega \times L}{Y} = \frac{L}{Y} \times \frac{\partial Y}{\partial L} = \frac{1-\alpha}{\alpha \left(\dfrac{L}{K}\right)^{\frac{1-\sigma}{\sigma}} + (1-\alpha)} \tag{2-39}$$

式（2-39）意味着完全竞争市场中资本和劳动存在替代关系。当资本劳动的替代弹性 $\sigma > 1$ 时，资本的深化会降低劳动报酬占比，企业会更倾向用资本要素，而不是劳动要素；当 $\sigma = 1$ 时，生产函数退化为 C-D 生产函数，劳动报酬占比稳定不变；当 $\sigma < 1$ 时，劳动报酬占比会随着人均资本的增加而增加。

3. 贸易及全球化理论

贸易及全球化对劳动收入份额影响的研究起源于李嘉图（Ricardo，1817）、赫克舍（Heckscher，1919）及其学生奥林（Ohlin，1933）等的相关研究。李嘉图曾预言，贸易最终会使得贸易商品的相对价格趋于平衡。赫克舍和奥林则认为，国家间的出口会遵循比较优势原则，生产要素占优的产品，产品价格会更低，在贸易中会更具有竞争力。例如，劳动力丰富的国家，会更可能出口劳动密集型产品。Stolper 和萨缪尔森在继承李嘉图等的经济学观点基础上，对其进一步发展，提出在相对价格趋同的条件下，所有贸易参与国不能从贸易中平等受益，生产要素更为丰富的所有者从贸易中获得的利润更高，且进口和出口都会影响总需求，因此贸易会影响要素收入分配的份额。

随着经济全球化的进程，资本等要素开始在全球范围内流动，因而会影响到劳动报酬占比。经济开放程度越高，资本管制越松，资本自由流动程度越高，这就扩大了企业和资本的决策范围，导致资本谈判能力提高的同时，降低了劳动报酬占比，尤其地方政府间不断引进外资，在提高投资水平的同时，使得要素分配向不利于劳动要素的方向倾斜（罗长远和张军，2009a）。Ortega 和 Rodríguez（2002）、Spector（2004）认为经济的全球化削弱了劳动者对工资"讨价还价"的能力，因而会导致劳动报酬占比减少；蒋为和黄玖立（2014）运用2000~2011 年省级数据探究了国际生产分割的深化与劳动报酬占比的关系；余淼杰和梁中华（2014）基于制造业贸易企业数据，发现贸易自由化可以降低资本品成本、中间投入品价格以及劳动替代型技术引进成本，从而降低企业的劳动报酬占比。

4. 不完全竞争市场—垄断理论

完全竞争市场是理想的市场环境，而现实的经济环境肯定不具有完全竞争的特征，垄断的存在也是影响劳动收入份额变动的重要原因之一。

Kalecki（1938）详细阐述了垄断对劳动收入份额变动的影响。他认为，在不完全竞争和信息不完全的条件下，经济不存在向任何稳态和充分就业收敛的自然趋势，垄断条件下的价格加成与垄断程度以及工会相对权力等有关。Kalecki的垄断理论研究表明，从长期看，若垄断程度不断增加，那么资本的收入份额将会不断增加，即收入分配格局存在着向资本方倾斜的趋势。考虑到长期内基础原材料的价格占工资总额比例将呈上升的变动趋势，这将会抑制资本收入份额而提升劳动收入份额。由于垄断程度上升和基础原材料价格占工资总额的比例对工资份额的影响是相反的，工资份额将呈现稳定的态势。

5. 资本回报率超经济增长率理论

法国经济学家皮凯蒂（Piketty）在 2014 年前后出版的著名畅销书《21 世纪资本论》中展示了20多个国家近300年收入和财富的变化历史，并分析了经济、社会、政治等多种影响收入分配的理论逻辑。皮凯蒂的理论逻辑可以简单表示如下：

$$\alpha = r \times \beta = r \times s/g \qquad (2\text{-}40)$$

其中，α 为资本收入份额；r 为利润、利息、股利、租金等资本的回报率；β 为资本收入比；s 为国民储蓄率；g 为经济增长率。

从式（2-40）不难得出，如果资本回报率 r 和国民储蓄率 s 相对稳定，这符合很多国家的现实情况，当资本回报率 r 超过经济增长率 g 时，国民收入中的资本收入份额 α 会增加。这是皮凯蒂收入分配理论逻辑的核心。

资本回报率 r 超过经济增长率 g 的直观含义是财富的积累速度大于国民收入的增长速度。但它同时也意味着资本收入份额在国民收入中占比提高，而劳动收入份额下降。在资本回报率显著且持续大于收入增长率的条件下，获得利息支付的资本家将从经济增长中获得越来越多的收益，这样会导致资本家所拥有的财富的相对规模不断扩大，当然贫富的差距和财富的集中度也随之加剧。根据皮凯蒂的计算，从 1950 年开始，美、英、法三国的资本收入比持续扩大，到21世纪末，全世界的资本收入比将从2010 年的接近 4.5 上升到约 6.5。随着资本收入比的上升，资本收入份额会上升，资本集中加强，财富差距加大。

皮凯蒂认为，资本回报率 r 超过经济增长率 g 可以解释为什么第一次世界大战前许多国家的财富分配极端且持续不平等。尽管类似第一次和第二次世界大战这样的战争革命减缓了资本积累，增加了平等，但是，通往不平等的整体趋势是明确的，需要靠收入和财富之上的高额税收来扼制。

2.3.3　要素收入分配变动的影响效应理论

1. 要素收入分配的不平等效应理论

中国正处于经济和社会结构快速转型的阶段，收入分配格局经历了劳动收入份额下降和基尼系数上升的双重分配失衡。收入不平等为规模性收入分配的体现，周明海和杨粼炎（2017）区分两种思路，系统地总结了国内外要素分配与规模性分配联系的理论框架。

第一，根据个体收入分配的决定因素将要素分配与收入不平等联系起来。Daudey 和 García-Peñalosa（2007）构建了一个简单的模型，个体收入分配由三种因素决定：一是劳动要素的分配；二是资本要素的分配；三是国民总收入在两种要素间的分配结构。Checchi 和 García-Peñalosa（2008，2010）构造了一个拥有四类劳动者的模型：领取救济金的失业者、赚取工资的低技能工人、领取薪酬的高技能工人和拥有资本的高技能工人。利用基尼系数公式计算四类劳动者之间的收入不平等程度，从而将基尼系数重新表达为三种分配效应：一是资本和劳动要素间的收入分配效应；二是劳动要素内部的收入分配效应；三是失业和社会保障的普及效应。Adams 等（2014）指出，整体不平等不仅取决于资本和劳动要素内部与要素间收入不平等，还取决于高薪劳动者与高资本收入者的高相关性。同时，在投资选择内生和资本技能互补的假设下，他们构建了一个一般的理论框架，考察诸如技术、政策和要素比例等宏观趋势与冲击对劳动收入份额和基尼系数的共同决定作用。

第二，借助收入不平等的分解技术建立要素分配和规模性收入分配的联系。Atkinson（2009）将收入划分为工资和资本收入两种来源并利用变异系数平方的分解公式，将整体收入不平等分解为工资不平等、资本收入不平等、资本和工资收入的相关系数三部分。这一分解思路可以应用到诸如基尼系数、泰尔指数等其他不平等指标，并可追溯至 20 世纪七八十年代一系列有关收入不平等的要素来源分解研究。然而，当时的研究主要聚焦于按要素来源分解的方法方面，而并未特别关注要素收入分配对个体收入分配的影响和贡献（周明海，2015）。循着上述分解框架，近期西方学者开始利用微观数据着重考察要素收入对整体收入不平等变动的影响。

2. 要素收入分配的经济增长效应理论

要素收入分配的经济增长效应主要分为三类：总需求效应、总供给效应及总效应（邹薇和袁飞兰，2018）。

（1）要素收入分配变动的总需求效应理论。Bhaduri 和 Marglin（1990）在有效需求理论基础上构建了一个研究劳动收入份额（利润份额）变动的总需求效应的经济增长模型，并根据劳动收入份额上升是带来"正向"还是"负向"的总需求增长效应，将总需求机制分别定义为"工资拉动型"和"利润拉动型"。如果劳动收入份额下降会抑制总需求，从而降低 GDP 水平，则称此种总需求机制为"工资拉动型"；如果劳动收入份额下降会扩大总需求，从而提升 GDP 水平，则称此种总需求机制为"利润拉动型"。从理论上讲，关于总需求机制的研究有助于更好地理解各国的经济结构与经济增长机制，从收入分配的角度理解经济增长背后的推动或阻碍因素，从而更全面地把握其经济发展的脉搏。总需求效应的政策含义在于，收入分配政策必须与经济结构（总需求机制）之间具有一致性。如果总需求机制为"工资拉动型"（"利润拉动型"），则应该推行亲资本分配政策，从而形成以"工资拉动型"（"利润拉动型"）为主要动力的增长过程。然而，如果在"利润拉动型"经济体中推行亲劳动分配政策，或者在"工资拉动型"经济体中推行亲资本分配政策，将导致经济停滞。

（2）要素收入分配变化的总供给效应理论（生产率理论）。马克思的《资本论》认为，实际工资上升会促使资本家努力开发以资本替代劳动的技术（引致性技术进步），从而有助于劳动生产率的提升。后续关于收入分配变化的生产率效应，主要体现在实际工资水平和总需求水平对劳动生产率的影响上。从总供给层面来讲，收入分配变化两种途径对劳动生产率产生影响：一方面，总生产过程具有规模报酬递增特征，劳动收入份额变动通过总需求效应影响总产出，进而通过"维多恩效应"影响劳动生产率。根据维多恩效应，总产出增长会深化劳动分工，更有利于"干中学"作用的发挥，从而促进劳动生产率提高；并且总产出增长意味着新的资本投入（加速数原理），而新资本通常较旧资本具有更高的生产率。另一方面，给定劳动生产率，劳动收入份额上升，则实际工资水平也相应提高。

（3）要素收入分配变化的总效应。Naastepad（2005）融合 Bhaduri 和 Marglin（1990）的总需求效应以及 Kaldor（1996）供给体系所强调的高产出、高工资对生产率的促进作用，构建了一个考察总需求、劳动生产率与实际工资水平之间互动关系的经济增长模型，并将此理论模型应用到荷兰的实证研究中。其研究表明，即使在"利润拉动型"总需求增长机制的经济体中，如果实际工资压制给生产率带来的负面效应足够大，以至于超过总需求增长对生产率的正向效应（维多恩效应），那么，生产率仍会出现下滑；不仅如此，生产率的下滑缩小了（工资压制引起的）劳动收入份额原有的下降幅度，从而削弱了其总需求增长效应。其最终结果是，产出方面并没有实现高增长，生产率反而出现大幅度下降。至于就业率的提高，是因为生产率的增长低于产出的增长，经济增长依赖于不断增强的劳动密集型增长方式，其"就业奇迹"只是"生产率增长危机"同一枚硬币的另一面而已。

2.4　本　章　小　结

　　本章主要是对居民收入分配份额测算分析的基础理论进行梳理。首先，阐述国民收入分配流程、国民收入分配格局（包括主体分配格局和要素分配格局）理论，重点梳理其中的指标界定及计算关系；其次，归纳评析国民收入分配格局测算方法理论；最后，系统阐述当前主要的要素收入分配基础理论。其中的主要观点整理如下。

　　（1）国民收入分配过程大致可以分为以交换性分配活动为主的初次分配和以非交换性分配活动为主的再分配两个阶段。其中初次分配又可分为收入形成和财产收入分配两个环节。国民收入分配以增加值总和——GDP 为开端，经过初次分配和再分配分别形成原始收入和可支配收入，其中，原始收入总和为国民总收入，可支配收入总和为 NDI。

　　（2）国民收入主体分配格局是指政府、企业和居民等主体部门收入在国民收入分配中所占的比例关系。按照分配环节不同，国民收入主体分配格局可分为初次分配前、初次分配后、再分配后三种。要素分配格局是指国民收入在投入生产的各个要素之间的分配比例关系。在只存在劳动和资本两个投入要素下，要素分配格局的分析指标是劳动收入份额和资本收入份额。由于两个指标之和等 1，故要素分配格局测算分析只需重点关注劳动收入份额或资本收入份额即可。忽略政府主体情形下的资本和劳动两要素分配格局与居民和企业两主体分配格局实质上完全等价。三主体格局和两主体（要素）格局在核算上可以相互转换。国民收入分配框架下初次分配与再分配的关系在本质上是效率与公平的关系。

　　（3）当前对于国民收入分配主体格局测算主要有全国资金流量表核算数据、省份收入法 GDP 数据、全国投入产出表数据、城乡居民住户调查收入数据和国家财政数据四种数据来源。全国资金流量表法基于数据的连续性、稳定性的特点，在当前核算中应用最为普遍；省份收入法 GDP 法具有连续性且能够提供分行业数据，在当前的研究中的应用仅次于资金流量表法；而全国投入产出表法虽具有准确性特征，但缺乏连续性的特点，因此在当前研究中，应用相对较少。

　　（4）要素收入分配的理论发展较早，可以追溯到古典经济学派，随后新古典经济学派提出的 C-D 生产函数，新剑桥学派"卡尔多收入分配模型"、刘易斯二元经济模型等也都对劳动要素收入分配提供了经济学阐释。要素收入份额的变动受很多因素的影响，工资超劳动生产率、要素替代弹性、贸易及全球化、不完全竞争市场——垄断、资本回报率超经济增长率都是在机理上极其重要的影响因素。要素收入分配变动的影响效应包括两方面：一是收入分配的不平等效应；二是包括总需求、总供给与总效应的收入分配经济增长效应。

第二篇

统计测算篇

第3章 基于不同核算数据来源的我国居民收入分配份额初步测算

本章在论述我国 GDP 核算制度的基础上，分别使用资金流量表、省份收入法 GDP 和投入产出表三种来源的初步核算与最终核实后的数据对我国居民收入分配三主体和两主体格局进行测算，并进行一些比较，初步展示了我国居民收入分配份额的变化情况。

3.1 收入分配份额测算的核算制度基础

收入分配份额测算的核算制度基础是国民经济核算制度。当今世界上绝大多数国家实行的核算制度是 SNA。自从 1953 年 SNA 正式诞生后，SNA 一共有四个版本，分别是 1953 年 SNA、1968 年 SNA、1993 年 SNA 和 2008 年 SNA。此外，还有个别国家采用的是物质平衡表体系（material product balance system，MPS）。中国自 20 世纪 80 年代初开始引入 SNA，历经了 SNA1968、SNA1993 和 SNA2008，与收入分配份额测算相关的内容是 GDP 核算、资金流量核算和投入产出核算，其中最为基础和重要的核算是 GDP 核算。考虑到资金流量核算和投入产出核算在第 2 章的相关方法已有涉及，这里重点阐述中国 GDP 核算制度。

3.1.1 中国 GDP 核算制度的变迁历史[①]

自改革开放后，中国国民经济核算历经 MPS 体系和从 MPS 体系向市场经济

---

① 参见吕光明编写的"中国国内生产总值的统计实践"（载邱东主编《国民经济统计学（第三版）》，高等教育出版社，2016 年第 115-132 页），以及高敏雪和付海燕的《当前中国 GDP 核算制度的总体解析》（《经济理论与经济管理》，2014 年第 9 期第 5-14 页）。

国家普遍采用的 SNA 体系转变的混合型体系后，于 1985 年开始建立中国 GDP 核算制度。截至目前，中国 GDP 核算制度已有三十多年的历史，可以分为如下三个阶段。

1. 初创期（1985~1992 年）

改革开放以后，非物质服务业在国民经济中获得迅速发展，为制定正确的服务业发展政策、协调三次产业的健康发展，国家统计局从 20 世纪 80 年代初开始研究 SNA 体系的核心指标——GDP。1985 年 4 月，国务院办公厅转发国家统计局《关于建立第三产业统计的报告》，要求在做好国民收入统计的同时，抓紧建立 GDP 和第三产业统计。同年，经国务院批准，中国开始建立国家级和省级两级年度 GDP 核算制度。最初的 GDP 核算是生产核算，以生产法为主，以国民收入为基础进行间接推算。1989 年开始尝试实行支出法。经过多年研究，1992 年正式推出混合采纳 MPS 与 SNA 部分内容的《中国国民经济核算体系（试行方案）》。

1985~1992 年，尽管中国建立了 GDP 核算制度，但这一核算制度还比较粗糙，在功能上只是用以弥补 MPS 的国民收入指标，不能反映非物质服务业生产活动成果的不足。

2. 完善期（1992~2003 年）

20 世纪 90 年代初，社会主义市场经济体制改革目标得以确立，宏观经济管理部门对 GDP 这一适用于市场经济体制的宏观经济指标更加重视。1993 年，正式取消传统的国民收入核算，GDP 在中国国民经济核算中的地位由附属指标开始上升为核心指标。2002 年 12 月，正式推出依据 1993 年 SNA 制定的 CSNA2002，标志着 GDP 在国民经济核算中的核心地位真正确立。

1992~2003 年，中国不断加强和巩固 GDP 核算制度，使之得到不断发展：扩大了核算领域；调整了 GDP 核算的产业部门分类；规范了资料来源；修正了计算方法。

3. 发展变革期（2003 年至今）

2003 年，中国决定建立周期性经济普查制度，每五年进行一次，分别在逢 3、8 的年份实施，不仅为丰富 GDP 核算资料、推动 GDP 核算的发展奠定了基础，也标志着中国 GDP 核算制度步入发展变革期。截至目前，中国在 GDP 核算制度的发展和变革方面所做的主要工作如下：规范了经济普查年度和非经济普查年度的 GDP 核算方法及定期完善机制；规范了核算步骤和数据修订发布制度；

进一步推进了核算制度的改革工作。

2003 年，中国改进 GDP 核算与数据发布制度，明确规定年度和季度 GDP 核算规范为初步核算、初步核实和最终核实三个步骤；2017 年，为更好地服务宏观决策和适应社会需求，避免数据多次修订给使用者带来的不便，中国对现行的 GDP 核算与数据发布制度进行精简改革，调整为初步核算和最终核实两个步骤。

3.1.2　中国现行 GDP 核算制度的基本架构

为全面解析中国现行 GDP 核算制度，从 GDP 核算的时期属性、过程属性、空间属性和内容属性四个维度对其基本架构进行展示。

1. GDP 核算的时期属性

中国 GDP 核算在时期上分为年度和季度两种类型。前者以一年为核算期，对应的是年度 GDP 核算；后者以一季为核算期，对应的是季度 GDP 核算。年度 GDP 核算与季度 GDP 核算对时效性的要求不同，季度 GDP 核算对时效性的要求较高，而年度 GDP 核算对时效性的要求相对宽裕，因此，年度 GDP 核算相比季度 GDP 核算能够获得更加完整和准确的资料，包括国家统计调查资料、部门年度财务统计资料、财政决算资料及行政管理部门的行政记录资料。资料来源的这种区别决定了年度 GDP 核算与季度 GDP 核算行业分类详细程度和具体计算方法的不同。

2. GDP 核算的过程属性

在具体的 GDP 核算过程中，一个时期结束后，宏观经济决策部门、国内及国际社会均希望能够及时了解过去一个时期的国民经济运行情况如何，因此，统计部门不可能等到资料全部收集完毕再核算 GDP 数据，必须依据所能获得的尚不完整的基础数据，辅之以必要的推算，核算出 GDP 的初步数据，以满足各方需求。在获得健全的基础资料后，则需要对 GDP 的初步数据进行修订，从而使 GDP 核算数据更加接近实际，为各方判断经济发展情况提供更加准确的信息。

按照国家统计局最新改革的 GDP 核算和数据发布制度规定，中国年度和季度 GDP 核算均要经过初步核算和最终核实两个步骤。在初步核算实践中，首先得到季度 GDP 初步核算数据，其次将各季度 GDP 初步核算数据相加，即可得到年度 GDP 初步核算数据；在最终核实实践中，首先得到年度 GDP 最终核实数据，其次修订得到季度 GDP 最终核实数据。在开展全国经济普查发现对 GDP 数据有较大影响的新基础资料时，或计算方法及分类标准发生变化后，通常要对年度 GDP 和季度 GDP 历史数据进行相应的追溯修订，也称为全面修订。

3. GDP 核算的空间属性

中国当前的 GDP 核算包含国家和地区两个层次。在理论上，所有地区 GDP 的加总结果应与国家 GDP 相同；但实际上，两者通常难以达成一致。造成该问题的原因如下：所依据的数据基础可能不同，核算对象在各个地区之间可能发生重复或遗漏，记录原则、估价方法等可能有不同处理。这些原因几乎在所有国家都是不可避免的，中国也不例外。此外，在中国国家 GDP 和地区 GDP 两者间的关系还会受到更为复杂的因素影响，使其成为一个有待解决并值得特别关注的大问题。

4. GDP 核算的内容属性

中国 GDP 核算从内容属性考察可以分解为两个方面：一是现价 GDP 和不变价 GDP；二是生产核算和使用核算。受历史遗留的影响，中国 GDP 是采用两种方式进行核算的。第一种是按照生产法和收入法混合计算，一般称为 GDP 生产核算；第二种是按照支出法计算，一般称为 GDP 使用核算。受基础数据来源缺乏的影响，目前中国 GDP 使用核算的方法成熟程度和细化深入程度与生产核算相比存在很大差距，其核算结果难免会存在较大的统计误差。因此，在一定程度上可以说，中国目前的 GDP 核算是以生产核算为主开展的，如表 3-1 所示。

表 3-1　中国 GDP 核算的不同维度

项目		季度核算（初步核算）	年度核算（最终核实）	历史追溯修订（全面修订）
国家核算		统计内容： 1. 生产核算 1）现价 GDP 统计 2）不变价 GDP 统计 2. 使用核算 1）现价 GDP 统计 2）不变价 GDP 统计		
地区核算				

3.1.3　中国 GDP 历史数据的重大补充和修订[①]

作为国民经济核算的统计产品，GDP 数据的生产加工不是一蹴而就的，需要经过多次修订进而合成最终数据。权衡及时性和准确性，先满足及时性发布初

---

① 参见吕光明编写的"中国国内生产总值的统计实践"（载邱东主编《国民经济统计学（第三版）》，高等教育出版社，2016 年第 115-132 页），以及彭惜君的《GDP 的几次重大修正》（《中国统计》，2004 年第 12 期第 8 页）。

步数据，再兼顾准确性核实初步数据是国际 GDP 统计的通行做法。按照国家统计局的制度规定，中国 GDP 统计不但要经过初步核算和最终核实两个步骤，而且在开展全国经济普查后通常要对历史数据进行重大修订。

1. 年度 GDP 历史数据的两次重大补充

中国 GDP 核算始于 1985 年，这就意味着 1985 年之前的 GDP 历史数据存在核算缺失。为了满足宏观经济分析和管理对数据的连续性与可比性的要求，中国对 GDP 历史数据进行了两次重大补充。

第一次重大补充是针对改革开放后（1978~1984 年）的数据，这项工作是在 1986~1988 年进行的。第一次重大补充数据最先简要发表在 1988 年的《中国统计年鉴》上。

第二次重大补充是针对改革开放前（1952~1977 年）的数据，这项工作是在 1988~1997 年进行的。这两次重大补充的内容和方法基本相同，既包括 GDP 生产核算，也包括 GDP 使用核算。第二次重大补充数据最先发表在《中国国内生产总值核算历史资料（1952—1995）》上，同时还发表了第一次补充数据的详细资料。

2. 年度 GDP 历史数据的三次重大修订

第一次重大修订是在中国进行第三产业普查后（1994~1995 年）进行的。重大修订的时间范围为 1978~1993 年，共计 16 个年度，修订内容包括 GDP 的生产核算和使用核算。生产核算的修订包括第三产业中各产业部门增加值的修订和 GDP 总量的修订。使用核算的修订主要是最终消费的修订和支出法 GDP 总量的修订。第一次重大修订后的 GDP 总量及其生产和使用方面的结构性数据最先简要发表在 1995 年的《中国统计年鉴》上，详细数据发表在《中国国内生产总值核算历史资料（1952—1995）》上。

第二次重大修订发生在第一次全国经济普查之后。经济普查年度（2004 年度）GDP 总量从 136 876 亿元修订为 159 878 亿元，增加了 23 002 亿元，修订幅度为 16.8%。为了保持 GDP 数据的历史可比性，国家统计局以经济普查年度（2004 年度）的 GDP 核算数据为基础，采用经济合作与发展组织（Organization for Economic Co-operation and Development，OECD）普遍使用的趋势离差法[①]，

---

① 趋势离差法是利用修订前 GDP 序列的趋势离差乘以修订值的趋势估计值得到修订后的年度序列数据。趋势离差法的核心在于如何估计 GDP 序列的趋势值，进而得到趋势离差。一般来说，GDP 序列趋势值的估计方法可以有多种，如简单移动平均法、加权移动平均法、多项式法、幂函数法等。趋势序列确定后，需要对 GDP 序列的趋势模式做出假定。

对 1993 年以来包含 GDP 在内的相关宏观统计数据的历史数据进行相应修订。修订后的数据最先发表在 2007 年底出版的《中国统计年鉴（2006）》上。事实上由于核算方法的变化，这次历史数据的修订可以追溯到 1953 年。

第三次重大修订发生在第二次全国经济普查之后。经济普查年度（2008 年度）GDP 总量从 300 670 亿元修为 314 045 亿元，增加了 13 375 亿元，修订幅度为 4.4%。国家统计局依旧按照国际通行的做法，对之前的年度数据进行相应修订。这次修订的时间范围涉及第一次经济普查至第二次经济普查之间的年份（2005~2007 年）。修订内容不仅是 GDP 总量，还包括各个行业的增加值、现价数据和不变价数据。

3. 季度 GDP 历史数据的四次重大修订

1995 年第三产业普查结果发布后没有同时对季度 GDP 历史数据进行修订。第一次修订为 2003 年，《中国季度国内生产总值核算历史资料（1992—2001）》首次公布了 1992 年至 2001 年与年度 GDP 相衔接的季度历史数据。

第二次修订为第一次全国经济普查后。由于第二次年度 GDP 重大修订涉及核算和分类方法的变化，对历史数据一直修订到 1992 年，因此，这次季度 GDP 重大修订同样追溯到 1992 年，国家统计局公布了《中国季度国内生产总值核算历史资料（1992—2005）》。

第三次修订为第二次全国经济普查后。国家统计局对 2005~2007 年季度 GDP 数据进行了追溯修订，在 2012 年出版的《中国季度国内生产总值核算历史资料（1992—2011）》中公布了 2005~2008 年季度 GDP 修订后的数据结果。同时，该资料还介绍了季度 GDP 的核算方法与修订方法，环比统计与季节修订的主要概念，美国、日本、韩国、德国、法国和巴西六个国家同时期的季度 GDP 核算资料。

第四次修订发生在 2015 年。国家统计局从 2015 年第 3 季度起实施季度 GDP 分季方式核算。为配合这一改革，国家统计局同时对 1992 年以来的季度 GDP 数据进行了全面修订。

GDP 历史数据的两次重大补充使得数据更为完整、匹配，几次重大修订使得数据更为准确、可靠，满足了宏观经济分析和管理对相应数据的需要。

3.1.4　居民收入分配份额测算基础数据

由于资金流量表核算数据和省份收入法 GDP 核算数据均经过多次补充和修订，存在多种基础数据来源，具体情况详见表 3-2 和表 3-3。

表 3-2　基于资金流量表核算的居民收入分配份额测算基础数据（单位：亿元）

年份	(1) 劳动者报酬	(2) GDP	(3) 劳动者报酬	(4) GDP	(5) 劳动者报酬	(6) GDP	(7) 劳动者报酬	(8) GDP	(9) 劳动者报酬	(10) GDP	(11) 劳动者报酬	(12) GDP
1992	16 907.6	26 638.1	15 959.6	26 638.1					14 696.7	26 923.5		
1993	21 295.4	34 634.4	19 633.6	34 634.4					18 173.4	35 333.9		
1994	28 133.4	46 759.4	26 455.1	46 759.4					25 206.0	48 197.9		
1995	35 086.9	58 478.1	36 660.0	58 478.1					32 087.4	60 793.7		
1996			39 276.5	67 884.6					37 085.8	71 176.6		
1997			43 730.3	74 462.6					41 856.6	78 973.0		
1998			46 007.7	78 345.2					44 329.2	84 402.3		
1999			48 953.8	82 067.5					47 165.8	89 677.1		
2000			53 281.4	89 468.1					50 059.2	99 214.6	52 282.4	99 214.6
2001			56 963.3	97 314.8					54 420.2	109 655.2	57 575.7	109 655.2
2002			62 524.3	105 172.0					60 677.1	120 332.7	64 524.4	120 332.7
2003			69 137.8	117 390.2					66 188.8	135 822.8	71 722.3	135 822.8
2004					75 199.5	159 878.3	80 898.4	159 878.3			80 898.4	159 878.3
2005					92 675.4	183 217.5	93 023.5	184 937.4			93 023.5	184 937.4
2006					105 211.0	211 923.5	106 210.4	216 314.4			106 210.4	216 314.4
2007					124 839.5	257 305.6	127 588.9	265 810.3			127 588.9	265 810.3
2008							150 067.2	314 045.4			150 067.2	314 045.4
2009											166 469.0	340 902.8
2010											190 044.9	401 512.8
2011											221 458.2	473 104.1
2012											255 599.5	519 470.1

续表

年份	(1) 劳动者报酬	(2) GDP	(3) 劳动者报酬	(4) GDP	(5) 劳动者报酬	(6) GDP	(7) 劳动者报酬	(8) GDP	(9) 劳动者报酬	(10) GDP	(11) 劳动者报酬	(12) GDP
2013											297 970.3	588 018.8
2014											326 764.9	643 974.1
2015											355 373.3	689 052.1

注：第（1）列和第（2）列数据来源于《中国统计年鉴（1998）》；第（3）列和第（4）列数据来源于《中国统计年鉴（1999~2006 年）》，其中，《中国统计年鉴（1999）》修订更新给出了 1992~1996 年数据；第（5）列和第（6）列数据来源于《中国统计年鉴（2007~2009 年）》；第（7）列和第（8）列数据来源于《中国统计年鉴（201C（）》，其中，2004~2007 年数据为在第二次全国经济普查资料基础上的修订更新数据；第（9）列和第（10）列数据来源于《中国资金流量表历史资料（1992~2004）》，全部数据都是在第一次全国经济普查资料基础上进行更新修订；第（11）列和第（12）列数据来源于《中国统计年鉴（2012~2017 年）》，其中，《中国统计年鉴（2012）》更新给出了 2000~2009 年数据，《中国统计年鉴（2013）》给出了 2010~2011 年数据。

表 3-3 基于省份收入法 GDP 核算的居民收入分配份额测算基础数据（单位：亿元）

年份	（1） 地区 GDP 汇总	（2） 劳动者报酬汇总	（3） 地区 GDP 汇总	（4） 劳动者报酬汇总	（5） 地区 GDP 汇总	（6） 劳动者报酬汇总
1993	34 219.6	16 934.6				
1994	45 345.2	22 829.0				
1995	57 535.2	29 596.8				
1996	67 764.2	34 703.7				
1997	76 339.2	38 954.5				
1998	82 558.5	41 960.5				
1999	88 215.7	44 082.2				
2000	98 504.1	47 977.7				
2001	108 545.7	52 351.3				
2002	120 571.1	57 576.8				
2003	139 250.0	64 271.5	135 539.1	67 260.7	139 537.2	65 901.0
2004	167 587.1	69 639.6			167 922.6	72 181.9
2005			197 789.0	81 888.0	199 228.1	86 781.7
2006			231 053.3	93 822.8	232 836.7	100 525.4
2007			275 624.6	109 532.3	279 737.9	119 893.7
2008			333 314.0	154 892.8	333 314.0	154 892.8
2009			365 303.7	170 299.7	365 303.7	170 304.2
2010			437 042.0	196 714.1	437 042.0	196 690.7
2011			521 441.1	234 310.3	521 441.1	234 346.9
2012			576 551.8	262 864.1	576 551.8	262 864.1
2013					634 345.3	290 943.5
2014					684 349.4	318 258.1
2015					722 767.9	346 159.5
2016					780 070.0	370 224.3

注：第（1）列和第（2）列资料来源于《中国国内生产总值核算历史资料（1952—2004）》；第（3）列和第（4）列资料来源于《中国统计年鉴（2004~2013 年）》，其中，《中国统计年鉴（2004）》和《中国统计年鉴（2005）》给出的都是 2003 年数据，2004 年数据缺失；第（5）列和第（6）列资料来源于国家统计局网站

3.2 三主体下我国居民收入分配份额的初步测算

3.2.1 基于资金流量表核算数据的初步测算

运用资金流量表测算劳动报酬占比比较广泛。自 1992 年起，国家统计局开始编制资金流量表数据。如表 3-2 所示，资金流量表数据有几次大的变动，主要包括：

①2004年经济普查后，国家统计局根据普查数据结果对资金流量表中的数据进行了修改，并对之前的数据进行了回溯调整，其结果见《中国资金流量表历史资料（1992—2004）》。②《中国统计年鉴（2012）》中又系统修订了2000~2009年实物交易资金流量表。

1. 初次分配前三主体分配格局

根据表3-2中的数据，秉承同等条件下应采用最新修订数据的原则，得到测算初次分配前三主体分配格局的基础数据，然后依据初次分配原则：劳动报酬为居民所得，生产税净额为政府所获得，而固定资产折旧和营业盈余为企业所获得，计算得到初次分配前三主体分配格局，具体见表3-4和图3-1。

表 3-4　基于资金流量表数据的初次分配前三主体分配格局

年份	GDP/亿元	劳动者报酬/亿元	生产税净额/亿元	固定资产折旧和营业盈余/亿元	劳动报酬占比	生产税净额占比	固定资产折旧和营业盈余占比
1992	26 923.5	14 696.7	3 907.1	8 319.7	54.59%	14.51%	30.90%
1993	35 333.9	18 173.4	5 519.0	11 641.5	51.43%	15.62%	32.95%
1994	48 197.9	25 206.0	7 493.8	15 498.1	52.30%	15.55%	32.16%
1995	60 793.7	32 087.4	8 501.3	20 205.0	52.78%	13.98%	33.24%
1996	71 176.6	37 085.8	10 697.6	23 393.2	52.10%	15.03%	32.87%
1997	78 973.0	41 856.6	12 308.1	24 808.3	53.00%	15.59%	31.41%
1998	84 402.3	44 329.2	13 848.3	26 224.8	52.52%	16.41%	31.07%
1999	89 677.1	47 165.8	14 599.7	27 911.6	52.60%	16.28%	31.12%
2000	99 214.6	52 282.4	11 975.3	34 956.9	52.70%	12.07%	35.23%
2001	109 655.2	57 575.7	12 968.2	39 111.3	52.51%	11.83%	35.67%
2002	120 332.7	64 524.4	14 761.8	41 046.5	53.62%	12.27%	34.11%
2003	135 822.8	71 722.3	17 516.2	46 584.3	52.81%	12.90%	34.30%
2004	159 878.3	80 898.4	20 608.8	58 371.1	50.60%	12.89%	36.51%
2005	184 937.4	93 023.5	23 685.7	68 228.2	50.30%	12.81%	36.89%
2006	216 314.4	106 210.4	27 656.7	82 447.3	49.10%	12.79%	38.11%
2007	265 810.3	127 588.9	35 304.9	102 916.5	48.00%	13.28%	38.72%
2008	314 045.4	150 067.2	39 556.3	124 421.9	47.79%	12.60%	39.62%
2009	340 902.8	166 469.0	41 962.8	132 471.0	48.83%	12.31%	38.86%
2010	401 512.8	190 044.9	52 672.6	158 795.3	47.33%	13.12%	39.55%
2011	473 104.0	221 458.2	62 270.8	189 375.0	46.81%	13.16%	40.03%
2012	519 470.1	255 599.5	68 866.0	195 004.6	49.20%	13.26%	37.54%
2013	588 018.8	297 970.3	73 536.4	216 512.1	50.67%	12.51%	36.82%
2014	643 974.0	326 764.9	78 643.1	238 566.0	50.74%	12.21%	37.05%
2015	689 052.1	355 373.3	79 668.7	254 010.1	51.57%	11.56%	36.86%

注：根据表3-3确定最新的GDP和劳动者报酬数据匹配得到相应的生产税净额、固定资产折旧和营业盈余数据

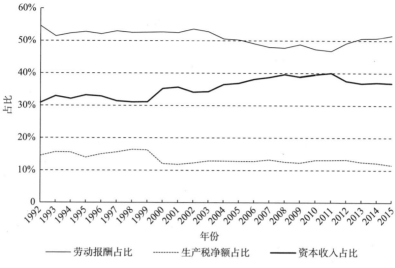

图 3-1　基于资金流量表数据的初次分配前三主体分配格局
固定资产折旧和营业盈余占比又称资本收入占比

如表3-4和图3-1所示，1992~1999年生产税净额占比和资本收入占比比较平稳，而 2000 年生产税净额占比陡然降至12.07%，较 1999 年减少了 4.21 个百分点；而同期资本收入占比也骤然上升至 35.23%，比前一年增加了 4.11 个百分点。2001 年后，资本收入占比呈逐渐上升的趋势，而生产税净额占比比较稳定，一直徘徊在 11%~14%。从居民收入分配份额看，劳动报酬占比 1992 年为54.59%；1993~2002 年一直在 51%~54%；2002~2011 年从 53.62%逐步下降到46.81%；2012年后劳动报酬占比又开始回升，2015 年回升至51.57%。

2. 初次分配后的三主体分配格局

按照类似的方法，同样可以计算得到初次分配后的三主体分配格局，见表 3-5和图3-2。

表 3-5　基于资金流量表数据的初次分配后三主体分配格局

年份	初次分配总收入/亿元	企业初次分配总收入/亿元	政府初次分配总收入/亿元	居民初次分配总收入/亿元	企业部门收入占比	政府部门收入占比	居民部门收入占比
1992	26 937.2	4 679.6	4 462.2	17 795.4	17.37%	16.57%	66.06%
1993	35 260.0	7 086.8	6 097.9	22 075.3	20.10%	17.29%	62.61%
1994	48 108.6	8 550.8	8 216.8	31 341.1	17.77%	17.08%	65.15%
1995	59 810.5	11 682.6	9 103.1	39 024.8	19.53%	15.22%	65.25%
1996	70 142.6	11 853.8	11 659.9	46 628.8	16.90%	16.62%	66.48%
1997	78 060.8	13 188.8	13 334.4	51 537.6	16.90%	17.08%	66.02%

续表

年份	初次分配总收入/亿元	企业初次分配总收入/亿元	政府初次分配总收入/亿元	居民初次分配总收入/亿元	企业部门收入占比	政府部门收入占比	居民部门收入占比
1998	83 024.5	13 445.4	14 729.0	54 850.0	16.19%	17.74%	66.06%
1999	88 479.2	15 755.1	15 170.7	57 553.4	17.81%	17.15%	65.05%
2000	98 000.5	19 324.3	12 865.2	65 811.0	19.72%	13.13%	67.15%
2001	108 068.2	23 122.2	13 697.3	71 248.7	21.40%	12.67%	65.93%
2002	119 095.7	25 694.2	16 600.0	76 801.6	21.57%	13.94%	64.49%
2003	134 977.0	30 077.0	18 387.5	86 512.5	22.28%	13.62%	64.09%
2004	159 453.6	40 051.2	21 912.7	97 489.7	25.12%	13.74%	61.14%
2005	183 617.4	45 026.4	26 073.9	112 517.1	24.52%	14.20%	61.28%
2006	215 904.4	53 416.5	31 373.0	131 114.9	24.74%	14.53%	60.73%
2007	266 422.0	68 349.9	39 266.9	158 805.3	25.65%	14.74%	59.61%
2008	316 030.3	84 085.7	46 549.1	185 395.4	26.61%	14.73%	58.66%
2009	340 320.0	84 169.6	49 606.3	206 544.0	24.73%	14.58%	60.69%
2010	399 759.5	97 968.3	59 926.7	241 864.5	24.51%	14.99%	60.50%
2011	468 562.4	112 212.5	72 066.9	284 282.9	23.95%	15.38%	60.67%
2012	518 214.7	117 776.5	80 975.9	319 462.4	22.73%	15.63%	61.65%
2013	583 196.7	140 691.8	88 745.0	353 759.9	24.12%	15.22%	60.66%
2014	644 791.1	159 051.6	98 266.4	387 473.1	24.67%	15.24%	60.09%
2015	686 449.6	165 840.0	102 617.8	417 991.9	24.16%	14.95%	60.89%

注：由于四舍五入的关系，表中部分年份初次分配总收入数值与企业、政府和居民总收入加总后的数值存在微小误差

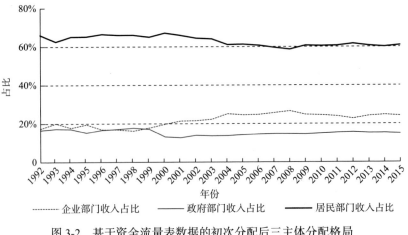

图 3-2　基于资金流量表数据的初次分配后三主体分配格局

　　如表 3-5 和图 3-2 所示，企业部门收入占比 1992~1999 年在 17%左右，

2000~2008 年呈上升趋势,2009~2015 年稳定在 24%左右的水平上。政府部门收入占比基本稳定在 15%左右的水平上。居民部门收入占比稳中有降,1992~2003年稳定在 65%左右的水平上,2004~2015 年稳定在 60%左右的水平上。

3. 再分配后的三主体分配格局

按照类似的方法,同样可以计算得到再分配后的三主体分配格局,见表 3-6 和图 3-3。

表3-6 基于资金流量表数据的再分配后三主体分配格局

年份	国民可支配总收入/亿元	企业可支配总收入/亿元	政府可支配总收入/亿元	居民可支配总收入/亿元	企业部门收入占比	政府部门收入占比	居民部门收入占比
1992	27 000.9	3 159.3	5 388.9	18 452.8	11.70%	19.96%	68.34%
1993	35 327.5	5 557.2	6 943.3	22 827.1	15.73%	19.65%	64.62%
1994	48 223.8	7 005.0	8 926.6	32 292.2	14.53%	18.51%	66.96%
1995	59 930.2	9 722.5	9 916.1	40 291.6	16.22%	16.55%	67.23%
1996	70 320.4	9 624.9	12 570.3	48 125.1	13.69%	17.88%	68.44%
1997	78 487.1	10 281.8	14 363.1	53 842.2	13.10%	18.30%	68.60%
1998	83 379.0	11 216.0	15 119.5	57 043.5	13.45%	18.13%	68.41%
1999	88 888.5	13 066.6	16 088.8	59 733.1	14.70%	18.10%	67.20%
2000	98 523.0	17 670.3	14 314.1	66 538.7	17.94%	14.53%	67.54%
2001	108 771.1	20 581.6	16 324.2	71 865.3	18.92%	15.01%	66.07%
2002	120 170.4	23 241.1	19 505.9	77 423.3	19.34%	16.23%	64.43%
2003	136 421.2	27 206.0	21 946.8	87 268.4	19.94%	16.09%	63.97%
2004	161 348.8	36 322.3	26 517.6	98 508.9	22.51%	16.43%	61.05%
2005	185 572.4	40 088.6	32 573.7	112 910.2	21.60%	17.55%	60.84%
2006	218 141.8	46 990.5	39 724.9	131 426.4	21.54%	18.21%	60.25%
2007	269 243.2	59 492.5	51 192.1	158 558.6	22.10%	19.01%	58.89%
2008	319 027.5	72 557.1	60 544.1	185 926.3	22.74%	18.98%	58.28%
2009	342 482.5	72 576.8	62 603.3	207 302.4	21.19%	18.28%	60.53%
2010	402 513.7	85 275.7	74 116.3	243 121.7	21.19%	18.41%	60.40%
2011	470 145.4	94 169.7	90 203.2	285 772.6	20.03%	19.19%	60.78%
2012	518 431.5	95 731.3	101 301.1	321 399.2	18.47%	19.54%	61.99%
2013	582 656.9	115 167.6	110 376.0	357 113.4	19.77%	18.94%	61.29%
2014	644 879.3	132 195.1	121 574.2	391 110.0	20.50%	18.85%	60.65%
2015	685 655.9	135 840.5	127 186.1	422 629.2	19.81%	18.55%	61.64%

注:由于四舍五入的关系,表中部分年份国民可支配总收入数值与企业、政府和居民总收入加总后的数值存在微小误差

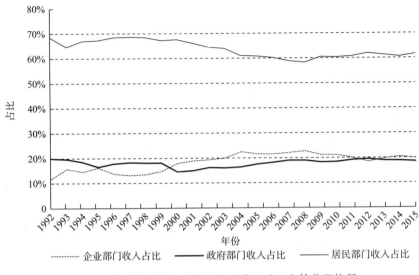

图 3-3　基于资金流量表数据的再分配后三主体分配格局

如表 3-6 和图 3-3 所示，企业部门收入占比 1992~1996 年在 14%左右，1997~2004 年逐步上升，2005~2015 年稳定在 20%左右的水平上。政府部门收入占比基本稳定在 18%左右的水平上。居民部门收入占比 1992~2000 年稳定在 68%左右的水平上，2001~2005 年逐步下降，2006~2015 年稳定在 60%左右的水平上。

3.2.2　基于省份收入法 GDP 核算数据的初步测算

利用地区收入法 GDP 算得的劳动报酬占比具有时间连续、跨度长、能够展示空间和产业行业的截面特征等优点，目前使用较多，尤其在经济学研究中。我国自 1985 年开始实行 GDP 的国家和省份两级核算制度，意味着国家核算全国的 GDP，各省份核算本地区的 GDP。由于多种原因，地区 GDP 汇总数据与国家数据之间始终存在差异。1992 年以来，地区 GDP 汇总增长速度数据始终高于国家数据；1996 年以来，地区汇总的 GDP 总量数据始终高于国家数据。虽然 2005 年国家统计局利用经济普查资料统一组织计算各省份 2004 年GDP 数据，使得地区 GDP 汇总数据与国家数据之间的差距明显缩小，但是两者之间的差距问题尚没有得到根本解决。根据表 3-3 中的数据，秉承同等条件下应采用最新修订数据的原则，得到测算初次分配前三主体分配格局的基础数据，然后依据初次分配原则（劳动报酬为居民所得，生产税净额为政府所获得，而固定资产折旧和营业盈余为企业所获得），计算得到初次分配前三主体分配格局，见表 3-7 和图 3-4。

表 3-7 基于省份收入法 GDP 数据的初次分配前三主体分配格局

年份	收入法 GDP/亿元	劳动者报酬/亿元	生产税净额/亿元	固定资产折旧/亿元	营业盈余/亿元	劳动报酬占比	生产税净额占比	资本收入占比
1993	34 220	16 935	3 996	4 808	8 481	49.49%	11.68%	38.83%
1994	45 345	22 829	5 442	6 271	10 803	50.35%	12.00%	37.65%
1995	57 535	29 597	7 057	7 457	13 425	51.44%	12.27%	36.29%
1996	67 764	34 704	8 737	8 634	15 690	51.21%	12.89%	35.90%
1997	76 339	38 954	10 420	9 958	17 006	51.03%	13.65%	35.32%
1998	82 558	41 960	11 769	10 933	17 897	50.83%	14.26%	34.92%
1999	88 216	44 082	13 136	11 847	19 150	49.97%	14.89%	35.14%
2000	98 504	47 978	15 079	13 855	21 593	48.71%	15.31%	35.99%
2001	108 546	52 351	16 968	15 114	24 113	48.23%	15.63%	36.14%
2002	120 571	57 577	18 794	16 644	27 556	47.75%	15.59%	36.66%
2003	139 250	64 272	21 962	19 376	33 640	46.16%	15.77%	38.07%
2004	167 587	69 640	23 569	23 624	50 755	41.55%	14.06%	44.38%
2005	197 789	81 888	27 919	29 522	58 460	41.40%	14.12%	44.48%
2006	231 053	93 823	32 727	33 642	70 862	40.61%	14.16%	45.23%
2007	275 625	109 532	40 828	39 019	86 246	39.74%	14.81%	45.45%
2008	333 314	154 893	49 217	44 886	84 318	46.47%	14.77%	38.76%
2009	365 304	170 300	55 531	49 370	90 103	46.62%	15.20%	38.18%
2010	437 042	196 714	66 609	56 228	117 457	45.01%	15.24%	39.74%
2011	521 441	234 310	81 399	67 345	138 387	44.94%	15.61%	39.45%
2012	576 552	262 864	91 635	74 133	147 920	45.59%	15.89%	38.51%
2013	634 345	290 944	100 869	79 729	162 804	45.87%	15.90%	38.23%
2014	684 349	318 258	107 008	88 224	170 860	46.51%	15.64%	37.86%
2015	722 768	346 159	107 444	95 181	173 984	47.89%	14.87%	37.24%
2016	780 070	370 224	110 762	107 001	192 082	47.46%	14.20%	38.34%

注：收入法 GDP、劳动者报酬、生产税净额、固定资产折旧、营业盈余数据均来自国家统计局网站。劳动报酬占比=劳动者报酬/收入法 GDP；生产税净额占比=生产税净额/收入法 GDP；资本收入占比=（固定资产折旧+营业盈余）/收入法 GDP

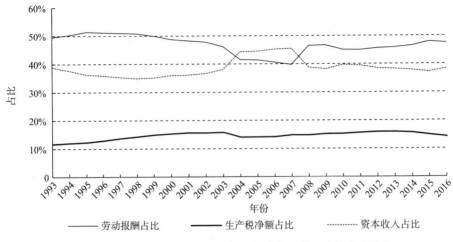

图 3-4　基于省份收入法 GDP 数据的初次分配前三主体分配格局

　　由表 3-7 和图 3-4 可知，生产税净额占比 1993~2003 年基本上逐年增加，2004 年下降到 14.06%，减少了 1.71 个百分点，之后又缓慢升高；劳动报酬占比在 1995~2003 年缓慢下降，直到 2004 年突然从 46.16% 大幅度下降到 41.55%，2004~2007 年依然呈现下降趋势，2008 年突然从 39.74% 增加到 46.47%，2016 年缓慢上升至 47.46%；资本收入占比在 1993~1998 年一直呈现下降趋势，到 1999 年出现了转折，1999~2007 年逐年攀升，在 2004 年和 2008 年出现两次大幅度的上升和下落，分别从 2003 年的 38.07% 上升到 2004 年的 44.38%，从 2007 年的 45.45% 下降到 2008 年的 38.76%，2008 年后一直处于 37%~40% 的水平。

3.2.3　基于投入产出表核算数据的初步测算

　　利用投入产出表，不仅可以测算出全国的劳动报酬比重，还可以测算细分行业的劳动报酬比重，得到的结果也较为准确。但是很少有学者用投入产出表得到的数据来衡量我国劳动报酬比重的变化，因为投入产出表的数据是不连续的，只能得到少数年份的数据，由此得到的劳动报酬比重数据也是不连续的，仅能够反映劳动报酬比重变化的大体趋势，体现不出其变化的真实幅度。同时，也不能用这种方法得到的劳动报酬比重进行实证分析。而且投入产出表还存在数据滞后性问题，正如列昂惕夫所说"投入产出表的编制，任何一年的数据从积累到核对都不可避免地要花费一段时间，投入产出表将总是一种历史数据"。

　　投入产出表在测算劳动报酬占比时相对前两个数据被较少使用，相对来说比较准确，而且可以测算不同行业劳动报酬份额的状况。但是投入产出表数据较少、不连续且比较滞后。

　　表 3-8 和图 3-5 是利用投入产出表的数据测算得到的初次分配前 GDP 中政府、企业、居民三主体所得占比。由于投入产出表的数据较少，生产税净额占比一直比较稳定处在 13%和 14%左右，而劳动报酬占比和资本收入占比的起伏比较大，分别从 1995 年的 46.92%和 39.94%变化到 1997 年的 54.87%和 31.60%；2002年劳动报酬占比又出现了近 6 个百分点的下降，到 2005 年又下降将近 6 个百分点，直到2010年劳动报酬占比开始有所回升，2015年增加到52.06%；而资本收入占比 2002 年和 2005 年分别都有 6 个、7 个百分点的升幅，2015 年回落到 35.85%。

表 3-8　基于投入产出表数据的初次分配前三主体分配格局

年份	劳动者报酬/亿元	生产税净额/亿元	固定资产折旧/亿元	营业盈余/亿元	增加值合计/亿元	劳动报酬占比	生产税净额占比	资本收入占比
1992	12 052	3 274	3 537	7 781	26 644	45.23%	12.29%	42.48%
1995	27 894	7 811	7 596	16 147	59 448	46.92%	13.14%	39.94%
1997	41 540	10 245	10 312	13 607	75 704	54.87%	13.53%	31.60%
2000	49 920	13 412	14 606	14 409	92 347	54.06%	14.52%	31.42%
2002	58 950	17 462	18 741	26 706	121 859	48.38%	14.33%	37.29%
2005	78 232	24 853	27 934	54 000	185 019	42.28%	13.43%	44.28%
2007	110 047	38 519	37 256	80 222	266 044	41.36%	14.48%	44.16%
2010	191 009	59 911	55 292	97 437	403 649	47.32%	14.84%	37.84%
2012	264 134	73 606	71 682	127 378	536 800	49.21%	13.71%	37.08%
2015	354 110	82 275	86 509	157 360	680 254	52.06%	12.09%	35.85%

　　注：劳动者报酬、生产税净额、固定资产折旧、营业盈余和增加值合计均来自相应年份的投入产出表。劳动报酬占比=劳动者报酬/增加值合计；生产税净额占比=生产税净额/增加值合计；资本收入占比=（固定资产折旧+营业盈余）/增加值合计

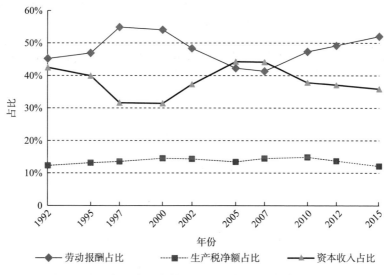

图 3-5　基于投入产出表数据的初次分配前三主体分配格局

3.3 两主体下我国居民收入分配份额的初步测算

3.2 节我们已经测算了三主体国民收入分配格局及其中的居民收入分配份额,本节把生产税净额影响剔除后,将劳动收入和资本收入完全对立,即得到居民和企业两主体的分配格局及其中的居民收入分配份额。

3.3.1 基于资金流量表核算数据的初步测算

1. 初次分配前的两主体收入分配格局

依据第 2 章所述的 Gomme 和 Rupert(2004)的方法,计算得到初次分配前居民和企业两主体收入分配格局,见表 3-9 和图 3-6。由表 3-9 和图 3-6 可以观察到剔除生产税净额后,劳动报酬占比和资本收入占比的总体趋势和三主体的变化趋势比较一致,1992~1999 年资本收入占比比较平稳,而 2000 年资本收入占比骤然上升至 40.07%,比上年增加了 2.89 个百分点。2002 年后,资本收入占比呈上升的趋势。从劳动报酬占比角度来看,1993~2003 年劳动报酬占比一直在59%~63%,2004 年骤然从 60.62%下降到 58.09%,此后至 2011 年呈下降趋势。2015 年劳动报酬占比又回升至 58.32%。劳动报酬占比剔除生产税净额影响前后差距比较大,1992~1999 年大约相差 9 个百分点,而 2000 年后差距减小到 7 个百分点左右;而资本收入占比差一直在 6 个百分点上下浮动,剔除生产税净额影响后,劳动报酬占比增加的比重要高于资本收入占比增加的比重。

表 3-9 基于资金流量表数据的初次分配前居民和企业两主体收入分配格局

年份	劳动者报酬/亿元	资本收入/亿元	劳动报酬占比 (剔除生产税净额)	资本收入占比 (剔除生产税净额)
1992	14 696.7	8 319.7	63.85%	36.15%
1993	18 173.4	11 641.5	60.95%	39.05%
1994	25 206.0	15 498.1	61.92%	38.08%
1995	32 087.4	20 205.0	61.36%	38.64%
1996	37 085.8	23 393.2	61.32%	38.68%
1997	41 856.6	24 808.3	62.79%	37.21%
1998	44 329.2	26 224.8	62.83%	37.17%
1999	47 165.8	27 911.6	62.82%	37.18%
2000	52 282.4	34 956.9	59.93%	40.07%

续表

年份	劳动者报酬/亿元	资本收入/亿元	劳动报酬占比 （剔除生产税净额）	资本收入占比 （剔除生产税净额）
2001	57 575.7	39 111.3	59.55%	40.45%
2002	64 524.4	41 046.5	61.12%	38.88%
2003	71 722.3	46 584.3	60.62%	39.38%
2004	80 898.4	58 371.1	58.09%	41.91%
2005	93 023.5	68 228.2	57.69%	42.31%
2006	106 210.4	82 447.3	56.30%	43.70%
2007	127 588.9	102 916.5	55.35%	44.65%
2008	150 067.2	124 421.9	54.67%	45.33%
2009	166 469.0	132 471.0	55.69%	44.31%
2010	190 044.9	158 795.3	54.48%	45.52%
2011	221 458.2	189 375.0	53.90%	46.10%
2012	255 599.5	195 004.6	56.72%	43.28%
2013	297 970.3	216 512.1	57.92%	42.08%
2014	326 764.9	238 566.0	57.80%	42.20%
2015	355 373.3	254 010.1	58.32%	41.68%

注：根据财政部提供的全口径财政收支详细资料、国家外汇管理局修订后的国际收支平衡表数据，以及部分交易项目编制方法的调整，系统修订了 2000~2009 年实物交易资金流量表。1992~1999 年资金流量表正在修订之中。劳动报酬占比=劳动者报酬/（增加值−生产税净额）；资本收入占比=固定资产折旧和营业盈余/（增加值−生产税净额）

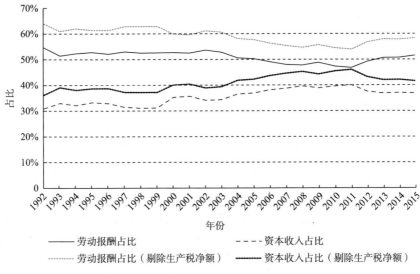

图 3-6　基于资金流量表数据的初次分配前居民和企业两主体收入分配格局

2. 初次分配后和再分配后的两主体收入分配格局

依据类似于第 2 章所述的 Gomme 和 Rupert（2004）的方法，同样可以计算得到初次分配后和再分配后居民与企业两主体收入分配格局，具体见表 3-10 和图 3-7。由表 3-10 和图 3-7 可以看出，初次分配后和再分配后居民部门收入占比的变化趋势比较一致，总体上呈现波动下降趋势，大约下降了 8 个百分点；再分配后居民部门收入占比相比初次分配后有 5 个百分点左右的提升。初次分配后和再分配后企业部门收入占比变动特点与前述的居民部门收入占比相反。

表 3-10　基于资金流量表数据的初次分配后和再分配后居民与企业两主体收入分配格局

年份	初次分配后		再分配后	
	企业部门收入占比	居民部门收入占比	企业部门收入占比	居民部门收入占比
1992	20.82%	79.18%	14.62%	85.38%
1993	24.30%	75.70%	19.58%	80.42%
1994	21.43%	78.57%	17.83%	82.17%
1995	23.04%	76.96%	19.44%	80.56%
1996	20.27%	79.73%	16.67%	83.33%
1997	20.38%	79.62%	16.03%	83.97%
1998	19.69%	80.31%	16.43%	83.57%
1999	21.49%	78.51%	17.95%	82.05%
2000	22.70%	77.30%	20.98%	79.02%
2001	24.50%	75.50%	22.26%	77.74%
2002	25.07%	74.93%	23.09%	76.91%
2003	25.80%	74.20%	23.77%	76.23%
2004	29.12%	70.88%	26.94%	73.06%
2005	28.58%	71.42%	26.20%	73.80%
2006	28.95%	71.05%	26.34%	73.66%
2007	30.09%	69.91%	27.28%	72.72%
2008	31.20%	68.80%	28.07%	71.93%
2009	28.95%	71.05%	25.93%	74.07%
2010	28.83%	71.17%	25.97%	74.03%
2011	28.30%	71.70%	24.79%	75.21%
2012	26.94%	73.06%	22.95%	77.05%
2013	28.45%	71.55%	24.39%	75.61%
2014	29.10%	70.90%	25.26%	74.74%
2015	28.41%	71.59%	24.32%	75.68%

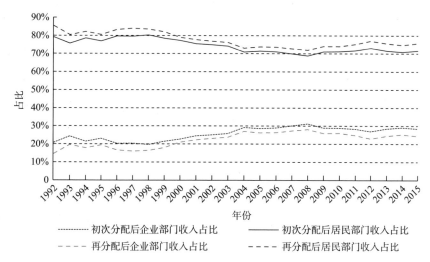

图 3-7　基于资金流量表数据的初次分配后和再分配后居民与企业两主体收入分配格局

3.3.2　基于省份收入法 GDP 数据的初次分配前两主体分配格局

依据省份收入法 GDP 数据及类似于第 2 章所述的 Gomme 和 Rupert（2004）的方法，同样可以计算得到初次分配前居民和企业两主体收入分配格局，见表 3-11 和图 3-8。从表 3-11 和图 3-8 可以看出，利用省份收入法 GDP 测算的劳动报酬占比剔除生产税净额后其变化趋势仍和未剔除的劳动报酬占比的趋势一致，1998~2003 年总体呈下降趋势，2003 年达到 54.80%，比 1998 年的 59.27%下降了 4 个多百分点，2004 年突然降至 48.35%，这是由 2004 年统计口径的调整所引起的，直到 2008 年统计口径再一次调整其又回升到 54.52%，并之后一直在 54%左右浮动。

表 3-11　基于省份收入法 GDP 数据的初次分配前居民和企业两主体收入分配格局

年份	劳动者报酬/亿元	生产税净额/亿元	固定资产折旧/亿元	营业盈余/亿元	劳动报酬占比（剔除生产税净额）	资本收入占比（剔除生产税净额）
1993	16 935	3 996	4 808	8 481	56.03%	43.97%
1994	22 829	5 442	6 271	10 803	57.21%	42.79%
1995	29 597	7 057	7 457	13 425	58.63%	41.37%
1996	34 704	8 737	8 634	15 690	58.79%	41.21%
1997	38 954	10 420	9 958	17 006	59.09%	40.91%
1998	41 960	11 769	10 933	17 897	59.27%	40.73%
1999	44 082	13 136	11 847	19 150	58.71%	41.29%
2000	47 978	15 079	13 855	21 593	57.51%	42.49%
2001	52 351	16 968	15 114	24 113	57.17%	42.83%
2002	57 577	18 794	16 644	27 556	56.57%	43.43%

续表

年份	劳动者报酬/亿元	生产税净额/亿元	固定资产折旧/亿元	营业盈余/亿元	劳动报酬占比（剔除生产税净额）	资本收入占比（剔除生产税净额）
2003	64 272	21 962	19 376	33 640	54.80%	45.20%
2004	69 640	23 569	23 624	50 755	48.35%	51.65%
2005	81 888	27 919	29 522	58 460	48.21%	51.79%
2006	93 823	32 727	33 642	70 862	47.31%	52.69%
2007	109 532	40 828	39 019	86 246	46.65%	53.35%
2008	154 893	49 217	44 886	84 318	54.52%	45.48%
2009	170 300	55 531	49 370	90 103	54.98%	45.02%
2010	196 714	66 609	56 228	117 457	53.11%	46.89%
2011	234 310	81 399	67 345	138 387	53.25%	46.75%
2012	262 864	91 635	74 133	147 920	54.21%	45.79%
2013	290 944	100 869	79 729	162 804	54.54%	45.46%
2014	318 258	107 008	88 224	170 860	55.12%	44.88%
2015	346 159	107 444	95 181	173 984	56.26%	43.74%
2016	370 224	110 762	107 001	192 082	55.31%	44.69%

注：收入法 GDP、劳动者报酬、生产税净额、固定资产折旧、营业盈余数据均来自国家统计局网站。劳动报酬占比=劳动者报酬/（劳动者报酬+固定资产折旧+营业盈余）；资本收入占比=（固定资产折旧+营业盈余）/（劳动者报酬+固定资产折旧+营业盈余）

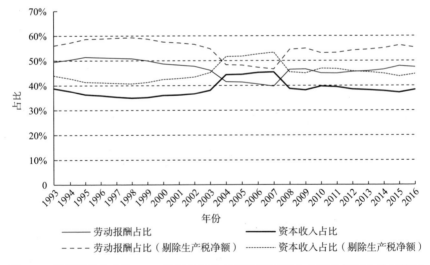

图 3-8　基于省份收入法 GDP 数据的初次分配前居民和企业两主体收入分配格局

3.3.3　基于投入产出表核算数据的初步测算

基于投入产出表数据，采用类似的方法同样可以得到初次分配前居民和企业两主体收入分配格局（表 3-12 和图 3-9）。从表 3-12 和图 3-9 可知，两主体的劳动报酬占比的变化趋势和三主体的变化趋势一致，1992~1997 年呈上升趋势，比重由 1992 年的 51.57%增加到 1997 年的 63.46%，到 2000 年劳动报酬占比变化不大，仍在 63%左右，2000~2005 年劳动报酬占比显著减少，从 63.24%下降到 48.84%，降幅有 14 个百分点之多，2007 年较 2005 年变化不大，但是从 2010 年劳动报酬占比突然又开始大幅提高，到 2015 年升至 59.22%，增加了 11 个百分点。

表 3-12　基于投入产出表数据的初次分配前居民和企业两主体收入分配格局

年份	劳动者报酬/亿元	固定资产折旧/亿元	营业盈余/亿元	劳动报酬占比（剔除生产税净额）	资本收入占比（剔除生产税净额）
1992	12 052	3 537	7 781	51.57%	48.43%
1995	27 894	7 596	16 147	54.02%	45.98%
1997	41 540	10 312	13 607	63.46%	36.54%
2000	49 920	14 606	14 409	63.24%	36.76%
2002	58 950	18 741	26 706	56.47%	43.53%
2005	78 232	27 934	54 000	48.84%	51.16%
2007	110 047	37 256	80 222	48.37%	51.63%
2010	191 009	55 292	97 437	55.57%	44.43%
2012	264 134	71 682	127 378	57.02%	42.98%
2015	354 110	86 509	157 360	59.22%	40.78%

注：劳动者报酬、生产税净额、固定资产折旧、营业盈余和增加值合计均来自相应年份的投入产出表。劳动报酬占比=劳动者报酬/（增加值合计−生产税净额）；资本收入占比=（固定资产折旧+营业盈余）/（增加值合计−生产税净额）

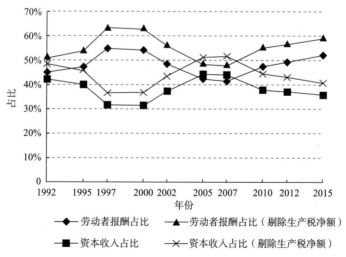

图 3-9　基于投入产出表数据的初次分配前居民和企业两主体收入分配格局

3.4　基于不同格局和数据来源的居民收入分配份额比较

3.4.1　三主体格局下的比较

表 3-13 和图 3-10 为基于三种数据来源和三主体格局中的居民收入分配份额数据比较。从中可以看出，从不同分配流程的比较看，初次分配后相比初次分配前对居民收入分配份额提升明显，大约在 10 个百分点以上；在 2000 年之前再分配相比初次分配后对居民收入分配份额也有 1 个百分点到 2 个百分点的提升。从劳动报酬占比数据来看，资金流量表数据的测算结果要比省份收入法 GDP 数据的测算结果略高一些，两者的差值在 2002~2007 年表现得比较明显。投入产出表数据的测算结果与其他两种数据的测算结果也有较大出入，但没有系统性的特征。1992 年和 1995 年投入产出表数据的测算结果比其他两种测算结果略低于一些，1997 年、2000 年、2010 年、2012 年和 2015 年投入产出表数据的测算结果与资金流量表数据的测算结果更为接近，2002 年、2005 年和 2007 年投入产出表数据的测算结果与省份收入法 GDP 数据的测算结果更为接近。从测算结果的平滑特征来看，这里参考肖文和周明海（2010a）在《劳动收入份额变动的结构因素：收入法 GDP 和资金流量表的比较分析》的做法用标准差来衡量数据序列波动的平滑性。资金流量表数据测算的劳动报酬占比的方差最小，为 2.15%，平滑性最好；省份收入法 GDP 数据测算的劳动报酬占比的方差次之，为 3.49%；投入产出表数据测算的劳动报酬占比的方差最大，为 4.57%，平滑性最差。三种结果平滑性的不同，意味着数据质量问题的不同程度存在，值得后续深入比较分析。

表 3-13　基于三种数据来源和三主体格局中的居民收入分配份额

年份	资金流量表			省份收入法 GDP	投入产出表
	初次分配前	初次分配后	再分配后	初次分配前	初次分配前
1992	54.59%	66.06%	68.34%		45.23%
1993	51.43%	62.61%	64.62%	49.49%	
1994	52.30%	65.15%	66.96%	50.35%	
1995	52.78%	65.25%	67.23%	51.44%	46.92%
1996	52.10%	66.48%	68.44%	51.21%	
1997	53.00%	66.02%	68.60%	51.03%	54.87%
1998	52.52%	66.06%	68.41%	50.83%	

续表

年份	资金流量表			省份收入法 GDP	投入产出表
	初次分配前	初次分配后	再分配后	初次分配前	初次分配前
1999	52.60%	65.05%	67.20%	49.97%	
2000	52.70%	67.15%	67.54%	48.71%	54.06%
2001	52.51%	65.93%	66.07%	48.23%	
2002	53.62%	64.49%	64.43%	47.75%	48.38%
2003	52.81%	64.09%	63.97%	46.16%	
2004	50.60%	61.14%	61.05%	41.55%	
2005	50.30%	61.28%	60.84%	41.40%	42.28%
2006	49.10%	60.73%	60.25%	40.61%	
2007	48.00%	59.61%	58.89%	39.74%	41.36%
2008	47.79%	58.66%	58.28%	46.47%	
2009	48.83%	60.69%	60.53%	46.62%	
2010	47.33%	60.50%	60.40%	45.01%	47.32%
2011	46.81%	60.67%	60.78%	44.94%	
2012	49.20%	61.65%	61.99%	45.59%	49.21%
2013	50.67%	60.66%	61.29%	45.87%	
2014	50.74%	60.09%	60.65%	46.51%	
2015	51.57%	60.89%	61.64%	47.89%	52.06%
标准差	2.15%	2.66%	3.48%	3.49%	4.57%

注：根据前面表格数据整理

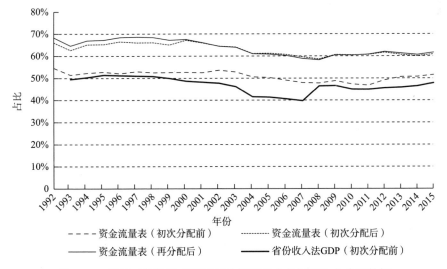

图 3-10　基于三种数据来源和三主体格局中的居民收入分配份额

3.4.2 两主体格局下的比较

表 3-14 和图 3-11 为基于三种数据来源和两主体格局中的居民收入分配份额数据比较。从中可以看出，从不同分配流程的比较看，初次分配后相比初次分配前对居民收入分配份额提升明显，在 15 个百分点左右；再分配相比初次分配后对居民收入分配份额也有 3 个百分点左右的提升，尤其是在 2000 年之前。从劳动报酬占比数据来看，资金流量表数据的测算结果要比省份收入法 GDP 数据的测算结果略高一些；投入产出表数据的测算结果与其他两种数据的测算结果也有较大出入，但没有系统性的特征。从测算结果的平滑特征来看，资金流量表数据测算的劳动报酬占比的方差最小，为 3.00%，平滑性最好；省份收入法 GDP 数据测算的劳动报酬占比的方差次之，为 3.83%；投入产出表数据测算的劳动报酬占比的方差最大，为 5.30%，平滑性最差。三种结果平滑性的不同，意味着数据质量问题的不同程度存在，值得后续深入比较分析。

表 3-14　基于三种数据来源和两主体格局中的居民收入分配份额

年份	资金流量表			省份收入法 GDP	投入产出表
	初次分配前	初次分配后	再分配后	初次分配前	初次分配前
1992	63.85%	79.18%	85.38%		51.57%
1993	60.95%	75.70%	80.42%	56.03%	
1994	61.92%	78.57%	82.17%	57.21%	
1995	61.36%	76.96%	80.56%	58.63%	54.02%
1996	61.32%	79.73%	83.33%	58.79%	
1997	62.79%	79.62%	83.97%	59.09%	63.46%
1998	62.83%	80.31%	83.57%	59.27%	
1999	62.82%	78.51%	82.05%	58.71%	
2000	59.93%	77.30%	79.02%	57.51%	63.24%
2001	59.55%	75.50%	77.74%	57.17%	
2002	61.12%	74.93%	76.91%	56.57%	56.47%
2003	60.62%	74.20%	76.23%	54.80%	
2004	58.09%	70.88%	73.06%	48.35%	
2005	57.69%	71.42%	73.80%	48.21%	48.84%
2006	56.30%	71.05%	73.66%	47.31%	
2007	55.35%	69.91%	72.72%	46.65%	48.37%
2008	54.67%	68.80%	71.93%	54.52%	
2009	55.69%	71.05%	74.07%	54.98%	
2010	54.48%	71.17%	74.03%	53.11%	55.57%

续表

年份	资金流量表			省份收入法 GDP	投入产出表
	初次分配前	初次分配后	再分配后	初次分配前	初次分配前
2011	53.90%	71.70%	75.21%	53.25%	
2012	56.72%	73.06%	77.05%	54.21%	57.02%
2013	57.92%	71.55%	75.61%	54.54%	
2014	57.80%	70.90%	74.74%	55.12%	
2015	58.32%	71.59%	75.68%	56.26%	59.22%
标准差	3.00%	3.66%	4.09%	3.83%	5.30%

注：根据前面表格数据整理

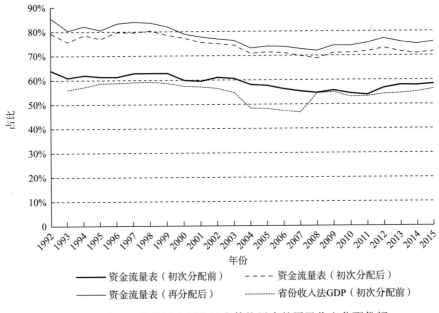

图 3-11　基于三种数据来源和两主体格局中的居民收入分配份额

3.5　本 章 小 结

　　资金流量表核算数据、省份收入法 GDP 核算数据和投入产出表核算数据是我国常见的用于核算收入分配份额的三大基础数据来源。三大数据来源的核算制度基础是 GDP 核算制度。本章在论述我国 GDP 核算制度的基础上，分别使用资金流量表、省份收入法 GDP 和投入产出表三种来源的初步核算和最终核实后的数据对我国居民收入分配三主体和两主体格局进行测算，初步展示了我国居民收入分配份额的变化情况。具体研究分析表明如下几方面。

（1）收入分配份额测算的核算制度基础是国民经济核算制度。自改革开放后，中国国民经济核算历经 MPS 体系和从 MPS 体系向市场经济国家普遍采用的 SNA 体系转变的混合型体系后，于 1985 年开始建立中国 GDP 核算制度，并经历了初创期、完善期和发展变革期三个阶段。中国现行 GDP 核算在时期上分为年度和季度两种类型；在过程上不但要经过初步核算和最终核实两个步骤，而且在开展全国经济普查后通常对历史数据进行全面修订；在空间上包含国家和地区两个层次；在内容上包括现价 GDP 与不变价 GDP、生产核算和使用核算两方面内容。根据普查结果改进 GDP 核算方法进而系统地修订历史数据是我国国民经济核算的传统做法。中国年度 GDP 历史数据历经了两次重大补充和三次重大修订。

（2）在三主体格局的初步测算中，资金流量表核算数据的时间范围为1992~2015 年，其中，1993~2003 年劳动报酬占比一直在 53%上下徘徊，2004 年开始呈下降趋势，至 2012 年又开始回升，2015 年回升至 51.57%；省份收入法GDP 核算数据的时间范围为 1993~2016 年；劳动报酬占比从 1993 年的 49.49%开始波动性下降，直到 2004 年突然从 46.16%大幅度下降到 41.55%，2004~2007 年依然呈现下降趋势，2008 年突然从 39.74%增加到 46.47%，2016 年缓慢上升至47.46%；投入产出表核算数据的时间范围为 1992~2015 年，劳动报酬份额的起伏比较大，从 1995 年的 46.92%变化到 1997 年的 54.87%，2002 年出现近 6 个百分点幅度的下降，2005 年又下降近 6 个百分点，直到 2010 年开始有所回升，2015年增加至 52.06%。初次分配后相比初次分配前对居民收入分配份额提升明显，大约在 10 个百分点以上；在 2000 年之前再分配相比初次分配后对居民收入分配份额也有 1 个百分点到 2 个百分点的提升。

（3）在两主体格局的初步测算中，由于相关测算方法都是 Gomme 和 Rupert（2004）方法框架下的线性调整，因此，在资金流量表、省份收入法 GDP 和投入产出表三种核算数据来源下劳动报酬占比的水平略有提升，但变动趋势并没有的大的改观，骤升骤降的现象仍然存在。初次分配后相比初次分配前对居民收入分配份额提升明显，在 15 个百分点左右；再分配相比初次分配后对居民收入分配份额也有 3 个百分点左右的提升，尤其是在 2000 年之前。

（4）从不同核算数据来源的比较看，基于资金流量表数据测算的劳动报酬占比在多数年份与基于投入产出表数据测算的劳动报酬占比比较接近，且都大于基于省份收入法 GDP 核算数据测算的劳动报酬占比。一方面，说明投入产出表数据质量在各个年份表现参差不齐，时间序列上的对比会出现问题；另一方面，很可能与省份收入法 GDP 的核算数据质量整体偏低有关。一般来说，地方政府为了迎合政绩考核需要，倾向报高固定资产投资的数据，这无形中会拉低劳动报酬占比，拉高资本收入占比（曾五一和薛梅林，2014；周清杰等，2014）。从标准差表现的平滑性看，资金流量表数据测算的劳动报酬占比的平滑性最好，省份收入法 GDP 数据测算的劳动报酬占比的平滑性次之，投入产出表数据测算的劳动报酬占比的平滑性最差。初步判断，基于资金流量表核算数据测算的劳动报酬占比要优于其他两种核算数据测算的劳动报酬占比。

第4章　居民收入分配份额测算中的数据质量问题：以劳动报酬占比为例

纵观国民收入分配主体格局，初次分配前格局是初次分配后和再分配后格局的基础，而初次分配前格局就是 GDP 在居民、企业和政府的分配比重。在初次分配前格局中，尤其以居民劳动报酬所涉及的数据质量问题最多，其测算结果准确性会直接影响其他分配比例和格局结果。在三主体格局中，居民、企业和政府的收入占比相加为 1，而政府主要收入来源为较为准确的税收，因此居民和企业的收入占比此消彼长，居民劳动报酬占比测算的准确性直接影响到企业的收入占比。在两主体格局中的情况也基本类似。因此，本章以初次分配中的劳动报酬占比①为例来剖析居民收入分配份额测算中的数据质量问题。具体地，本章首先探讨初次分配 GDP 中劳动报酬占比测算的偏差理论问题，然后从劳动报酬指标的核算口径、GDP 数据的修订、核算资料的来源等三个方面，剖析数据质量问题对我国劳动报酬占比测算的影响机制，探讨必要的规避办法。

劳动报酬占比是度量国民收入初次分配中劳动者分享程度的重要指标。尽管这一劳动报酬占比的计算公式十分简单，但由于我国 GDP 和劳动报酬指标数据来源多样、修订相对频繁等数据质量问题的存在，故要准确测算劳动报酬占比并不是一件容易的事情。具体表现如下：①我国劳动报酬指标核算口径曾有过两次重大调整，导致调整前后的指标数值不能直接对比。②由于新基础资料的出现、计算方法及分类标准的变更等原因，我国年度 GDP 数据还需要定期进行修订，导致年度 GDP 数据发生变动。③基于前面的原因，官方统计机构随后会对 GDP 和劳动报酬历史数据进行追溯修订，其结果体现在不同核算来源的资料中。然而，受制于修订工作的滞后性和相对有限的透明度、国家层面与省级层面修订工作同步性和完善度的差异等，基于不同核算来源资料测算的劳动报酬占比会存在

---

① 之所以以初次分配中劳动报酬占比指标为例，原因在于其中的数据质量问题体现了居民收入分配份额测算相关问题的绝大部分。

一些差异。上述三大数据质量问题交织在一起，严重影响了国内学术界对我国劳动报酬占比下降幅度和持续时间的判断，进而导致调整收入分配主体格局的政策设计和执行出现偏差。

从现有文献来看，国内学者对三大数据质量问题的关注程度差别较大，研究深入程度也不尽相同。对于第一个数据质量问题，很多研究（白重恩和钱震杰，2009b；张车伟和张士斌，2010；吕光明，2011）都已充分关注到我国劳动报酬指标核算口径的第一次重大口径调整，并深入探讨了相应的口径转换问题，但鲜有研究注意到第二次重大口径调整及现有口径与真正完整意义口径的差别，更不用说相应的口径转换问题。对于第二个数据质量问题，许宪春（2006）、伞峰（2006）只是从宏观层面关注 GDP 数据修订的影响，而围绕劳动报酬占比进行的专题研究还没有出现。对于第三个数据质量问题，白重恩和钱震杰（2009b）、肖文和周明海（2010a）、李林芳（2012）以及吕冰洋和郭庆旺（2012）从基础资料编制方法缺陷、不同来源数据特征等角度进行讨论分析，但这些分析还可以结合前两个数据质量问题进一步深化。

与现有研究相比，本章的研究目标在于：①从理论上解析劳动报酬占比测算在定义和数据两个方面遇到的争议性问题及相应的解决办法。②全面剖析中外已有劳动报酬指标核算口径的内涵和差异，尤其是现有研究所忽略的我国第二次重大调整后的口径和真正完整意义口径，并对不同核算口径间调整转换统一的思路和方法进行系统梳理和评析。③首次从理论上和实证测算上解析了我国 GDP 数据修订对劳动报酬占比测算结果的影响。④结合我国劳动报酬指标核算口径的变动和 GDP 数据的修订情况，深入剖析了基于资金流量表和省份收入法 GDP 两种核算资料测算的劳动报酬占比结果的差异，并给出相应的应用建议。

4.1　劳动报酬占比测算的偏差理论问题

劳动报酬占比，是指劳动者所获的报酬在所分析国家 GDP 或所分析部门或地区增加值中所占的比重。借助于国民经济核算，初次分配中劳动报酬占比计算如下：

$$劳动报酬占比 = \frac{劳动者报酬}{GDP} \tag{4-1}$$

尽管从表面上看式（4-1）的计算十分简单，但在具体测算时通常会在定义和数据两个方面遇到争议性问题导致出现偏差。

4.1.1　定义方面的问题

式（4-1）中的劳动者报酬和 GDP 两个核算指标在内容界定上均存在一些问题，具体如下：

（1）核算意义上的劳动者报酬与经济学意义上的劳动收入并不完全等价。劳动收入在经济学意义上是指假设劳动者没有人力资本累积存量时所取得的收入，即生产中支付给体力的（physical）①单位劳动收入。国民经济核算中的劳动者报酬则表示支付给劳动者的全部收入之和，包含人力资本累积的收益。C-D 生产函数估计、明瑟收入方程估计等经济学意义下的劳动报酬占比估计，与式（4-1）的估计存在较大的概念差异，不能直接进行结果比较。由于人力资本存量及收益的估算本身存在较大困难，所以大多数劳动报酬占比测算都借助于核算意义上的劳动者报酬指标进行。

（2）劳动者报酬指标的核算边界不够清晰。对于劳动者报酬指标核算究竟应纳入什么样的内容，Krueger（1999）曾提出如下疑问：哪些人算是劳动者？CEO（chief executive officer，首席执行官）和企业所有者是否包含在内？哪些收入应计入劳动者报酬？企业高管的股票期权是否应计入劳动者报酬吗？退休工人所领取的持续健康保险费用如何处理？Boggio 等（2002）提出如下疑问：CEO 和企业所有者的收入中，应计入资本要素的比例有多大，应计入劳动要素的比例有多大？出于管理上的便利性和必要性的需要，实际核算通常会选择相对较宽口径的劳动者和劳动者报酬定义。SNA1993 把劳动者区分为雇员和自我雇佣者。凡是从所在单位领取工资的称为雇员，雇员为其所在单位工作所应获得的现金或实物报酬总额称为雇员报酬。自我雇佣者是非法人企业的唯一所有者或共同所有者，并在该企业工作。对这类企业来说，由于所有者及同一住户的其他成员在企业所做工作的应得报酬与所有者作为业主所获得的收益难以分开，SNA1993 引入了一个新的概念——混合收入，它实际上包括劳动报酬和经营收益两部分内容（许宪春，2001）。

（3）选择什么样的增加值指标。增加值指标选择方面的争议集中在总额指标和净额指标上。由于总增加值等于净增加值加折旧，因此，该争议的实质是增加值指标中是否应该包含折旧。关于折旧的早期解释是固定资产消耗情况的折扣额。由于折旧通常会反映在最终产品或服务的市场价格中，一个国家或行业的总产出核算通常包含固定资产消耗折扣（Morel，2006）。而且，正如 Gomme 和 Rupert（2004）所提到的，"由于正像体力劳动和脑力劳动都会遭遇到损耗一样，折旧仅是对资本所有者的资本物质损耗的补偿，所以采用净增加值指标就缺

---

① 也称未扩展的（non-augmented）或无经验的（raw）。

乏足够的说服力"。因此，研究中常使用总增加值指标。

（4）选择什么样的增加值指标测算价格。SNA1993 中总增加值的测算价格主要有基本要素价格、生产者价格、购买者价格三种，其中前两种价格是式（4-1）中 GDP 指标测算价格争议的焦点。由于按生产者价格计算的总增加值减去按基本要素价格计算的总增加值等于生产税净额，故该争议的实质是如何处置生产税净额。从要素收入分配上看，生产税净额既不属于资本要素的收入，也不属于劳动要素的收入，是资本和劳动之外的"楔子"（wedge）。因此，当测算两部门或两要素情形下的劳动报酬占比时，应该从总增加值剔除生产税净额。换句话说，应选择基本要素价格测算增加值指标（Gomme and Rupert，2004）。

4.1.2　数据方面的问题

在国民经济核算中，国民收入与生产账户[①]是可用于计算劳动报酬占比的主要数据来源。在不同的国家，出于管理上的便利性和必要性而非经济学上的合理性的需要，国民收入与生产账户的核算程序也有所不同（Krueger，1999）。因此，账户数据采集系统通常会忽略内容界定问题，导致劳动者报酬和总增加值的测算出现偏差。Gomme 和 Rupert（2004）指出，如果我们越深入考察国民收入与生产账户，就越容易发现劳动报酬占比计算中的偏差。Gollin（2002）也指出，如果我们更小心地处理和测算数据尤其是劳动者报酬数据，大多数国家之间的劳动报酬占比会趋于固定的数值。通常劳动报酬占比测算偏差来源于三个方面的数据。

（1）自我雇佣收入数据。多数劳动报酬占比测算偏差来源于自我雇佣收入数据。首先，自我雇佣收入在 SNA1993 中称为混合收入，它既包含部分自我雇佣者的劳动报酬，也包含部分投资或经济利润。因此在具体计算中，如何划分两者比例是一大难题。其次，具体核算中可能依据相对随意的定义去划分企业所有者的收入，给劳动报酬占比的计算结果带来不确定性（Boggio et al.，2002）。例如，如果两位医生合伙开办一家非法人企业性质的医疗诊所，他们的收入应计入自我雇佣收入。但是，如果两位医生开办的是法人企业性质的医疗诊所，并从中发放薪水，那么他们的收入就计入雇员报酬。最后，自我雇佣者在全体劳动者中所占的比例在不同国家、不同产业部门之间差异较大。一般地，发达国家的自我雇佣者比例相对较低，而发展中国家相对较高[②]；制造业和教育、医疗、公共管理等多数公共部门的自我雇佣者比例相对较低，而农业和建筑业的比例相对较

[①] 在中国则是指生产账户和收入分配与支出账户。

[②] Kabaca（2011）指出，许多低收入国家的自我雇佣者比例高达 30%。

高。如果劳动报酬占比计算中自我雇佣收入的比例处理不当，就不利于该指标在国家之间或产业之间的准确比较。

（2）非工资报酬和离退休金数据。非工资报酬的一个主要形式是股票期权。由于国民经济核算很难采集到股票期权的信息，同时股票期权作为劳动者报酬处理在收入本质上还存在争议，所以实际核算通常把股票期权排除在劳动者报酬之外。离退休金可以看作离退休人员在离退休前工作时期劳动所得的延期支付。如何把离退休金计入工作时期的劳动者报酬中，或者如何在在职职工的劳动报酬中分配其退休后的工资所得，则存在很大的技术难题。SNA1993 建议了三种处理办法：①直接计入，将其视作当期在职人员创造价值中应得未得的退休金部分直接计入；②不计入，当作经常转移处理；③虚拟处理。现实处理中通常忽略不同时期离退休人员规模和工资水平变动而采用第一种处理方法（高敏雪等，2007）。显然，当离退休基金筹资过度或亏空时，这种处理方法就出现较大偏差。

（3）增加值数据。增加值数据的误差也是劳动报酬占比测算偏差的一个来源。除了指标选择和测算价格选择外，其误差主要来源于三个方面。首先，非观测经济的漏算。现实中还存在不少未被国民收入与生产账户记录的交易活动，通常称为未观测经济。未观测经济的规模在不同国家、不同产业之间存在较大差异，这在较大程度上影响了劳动报酬占比指标的准确比较。其次，公共部门增加值核算中资本收入数据的缺失。对于一般政府、教育、医疗卫生等非市场化的公共部门，现行的国民经济核算多采用投入法或费用法核算，即用经常性业务支出加固定资产折旧代替增加值（邱东和蒋萍，2008），这种用投入替代产出的方法把营业盈余锁定为零，意味着资本收入的缺失。因此，当测算劳动报酬占比时，如果把公共部门包含在内，就会导致结果的向上偏误；如果不这么做，既可以把公共部门排除在外，也可以给公共部门分配一定比例的资本收入（Gomme and Rupert，2004；Morel，2006）。最后，自我住房服务增加值中劳动者报酬数据的缺失。对于自有住房服务，现行的国民经济核算采用虚拟折旧或租金表示增加值，这意味着劳动者报酬数据的缺失。因此，当计算劳动报酬占比时，如果把自有住房服务包含在内，就会导致结果的向下偏误；如果不这么做，既可以把自有住房服务排除在外，也可以对自有住房服务分配一定比例的劳动收入（Gomme and Rupert，2004；Morel，2006）。

4.1.3　劳动报酬占比测算中的修正方法

上述的劳动报酬占比测算问题中，很多问题都和数据质量有关，因而修正余地也较为有限。但是，对于其中的部分问题，一些学者给出了一些修正方法。

1. Johnson 的修正方法

在对美国 1850~1952 年历史数据进行考察的基础上，Johnson（1954）研究发现个体经济中劳动报酬占比稳定在 65%左右，此后，经济学文献对个体经济自我雇佣收入的通常处理方法如下：2/3 计入劳动收入，1/3 计入资本收入。这种修正方法的前提条件如下：劳动报酬占比数据稳定，但这一前提条件与 20 世纪 70 年代以来欧美多数国家及 20 世纪 90 年代以来中国的劳动报酬占比下降的现实并不吻合。

2. Gollin 的修正方法

在国民经济核算中，除非自我雇佣者从自己的企业领取工资或自我雇佣者把所有企业组成法人企业，否则从非法人企业获得所有收益均应记作营业盈余，这就是 OSPUE。大多数自我雇佣收入要计入 OSPUE。为了在劳动和资本之间合理分配 OSPUE，Gollin（2002）提出了针对两部门或两要素情形下劳动报酬占比测算的三种修正方法。

第一种修正方法：假定自我雇佣者仅提供纯劳动服务，而无任何资本投入，因此把所有的 OSPUE 分配给劳动，即

$$\text{劳动报酬占比} = \frac{\text{雇员报酬} + \text{OSPUE}}{\text{按生产者价格计算的增加值} - \text{生产税净额}} \tag{4-2}$$

这种方法计算简单、直观，方法假定符合多数低收入国家自我雇佣者的要素投入几乎全是纯劳动服务的实际。缺点是，即使在一些低收入国家，自我雇佣者在后期也会逐渐增加资本投入，因而式（4-2）倾向高估劳动报酬占比。

第二种修正方法：假定 OSPUE 的劳动报酬占比与剩余部分经济相同，即

$$\text{劳动报酬占比} = \frac{\text{雇员报酬}}{\text{按生产者价格计算的总增加值} - \text{生产税净额} - \text{OSPUE}} \tag{4-3}$$

这种方法计算简单、明了，OSPUE 中包含部分资本收入的假定也具有较好的符实性。缺点是，计算暗含非法人企业与法人企业或政府部门法人单位的劳动报酬占比相同的假定。换句话说，企业规模和结构、机构部门中非法人企业比例等因素对劳动报酬占比大小没有影响。这与现实中非法人企业多为劳动密集型相矛盾，进而导致式（4-3）的调整结果出现一定程度的低估。当然，与第一种修正方法相比，第二种修正方法的偏差要小得多。

第三种修正方法是在雇员报酬指标的基础上利用就业调查数据推算得到全体劳动者的劳动者报酬指标。假定自我雇佣者的平均劳动报酬等于雇员报酬的平均值，根据就业调查数据可得

$$劳动报酬占比 = \frac{\dfrac{雇员报酬}{雇员人数} \times 总就业人数}{按生产者价格计算的总增加值 - 生产税净额 - OSPUE} ^{①} \qquad （4-4）$$

这种方法考虑了不同国家的自我雇佣者比例不同的实际，并利用相关信息进行合理调整。缺点是，由于就业统计存在测量误差，且与自我雇佣的核算定义不一致等，所以式（4-4）的计算结果可能会接近于 1，甚至大于 1。同时，如果雇员和自我雇佣者之间的平均劳动报酬存在系统差异[②]，也会导致计算出现偏差（Morel，2006）。

在具体应用时，Gollin（2002）指出，如果官方统计已经对自我雇佣者的劳动收入做出调整，采用上述三种修正则会高估劳动报酬占比；如果国民经济核算中自我雇佣者的产出或收入存在漏算，则采用上述三种修正会低估劳动报酬占比。

4.2 我国劳动报酬指标的核算口径问题

我国的劳动报酬指标核算口径主要包括两方面的问题。第一，纵向来看，我国劳动报酬指标的核算口径进行过两次重大调整，分别发生于 2004 年和 2008 年，两次重大口径调整后相应的资金流量表数据会做出对应修订，省份收入法 GDP 数据也会做出部分修订，这些修订结果会在不同年份出版的统计资料中反映。显然，采用修订前后的统计资料得到劳动报酬占比也会出现差异。前述研究大都已充分考虑了第一次重大调整口径的影响，但很少注意到第二次重大调整口径的影响。第二，在劳动报酬占比的国际比较中，我国劳动报酬指标口径虽然在两次重大调整后逐渐向 SNA 推荐的劳动报酬口径（雇员报酬）靠近，但依然不完全相同，因此，直接比较会引起误判。

4.2.1 我国劳动报酬指标核算口径的界定与调整

按照联合国等国际组织出版的《2008 年国民账户体系（SNA）》，只有从事 SNA 生产范围内活动的人才能称为就业者，包括雇员和自我雇佣者[③]。雇员是

---

① Gollin（2002）给出的修正公式中分母并未减去生产税净额，应该是遗漏了。

② 一般地，自我雇佣者的平均劳动报酬要低于付酬劳动者，如 Morel（2006）测算 1976~2004 年加拿大的这一比值大约为 2/3。

③ 需要注意的是，SNA 关于雇员和自我雇佣者的划分界限与国际劳工组织（International Labour Organization，ILO）不完全一致。例如，SNA 将公司或准公司的管理者归为雇员，而 ILO 的自我雇佣者包括所有在准公司工作的人。

指按照自愿达成的雇佣关系协议为企业工作，并按其贡献获得现金或实物报酬的人；自我雇佣者是指那些为自己所拥有的非独立法人企业（不包括准公司）工作的唯一或共同所有者及其家庭成员。自我雇佣者还可进一步分为两类：①在连续时间内雇佣付酬员工的，即自雇所有者，也称雇主；②在连续时间内不雇佣付酬员工的，即自雇工作者。为了核算报酬，针对雇员，SNA 设置了雇员报酬指标，它是指企业因雇员在核算期内所做工作而应付给雇员的现金或实物报酬总额；针对自我雇佣者难以区分资本收益和劳动报酬，SNA 设置了混合收入指标，并将其界定为住户非法人企业所有者的收入，具体还可进一步分为雇主混合收入和自雇工作者混合收入两类。显然，混合收入实质包含的是自我雇佣者劳动报酬和营业盈余两个部分。

在我国，官方统计机构没有沿袭 SNA 的上述分类来区分劳动者类型，但从资金流量表等一些核算处理上看，分布在金融企业、非金融企业和政府部门中企业、事业和行政单位的就业人员相当于 SNA 中的雇员，分布在住户部门的个体经营户和农户相当于 SNA 中的自我雇佣者。由于个体经营户有可能雇佣工人，因而个体经营户业主在性质上更接近于自我雇佣者中的雇主；由于绝大多数农户并不雇佣工人，因而在性质上更接近于自我雇佣者中的自雇工作者。在劳动报酬核算处理上，我国只是针对所有劳动者单一设置劳动者报酬指标。《中国国民经济核算体系 2002》明确规定，劳动者报酬是指劳动者从事生产活动所应得的全部报酬，包括劳动者应得的工资、奖金和津贴，既有货币形式的，也有实物形式的，还有劳动者所享受的公费医疗和医药卫生费、上下班交通补贴和单位为职工缴纳的社会保险费等。显然，对于企业、行政事业单位，其就业人员的劳动者报酬多是独立核算，容易获取得到；而对于个体经营户和农户，其就业人员所得的劳动报酬和经营获得的利润不易区分，这两部分统一作为混合收入计入劳动者报酬。需要指出的是，个体经营户的劳动报酬既包括业主的劳动报酬，还包括可能的雇员报酬，而农户劳动报酬的形式比较单一。

在之后的核算实践中，我国劳动者报酬的核算口径曾发生过两次变更。第一次变更发生在第一次全国经济普查后的数据修订中，具体做法如下：①把个体经营户的雇员报酬从混合收入中独立出来计入劳动者报酬，而把剩余部分作为混合收入计入营业盈余；②由于国有和集体农场的财务资料难以收集，不再单独计算营业盈余，而将其列入劳动者报酬中。这次变更的初衷是向当时的国际标准（即1993年版SNA）靠拢，提高我国劳动者报酬数据的国际可比性。第二次变更发生在第二次全国经济普查后的数据修订中，具体做法如下：依据第二次经济普查资料计算的每一行业相近规模企业的劳动者报酬和营业盈余的比例，将个体经营户的混合收入分劈为业主劳动报酬和营业盈余，并将业主劳动报酬计入劳动者报酬。

4.2.2 中外劳动报酬指标核算口径的对比分析

依据前面的论述，可以总结得出我国劳动者类型和相应的劳动报酬内容及与SNA2008 的对应关系，见表 4-1。相应地，我国三种劳动者报酬口径包含的内容分别如下。

表 4-1 我国劳动者类型和相应的劳动报酬内容及与 SNA2008 的对应关系

劳动者类型	SNA 对应类型	核算指标	劳动报酬指标核算内容
单位就业人员	雇员	雇员报酬	①单位就业人员劳动报酬
农户	自我雇佣者中的自雇工作者	混合收入	②农户劳动报酬；③农户营业盈余；④国有和集体农场盈余
个体经营户	自我雇佣者中的雇主	混合收入	⑤个体经营业主报酬；⑥个体经营户雇员报酬；⑦个体经营户营业盈余

$$口径一（2004 年前口径）=①+②+③+⑤+⑥+⑦ \quad\quad （4-5）$$
$$口径二（2004 年后口径）=①+②+③+④+⑥ \quad\quad （4-6）$$
$$口径三（2008 年后口径）=①+②+③+④+⑤+⑥ \quad\quad （4-7）$$

显然，上述三种核算口径都不是真正完整意义上的劳动报酬核算口径，而真正完整意义上的劳动报酬核算口径应该是

$$口径四=①+②+⑤+⑥ \quad\quad （4-8）$$

此外，在国际统计资料中还常见到雇员报酬核算口径，它对应中国的核算内容是

$$口径五=①+⑥ \quad\quad （4-9）$$

对比以上五种核算口径，不难发现：我国劳动者报酬指标的核算口径虽然在两次重大口径调整过程中逐渐向完整意义口径逼近，但仍与后者有所差别。同时，与国际上的雇员报酬口径相比，我国劳动者报酬指标纳入了农户和个体经营户的部分劳动报酬信息。

4.2.3 不同劳动报酬指标核算口径之间的调整转换

在明晰了不同劳动报酬指标核算口径的内容差异后，一个自然的问题就是，为了能够在同一个可比口径下进行比较，如何进行相应的调整转换计算。要在五种报酬核算口径之间进行两两调整转换是一件相对烦琐的事情。但仔细梳理可以发现，这些调整转换的关键在于处理好如下几个问题。

1. 个体经营户混合收入的规模估算

单独估算农户和个体经营户的混合收入规模可以为劳动者报酬单一总量指标的拆解提供基础。由于 2008 年后官方公布的劳动者报酬已完成了相应拆解工作，故个体经营户混合收入的规模估算主要集中在 2008 年之前。梳理现有文献，可以发现主要有两种测算思路：一是基于历年城乡住户调查经营收入数据进行间接测算。这方面的研究以张车伟和张士斌（2010）、吕光明（2011）为代表。二是基于普查年度个体经济的人均指标数据和非普查年度个体从业人数数据进行直线外推。这方面的研究以李琦（2012）、李清华（2013）、徐蔼婷（2014）为代表。这里对比给出了吕光明（2011）、李琦（2012）的测算结果，具体见图 4-1。

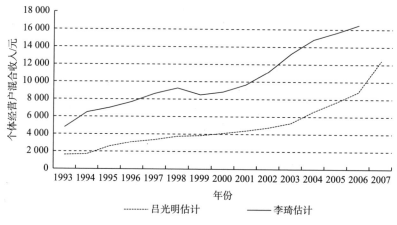

图 4-1　两位学者关于个体经营户混合收入的规模估算结果对比

对比两种测算思路，我们认为：第一种思路的测算结果能够较好地反映个体经营户混合收入的波动特征，但受住户调查中高收入户调查目标不愿意接受调查、调查样本户会有意少报和漏报收入等因素的影响，测算结果往往会大幅低估总体规模水平。因而其改进方向如下：设置合理参数将测算结果进行回调，以消除低估因素影响。第二种测算思路恰恰相反，其优点包括：测算结果能够较为准确地反映混合收入的规模水平，尤其是在普查年度附近。其缺点如下：直线外推的假定过于武断，不能反映混合收入的波动幅度和趋势。因而其改进方向如下：设法纳入更多的趋势信息，改进直线趋势假定。

2. 农户混合收入的规模估算

与个体经营户混合收入类似，农户混合收入的规模估算同样有两种思路：一是借鉴收入法 GDP 的核算思路,将第一产业 GDP 扣除生产税净额、固定资产折旧等成分后剩余的部分作为农户混合收入。这方面的研究以李琦(2012)、李清华(2013)为代表。二是借助于农村居民住户调查中的农业经营性收入数据进行测算。这方面的研究以张车伟和张士斌(2010)为代表。比较而言,由于混合收入在第一产业 GDP 中的比例相对稳定,因而其结果与实际情况出入不大;而第二种思路的测算结果基于上述类似原因可能会低估实际情况。

3. 个体经营户混合收入的分劈

个体经营户混合收入的分劈可分为两个阶段:第一阶段在劳动与资本之间分劈混合收入,即混合收入分劈得到劳动报酬部分和资本报酬部分(即个体经营户营业盈余);第二阶段在业主和雇员之间进一步分劈劳动报酬部分。从现有研究看,第一阶段分劈用到的主要方法有经验比例法(张车伟和张士斌,2010;李琦,2012;李清华,2013)、Gollin 修正方法(张车伟和张士斌,2010;吕光明,2011)和生产函数法(徐蔼婷,2014)。从现有研究结果看,运用经验比例法测定的结果在 0.59~0.66,差别很小;运用 Gollin 修正方法会受制于总体较低的劳动报酬占比,测定的结果要比经验比例法低一些;而运用生产函数法测定的结果会随着样本区域和时间段的变化而发生变化。第二阶段分劈在研究中较为少见,仅有李琦(2012)涉及。第二阶段分劈需要已知业主和雇员的人数与平均工资两方面的数据,但从现实情况看,即使在普查年度,我们也很难得到这两方面的数据信息。因此,只能通过一些大胆的假设进行推算。

4. 农户混合收入的分劈

由于 2004 年后国有和集体农场营业盈余不再单独核算,而是直接计入劳动者报酬,故在对农户混合收入进行合理分劈之前,需要完成的工作包括如何排除国有和集体农场营业盈余的数据干扰。李琦(2012)受白重恩和钱震杰(2009b)的研究启发给出了一种很好的解决方法:假定 2004 年前未调整地区第一产业营业盈余全部来自国营和集体农场,并且已调整地区的营业盈余占 GDP 的比例与未调整地区相同。2004~2007 年按照 2003 年未调整地区的营业盈余占第一产业增加值的比例推算。对照我国投入产出表中的第一产业 GDP 收入法结构(表 4-2),2004 年之前第一产业营业盈余占 GDP 比重的平均值为 8.88%,即使假定 2004 年之后该指标保持不变,同时考虑我国第一产业 GDP 占全部 GDP 比重大约在 10%,国有和集体农场营业盈余对劳动报酬占比测算结果的影响不到 1%。

表 4-2　我国投入产出表中的第一产业 GDP 收入法结构

指标	1992 年	1995 年	1997 年	2002 年	2007 年	2010 年
劳动者报酬	84.24%	83.87%	88.04%	80.07%	94.84%	95.14%
生产税净额	3.97%	2.78%	2.94%	3.28%	0.17%	0.19%
固定资产折旧	3.48%	3.25%	3.97%	4.60%	4.99%	4.67%
营业盈余	8.30%	10.10%	5.05%	12.06%	0.00	0.00

由于混合收入在第一产业 GDP 中的比例相对稳定，故经验比例法就成为农户混合收入分劈的固定方法。张车伟和张士斌（2010）参照国外研究选择 2/3 作为农户劳动报酬的分劈比例；吕光明（2011）参照资金流量表的编制方法建议将农村住户部门增加值中的 90% 作为农户的劳动报酬，而农村住户部门增加值则设定为农业增加值的 90%；李琦（2012）用 1995~2002 年省份收入法中第一产业劳动者报酬占 GDP 比重的均值 84% 作为农户劳动报酬的分劈比例。比较而言，考虑农户的资本投入很少，张车伟和张士斌（2010）的分劈方法会低估农户劳动报酬。吕光明（2011）和李琦（2012）的分劈比例可能更为接近实际。当然，若考虑到农业税减免等变动因素，将农户混合收入分劈比例完全固定的做法还有进一步的改进空间。

4.3　我国 GDP 数据的修订问题

国家统计局《关于我国 GDP 核算和数据发布制度的改革》文件[①]规定，除了初步核算、初步核实和最终核实三个步骤修订外，我国在全国经济普查后会根据新的基础资料、计算方法及分类标准对年度 GDP 数据进行重大修订。这就引出影响我国劳动报酬占比测算结果的第二个数据质量问题——GDP 数据的修订问题。

4.3.1　GDP 数据修订影响劳动报酬占比测算结果的理论逻辑

众所周知，我国年度 GDP 数据经历了四次重大修订，发生时间分别是首次第三产业普查后和第一、二、三次全国经济普查后。在进行具体修订时，除了进行相关核算口径调整外，更主要的是基于更为全面的数据来源重新修订 GDP 数

---

① 参见国家统计局 2003 年 11 月 26 日发布的《关于印发〈关于我国 GDP 核算和数据发布制度的改革〉的通知》（国统字〔2003〕70 号）。

据。在第一次重大修订中，1991 年 GDP 总量从 20 188 亿元修订为 21 618 亿元，增加了 1 430 亿元，修订幅度为 7.1%；1992 年 GDP 总量从 24 363 亿元修订为 26 638 亿元，增加了 2 275 亿元，提高了 9.3%。在第二次重大修订中，2004 年 GDP 总量从 136 876 亿元修订为 159 878 亿元，增加了 23 002 亿元，提高了 16.8%。在第三次重大修订中，2008 年 GDP 总量从 300 670 亿元修订为 314 045 亿元，增加了 13 375 亿元，修订幅度为 4.4%。在第四次重大修订中，2013 年 GDP 总量从 568 845 亿元修订为 588 019 亿元，增加了 19 174 亿元，修订幅度为 3.4%。从修订结果看，修订后 GDP 数据都要高于修订前 GDP 数据。换句话说，我国 GDP 数据存在一定程度的漏统和低估。这意味着，如果 GDP 数据已统部分与漏统部分的劳动报酬占比水平之间存在差异，那么修订前后的劳动报酬占比也会发生变化。

下面借助于观测/未观测和正规/非正规二维系统来阐述这一影响。在这一系统中，修订前和修订后的观测经济均可分为正规经济和非正规经济，二者的差额是修订前为未观测但修订后为观测的经济，这样的总体经济总量 GDP 可分为如表 4-3 所示的四部分。

表 4-3　总体经济系统的二维划分

经济类型	修订前后均为观测经济	修订前为未观测但修订后为观测的经济
正规经济	GDP_a	GDP_c
非正规经济	GDP_b	GDP_d

记修订前 GDP 为

$$GDP^o = GDP_a + GDP_b$$

修订后 GDP 为

$$GDP^r = GDP_a + GDP_b + GDP_c + GDP_d \qquad (4\text{-}10)$$

修订前的劳动报酬占比为

$$LS^o = (GDP_a \times LS_a + GDP_b \times LS_b)/GDP^o \qquad (4\text{-}11)$$

修订后的劳动报酬占比为

$$LS^r = (GDP_a \times LS_a + GDP_b \times LS_b + GDP_c \times LS_c + GDP_d \times LS_d)/GDP^r \qquad (4\text{-}12)$$

修订前为未观测但修订后为观测经济的劳动报酬占比为

$$LS^c = (GDP_c \times LS_c + GDP_d \times LS_d)/(GDP^r - GDP^o) \qquad (4\text{-}13)$$

不难推出：

$$LS^r/LS^o = GDP^o/GDP^r + (1 - GDP^o/GDP^r) \times (LS^c/LS^o) \qquad (4\text{-}14)$$

式（4-14）意味着：只要 LS^c 与 LS^o 之间存在差异，则修订前后的劳动报酬占比就必然发生变化。进一步地，当 GDP 的修订幅度即 GDP^r/GDP^o 固定时，LS^c 与 LS^o 之间的差异越大，修订前后劳动报酬占比的变动幅度越大。当 LS^c 与 LS^o 之间的差异固定时，GDP 的修订幅度越大，修订前后劳动报酬占比的变动幅度越大。

4.3.2 我国 GDP 数据修订对劳动报酬占比测算结果的影响分析

这里借助 2004 年、2008 年和 2013 年三个普查年度的 GDP 产业或行业结构修订情况进行分析。

首先，分析修订中的结构因素对劳动报酬占比测算结果的影响。假定不同产业或行业的劳动报酬占比保持不变，均为如表 4-4 最后一列所示的 2007 年投入产出表适当合并计算数值。经过因素分解计算（表 4-5）可以发现：在假定产业（行业）劳动报酬占比不变的情况下，我国经普查资料修订后 GDP 数据将导致总体劳动报酬占比测算结果的下降。

表 4-4 我国 GDP 产业结构修订情况及相应的劳动报酬占比

行业	2004 年		2008 年		2013 年		劳动报酬占比
	修订前/亿元	修订后/亿元	修订前/亿元	修订后/亿元	修订前/亿元	修订后/亿元	
GDP	136 876	159 879	300 670	314 045	568 845	588 019	41.36%
第一产业	20 768	20 956	34 000	33 702	56 957	55 322	94.84%
第二产业	72 387	73 904	146 183	149 003	249 684	256 810	34.20%
工业	62 815	65 210					32.16%
建筑业	9 572	8 694					51.02%
第三产业	43 721	65 019	120 487	131 340	262 204	275 887	35.84%
运输邮电仓储业	7 694	12 148					27.09%
批零贸易餐饮业	10 099	15 250					25.01%
金融保险业	7 026	5 393					25.97%
房地产业	2 712	7 174					10.87%
其他服务业	16 190	25 054					56.70%

表 4-5 我国 GDP 数据修订前后的总体劳动报酬占比

指标	2004 年产业数据	2004 年行业数据	2008 年产业数据	2013 年产业数据
修订前的总体劳动报酬占比	43.92%	44.34%	41.71%	41.03%
修订后的总体劳动报酬占比	42.81%	43.02%	41.39%	40.67%

其次，引入产业（行业）劳动报酬占比变化因素分析其对劳动报酬占比测算结果的影响。以 2004 年普查为例，这些因素变化的影响进一步体现如下。

1. 行业内非正规经济比重因素的影响

2004 年普查数据修订后新增 GDP 主要集中在第三产业，其中尤以运输邮电仓储业、批零贸易餐饮业、房地产业三个行业为重。从经济结构看，上述三个行业中，个体、私营经济成分占比较大。显然，新增 GDP 中的大部分是由非正规经济中的个体经营户所生产的。一般来说，个体经营户的劳动报酬占比要高于总体平均水平。根据资金流量表资料等测算（表 4-6）[①]，我国个体经营户的劳动报酬占比为 57.64%，要高于总体经济平均水平 50.60%。这意味着，经济普查后新增 GDP 会抬高劳动报酬占比的测算结果。

表 4-6　我国不同机构部门生产活动类型的劳动报酬占比

类型	非正规经济	农户	个体经营户	自有住房	正规经济	非金融机构	金融机构	政府	总体
占比	66.36%	90.00%	57.64%	0.00	44.49%	38.15%	39.20%	88.18%	50.60%

2. 居民自有住房服务增加值的计算方法变化

第一次经济普查的 GDP 数据修订中对居民自有住房服务增加值的计算采用新方法。具体地，经济普查之前年度采用历史成本估价法计算居民自有住房服务增加值；2004 年经济普查年度则采用当期建筑成本估价法重新计算，同时，城镇居民自有住房的折旧率由之前的 4% 调整为 2%，农村居民自有住房的折旧率由之前的 2% 调整为 3%。这种新方法的采用使得居民自有住房服务增加值出现大幅提升。李洁（2013）认为，2004 年采用新方法计算的居民自有住房服务增加值为 4 061 亿元，占当年 GDP 的 2.5%，进而导致房地产业增加值占 GDP 的比重由普查前的 2% 上升到 2004 年的 4.5%。由于采用虚拟折旧得到的增加值与劳动报酬毫无关系，所以自有住房增加值的上调必将导致劳动报酬占比的下降。

以上分析表明：GDP 数据修订会对劳动收入占比测算结果产生确定性影响，进而使修订前后的劳动收入占比出现差异。如果这种差异过大的话，就需要对年度 GDP 历史数据进行追溯调整。

---

① 具体测算是在《中国统计年鉴（2012）》提供的 2004 年资金流量表数据基础上进行的。测算中，雇员经济包括非金融机构经济、金融机构经济和政府经济；自雇经济是指住户部门生产活动，进一步分为农户经济、个体经营户经济和自有住房经济三个部分。农户经济测算采用前述的资金流量表的编制方法，自有住房经济的增加值来源于《中国国内生产总值核算历史资料（1952—2004）》第 17 页 "第一次全国经济普查年度（2004年）分行业增加值及构成表续（二）"。

4.4　我国核算资料的来源问题

在中国现有的核算资料中，可用于劳动报酬占比测算的资料主要有三种：一是资金流量表实物交易部分，可用于测算全国和机构部门的劳动报酬占比。二是省份收入法 GDP 核算数据，可用于测算相应年份的全国、分省份和分行业的劳动报酬占比。三是投入产出表数据，可用于测算全国和分行业相关年份的劳动报酬占比。

在这三种核算资料来源中，由于投入产出表提供的是间断数据，因而在现实测算中应用较少；资金流量表和省份收入法 GDP 两种核算资料在现实测算中应用较多，不同学者对这两种核算资料的数据质量认识不一。白重恩和钱震杰（2009a）认为，资金流量表编制时的一些不合理的假定导致推算的劳动者报酬和生产税净额的准确度偏低，需要基于省份收入法 GDP 数据和政府财政收入统计数据做出进一步修正。李琦（2012）认为，采用资金流量表结构对 2004 年前扣除金融机构部门和政府部门后的 GDP 与劳动者报酬总量在非金融企业和住户部门之间进行分摊会低估住户部门的劳动者报酬，因而建议采用省份收入法GDP 核算资料估算。肖文和周明海（2010a）在《劳动收入份额变动的结构因素：收入法 GDP 和资金流量表的比较分析》中通过比较分析后认为，资金流量表计算的劳动报酬占比在绝对稳定性和相对稳定性上都要显著优于收入法GDP。同时，省份收入法 GDP 中产业内部效应和产业结构效应的同方向变化会加大总体劳动报酬占比的波动程度，因而白重恩和钱震杰（2009a）运用省际GDP 数据测算得出的国民收入分配格局结论并不准确。李林芳（2012）也指出：2004 年经济普查后，国家统计局已根据经济普查数据与核算方法的变化对资金流量表的实物交易部分数据进行了修订，白重恩和钱震杰（2009a）文章中所指出的问题已不复存在，因而支持肖文和周明海（2010a）采用新修订的资金流量表数据测算劳动报酬占比的建议。吕冰洋和郭庆旺（2012）也指出，省份收入法 GDP 核算数据质量在一般情况下要逊于国家层面的核算数据，因而建议采用资金流量表数据测算劳动报酬占比。当然，省份收入法 GDP 数据能够提供省级劳动报酬占比信息，这是资金流量表数据所不能提供的。

可以看出，学者们对两种核算资料数据质量的认识越来越清晰，即资金流量表的数据质量要高于省份收入法 GDP 数据。作者认为，这种认识还可以进一步深化，具体如下。

（1）资金流量表数据中全国 GDP 数据修订的完善程度要高于省份收入法

GDP 数据。在首次第三产业普查和前两次全国经济普查后，国家统计局不但修订了全国 GDP 当年数据，而且进行了历史追溯调整。这些修订和调整做到了历史序列上的全覆盖，为提高资金流量表增加值数据的可比性提供坚实的基础。与此相对应，我国省份 GDP 数据的修订工作不但可能滞后于国家层面 GDP，而且在覆盖面上也会差一些。例如，第一次经济普查后国家统计局发文要求[①]：各地区在修订地区 GDP 历史数据时，可根据本地区的实际情况确定修订时期，如果数据变化较小，历史数据可以只追溯修订到 2000 年。实际上，对比全国 GDP 数据与省份收入法 GDP 汇总数据后也可以发现：两者的比值在 2003~2007 年与基本趋势出现了较大的背离（图 4-2），这在很大程度上是由两者修订的完善程度不同所导致的。

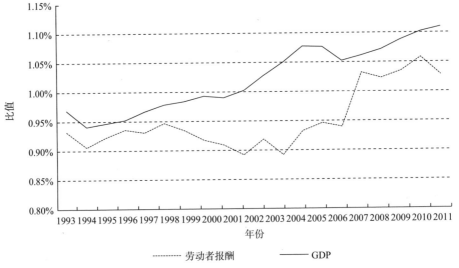

图 4-2　我国两种核算来源的 GDP 和劳动报酬原始值之比

（2）资金流量表数据中劳动者报酬数据修订的完善程度要略好于省份收入法劳动者报酬数据。与 GDP 数据修订相比，劳动报酬数据修订不但涉及资料来源及相应的核算方法变化，而且涉及前面所提及的核算口径调整，因此，数据调整工作的历史跨度和任务难度要更大一些。目前国家统计局也只是完成 2000 年至今口径三下的相关数据修订[②]，而各个省份劳动报酬数据修订工作的完成情况更是参差不齐，有的省份至今仍在采用口径二进行核算。同样对比全国劳动报酬数据与省份收入法劳动报酬汇总数据后可以发现：两者的比值在 1999~2007 年等

①　参见国统字〔2006〕2 号文件《关于印发年度 GDP 历史数据修订方法的通知》。
②　参见《中国统计年鉴（2012）》资金流量表实物交易部分。

多个年份出现了很大程度的背离（图 4-2），这种背离正是国家和省份修订情况差异的反映。

（3）理论上，只要按同一种核算口径对全国层面与省份层面的 GDP 和劳动者报酬数据进行同步调整计算，两种核算来源的劳动报酬占比测算结果应趋于一致。但是，从两种核算来源的 GDP 和劳动报酬原始资料数值之比看，GDP 比值与劳动者报酬比值的变动趋势相同，均为不断升高，但 GDP 比值要比后者大一些，这与很多学者分析结论相一致。以曾五一和薛梅林（2014）、周清杰等（2014）为代表的学者一致认为，重复计算是造成全国 GDP 数据和省份 GDP 汇总核算误差的根本原因，第二产业中固定资产投资的增加必然会增加省份 GDP 核算过程中出现重复计算的可能性。因此，即使进行同步调整计算，两种核算来源的劳动报酬占比测算结果也会出现差异，表现如下：①采用省份收入法 GDP 数据测算的劳动报酬占比会略低于采用资金流量表数据的测算结果；②采用省份收入法 GDP 数据测算的劳动报酬占比下降幅度会略高于采用资金流量表数据的测算结果。

4.5　本章小结

我国的劳动报酬占比变动频繁，问题交织，既涉及经济发展方面的问题，又涉及统计数据质量方面的问题。数据质量问题的存在会直接影响我国劳动报酬占比的准确测算结果，进而影响其在纵横向对比中的应用。本章先后剖析了劳动报酬指标的核算口径、GDP 数据的修订、基础数据的来源等三大数据质量问题对我国初次分配中劳动报酬占比测算的影响机制，探讨了其中必要的规避办法。研究分析表明：

（1）劳动报酬占比测算会遇到定义方面的偏差问题，依次是核算意义上的劳动者报酬与经济学意义上的劳动收入并不完全等价，劳动者报酬指标的核算边界不够清晰，选择什么样的增加值指标，选择什么样的增加值指标测算价格。同样的，劳动报酬占比测算也会遇到来自自我雇佣收入数据、非工资报酬和离退休金数据以及增加值数据的偏差问题。

（2）我国劳动者报酬指标的核算口径虽然在两次重大口径调整过程中逐渐向完整意义口径逼近，但仍与后者有所差别。同时，与国际上的雇员报酬口径相比，我国劳动者报酬指标纳入了农户和个体经营户的劳动报酬信息。这些差异要求在劳动报酬占比具体测算时必须注意口径差异，并采取合理的调整转换方法统一到科学可比的口径上。其中的关键在于处理个体经营户和农户混合收入的规模估算和分劈。从现有文献看，我国个体经营户和农户混合收入规模估算与分劈的研究已有成熟的思路和系统的方法，但在方法假设、细节推断等方面还有不少改进空间。

（3）无论是从理论上，还是实证测算上，我国 GDP 数据修订都会对劳动报酬占比测算结果产生影响。前者可以借助于观测/未观测和正规/非正规二维系统框架展示，后者则表现在产值数据修订结构变动影响和产业劳动报酬占比变化影响两方面。因此，在分析劳动报酬占比变动时，必须把 GDP 数据修订的影响从直观数据变动中区分开来，才能反映出其真实变动。这一点恰恰为目前几乎所有的研究所忽视。

（4）理论上，只要按同一种核算口径对全国层面与省份层面的 GDP 和劳动者报酬数据进行同步调整计算，资金流量表和省份收入法 GDP 两种核算来源的劳动报酬占比测算结果应趋于一致。但受全国 GDP 数据和省份 GDP 汇总核算误差因素的影响，资金流量表数据的核算调整难度要小一些，核算结果更为可靠一些。因此，资金流量表数据毫无疑问是目前测算我国劳动报酬占比时最可靠的基础数据来源。

第5章 数据质量问题修正视角下居民收入分配份额的再测算

本章首先在相关文献综述基础上依据资金流量表资料来测算国民收入分配主体格局，以最接近真正完整意义的劳动报酬指标核算口径三为统一标准，调整测算了1992~2015年的中国劳动报酬总额，然后依次重新测算了初次分配前、初次分配后和再分配后的国民收入主体分配格局，并进行三格局和两格局比较，进一步展示了我国真实的居民收入分配份额变化情况。

5.1 统一口径的劳动报酬测算

5.1.1 研究回顾

许多学者利用资金流量表分析国民收入分配格局。许宪春（2002）首次利用资金流量表计算了我国1992~1997年的国民收入在企业、政府和居民间的分配。研究结果表明，1992~1997年，初次分配总收入占国民总收入的比重，居民部门占比由65.4%变化到65.7%，明显高于其他两个部门，年均为65.0%；可支配总收入占NDI的比重，居民部门占比由67.7%变化到68.1%，年均为67.1%。李扬和殷剑锋（2007）分析了1992~2003年的资金流量表，得出1992~2003年居民部门在国民收入初次分配中的占比由68.69%下降到63.20%，下降了近5.5个百分点，其中作为最重要组成部分的劳动报酬净额下降了3.3个百分点，居民财产收入下降了1.75个百分点。并讨论了居民、政府和企业的各种收入来源的变化对各部门收入占比的影响，发现居民在全国可支配收入中比重下降的原因是初次分配阶段劳动收入份额和财产收入比重有所下降。安体富和蒋震（2009a）

查询了 1996~2005 年资金流量表,分析了我国要素分配格局。结果表明,1996~2005 年,在初次分配环节中,居民分配比率呈下降趋势,由 1996 年的 65.3%下降至 2005 年的 58.9%;再次分配环节中,居民分配比率一直呈显著下降趋势,由 1996 年的 69.3%下降到 2005 年的 59.8%。白重恩和钱震杰(2009a)以 2004 年经济普查后修订的资金流量表为基础,借助省份收入法 GDP 数据和财政收入统计数据调整得到 1992~2007 年国民收入要素分配结构,发现劳动收入份额在 1996 年达到最高 66.83%,此后逐年降低,截至 2007 年总共下降了 16.2 个百分点。章上峰和许冰(2010)分析了资金流量表和投入产出表测度劳动报酬比重的优缺点,并提出利用时变弹性生产函数测度劳动报酬比重的新思路,研究结果表明,劳动收入占比由 1987 年的 48.47%下降到 2008 年的 42.32%。

常兴华和李伟(2018)用资金流量表和要素收入法对三大部门 1992~2014 年的收入分配格局进行了测算,结果表明,在初次分配阶段,资金流量表和要素收入法测度结果都显示中国政府和企业部门的收入占比在上升,住户部门的收入比重出现相对下降。在再分配阶段,资金流量表测度结果表明,政府、企业和住户的可支配收入均大幅提高,企业所得增长最快,住户居民所得增长最慢。因此作者认为,在中国收入分配主体格局中,无论是初次分配还是再分配,都存在向企业部门倾斜的趋势,而住户部门收入分配处在相对弱势地位。张车伟和赵文(2018)也根据国家统计局公布的资金流量表的数据,测算了中国 1992~2015 年的收入分配格局,在初次分配阶段,企业部门和政府收入占比都存在上升趋势,居民部门则呈下降趋势,初次分配阶段居民收入的下降主要由企业部门的上升来解释,但近年来大格局大致稳定。在再分配阶段,近年来企业收入占比下降较大,而政府部门上升较快,居民部门略有上升,政府部门通过再分配得到了更高的收入份额。

综合上述的研究结果不难发现,大多数学者认为自 20 世纪 90 年代以来我国的劳动报酬比重出现下降的趋势,并且由于资金流量表具有数据连续性的优点,可以用来分析劳动报酬比重下降的影响因素。但是资金流量表也存在一定的局限性。第一,资金流量表数据更新不及时,一般会滞后三四年,而利用国家统计局公布的其他数据,可以取得最近两年的数据。第二,自 2003 年以来,资金流量表的数据与财政年鉴数据有较大的出入。第三,国家统计局在编制资金流量表时,经济普查年份数据直接取自普查数据,而非普查年份部分数据则通过假设劳动者报酬的增长率与居民人均可支配收入增长率相同推算得到,在劳动报酬下降较快的时期,如果其他条件不变,居民可支配收入下降较慢,会高估资金流量表中的劳动报酬在国民收入中的占比,并低估其下降幅度。

由于这些研究测算所依据指标的统计口径不完全一致,基础数据的质量参差不一,基于数据质量调整的计算方法也不完全相同,劳动收入份额的测算结果存在较大差异。基于资金流量表的统计测算分析也需要厘清指标的概念和口径及相关数据质量，否则，既有可能掩盖问题，也有可能夸大问题。为此本章在资金流量表数据劳动报酬口径修正的基础上，重新测度并分析中国国民收入分配主体格局。

5.1.2　统一口径的劳动报酬测算

由于数据质量问题，我国国民收入分配主体格局的测算难点集中在劳动报酬占比的测算。SNA2008 仅将雇员报酬视为劳动报酬的核算口径处理与欧美发达国家的现实相吻合。在这些国家中，公司化水平高，自我雇佣者生产总值占GDP 比例很小，因此，基于雇员报酬核算口径测算的劳动报酬占比在发达国家之间具有可比性。然而，在广大发展中国家中，自我雇佣产值比例较高，雇员报酬在 GDP 中的占比低估了劳动在收入分配中的分享程度。

本章依据资金流量表资料来测算国民收入分配主体格局，以最接近真正完整意义的劳动报酬指标核算口径三为统一标准进行测算，并反映 1992~2015 年中国劳动报酬占比的变化情况。由于中国 1992~1999 年口径三指标数值缺乏，故还需要设法根据中国 1992~1999 年的口径二指标数值修正转换，在吕光明（2011）计算的基础上设置矫正系数进行回调以消除低估因素的影响，并根据资金流量表修订前后的对比得到个体经营户业主报酬占比。

中国的资金流量表是在 GDP 核算的基础上编制而成的。在 2004 年第一次全国经济普查之前的 GDP 核算中，劳动者报酬不但包括所有劳动者的劳动报酬，而且还包括个体业主经营获得的利润，其口径大于 SNA1993 中的劳动者报酬。在 2004 年之后的 GDP 核算中，考虑到个体经济业主的劳动者报酬和经营利润不易区分，将这两部分视为营业盈余，而劳动者报酬仅包括雇员报酬。新口径的劳动者报酬除了包含农户的经营利润外，其余与 SNA 口径大致相同。考虑到在资金流量表的编制中，将农村住户部门增加值中的90%作为农户的劳动者报酬，这一比例同已有的对第一产业劳动收入份额的研究结果非常接近[①]。因此，这里不再对农户自我雇佣收入进行调整，而仅考虑个体经济业主的自我雇佣收入，即对中国居民经营净收入进行调整。

根据吕光明（2011）的方法，中国居民经营净收入的测算步骤如下：①根据1993~2008 年农村住户抽样调查和 1992~2008 年人口调查结果，分别得到农村居民年均非农业经营性纯收入数据和乡村年平均人口数据，将二者相乘得到农村的

[①] 参见白重恩和钱震杰（2009b）的文章《国民收入的要素分配：统计数据背后的故事》及肖文和周明海（2010a）的文章《劳动收入份额变动的结构因素：收入法 GDP 和资金流量表的比较分析》。

居民经营净收入。②根据 2003~2008 年城镇住户抽样调查和 1992~2008 年人口调查结果，分别得到城镇居民年均经营净收入数据和城镇年平均人口数据。考虑到 1993~2000 年城镇住户抽样调查中无年均经营净收入数据，这里根据个体经营劳动者收入的增速推算得到。将年均经营净收入数据和年平均人口数据相乘得到城镇的居民经营净收入。③将农村的居民经营净收入和城镇的居民经营净收入相加得到中国的居民经营净收入总额。通过居民经营净收入修正转换公式来测算口径三下劳动报酬，具体修正公式为

$$劳动者报酬口径三-劳动者报酬口径二=个体经营户雇主报酬$$
$$=居民经营净收入总额×47\%$$
$$=（城镇经营净收入×城镇年平均人口$$
$$+农村非农业经营纯收入$$
$$×农村年平均人口）×（1/0.7）×（1/3）$$

$$(5-1)$$

其中，1/0.7 为住户调查口径的可支配收入校正系数，亦即许宪春（2013）所指的资金流量表口径居民可支配收入与住户调查口径可支配收入的比值[①]；1/3 为根据 2000~2003 年资金流量表修订前后数据对比测得的业主报酬在个体经营户混合收入所占的比例。居民经营净收入总额与修正前后的劳动报酬计算结果见表 5-1。由表 5-1 可知，修正后的劳动报酬占比低于常兴华和李伟（2018）的直接测算结果。

表 5-1　1992~2015 年生产税净额和口径三下的中国劳动报酬推算

年份	居民经营净收入总额/（$\times 10^9$元）	GDP/（$\times 10^9$元）	生产税净额（1）/（$\times 10^9$元）	生产税净额（2）/（$\times 10^9$元）	劳动者报酬（口径三）/（$\times 10^9$元）	劳动报酬占比（口径三）
1992	166.4	2 692	391		1 549	57.54%
1993	124.6	3 533	552		1 877	53.13%
1994	162.0	4 820	749		2 598	53.90%
1995	170.5	6 079	850		3 290	54.12%
1996	258.9	7 118	1 070		3 832	53.84%
1997	309.6	7 897	1 231		4 333	54.87%
1998	336.6	8 440	1 385		4 593	54.42%
1999	375.1	8 968	1 460		4 895	54.58%
2000	384.5	9 921	1 618	1 198	5 228	52.70%
2001	411.5	10 966	1 848	1 297	5 758	52.51%
2002	440.6	12 033	2 067	1 476	6 452	53.62%
2003	475.2	13 582	2 347	1 752	7 172	52.81%

---

① 经测算，1992~2012 年这一数据极为稳定，保持在 70% 左右的水平上，这里取值为 70%。

续表

年份	居民经营净收入总额/（×10⁹元）	GDP/（×10⁹元）	生产税净额（1）（×10⁹元）	生产税净额（2）（×10⁹元）	劳动者报酬（口径三）/（×10⁹元）	劳动报酬占比（口径三）
2004	528.6	15 988	2 387	2 061	8 090	50.60%
2005	657.1	18 494		2 369	9 302	50.30%
2006	766.0	21 631		2 766	10 621	49.10%
2007	883.8	26 581		3 530	12 759	48.00%
2008	1 241.6	31 405		3 956	15 007	47.79%
2009	1 345.3	34 090		4 196	16 647	48.83%
2010	1 535.9	40 151		5 267	19 004	47.33%
2011	1 969.3	47 310		6 227	22 146	46.81%
2012	2 313.9	51 947		6 887	25 560	49.20%
2013	4 652.6	58 802		7 354	29 797	50.67%
2014	5 077.8	64 397		7 864	32 676	50.74%
2015	5 399.1	68 905		7 967	35 537	51.57%

注：生产税净额（1）资料来源于《中国资金流量表历史资料（1992—2004）》数据计算，这些数据为第一次全国经济普查后更新修订数据；生产税净额（2）资料来源于《中国统计年鉴（2012~2014年）》，其中《中国统计年鉴（2012）》更新给出了 2000~2009 年数据，《中国统计年鉴（2013）》给出了 2010~2011 年数据，《中国统计年鉴（2014~2017 年）》分别给出了 2012~2015 年数据。2013~2015 年居民经营净收入总额为 2013 年城乡一体化调查新口径下的值

5.2　国民收入主体格局的再测算

5.2.1　国民收入初次分配前主体格局的再测算

三主体分配格局是将国民收入归属为居民、企业和政府，计算结果见表 5-2。劳动报酬占比（居民部门）在 1993 年有所下降，1993~1997 年基本稳定在 54%的水平，1997~2011 年由 54.87%下降到 46.81%，下降 8.06 个百分点，之后则有所回升，回升到 2015 年的 51.57%，回升 4.76 个百分点。由于《中国统计年鉴（2012）》的资金流量表调整更新了 2000 年后的生产税净额数据，我们将 1992~2015 年分两段来看，企业和政府在 1993 年收入占比分别升高了 3.31 个百分点和 1.11 个百分点，1993~1999 年企业收入占比下降了 2.14 个百分点，而政府基本稳定；2000~2015 年，企业收入占比上升 1.63 个百分点，而政府在 2000~2015 年下降 0.51 个百分点，居民在 2000~2015 年下降 1.13 个百分点，表明居民收入占比下降的部分主要被企业得到。

表 5-2　三主体分配格局再测算

年份	居民	企业（1）	企业（2）	政府（1）	政府（2）
1992	57.54%	27.95%		14.51%	
1993	53.13%	31.25%		15.62%	
1994	53.90%	30.55%		15.55%	
1995	54.12%	31.90%		13.98%	
1996	53.84%	31.13%		15.03%	
1997	54.87%	29.54%		15.59%	
1998	54.42%	29.17%		16.41%	
1999	54.58%	29.14%		16.28%	
2000	52.70%	30.99%	35.23%	16.31%	12.07%
2001	52.51%	30.64%	35.66%	16.85%	11.83%
2002	53.62%	29.20%	34.11%	17.18%	12.27%
2003	52.81%	29.91%	34.29%	17.28%	12.90%
2004	50.60%	34.47%	36.51%	14.93%	12.89%
2005	50.30%		36.89%		12.81%
2006	49.10%		38.11%		12.79%
2007	48.00%		38.72%		13.28%
2008	47.79%		39.61%		12.60%
2009	48.83%		38.86%		12.31%
2010	47.33%		39.55%		13.12%
2011	46.81%		40.03%		13.16%
2012	49.20%		37.54%		13.26%
2013	50.67%		36.82%		12.51%
2014	50.74%		37.05%		12.21%
2015	51.57%		36.86%		11.56%

注：由于四舍五入关系，表中部分年份数字相加并不等于 100%，略有误差

鉴于要素收入占比研究通常不考虑政府，将生产税净额剔除，分析劳动和资本的收入占比变动，结果见表 5-3。从居民占比（1）来看，1993 年下降了 4.35 个百分点，在 1993~1999 年上升了 2.24 个百分点，从居民占比（2）来看，2000~2015 年下降 1.61 个百分点，资本报酬占比则呈现相反的变动趋势。

表 5-3　两主体分配格局再测算

年份	居民占比（1）	居民占比（2）	企业占比（1）	企业占比（2）
1992	67.31%		32.69%	
1993	62.96%		37.04%	
1994	63.82%		36.18%	
1995	62.92%		37.08%	
1996	63.36%		36.64%	
1997	65.00%		35.00%	

续表

年份	居民占比（1）	居民占比（2）	企业占比（1）	企业占比（2）
1998	65.10%		34.90%	
1999	65.20%		34.80%	
2000	62.97%	59.93%	37.03%	40.07%
2001	63.15%	59.55%	36.85%	40.45%
2002	64.74%	61.12%	35.26%	38.88%
2003	63.84%	60.62%	36.16%	39.38%
2004	59.48%	58.09%	40.52%	41.91%
2005		57.69%		42.31%
2006		56.30%		43.70%
2007		55.35%		44.65%
2008		54.67%		45.33%
2009		55.69%		44.31%
2010		54.48%		45.52%
2011		53.91%		46.09%
2012		56.72%		43.28%
2013		57.92%		42.08%
2014		57.80%		42.20%
2015		58.32%		41.68%

注：居民占比（1）和居民占比（2）均为口径三下的劳动报酬，差异在于剔除的生产税净额不同，居民占比（1）中剔除的生产税净额来源于《中国资金流量表历史资料（1992—2004）》，居民占比（2）剔除的生产税净额来源于《中国统计年鉴（2012~2017年）》

5.2.2　国民收入初次分配后主体格局的再测算

各部门初次分配收入除了劳动者报酬、生产税净额、固定资产折旧、营业盈余外，还要考虑财产收入净额（财产收入来源-运用）。由于国外部门的存在，国内财产性的来源和运用不能抵消，因此初次分配后的国内合计部分为总增加值加上国内财产性收入净值。初次分配后的主体格局见表5-4。在初次分配后的三主体格局中，1993~1999年居民和企业的收入占比变动不大，2000~2015年居民收入占比呈先下降后上升的趋势，2000~2008年快速下降8.49个百分点，2008~2015年又上升2.23个百分点。企业在2000~2015年则呈先上升后下降的趋势，2000~2008年快速上升6.89百分点，2008~2015年又下降2.45个百分点。政府在2000~2015年也呈先上升后下降的趋势，2000~2012年上升2.5个百分点，2012~2015年又下降0.68个百分点。与原始收入分配格局相比，居民收入占比变动趋势类似，但政府变动幅度增加。在两主体格局中，居民收入占比在1993年下降4.97个百分点，随后保持基本稳定，在2000~2008年下降8.5个百分点，2008~

2015 年时又上升 2.79 个百分点，其变动趋势与三主体中的居民收入占比类似。

表 5-4　初次分配后主体格局

年份	三主体			两主体	
	居民	企业	政府	居民	企业
1992	69.01%	14.43%	16.57%	82.71%	17.29%
1993	64.30%	18.41%	17.29%	77.74%	22.26%
1994	66.76%	16.17%	17.08%	80.51%	19.49%
1995	66.61%	18.17%	15.22%	78.56%	21.44%
1996	68.24%	15.14%	16.62%	81.84%	18.16%
1997	67.91%	15.01%	17.08%	81.90%	18.10%
1998	67.99%	14.27%	17.74%	82.66%	17.34%
1999	67.06%	15.79%	17.15%	80.94%	19.06%
2000	67.15%	19.72%	13.13%	77.30%	22.70%
2001	65.93%	21.40%	12.67%	75.50%	24.50%
2002	64.49%	21.57%	13.94%	74.93%	25.07%
2003	64.09%	22.28%	13.62%	74.20%	25.80%
2004	61.14%	25.12%	13.74%	70.88%	29.12%
2005	61.28%	24.52%	14.20%	71.42%	28.58%
2006	60.73%	24.74%	14.53%	71.05%	28.95%
2007	59.61%	25.65%	14.74%	69.91%	30.09%
2008	58.66%	26.61%	14.73%	68.80%	31.20%
2009	60.69%	24.73%	14.58%	71.05%	28.95%
2010	60.50%	24.51%	14.99%	71.17%	28.83%
2011	60.67%	23.95%	15.38%	71.70%	28.30%
2012	61.65%	22.73%	15.63%	73.06%	26.94%
2013	60.66%	24.12%	15.22%	71.55%	28.45%
2014	60.09%	24.67%	15.24%	70.90%	29.10%
2015	60.89%	24.16%	14.95%	71.59%	28.41%

注：2000 年的跳跃主要是由国家统计局对 2000 年及以后的资金流量表重新做了修正，生产税净额变动幅度较大导致的；由于四舍五入关系，表中部分年份数值相加并不等于 100%，略有误差

5.2.3　国民收入再分配后主体格局的再测算

收入再分配是在初次收入分配基础上，通过经常转移对收入进行重新分配，经过经常转移后形成各部门的可支配总收入。经常转移包括收入税、社会补助和其他经常转移，再分配后主体分配格局见表 5-5。1992~1993 年，居民收入占比

下降 4.98 个百分点，企业上升 5.28 个百分点，而政府基本不变，1993~1999 年，各部门收入占比基本稳定，2000~2015 年，居民收入占比呈先下降后上升的趋势，累计下降 5.9 个百分点。具体地，由 2000 年的 67.54%下降到 2010 年 60.40%，下降 7.14 个百分点，此后又上升到 2015 年的 61.64%。企业在 2000~2015 年上升 1.87 个百分点，而政府则上升 4.02 个百分点；2011~2015 年，居民收入占比在提升，而政府收入占比和企业收入占比在下降。两主体中，居民收入占比在 1993~2000 年基本保持在 80%以上，在 2000~2015 年呈先下降后上升的趋势。在 2000~2008 年下降 7.09 个百分点，而在 2008~2015 年上升 3.75 个百分点。

表 5-5　再分配后主体分配格局

年份	三主体			两主体	
	居民	企业	政府	居民	企业
1992	71.28%	8.76%	19.96%	89.05%	10.95%
1993	66.30%	14.04%	19.65%	82.52%	17.48%
1994	68.57%	12.92%	18.51%	84.14%	15.86%
1995	68.59%	14.87%	16.55%	82.19%	17.81%
1996	70.19%	11.93%	17.88%	85.47%	14.53%
1997	70.48%	11.22%	18.30%	86.26%	13.74%
1998	70.33%	11.53%	18.13%	85.91%	14.09%
1999	69.21%	12.69%	18.10%	84.50%	15.50%
2000	67.54%	17.94%	14.53%	79.02%	20.98%
2001	66.07%	18.92%	15.01%	77.74%	22.26%
2002	64.43%	19.34%	16.23%	76.91%	23.09%
2003	63.97%	19.94%	16.09%	76.23%	23.77%
2004	61.05%	22.51%	16.43%	73.06%	26.94%
2005	60.84%	21.60%	17.55%	73.80%	26.20%
2006	60.25%	21.54%	18.21%	73.66%	26.34%
2007	58.89%	22.10%	19.01%	72.72%	27.28%
2008	58.28%	22.74%	18.98%	71.93%	28.07%
2009	60.53%	21.19%	18.28%	74.07%	25.93%
2010	60.40%	21.19%	18.41%	74.03%	25.97%
2011	60.78%	20.03%	19.19%	75.21%	24.79%
2012	61.99%	18.47%	19.54%	77.05%	22.95%
2013	61.29%	19.77%	18.94%	75.61%	24.39%
2014	60.65%	20.50%	18.85%	74.74%	25.26%
2015	61.64%	19.81%	18.55%	75.68%	24.32%

注：2000 年的跳跃主要是由国家统计局对 2000 年及以后的资金流量表重新做了修正，生产税净额变动幅度较大导致的；由于四舍五入关系，表中部分年份数字相加并不等于 100%，略有误差

5.3 基于不同格局再测算的居民收入分配份额比较

5.3.1 三主体格局下再测算结果的比较

表 5-6、图 5-1 为三主体格局下再测算的居民收入分配份额数据比较。从不同分配流程的比较看，初次分配后相比初次分配前对居民收入分配份额提升明显，大约有 10 个百分点；在 2000 年之前再分配后相比初次分配后对居民收入分配份额也有 1 个百分点到 2 个百分点的提升。从测算结果的平滑特征看，这里参考肖文和周明海（2010a）的做法，用标准差来衡量数据序列波动的平滑性。基于资金流量表数据再测算的初次分配前居民收入分配份额的标准差最小，为2.75%，平滑性最好；初次分配后居民收入分配份额的标准差次之，为 3.28%；再分配后居民收入分配份额的标准差最大，为 4.17%，平滑性最差。修正后的三个标准差相比修正前（2.15%、2.66% 和 3.48%）都有一定程度的提高，这很可能与其反周期波动的特点相一致。

表 5-6　三主体格局下再测算的居民收入分配份额

年份	初次分配前	初次分配后	再分配后
1992	57.53%	69.01%	71.28%
1993	53.11%	64.30%	66.30%
1994	53.90%	66.76%	68.57%
1995	54.12%	66.61%	68.59%
1996	53.84%	68.24%	70.19%
1997	54.87%	67.91%	70.48%
1998	54.42%	67.99%	70.33%
1999	54.59%	67.06%	69.21%
2000	52.70%	67.15%	67.54%
2001	52.51%	65.93%	66.07%
2002	53.62%	64.49%	64.43%
2003	52.81%	64.09%	63.97%
2004	50.60%	61.14%	61.05%
2005	50.30%	61.28%	60.84%
2006	49.10%	60.73%	60.25%
2007	48.00%	59.61%	58.89%

续表

年份	初次分配前	初次分配后	再分配后
2008	47.79%	58.66%	58.28%
2009	48.83%	60.69%	60.53%
2010	47.33%	60.50%	60.40%
2011	46.81%	60.67%	60.78%
2012	49.20%	61.65%	61.99%
2013	50.67%	60.66%	61.29%
2014	50.74%	60.09%	60.65%
2015	51.57%	60.89%	61.64%
标准差	2.75%	3.28%	4.17%

注：根据前面表格数据整理

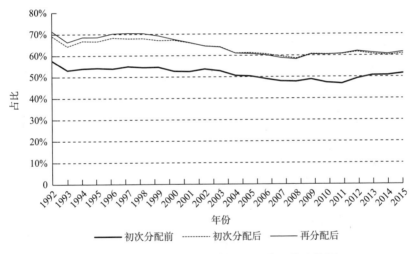

图 5-1　三主体格局下再测算的居民收入分配份额

进一步结合修订前后的劳动报酬占比与 GDP 增长率关系（图 5-2）可以发现，相比修订前的劳动报酬占比，修订后的劳动报酬占比与 GDP 增长率的反周期关系更明显。计算时差相关系数可以发现，修订前劳动报酬占比与 GDP 增长率之间在所有滞后期取值为 2 的时差相关系数中，GDP 滞后两期的取值最大，为 0.13，而修订前劳动报酬占比与 GDP 增长率之间在所有滞后期取值为 2 的时差相关系数中，劳动报酬占比滞后一期的取值最大，为 -0.25。对比可知，修订后劳动报酬占比反周期关系更为明显，正常的滞后指标特征也开始显现，在一定程度上印证了前面修订工作的科学性。

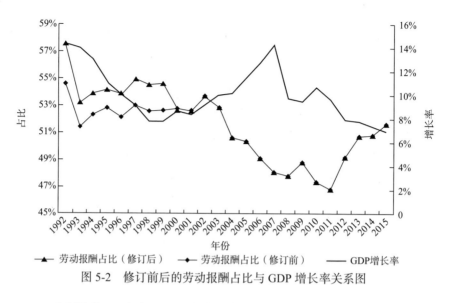

图 5-2　修订前后的劳动报酬占比与 GDP 增长率关系图

5.3.2　不同分配流程下差值的比较

如图 5-3 所示，初次分配相比初次分配前对居民收入分配份额提升明显，基本都在 10 个百分点以上。具体地，1992~2001 年在 13 个百分点左右，2002~2012 年略有下降，在 12 个百分点左右，2013 年后下降到 10 个百分点以下。事实上，各部门初次分配前后收入比重的差值主要反映各部门在初次分配中的得益和损失，即财产性收入净值。与居民在初次分配中处于净得益地位相对应，政府在初次分配中也处于微弱得益地位，2004 年之前净得益基本在 1 个百分点左右，此后逐渐上升，但未超过 4 个百分点；企业一直处于净损失地位，并在 2004 年左右净损失达到最小，随后净损失又逐渐扩大，近几年来又有所下降。由此可知，近年来居民收入分配份额有所下降，下降的部分主要为政府和企业得到。

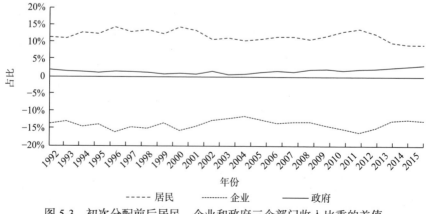

图 5-3　初次分配前后居民、企业和政府三个部门收入比重的差值

如图 5-4 所示，再分配相比初次分配后对居民收入分配份额也有-1 个百分点到 3 个百分点的波动式提升。具体地，1992~1999 年提升幅度在 2 个百分点左右，2000~2015 年提升幅度在-1 个百分点到 1 个百分点，其中，2002~2010 年为微弱负值。各部门再分配前后收入比重的差值反映了各部门在再次分配中的得益和损失，与居民在初次分配中总体净得益地位相对应，政府在再次分配中一直为净得益，并且在 1998 年以后呈上升趋势；企业依然处于净损失地位，并在 2000 年左右达到最小，随后净损失又逐渐扩大。总之，近年来，再分配中对居民收入的调节效果不大，企业降低的部分都被政府得到，政府净得益最高。

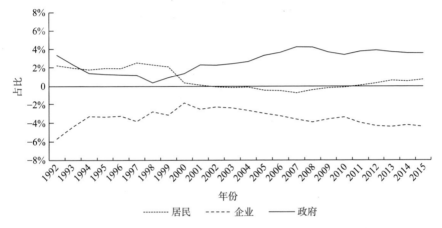

图 5-4　再分配部门收入比重与初次分配后部门比重差值

5.3.3　两主体格局下再测算结果的比较

表 5-7、图 5-5 和图 5-6 为两主体格局下再测算的居民收入分配份额数据比较。从初次分配前看，居民收入分配份额总体上呈缓慢下降趋势，这也意味着企业或资本收入增长快于居民或劳动收入的增长。从变动趋势看，初次分配后和再分配后居民收入分配份额与初次分配前变动趋势相同。从不同分配流程的比较看，再测算的初次分配后相比初次分配前对居民收入分配份额提升明显，大约在15 个百分点；再分配相比初次分配后对居民收入分配份额也有 3 个百分点左右的提升，尤其是在 2000 年之前。从测算结果的平滑特征看，基于资金流量表数据再测算的初次分配前居民收入分配份额的标准差最小，为 3.85%，平滑性最好；初次分配后居民收入分配份额的标准差次之，为 4.56%；再分配后居民收入分配份额的标准差最大，为 5.07%，平滑性最差。修正后的三个标准差相比修正前的标准差（3.00%、3.66%和4.09%）同样有一定程度的提高。

表 5-7　两主体格局下的居民收入分配份额

年份	初次分配前	初次分配后	再分配后
1992	67.31%	82.71%	89.05%
1993	62.96%	77.74%	82.52%
1994	63.82%	80.51%	84.14%
1995	62.92%	78.56%	82.19%
1996	63.36%	81.84%	85.47%
1997	65.00%	81.90%	86.26%
1998	65.10%	82.66%	85.91%
1999	65.20%	80.94%	84.50%
2000	59.93%	77.30%	79.02%
2001	59.55%	75.50%	77.74%
2002	61.12%	74.93%	76.91%
2003	60.63%	74.20%	76.23%
2004	58.09%	70.88%	73.06%
2005	57.69%	71.42%	73.80%
2006	56.30%	71.05%	73.66%
2007	55.35%	69.91%	72.72%
2008	54.67%	68.80%	71.93%
2009	55.69%	71.05%	74.07%
2010	54.48%	71.17%	74.03%
2011	53.91%	71.70%	75.21%
2012	56.72%	73.06%	77.05%
2013	57.92%	71.55%	75.61%
2014	57.80%	70.90%	74.74%
2015	58.32%	71.59%	75.68%
标准差	3.85%	4.56%	5.07%

注：根据前面表格数据整理

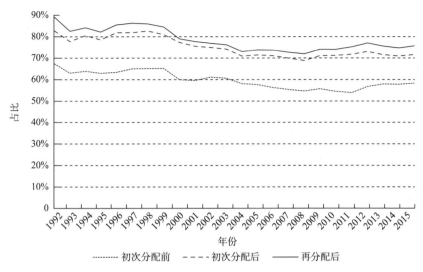

图 5-5　两主体格局下再测算的居民收入分配份额变动趋势

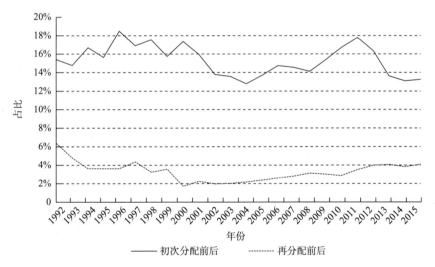

图 5-6　两主体格局下初次分配和再分配前后居民收入分配份额提升幅度

5.4　本章小结

准确测算国民收入分配主体格局的难点在于劳动报酬占比的测算，中国的劳动报酬测算历经两次口径调整，导致纵向缺乏可比性。在第 4 章剖析劳动报酬占比测算中不同核算口径及相应的修正转换办法基础上重新测算口径三下的中国劳动报酬占比,并按照收入分配流程分别得到居民、企业和政府三主体及居民、企业两主体在原始收入、初次分配以及再次分配中的占比。

本章的主要结论如下。

(1)在最接近真正完整意义的三主体口径三下,1992~2015 年中国劳动报酬占比先是平稳变动而后不断下降最后呈上升趋势,由 1992 年的 57.54%下降到2011 年的 46.81%,下降了 10.72 个百分点,而下降的部分主要被企业得到,然后自 2011 年的 46.81%又上升至 2015 年的 51.57%,上升 4.76 个百分点。两主体变动趋势与三主体相同。

(2)在原始收入分配格局中,1997~2015 年居民收入占比下降,下降部分主要被企业得到;在初次分配格局中,居民处于净得益地位,但净得益所占比重在 1996~2004 年呈下降趋势;政府一直处于净得益地位,在 2003 年最小,之后持续上升。年前的净损失转化为之后的净得益,并且持续上升;企业一直处于净损失地位。

(3)在再分配格局中,居民在 2002 年由净得益地位转化为净损失地位,直到 2011 年才扭转;政府则一直为净得益,并且在 1998 年以后呈上升趋势;企业依然处于净损失地位,并在 2000 年左右达到最小,随后净损失又逐渐扩大。总之,初次分配主要增加了居民收入占比,降低了企业收入占比;再分配则主要提高政府收入占比,降低企业收入占比,尤其是 2000 年后对居民收入调节作用非常有限。

(4)三主体格局下再测算的居民收入分配份额数据中,从不同分配流程的比较看,初次分配相比初次分配前对居民收入分配份额提升明显,基本在 10 个百分点以上;再分配相比初次分配后对居民收入分配份额也有−1 个百分点到 3 个百分点的波动式提升。两主体格局下再测算的居民收入分配份额数据中,从不同分配流程的比较看,再测算的初次分配后相比初次分配前对居民收入分配份额提升明显,大约在 15 个百分点;再分配相比初次分配后对居民收入分配份额有 3 个百分点左右的提升。

(5)从测算结果的平滑特征看,无论是在三主体格局下再测算的居民收入分配份额数据中,还是在两主体格局下再测算的居民收入分配份额数据中,再测算的初次分配前居民收入分配份额的标准差最小,平滑性最好;初次分配后居民收入分配份额的标准差次之;再分配后居民收入分配份额的标准差最大,平滑性最差。同时,相比修正前,修正后的三个标准差都有一定程度的提高,这很可能与其反周期波动的特点相一致。

第6章 基于口径调整的中国省份劳动报酬数据再测算

中国劳动报酬数据的核算口径经历过两次重大的修订，不同年份的口径并不一致。此外，省份层面修订工作相对滞后，以及部分省份对历史数据进行过回溯调整，使中国劳动者报酬数据变得更为错综复杂。如果对这些数据不加处理直接进行分析，势必会影响研究结论的准确性、可靠性和科学性，更严重的可能也会对政策制定和落实产生误导。本章在中国劳动报酬两次核算口径变动的基础上，根据 SNA 对劳动报酬定义，厘清中国劳动报酬核算口径，并对不同时期劳动报酬核算口径做了一定调整，在统一可比的核算口径之下重新测算了中国 1993~2016 年省份收入法劳动报酬占比。根据统一可比核算口径之下测度的省份劳动报酬占比，分析省份、区域、全国层面的中国劳动报酬占比变动趋势。

6.1 中国省份劳动报酬核算口径变动甄别

6.1.1 中国劳动报酬核算口径的界定

中国劳动者报酬数据的核算口径发生过两次重大的修订，许宪春（2011）对此进行过详细的介绍，第一次修订发生于第一次经济普查年度（2004 年），修订内容将个体经营户混合收入由原来的劳动者报酬转做营业盈余处理，只把个体经营户的雇员报酬计入劳动者报酬；第二次修订在第二次经济普查年度（2008 年），这次修订依据第二次经济普查资料将个体经营户的混合收入区分为业主劳动者报酬和营业盈余，并将业主报酬算入劳动者报酬中。由于农户经营规模较小，将农户的混合收入全部算作劳动报酬处理并不会产生太大差异，所以两次修订并未对农户劳动者报酬统计口径做调整，农户的混合收入始终算作劳动者报酬处理（许宪春，2011）。

由于中国城乡个体经营户群体具有一定的规模，每次口径修订时都需要对历史数据进行同口径的回溯调整。在国家层面对个体经营户劳动者报酬进行第二次口径修订，并对 2004~2007 年历史数据进行回溯调整时，受修订的滞后性、统计人力、技术水平以及历史资料的限制，并不是所有省份都能做到与国家层面同步修订，目前仍有部分地区采用第一次修订的口径（许宪春，2011），这严重影响了劳动者报酬以及营业盈余等数据的可比性，所以将省份收入法 GDP 中劳动者报酬数据加总来替代全国层面的数据的处理方式是存在问题的。

依据中国不同时期劳动者报酬核算口径，并参考吕光明（2015），总结出中国不同核算口径下，相应的劳动报酬核算内容。具体地，整理可得出中国三种劳动者报酬口径所包含的内容：

$$LR_{B1} = LR_{Units} + (LR_F + OS_F) + (LR_{Employer} + LR_{Employee} + OS_{SE}) \quad (6-1)$$

$$LR_{B2} = LR_{Units} + (LR_F + OS_F + SF) + LR_{Employee} \quad (6-2)$$

$$LR_{B3} = LR_{Units} + (LR_F + OS_F + SF) + (LR_{Employer} + LR_{Employee}) \quad (6-3)$$

其中，LR（labor remuneration）表示劳动者报酬；OS（operating surplus）表示营业盈余；下标 B1、B2、B3 分别表示口径一（2004 年之前）、口径二（2004~2007 年）、口径三（2008 年之后）；LR_{Units} 表示单位就业人员劳动报酬；LR_F、OS_F、SF 分别表示农户劳动报酬、农户营业盈余、国有和集体农场盈余；$LR_{Employer}$、$LR_{Employee}$、OS_{SE} 分别表示个体经营户中业主报酬、雇员报酬、个体经营户营业盈余。真正完整意义上的劳动报酬核算口径应该是

$$LR_{Real} = LR_{Units} + LR_F + (LR_{Employer} + LR_{Employee}) \quad (6-4)$$

可见，中国劳动者报酬指标的核算口径，在两次修订过程中逐渐向真正意义上的劳动者报酬逼近，但至今仍有差距。

6.1.2　省份劳动报酬数据的核算口径甄别

理论上，当劳动者报酬核算口径发生重大变更后，国家统计局会对国家层面的历史数据进行同步追溯调整，同时也会要求各省份进行类似的省份历史数据追溯调整。然而，由于这种修订相对复杂，既涉及历史资料的可比性，又会对统计人力和技术水平提出要求，故并不是每个省份都能做到同步开展。特别是在劳动者报酬口径第二次重大变更后，不少省份个体经营户劳动者报酬并没有做到与国家同步修订，目前为止，仍有部分省份采用第一次重大变更的口径（许宪春，2011）。因此，有必要采用一定的准则来甄别省份劳动报酬数据是否随口径重大

变更进行历史回溯调整。

《中国国内生产总值核算历史资料（1996—2002）》和《中国国内生产总值核算历史资料（1952—2004）》以及各年份《中国统计年鉴》等都会公布历年省份收入法 GDP 各构成项目数据。这些不同时期公布的资料为我们判断口径是否变化提供了依据。具体地，对比《中国国内生产总值核算历史资料（1996—2002）》和相关年份《中国统计年鉴》可发现，各个省份数据并没有发生任何变化，因而确定相应的劳动者报酬核算口径为口径一；对比《中国国内生产总值核算历史资料（1996—2002）》和《中国国内生产总值核算历史资料（1952—2004）》劳动报酬占比指标数值是否发生较大变化，可判断单个省份是否对 1993~2004 年的历史数据按照口径二进行回溯调整；对比《中国国内生产总值核算历史资料（1952—2004）》、相关年份《中国统计年鉴》和国家统计局网站公布的指标最新数据是否发生较大变化，可判断单个省份是否对 1993~2007 年的历史数据按照口径三进行回溯调整。

基于不同来源数据的公布时间和数值差异，本章提出的省份劳动报酬数据随核算口径第一次重大变更进行历史追溯调整的鉴别准则如下：①修订前的劳动报酬占比指标（即口径一指标）应该比修订后的劳动报酬占比指标（即口径二指标）高 3% 以上；②修订时间应该在 2003 年和 2004 年前后。

通过计算 1992~2002 年根据《中国国内生产总值核算历史资料（1952—2004）》中数据测算所得劳动报酬占比减去根据《中国国内生产总值核算历史资料（1996—2002）》中数据测算所得劳动报酬占比的差值，并画出差值数据变动较小且主要在 0 周围变动的省份差值数据分布（图 6-1，DV 核）和差值数据变动较大主要在 -5%（口径二低于口径一，数据核算口径调整时被调低）周围变动的省份差值数据分布（图 6-1，UDV 核），二者分布的交点值大约在 -3% 的位置（图 6-1）。因此，这里选择 3% 作为数据是否随第一次口径变动进行回溯调整的判断依据。

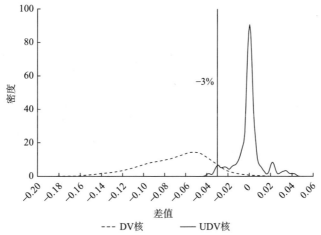

图 6-1　1992~2002 年不同时间数据来源计算的劳动报酬占比差值核密度曲线

类似地，省份劳动报酬数据随核算口径第二次重大变更进行历史追溯调整的鉴别准则如下：①修订前的劳动报酬占比指标（即口径二指标）应该比修订后的劳动报酬占比指标（即口径三指标）低 2%以上；②修订时间应该在 2007 年和 2008 年前后。

通过计算 2005~2007 年根据国家统计局官网站公布的数据测算所得的劳动报酬占比减去根据《中国统计年鉴（2006~2008 年）》数据测算所得的劳动报酬占比的差值，并画出差值数据变动较小且主要在 0 周围变动的省份差值数据分布和差值数据变动较大主要在 6%周围变动的省份差值数据分布，如图 6-2 所示，可以看出，二者分布的交点值大约在2%的位置。因此，这里选择 2%（口径三高于口径二，数据核算口径调整时被调高）作为数据是否随第二次口径变动进行回溯调整的判断依据。

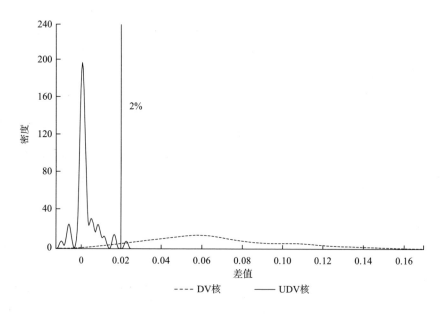

图 6-2　2005~2007 年不同时间数据来源计算的劳动报酬占比差值核密度曲线

依据上述两个准则对照分析各省份劳动报酬序列数据，如果某省份对应年份区间数据满足第二鉴别准则条件，则意味着该区间数据的核算口径属于第三种类型，反之属于第一种或第二种类型；在这种情况下，如果某省份对应年份区间数据满足第一个鉴别准则，则意味着该区间数据的核算口径属于第二种类型，反之属于第一种类型。

6.1.3　两次劳动报酬核算口径调整示例

对于第一次口径修订，判断各省份对历史数据的回溯调整情况可以对比《中国国内生产总值核算历史资料（1996—2002）》与《中国国内生产总值核算历史资料（1952—2004）》劳动报酬占比指标是否发生变化；对于第二次口径修订，判断各省份对历史数据的回溯调整情况，通过对比《中国统计年鉴（2004~2007年）》和国家统计局网站公布的最新数据指标来判定。

下面选取了比较有代表性的两个区域，进行具体的说明和演示，如表 6-1 所示。第一次口径调整以及是否回溯调整的判断：据《中国国内生产总值核算历史资料（1952—2004）》计算的第（2）列与根据《中国国内生产总值核算历史资料（1996—2002）》计算的第（1）列北京市劳动报酬占比数据相比，出现了较大的降幅，两个指标相差约 4 个百分点；而山东省两种核算资料计算的该指标几乎没有变动，但是由山东省第（2）列可观察到山东省劳动报酬占比从 2003 年的46.63%骤然下降到2004年的35.27%，可以推断，北京市根据2004年的口径进行了回溯调整，山东省仅对 2004 年当年的数据口径进行了调整，而并没有对往年数据进行回调。

表 6-1　北京市和山东省劳动报酬占比（基于四种数据资料来源）

年份	北京市				山东省			
	（1）	（2）	（3）	（4）	（1）	（2）	（3）	（4）
1999	48.43%	42.32%		42.38%	46.10%	46.30%		46.30%
2000	45.63%	41.95%		41.99%	47.79%	47.85%		47.85%
2001	45.75%	41.43%		41.50%	47.95%	47.86%		47.86%
2002	44.44%	41.81%		41.96%	48.14%	47.27%		47.27%
2003		42.24%		42.33%		46.63%		46.63%
2004		43.14%		43.02%		35.27%		35.27%
2005			45.22%	45.63%			35.26%	37.56%
2006			44.43%	45.05%			34.42%	39.11%
2007			43.53%	44.74%			34.98%	42.30%
2008				50.52%				44.50%
2009				50.54%				44.84%
2010				49.03%				39.46%

第二次口径调整的判断：山东省第（4）列是由国家统计局官方公布数据计算的各年份劳动报酬占比数据，而第（3）列则是根据统计年鉴计算的 2005~2007年该指标，两者相比出现了大幅变动，平均增加了约 4 个百分点；而北京市

在这些年份该两种数据来源所计算出的劳动报酬占比差值较小，但是 2008 年却由 2007 年的 44.74%大幅增加到 50.52%；因此，可推断山东省对 2005~2007 年的数据按照第二次调整的口径进行了回溯调整，而北京市只在 2008 年当年统计口径做了变化而并未对历史数据进行处理。其他省份口径调整以及是否回溯调整的判断遵循以上原则。

根据中国第一次和第二次劳动报酬口径调整，各省份在不同时期对历史数据的修订中，第一次口径调整时（2004 年），有 30 个省份对当年（即 2004 年）口径进行了调整，有 17 个省份对 2004 年之前历史数据进行了回溯调整。第二次口径调整时（2008 年），有 29 个省份对当年（即 2008 年）口径进行了调整，有 11 个省份对 2005~2007 年的历史数据进行了回溯调整，仅有 3 个省份对 2008 年之前的历史数据按 2008 年口径进行了回溯调整。

6.2 中国省份劳动报酬数据核算口径转换及数据调整

在断定省份口径并没有随国家层面上的口径变动做同步调整后，为得到真实可比的劳动者报酬数据，还需要根据不同省份的实际情况对其劳动者报酬口径做出相应的处理，具体的有

$$LR_{Real} = LR_{B1} - OS_F - OS_{SE} \tag{6-5}$$

$$LR_{Real} = LR_{B2} - OS_F - SF + LR_{Employer} \tag{6-6}$$

$$LR_{Real} = LR_{B3} - OS_F - SF \tag{6-7}$$

其中，OS_F（农户营业盈余）、OS_{SE}（个体经营户营业盈余）、$LR_{Employer}$（个体经营户雇主报酬）以及 SF（国有和集体农场盈余）的规模都需要进行推算。推算过程包括：国有和集体农场营业盈余规模的测算、农户混合收入规模测算和分劈、个体经营户混合收入规模测算和分劈。

6.2.1 国有和集体农场营业盈余规模测算

国有和集体农场营业盈余自 2004 年后计入劳动者报酬，不再单独核算其营业盈余。国有和集体农场营业盈余数据的估算我们借鉴李琦（2012）的方法，假设第一产业的营业盈余构成大都来自国有和集体农场的营业盈余，第一产业在整体经济中的比重约为 10%，而且第一产业中营业盈余所占比重并不大，所以我们

也可以利用历史数据对 2004 年以后的第一产业营业盈余数据进行推算。但为充分保留各省份的原始信息，这里在李琦（2012）的基础上做了一定的修改，即假设在 1993~2003 年，历年未调整地区第一产业的营业盈余全部来自国营和集体农场，而已调整的地区则按未调整时《中国国内生产总值核算历史资料（1996—2002）》中的数据来推算，得出营业盈余在第一产业增加值中的比重，进而得出各省份历年国有和集体农场营业盈余。

需要说明的是，有些区域虽然整体上已经和国家层面同步调整，并且对历史数据进行了回溯调整，但其第一产业内部口径的调整却没有跟进。以浙江省和安徽省为例，依据本章的口径调整的判断准则，两省都对 2004 年前的劳动者报酬数据按照口径二进行了回溯调整。分析浙江省和安徽省第一产业劳动报酬占比和营业盈余占比，见表 6-2，显然浙江省的两种核算资料所测得的劳动报酬和营业盈余在第一产业中的份额完全一致；而安徽省则经回溯调整后，第一产业中劳动报酬占比大幅提高，而其营业盈余的比重全部变为 0。对此本章的推测是，类似浙江省的区域虽然对 2004 年前的数据进行了回溯调整，但其调整并不完全，即个体营业户的雇主报酬和营业盈余由原来的劳动报酬划作营业盈余，但国有和集体农场营业盈余依然保留在营业盈余中，并没有算入劳动报酬。针对这种情况的省份调整公式则为

$$\mathrm{LR_{Real}} = \mathrm{LR_{B2}} - \mathrm{OS_F} + \mathrm{LR_{Employer}} \tag{6-8}$$

表 6-2　浙江省和安徽省第一产业劳动报酬占比和营业盈余占比

年份	浙江省				安徽省			
	劳动报酬占比		营业盈余占比		劳动报酬占比		营业盈余占比	
	（1）	（2）	（3）	（4）	（1）	（2）	（3）	（4）
1995	80.22%	80.22%	14.84%	14.84%	86.00%	92.38%	6.42%	0
1996	80.02%	80.02%	14.81%	14.81%	85.85%	92.99%	7.17%	0
1997	80.68%	80.68%	13.61%	13.61%	86.00%	92.95%	7.00%	0
1998	84.85%	84.85%	8.68%	8.68%	86.00%	92.94%	7.00%	0
1999	79.95%	79.95%	13.59%	13.59%	86.00%	92.87%	7.00%	0
2000	73.97%	73.97%	19.84%	19.84%	86.00%	92.91%	7.00%	0
2001	79.48%	79.48%	14.22%	14.22%	85.45%	92.65%	7.30%	0
2002	80.16%	80.16%	13.33%	13.33%	85.43%	92.84%	7.31%	0
2003		81.22%		12.11%		90.90%		0
2004		96.20%		0.00%		95.01%		0

资料来源：（1）、（3）为《中国国内生产总值核算历史资料（1996—2002）》中数据计算所得第一产业劳动报酬占比和营业盈余占比；（2）、（4）为《中国国内生产总值核算历史资料（1952—2004）》中数据计算所得第一产业劳动报酬占比和营业盈余占比

对于第一产业内部未对历史数据进行调整的省份，我们利用《中国国内生产总值核算历史资料（1952—2004）》中 2003 年的营业盈余占第一产业的比重，推算各省份 2004 年后的国有和集体农场的营业盈余；而对于第一产业内部进行回溯调整的省份，则采用《中国国内生产总值核算历史资料（1996—2002）》中第一产业中营业盈余数据进行推算，2003 年以后年份假设与 2002 年的营业盈余在第一产业中的比重相同，进而得到各年份的国有和集体农场营业盈余。

6.2.2　农户混合收入规模测算和分劈

2004 年普查数据显示，2004 年农、林、牧、渔业法人单位就业人数不到当年第一产业就业人数的 0.5%，经营模式大都采用承包制形式，第一产业增加值扣除生产税净额、固定资产折旧等部分后应与农户混合收入的规模相当（李琦，2012），对于 2004 年后的混合收入的测算数据，还要排除国有和集体农场盈余的干扰。无论是根据《中国国内生产总值核算历史资料（1996—2002）》还是根据《中国国内生产总值核算历史资料（1952—2004）》，各省份各年份所计算得到的劳动报酬和营业盈余总和在第一产业中的份额基本恒定，我们根据这一规律，依据历年统计年鉴中各省份第一产业增加值数据，可以推算出 2004 年以后年份的劳动报酬和营业盈余的规模，再扣除我们已测得国有和集体农场营业盈余，从而得到农户混合收入。

由于第一产业在整体经济增加值中的比重较低，农户混合收入的分劈我们参照 Gollin（2002）提出的农户混合收入按照第一产业的劳动和资本的分配关系，考虑到农业税减免的影响，这里按照第一产业扣除生产税净额后的劳动和资本的分配比例对农户混合收入进行分劈，第一产业劳动和资本的分配比例根据《中国国内生产总值核算历史资料（1996—2002）》中的数据计算得到。

6.2.3　个体经营户混合收入规模测算和分劈

白重恩和钱震杰（2009b）利用 2004 年《中国经济普查年鉴》中个体经营户的营业收入、营业支出、雇员报酬、缴纳税费以及固定资产原价等数据，参照《中国经济普查年度国内生产总值核算方法》对个体经济固定资产折旧和营业盈余的计算公式，得到个体经营户的营业盈余（其中包含业主报酬和个体经济营业盈余）。具体方法为营业收入减去营业支出和固定资产折旧（折旧率 5%），而雇员报酬为个体经济中的劳动者报酬，缴纳税费为生产税净额，这样就可得到2004 年各区域的个体经营户的混合收入。

对于其他年份的个体经营户混合收入规模的测算方面，李琦（2012）通过普查年度个体经济的人均指标数据和非普查年度个体从业人数以及二三产业营业盈余进行直线外推，从而得到个体经营户混合收入规模。虽然这种方法在经济普查年度附近能够准确反映混合收入的规模水平，但其他年份直线外推过于武断，不能准确反映混合收入的波动幅度和趋势。

相对而言，可以采用历年城乡住户经营性收入调查中各省份平均工资和城乡从业人数来估算中国个体经营户的营业盈余与个体经营户雇主报酬。虽然在住户调查中可能存在高收入者不愿接受调查、漏报少报等情况，使得测算结果会低估混合收入规模，但可以根据中国省份数据的实际情况，设置合理的参数来抵消低估因素的影响。本章测算的具体公式如下：

个体经营户营业盈余=（城镇就业人数+乡村就业人数/2）×平均货币工资（6-9）

个体经营户雇主报酬=平均货币工资×个体从业人数

$$×城镇就业人数/（城镇就业人数+乡村就业人数/2）$$

$$×校正系数①$$

$$（6-10）$$

6.3 中国调整前后省份劳动报酬占比数据描述

6.3.1 调整前后省份劳动报酬占比变动

借助于本章所讨论的中国省份劳动报酬口径调整方法，本节对 1993~2016 年中国 31 个省区市（不含港、澳、台数据）的劳动报酬进行了统一口径调整，具体调整前后的劳动报酬占比变动趋势见图 6-3~图 6-33。从图中看，各省份调整前后，劳动报酬占比变动存在一定差异，且各省份劳动报酬占比变动也存在很大差异。例如，东部地区的上海劳动报酬占比自 2004 年起基本处于上升趋势，而西部地区的陕西在 2012 年之前劳动报酬占比一直呈下降趋势，自 2012 年以后呈一定的上升趋势。这两个省（市）劳动报酬占比的变动趋势也说明了我国劳动报酬占比与经济发展水平呈现"U"形关系，但东部地区进入"U"形曲线右半支的时间要早于西部地区，近年来西部地区劳动报酬占比也逐渐进入了"U"形曲线的右半支上升阶段。

---

① 根据省份个体佣者收入的现实情况推算，校正系数一般设定为 3，其中西藏和甘肃的系数适当调低。

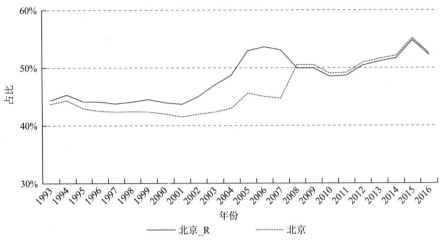

图 6-3　北京调整前后劳动报酬占比变动趋势

图 6-4　天津调整前后劳动报酬占比变动趋势

图 6-5　河北调整前后劳动报酬占比变动趋势

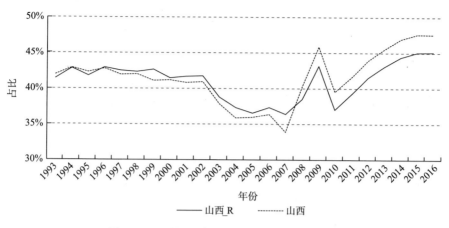

图 6-6 山西调整前后劳动报酬占比变动趋势

图 6-7 内蒙古调整前后劳动报酬占比变动趋势

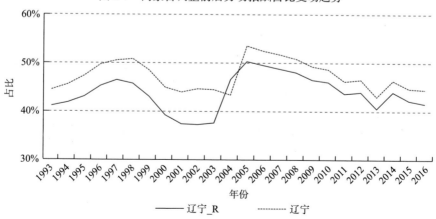

图 6-8 辽宁调整前后劳动报酬占比变动趋势

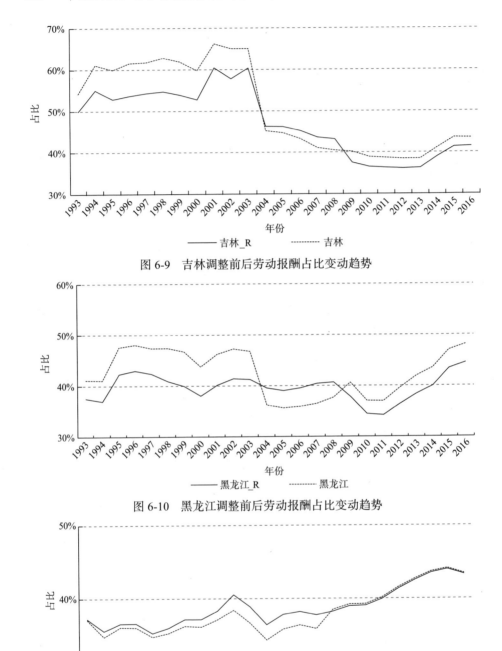

图 6-9　吉林调整前后劳动报酬占比变动趋势

图 6-10　黑龙江调整前后劳动报酬占比变动趋势

图 6-11　上海调整前后劳动报酬占比变动趋势

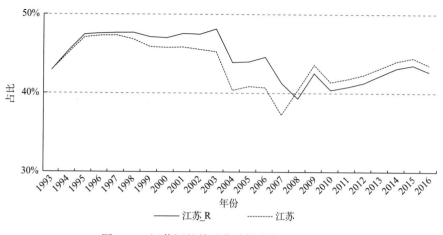

图 6-12　江苏调整前后劳动报酬占比变动趋势

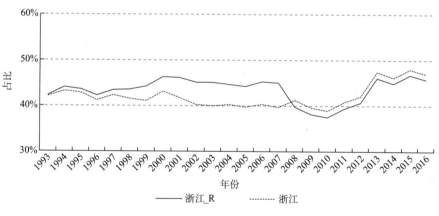

图 6-13　浙江调整前后劳动报酬占比变动趋势

图 6-14　安徽调整前后劳动报酬占比变动趋势

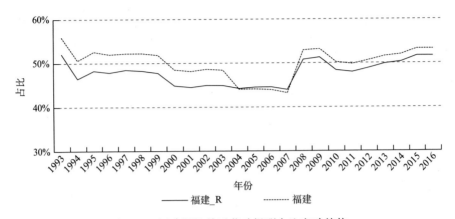

图 6-15　福建调整前后劳动报酬占比变动趋势

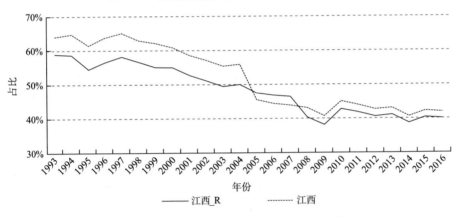

图 6-16　江西调整前后劳动报酬占比变动趋势

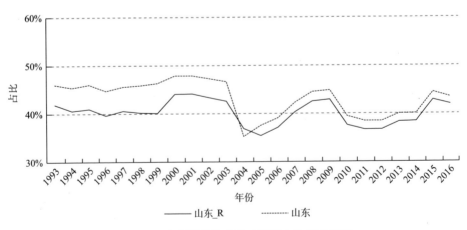

图 6-17　山东调整前后劳动报酬占比变动趋势

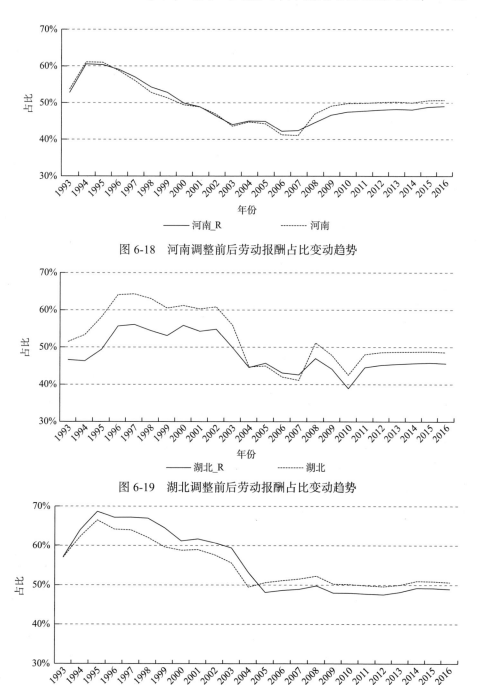

图 6-18　河南调整前后劳动报酬占比变动趋势

图 6-19　湖北调整前后劳动报酬占比变动趋势

图 6-20　湖南调整前后劳动报酬占比变动趋势

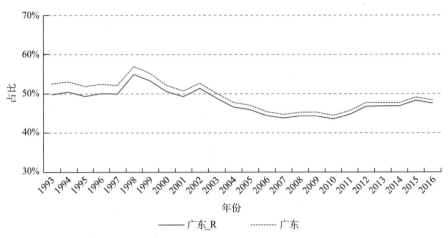

图 6-21 广东调整前后劳动报酬占比变动趋势

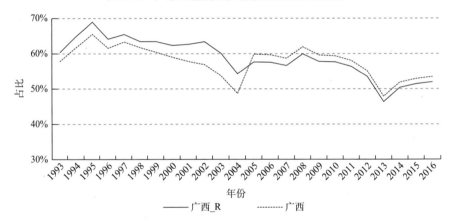

图 6-22 广西调整前后劳动报酬占比变动趋势

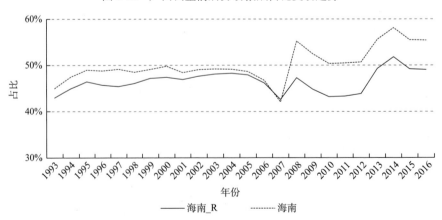

图 6-23 海南调整前后劳动报酬占比变动趋势

图 6-24　重庆调整前后劳动报酬占比变动趋势

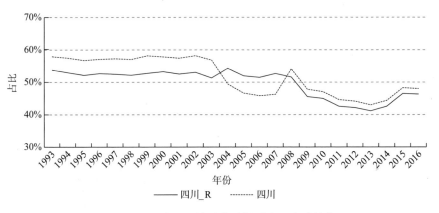

图 6-25　四川调整前后劳动报酬占比变动趋势

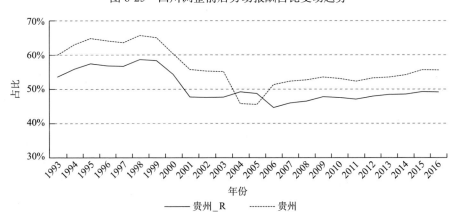

图 6-26　贵州调整前后劳动报酬占比变动趋势

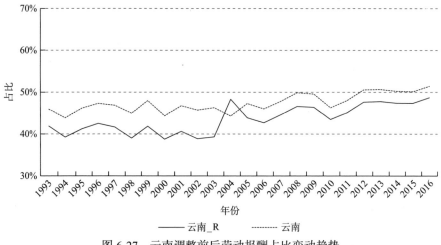

图 6-27 云南调整前后劳动报酬占比变动趋势

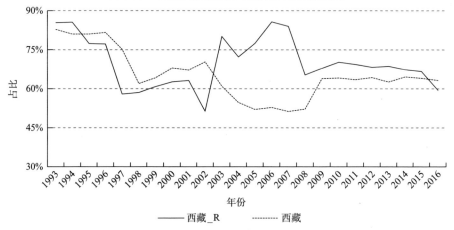

图 6-28 西藏调整前后劳动报酬占比变动趋势

图 6-29 陕西调整前后劳动报酬占比变动趋势

图 6-30　甘肃调整前后劳动报酬占比变动趋势

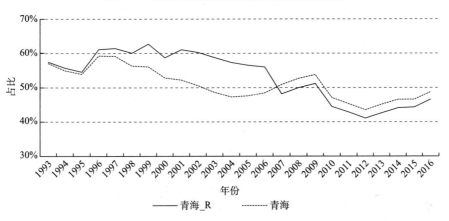

图 6-31　青海调整前后劳动报酬占比变动趋势

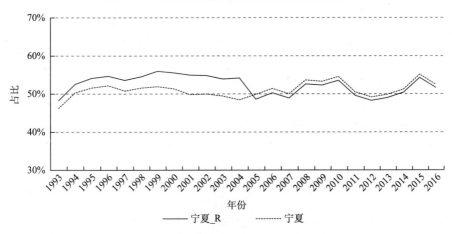

图 6-32　宁夏调整前后劳动报酬占比变动趋势

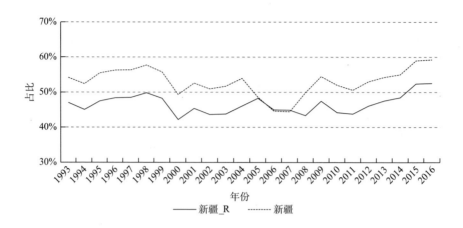

图 6-33　新疆调整前后劳动报酬占比变动趋势

6.3.2　调整后区域劳动报酬变动

中国不同区域经济发展程度不同，不同区域间的劳动报酬占比也存在较大差异，因此，有必要从区域视角对中国劳动报酬占比变动特点进行分析。下面将以国家统计局 2011 年公布的《东西中部和东北地区划分方法》确定的四大区域为视角[①]，分析中国区域间劳动报酬占比调整后的变动特点。

图 6-34 为调整后四大区域劳动报酬占比变动趋势。从图 6-34 来看，经过数据口径调整后，四大区域劳动报酬占比在此期间波动的幅度并没有之前的大起大落，变化趋势相对平缓，变动趋势也更加明显。在整个区间内，中部和西部地区劳动报酬占比下降趋势较为明显，从 1993 年至 2016 年分别累计下降 6.67 个百分点、5.30 个百分点，其中中部地区劳动报酬占比在 2010 年下降到最低为 44.22%，此后一直呈上升趋势，上升至 2016 年的 46.21%，西部地区则在 2013 年劳动报酬占比下降到最低为 43.53%，此后也一直呈上升趋势，上升至 2016 年的 46.81%。东部和东北地区劳动报酬占比自 1993 年至 2016 年则呈现小幅上升，分别累计上升 1.02 个百分点、0.76 个百分点，二者劳动报酬占比变动的谷点分别在 2010 年和 2013 年，劳动报酬占比分别为 41.80% 和 38.96%。

---

① 该方法将中国 31 个省区市分为四大区域。具体为东部 10 省市——北京、天津、河北、上海、江苏、浙江、福建、山东、广东和海南；中部 6 省——山西、安徽、江西、河南、湖北和湖南；西部 12 省区市——内蒙古、广西、贵州、重庆、四川、云南、西藏、青海、甘肃、陕西、宁夏和新疆；东北 3 省——辽宁、吉林、黑龙江。

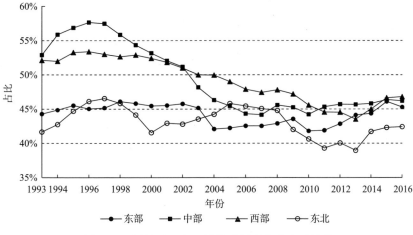

图 6-34　调整后四大区域劳动报酬占比变动趋势

此外，四大区域的劳动报酬占比在近年来出现了趋同化现象，都逐渐向45%的水平靠拢。从图 6-34 看，东部地区和中部地区劳动报酬变动的谷点在 2010年，东北地区和西部地区则在 2013 年，这表明中国不同区域劳动报酬占比都已进入劳动报酬占比变动"U"形曲线的右半支阶段，东部地区和中部地区经济发展程度较高，所以进入右半支阶段时间要早于西部和东北地区。东北地区近年来劳动报酬占比要低于其他三个区域。

6.3.3　调整前后全国层面劳动报酬占比变动

表 6-3 给出了调整前后全国层面的劳动报酬占比，全国层面的数据由历年各省份数据加总而来，二者的变动趋势见图 6-35。

表 6-3　调整前后全国层面劳动报酬占比

年份	原始劳动者报酬	调整后劳动者报酬
1993	49.54%	47.13%
1994	50.63%	48.05%
1995	51.78%	49.07%
1996	51.76%	49.18%
1997	51.63%	49.17%
1998	51.54%	49.18%
1999	50.74%	48.57%
2000	49.57%	47.76%

续表

年份	原始劳动者报酬	调整后劳动者报酬
2001	49.13%	47.61%
2002	48.81%	47.41%
2003	47.23%	46.40%
2004	42.99%	44.42%
2005	43.56%	44.31%
2006	43.17%	44.05%
2007	42.86%	43.92%
2008	46.47%	44.47%
2009	46.62%	44.42%
2010	45.00%	42.88%
2011	44.94%	42.87%
2012	45.59%	43.51%
2013	45.87%	43.87%
2014	46.51%	44.57%
2015	47.89%	45.97%
2016	47.46%	45.60%

资料来源：结合前面测算结果整理

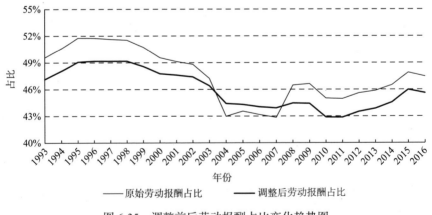

图 6-35   调整前后劳动报酬占比变化趋势图

结合表6-3、图6-35可知，中国全国层面的劳动报酬占比在调整前后存在显著变化。在 2004 年之前，调整后的劳动报酬占比显著低于调整前劳动报酬占比，2004~2007 年调整后的劳动报酬占比显著高于调整前劳动报酬占比，2008 年之后，调整后的劳动报酬占比显著低于调整前劳动报酬占比。原因在于，要把三次不同劳动报酬核算口径转换成统一可比的劳动报酬核算口径，对 1993~2003 年的数据处理方式是扣除个体经营户营业盈余部分，对 2004~2007 年的数据处理方式是扣除国有和集体农场盈余后，再加上个体户业主报酬部分，对于 2008~2016 年的数据应减去国有和集体农场营业盈余。与调整前的数据相比，调整后省份加权平均劳动报酬占比具有如下主要特征。

（1）波动上更加平滑稳健。1993~2016 年调整后省份加权平均劳动报酬占比的标准差为 0.022，小于数据修正前的 0.030，调整后的波动系数为 0.048，小于数据修正前的 0.063。

（2）反周期特征更为明显。一般来说，劳动报酬占比变动具有弱反周期特征：在经济较热、产出缺口为正的年份，劳动报酬占比相对较低；在经济较冷、产出缺口为正的年份，劳动报酬占比相对较高。通过计算调整前后劳动报酬占比与产出缺口[1]的相关系数发现，调整后劳动报酬占比与产出缺口相关系数为 −0.188，而调整前为−0.008，这表明调整后劳动报酬占比变动的反周期趋势更为明显。

（3）数值变动的反转时间更为清晰。劳动报酬占比数据修订前，受核算口径因素的影响，存在 2007 年和 2011 年两个低谷点，劳动报酬占比数据修订后只存在 2011 年一个低谷点，数值变动的反转时间节点更为清晰。

从图 6-35 可知，调整后的中国全国层面劳动报酬占比变动相对更加平稳，尤其是在核算口径调整年份（2004 年、2008 年）并未出现如调整之前的大起大落，调整后的劳动报酬占比更符合中国劳动报酬占比的变动趋势。整体来看，1993~2016 年中国劳动报酬占比累计下降 1.53 个百分点。根据其变动趋势来看，中国劳动报酬占比在 1993~2016 年呈先上升后下降再上升的趋势，劳动报酬占比从 1993 年的 47.13%上升到 1998 年的 49.18%，再从 1998 年的 49.18%下降到 2011 年的 42.87%，之后又上升至 2016 年的 45.60%。

6.4　本　章　小　结

本章在中国劳动报酬两次核算口径变动的基础上，根据 SNA 对劳动报酬定义，厘清了中国劳动报酬核算口径，并对不同时期劳动报酬核算口径做一定调整，转换为统一可比的劳动报酬口径。然后按照统一可比的劳动报酬口径对中国1993~2016 年省份收入法劳动报酬占比数据进行了相应的口径调整，并且对调整

---

① 产出缺口通过对实际 GDP 的对数值进行 CF（Christiano-Fitzgerald）滤波分解获得。

前后省份层面、区域层面、全国层面中国劳动报酬数据变动进行分析。主要结论如下。

（1）分区域来看，中部和西部地区劳动报酬占比下降趋势较为明显，1993~2016 年分别累计下降 6.67 个百分点、5.30 个百分点；东部和东北地区劳动报酬占比在 1993~2016 年则呈现小幅上升，分别累计上升 1.02 个百分点、0.76 个百分点。此外，四大区域的劳动报酬占比在近年来都存在上升趋势，且出现了趋同化现象，都逐渐向 45%的水平靠拢。东部地区和中部地区劳动报酬变动的谷点在 2010 年，东北地区和西部地区则在 2013 年，这表明中国不同区域劳动报酬占比都已进入劳动报酬占比变动"U"形曲线的右半支阶段，东部地区和中部地区经济发展程度较高，所以进入右半支阶段时间要早于西部和东北地区。东北地区近年来劳动报酬占比要明显低于其他三个区域。

（2）调整后的中国全国层面劳动报酬占比变动相对更加平稳，尤其是在核算口径调整年份（2004 年、2008 年）并未出现如调整之前的大起大落，调整后的劳动报酬占比更符合中国劳动报酬占比的变动趋势。整体来看，1993~2016 年中国劳动报酬占比累计下降 1.53 个百分点。根据其变动趋势来看，中国劳动报酬占比在 1993~2016 年呈先上升后下降再上升的趋势，劳动报酬占比从 1993 年的47.13%上升到 1998 年的 49.18%，再从 1998 年的 49.18%下降到 2011 年的42.87%，之后又上升至 2016 年的 45.60%。

第三篇

因素分析篇

第7章 居民收入分配份额变动的结构因素解析

作为一个兼具发展、转型和大国三重特征的国家，我国可以说是世界上国情最为复杂的国家之一。从发展的特征看，我国城乡居民间收入构成差异之大是其他任何国家都无法比拟的；从转型的特征看，在计划经济向市场经济转型的过程中，我国社会群体类型较多且转换较快，其收入类型和形式多种多样，难以准确统计和界定；从大国的特征看，我国幅员辽阔，区域间社会经济发展存在较大不均衡，表现出较大的地区和省份居民收入差距。显然，我国国情的复杂性特点决定了单一地从水平角度对居民收入分配份额进行研究是很难剖析清楚的。鉴于不同结构部分之间内部劳动报酬占比存在较为悬殊的差异，在准确刻画劳动报酬占比水平变动的基础上，解析结构内部劳动报酬占比变化对总体劳动报酬占比变动的影响是十分必要的。

我国的相关研究显示，近年来劳动者报酬占国民收入的比重在持续下降，学者们对其变动的趋势和影响因素进行了诸多研究。在产业行业结构方面，白重恩和钱震杰（2010）利用1985~2003年的中国省际面板数据对劳动收入份额进行回归分析，结果表明，产业结构因素对劳动收入份额具有显著的影响，在样本区间内产业结构转型使劳动收入份额下降；陈享光和孙科（2014）对2004~2012年我国劳动报酬占比的行业结构变动效应进行分析得出，工业、建筑业，以及交通运输、仓储和邮政业等行业的结构变化对劳动报酬比例具有正效应，金融业、房地产业、批发和零售业等行业的结构变化则对劳动报酬比例具有负效应；陈菡（2017）采用Slow分解法将中国劳动收入份额波动分解为产业间效应和产业内效应，研究得到，产业结构调整会加剧劳动收入份额的波动，第三产业产值比重上升有利于总体劳动收入份额提高，第二三产业劳动收入份额上升也将促进总体劳动收入份额提高。在区域结构方面，罗长远和张军（2009b）对1993~2004年的劳动收入占比地区差异进行分解发现，劳动收入占比在地区之间存在巨大差异，但是随着时间的推移，这种差异在逐渐缩小，并且与劳动收入占比的产业结构变化也密切相关。在机构部门结构方面，张车伟和赵文（2015）依据国家统计局编制资金流量的国民经济核算方法，估算雇员经济部门和自雇经济部门的产出与要素规模发现，1978 年以来，雇员经济部门劳动报酬占比变化总体呈现下降趋势。国内现有研究多以水平变动为中心，关于结构变动的研究尚不成熟，研究方法多为模型拟合法或 Slow 分解法，对结构部分间和结构部分内的变动影响进行解析。

国外研究多以 OECD 国家为对象，发达的工业化国家相对成熟的市场经济与处于转型中的中国经济有很多不同，多注重对劳动收入份额影响因素进行研究。在结构解析方面，Kongsamut 等（2001）指出，"卡多尔典型事实"描绘的是经济加总的情形，通过对经济进行分解，产业结构变化会导致劳动收入占比在产业间存在明显差异；Morel（2006）对加拿大 1998~2004 年的劳动报酬占比进行分析发现，商品价格上涨在 18 个部门中的结构差异对劳动报酬占比下降做出了重大贡献，基于19 个制造业部门的劳动收入份额建立误差修正模型，结果显示，劳动收入份额的变动受劳动生产率、贸易开放和工会密度的变动影响；Zuleta 和 Young（2013）建立两部门（制造业和服务业）模型刻画了产业结构变迁的劳动收入份额效应。这些劳动收入份额模型理论研究经验虽不可简单照搬，但可提供一定的参考。

本章利用省份收入法 GDP 核算数据、资金流量表核算数据和投入产出表核算数据，分别从产业行业结构、区域结构和机构部门结构三种视角系统地对我国劳动报酬占比进行结构解析，从结构视角对居民部门收入占比的变动进行解析，以期解析我国劳动报酬占比和居民部门收入占比升降背后的推动因素，为政策调整提供有力的着眼点。

7.1　产业行业结构视角下劳动报酬占比的变动因素分析

7.1.1　产业结构视角下劳动报酬占比的变动因素分析

鉴于中国三次产业之间的劳动报酬占比水平存在较大的差异，第一产业远高于第二三产业，而第三产业高于第二产业。经济转型过程中产业结构的调整也有可能影响到整体劳动报酬占比的变动。中国 1993~2016 年产业结构的变化趋势如图 7-1 所示，劳动报酬占比最高的第一产业在增加值中的比重不断下降，从 1993年的 20.48%锐减到 2016 年的 8.6%，第二产业在增加值中的比重比较稳定，但在2011 年以后呈下降趋势，第三产业在增加值中的比重则呈上升趋势。不同产业之间劳动报酬占比差异很大，而产业结构的调整可能会造成整体经济的劳动报酬所占份额走低，所以分析产业结构以及各产业劳动报酬占比的变动对于整体劳动报酬占比水平变动的影响显得尤为必要。

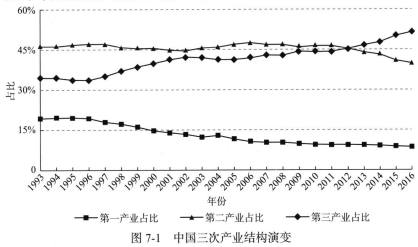

图 7-1　中国三次产业结构演变

1. 方法原理

劳动报酬占比结构分解公式：

$$\mathrm{LS}_t - \mathrm{LS}_0 = \sum_1^i \mathrm{LS}_{it} \times W_{it} - \sum_1^i \mathrm{LS}_{i0} \times W_{i0} \qquad (7\text{-}1)$$

其中，LS_t 代表 t 年份 GDP 中的劳动报酬占比；LS_{it} 代表 t 年份 i 产业或行业劳动报酬占比；W_{it} 代表 t 年份 i 产业或行业增加值在总体增加值中所占的比重；下标 0 表示基期年份。式（7-1）可以变形为式（7-2），进而得到式（7-3）：

$$\mathrm{LS}_t - \mathrm{LS}_0 = \left(\sum_1^i \mathrm{LS}_{it} \times W_{it} - \sum_1^i \mathrm{LS}_{i0} \times W_{it} \right) + \left(\sum_1^i \mathrm{LS}_{i0} \times W_{it} - \sum_1^i \mathrm{LS}_{i0} \times W_{i0} \right) \quad (7\text{-}2)$$

$$\mathrm{LS}_t - \mathrm{LS}_0 = \sum_1^i (\mathrm{LS}_{it} - \mathrm{LS}_{i0}) \times W_{it} + \sum_1^i \mathrm{LS}_{i0} \times (W_{it} - W_{i0}) \qquad (7\text{-}3)$$

其中，$(\mathrm{LS}_{it} - \mathrm{LS}_{i0}) \times W_{it}$ 代表由于 i 产业或行业内部劳动报酬占比变动所造成的水平效应，反映在产业或行业结构保持稳定的条件下，产业或行业内由劳动要素边际生产率所决定的劳动报酬占比的变动；$\mathrm{LS}_{i0} \times (W_{it} - W_{i0})$ 代表由于产业或行业结构变动所造成的结构效应，反映在产业或行业内劳动要素边际生产率相同的条件下，由产业或行业结构所决定的劳动报酬占比的变动。

2. 数据说明

本节中全国劳动报酬占比的数据来源于第 6 章口径调整后的劳动报酬占比

数据。三次产业在增加值中的比重，根据国家统计局公布的数据计算而得；三次产业各自的劳动报酬占比基于《中国国内生产总值核算历史资料（1952—2004）》中的各产业相关的数据测算而得。

依照式（7-3）对中国劳动报酬占比进行产业结构分解，具体结果见表7-1。

表7-1　中国劳动报酬占比的产业结构分解

分析区间		1993~2016年		1993~1998年		1998~2011年		2011~2016年	
总变动		−1.530%		2.050%		−6.297%		2.727%	
总体变动趋势		波动下降		上升		下降		上升	
		变动	解释力	变动	解释力	变动	解释力	变动	解释力
水平效应	第一产业			0.488%	23.83%				
	第二产业			1.465%	71.45%				
	第三产业			0.800%	39.03%				
	总和	1.906%	−124.58%	2.753%	134.29%	−3.798%	60.31%	2.727%	99.89%
结构效应	第一产业	−8.092%	528.86%	−1.588%	−77.47%	−5.866%	92.96%	−0.761%	−27.88%
	第二产业	−2.475%	161.76%	−0.157%	−7.67%	−0.084%	1.34%	−2.562%	−93.83%
	第三产业	7.130%	−465.99%	1.042%	50.85%	3.451%	−54.69%	3.326%	121.82%
	总和	−3.436%	224.58%	−0.703%	−34.29%	−2.499%	39.69%	0.003%	0.11%

资料来源：作者测算

3. 产业水平效应解析

表7-1是中国劳动报酬占比变动的产业结构分解结果。由表7-1可知：

（1）产业水平效应对劳动报酬占比升降具有重要的影响。在1993~2016年整个数据区间内，劳动报酬占比整体下降1.530个百分点，其中产业水平效应反向拉升1.906个百分点，对劳动报酬占比变动的解释力为−124.58%。

（2）产业水平效应在劳动报酬上升阶段具有显著的拉升效应。在1993~1998年和2011~2016年劳动报酬占比上升阶段，产业水平效应占据主导因素，分别拉升2.753个百分点和2.727个百分点，解释力分别为134.29%、99.89%。在1993~1998年，三次产业水平效应都对劳动报酬占比具有提升作用，作用大小为第二产业>第三产业>第一产业。

（3）产业水平效应在劳动报酬下降阶段具有一定的拉低效应。在1998~2011年劳动报酬占比下降阶段，产业水平效应拉低3.798个百分点，解释力为60.31%。

4. 产业结构效应解析

从产业结构分解的结构效应来看，产业结构效应对劳动报酬占比的升降也具有一定影响。

（1）在 1993~2016 年整个数据区间内，产业结构拉低劳动报酬占比 3.436 个百分点，解释了劳动报酬占比下降的 224.58%。分产业来看，第一产业对劳动报酬占比拉低 8.092 个百分点，解释力为 528.86%，第二产业拉低 2.475 个百分点，第三产业则对劳动报酬占比拉升 7.130 个百分点，解释力为 -465.99%，整体结构效应对劳动报酬占比呈现拉低效应。

（2）在 1993~1998 年劳动报酬占比上升阶段，产业结构效应对劳动报酬占比呈拉低效应，但作用有限，仅拉低 0.703 个百分点。分产业来看，第一二产业结构效应都具有拉低效应，分别拉低 1.588 个百分点、0.157 个百分点，第三产业结构效应则呈现拉升效应，拉升 1.042 个百分点。整体来看，第一二产业负的结构效应抵消了第三产业正的结构效应，进而使整体产业结构效应对劳动报酬占比产生了拉低效应。

（3）在 1998~2011 年劳动报酬占比下降阶段，产业结构效应解释了劳动报酬占比下降的 2.499 个百分点，解释力为 39.69%。分产业来看，第一产业结构效应解释了 5.866 个百分点的劳动报酬占比下降，解释力高达 92.96%。第二产业结构效应对劳动报酬占比具有微弱的拉低效应。第三产业结构效应对劳动报酬占比则拉升 3.451 个百分点，解释力为 -54.69%。

（4）在 2011~2016 年劳动报酬占比上升阶段，第一产业和第二产业结构效应分别拉低劳动报酬占比 0.761 个百分点和 2.562 个百分点，解释力分别为 -27.88%、-93.83%。第三产业是劳动报酬占比上升的主要驱动力，拉动劳动报酬占比 3.326 个百分点，解释力为 121.82%。

从上述分析可知，尽管产业结构效应是整个样本区间内劳动报酬占比下降的主要驱动力量，但是，在劳动报酬占比不同升降阶段，产业水平效应对劳动报酬占比变动的影响显著大于产业结构对劳动报酬占比变动的影响，对劳动报酬占比升降具有决定性作用。分升降类型看，产业水平效应在劳动报酬占比的上升阶段表现相比下降阶段更为突出一些，产业结构效应在劳动报酬占比的下降阶段表现相比上升阶段更为突出一些。

7.1.2　产业行业结构综合视角下劳动报酬占比的变动因素分析

根据 2010 年的全国投入产出表核算数据对分三次产业和分行业（主要是服务业分部门）劳动报酬占比进行测算，由表 7-2 数据可以观察到，第一产业的劳动报酬占比极高，达 96.82%，第三产业的劳动报酬占比处于中等水平，为 53.03%，第二产业的劳动报酬占比偏低，仅为 36.63%。在第二产业中，建筑业的劳动报酬占比显著高于工业的劳动报酬占比，而在第三产业中，住宿和餐饮业的劳动报酬占比显著高于其他行业。

表 7-2　基于 2010 年投入产出表测算的三次产业和主要行业劳动报酬占比

产业	第一产业	第二产业		第三产业					
劳动报酬占比	96.82%	36.63%		53.03%					
行业	农林牧渔业	工业	建筑业	交通运输、仓储和邮政业	批发和零售业	住宿和餐饮业	金融业	房地产业	其他服务业
劳动报酬占比	96.82%	34.36%	57.94%	60.41%	48.93%	83.92%	22.92%	6.71%	68.66%

根据 2010 年投入产出表劳动报酬占比和产业行业结构模拟 1992~2015 年的劳动报酬占比变动情况，由表 7-3 和表 7-4 数据可以观察到：

（1）在 1992~2015 年整个样本区间，我国劳动报酬占比累计下降 5.97 个百分点。其中，分三次产业结构变动拉低劳动报酬占比 5.12 个百分点，其影响所占份额为 85.76%，产业水平大小拉低劳动报酬占比 0.85 个百分点，其影响所占份额为 14.24%；分行业结构变动拉低劳动报酬占比 5.05 个百分点，其影响所占份额为 84.59%，行业水平大小拉低劳动报酬占比 0.92 个百分点，其影响所占份额为 15.41%。

（2）在劳动报酬占比徘徊下降的 1992~1997 年，我国劳动报酬占比累计下降 2.67 个百分点。其中，分三次产业结构变动拉低劳动报酬占比 2.16 个百分点，其影响所占份额为 80.90%，产业水平大小拉低劳动报酬占比 0.51 个百分点，其影响所占份额为 19.10%；分行业结构变动拉低劳动报酬占比 1.64 个百分点，其影响所占份额为 61.42%，行业水平大小拉低劳动报酬占比 1.03 个百分点，其影响所占份额为 38.58%。

（3）在劳动报酬占比下降的 1997~2011 年，我国劳动报酬占比累计下降 8.06 个百分点。其中，分三次产业结构变动拉低劳动报酬占比 3.59 个百分点，其影响所占份额为 44.54%，产业水平大小拉低劳动报酬占比 4.47 个百分点，其影响所占份额为 55.46%；分行业结构变动拉低劳动报酬占比 3.87 个百分点，其影响所占份额为 48.01%，行业水平大小拉低劳动报酬占比 4.19 个百分点，其影响所占份额为 51.99%。

（4）在劳动报酬占比上升的 2011~2015 年，我国劳动报酬占比累计上升 4.76 个百分点。其中，分三次产业结构变动拉升劳动报酬占比 0.63 个百分点，其影响所占份额为 13.24%，产业水平大小拉升劳动报酬占比 4.13 个百分点，其影响所占份额为 86.76%；分行业结构变动拉升劳动报酬占比 0.46 个百分点，其影响所占份额为 9.66%，行业水平大小拉升劳动报酬占比 4.30 个百分点，其影响所占份额为 90.34%。

表 7-3 基于投入产出表劳动报酬占比和产业结构模拟出的劳动报酬占比变动情况

年份	劳动报酬占比（分三次产业结构变动）	劳动报酬占比（分行业结构变动）	劳动报酬占比（口径三）	劳动报酬占比变动率（分三次产业结构变动）	劳动报酬占比变动率（分行业结构变动）	劳动报酬占比变动率（口径三）
1992	55.30%	54.20%	57.54%			
1993	53.91%	53.18%	53.13%	−1.39%	−1.02%	−4.41%
1994	53.99%	53.24%	53.90%	0.08%	0.06%	0.77%
1995	53.94%	53.14%	54.12%	−0.05%	−0.10%	0.22%
1996	53.77%	53.09%	53.84%	−0.17%	−0.05%	−0.28%
1997	53.14%	52.56%	54.87%	−0.63%	−0.53%	1.03%
1998	53.03%	52.64%	54.42%	−0.11%	0.08%	−0.45%
1999	52.62%	52.44%	54.58%	−0.41%	−0.20%	0.16%
2000	51.99%	51.94%	52.70%	−0.63%	−0.50%	−1.88%
2001	51.81%	51.94%	52.51%	−0.18%	0.00%	−0.19%
2002	51.56%	51.86%	53.62%	−0.25%	−0.08%	1.11%
2003	50.95%	51.29%	52.81%	−0.61%	−0.57%	−0.81%
2004	51.16%	51.61%	50.60%	0.21%	0.32%	−2.21%
2005	50.41%	50.92%	50.30%	−0.75%	−0.69%	−0.30%
2006	49.88%	50.10%	49.10%	−0.53%	−0.82%	−1.20%
2007	49.85%	49.46%	48.00%	−0.03%	−0.64%	−1.10%
2008	49.82%	49.65%	47.79%	−0.03%	0.19%	−0.21%
2009	49.79%	49.29%	48.83%	−0.03%	−0.36%	1.04%
2010	49.59%	48.82%	47.33%	−0.20%	−0.47%	−1.50%
2011	49.55%	48.69%	46.81%	−0.04%	−0.13%	−0.52%
2012	49.73%	48.92%	49.20%	0.18%	0.23%	2.39%
2013	49.88%	48.93%	50.67%	0.15%	0.01%	1.47%
2014	49.93%	49.10%	50.74%	0.05%	0.17%	0.07%
2015	50.18%	49.15%	51.57%	0.25%	0.05%	0.83%

表 7-4 口径三下劳动报酬占比变动的因素分析

分析区间	结构类型	劳动报酬占比总变动	产业或行业结构影响大小	产业或行业结构影响所占份额	产业或行业水平影响大小	产业或行业水平影响所占份额
1992~1997 年	分产业	−2.67%	−2.16%	80.90%	−0.51%	19.10%
	分行业	−2.67%	−1.64%	61.42%	−1.03%	38.58%
1997~2011 年	分产业	−8.06%	−3.59%	44.54%	−4.47%	55.46%
	分行业	−8.06%	−3.87%	48.01%	−4.19%	51.99%
2011~2015 年	分产业	4.76%	0.63%	13.24%	4.13%	86.76%
	分行业	4.76%	0.46%	9.66%	4.30%	90.34%
1992~2015 年	分产业	−5.97%	−5.12%	85.76%	−0.85%	14.24%
	分行业	−5.97%	−5.05%	84.59%	−0.92%	15.41%

总的来说，尽管在整体样本区间内劳动报酬占比的下降过程中，产业结构效应对劳动报酬占比变动的拉低影响要大于产业水平对劳动报酬占比变动的影响，但是在劳动报酬占比不同升降阶段，产业结构效应和产业水平效应对劳动报酬占比的影响大小并不一致。产业水平效应在劳动报酬占比的上升阶段的表现相比下降阶段更为突出一些，产业结构效应在劳动报酬占比的下降阶段表现相比上升阶段更为突出一些。特别地，在劳动报酬占比上升阶段，产业水平效应对劳动报酬占比变动的拉升影响要大于产业结构对劳动报酬占比变动的影响。分行业下的结构效应和水平效应对劳动报酬占比作用与分产业下基本一致。

7.1.3 劳动报酬占比变动的"U"形规律与产业结构分析

结合第 6 章中测算的我国劳动报酬占比变动的"U"形变动趋势，这里基于省份修正调整数据验证了我国劳动报酬占比变动的"U"形规律。从散点图（图 7-2）可以看出，各省份劳动报酬占比与实际人均 GDP 之间存在"U"形曲线关系。基于省份劳动报酬占比与实际人均 GDP 的二次方程进一步验证估计得到如表 7-5 所示的结果。由表 7-5 可知，LNPGDP 一次项的回归系数显著为负，二次项的回归系数显著为正，这意味着我国劳动报酬占比随实际人均GDP变动存在"U"形规律。经计算，"U"形曲线的拐点处 LNPGDP 水平为 10.81（实际人均 GDP 为 49 560 元，2000 年价格）。

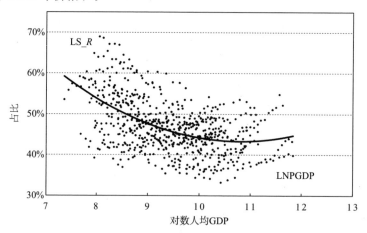

图 7-2　全部样本省份劳动报酬占比与实际 LNPGDP 散点图

表 7-5　省份层面劳动报酬占比"U"形规律验证估计结果

解释变量	LS_R
LNPGDP	−0.320 8*** （0.085 4）

续表

解释变量	LS_R
LNPGDPSQR（lnGDP）^{2}	0.015 4*** （0.004 4）
常数项	2.107 6*** （0.409 7）
R^2	0.294 8
样本量	696

***表示回归系数在 1%的显著性水平下显著，括号中数字为回归系数的标准误

注：估计模型为 $LS\_R_{it} = \beta_1 LNPGDP_{it} + \beta_2 LNPGDPSQR_{it} + \beta + \varepsilon_{it}$

　　鉴于我国劳动报酬占比"U"形规律特征，并结合数据修正后我国劳动报酬占比变化趋势（图 7-2），可将我国劳动报酬占比变动划分为两个阶段，一是"U"形曲线左半支整体下降阶段（1993~2011 年），二是"U"形曲线右半支上升阶段（2011~2015 年）。

　　结合上述分析可知，产业水平效应在劳动报酬占比上升阶段的表现相比下降阶段更为突出一些，产业结构效应在劳动报酬占比下降阶段表现相比上升阶段更为突出一些。长期内，我国产业结构效应必然导致劳动报酬占比的下降，但随着产业内部各产业劳动报酬占比水平的提高以及第三产业在经济中的比重不断增加，这对劳动报酬占比的提升有着积极的影响。总体来看，产业结构的变动对于劳动报酬占比的提高具有消极影响，但产业结构的变动是经济发展进程中的客观规律，调整收入分配格局的政策设计应从产业内部劳动报酬占比偏低的问题着手，不断提高各产业内部劳动要素的边际生产率，促进国民收入中劳动要素分配比例的提升。

7.2　区域结构视角下劳动报酬占比的变动因素分析

　　中国东部、中部、西部、东北四大区域经济发展程度各异，各区域劳动报酬占比变动各不相同（见表 7-6，具体分析见第 6 章）。各区域劳动报酬变动的差异是由区域结构差异引起还是由区域内劳动边际生产率差异引起，对于了解区域间劳动报酬占比变动背后的逻辑意义重大。

表 7-6　基于省份收入法 GDP 核算数据调整的我国四大区域劳动报酬占比

年份	东部	中部	西部	东北
1993	44.27%	52.88%	52.11%	41.66%
1994	44.86%	55.88%	51.98%	42.76%
1995	45.53%	56.88%	53.25%	44.69%

年份	东部	中部	西部	东北
1996	45.03%	57.65%	53.37%	46.13%
1997	45.16%	57.48%	52.99%	46.55%
1998	46.10%	55.85%	52.64%	45.84%
1999	45.82%	54.33%	52.89%	44.13%
2000	45.46%	53.16%	52.40%	41.55%
2001	45.53%	52.05%	51.81%	42.93%
2002	45.77%	51.17%	50.99%	42.79%
2003	45.16%	48.18%	50.00%	43.53%
2004	42.09%	46.31%	49.96%	44.23%
2005	42.23%	45.46%	49.01%	45.82%
2006	42.54%	44.31%	47.90%	45.45%
2007	42.53%	44.15%	47.44%	45.08%
2008	42.90%	45.59%	47.81%	44.78%
2009	43.55%	45.26%	47.21%	42.01%
2010	41.80%	44.22%	45.59%	40.63%
2011	41.89%	45.35%	44.55%	39.31%
2012	42.85%	45.72%	44.52%	40.05%
2013	44.12%	45.68%	43.52%	38.97%
2014	44.36%	45.82%	45.02%	41.73%
2015	46.12%	46.38%	46.65%	42.30%
2016	45.30%	46.21%	46.81%	42.42%

7.2.1 方法原理和数据说明

根据式（7-1）对劳动报酬占比区域结构解析公式为

$$\text{LS}_t - \text{LS}_0 = \sum_1^i \left(\text{LS}_{it} - \text{LS}_{i0}\right) \times W_{it} + \sum_1^i \text{LS}_{i0} \times \left(W_{it} - W_{i0}\right) \qquad （7\text{-}4）$$

其中，用 LS_t 代表 t 年份总体劳动报酬占比；LS_{it} 代表 i 区域劳动报酬占比；W_{it} 代表 t 年份 i 区域增加值在全国 GDP 中所占的比重，下标 0 表示基期年份。进而，$\left(\text{LS}_{it} - \text{LS}_{i0}\right) \times W_{it}$ 代表由于 i 区域内部劳动报酬占比变动所造成的水平效应；$\text{LS}_{i0} \times \left(W_{it} - W_{i0}\right)$ 代表由于区域结构变动所造成的结构效应。

本节数据来源于省份收入法 GDP 和第 6 章口径调整后的劳动报酬占比数据，其中包括各区域增加值数据（与劳动报酬占比所用 GDP 一致）和各区域劳动报酬占比数据，四大区域的划分来自国家统计局分类标准。

7.2.2 结果分析

依托省份收入法 GDP 核算数据对区域劳动报酬占比变动因素进行分析，四大区域劳动报酬占比见表 7-6。

依照式（7-4）对中国劳动报酬占比进行区域结构分解，具体结果详见表 7-7。

表 7-7 中国劳动报酬占比的区域结构分解

分析区间		1993~2016 年		1993~1998 年		1998~2011 年		2011~2016 年	
总变动		−1.53%		2.05%		−6.297%		2.727%	
变动趋势		下降		上升		下降		上升	
		变动	解释力	变动	解释力	变动	解释力	变动	解释力
水平效应	东部	0.540%	−35.31%	0.953%	46.50%	−1.700%	27.00%	1.792%	65.71%
	中部	−1.374%	89.80%	0.587%	28.61%	−2.431%	38.60%	0.177%	6.48%
	西部	−1.066%	69.63%	0.094%	4.60%	−1.623%	25.77%	0.455%	16.70%
	东北	0.051%	−3.34%	0.416%	20.29%	−0.630%	10.00%	0.209%	7.66%
	总和	−1.849%	120.79%	2.050%	100.00%	−6.384%	101.37%	2.633%	96.55%
结构效应	东部	1.061%	−69.33%	0.910%	44.39%	0.067%	−1.06%	0.226%	8.31%
	中部	0.581%	−37.94%	0.124%	6.07%	0.111%	−1.77%	0.254%	9.31%
	西部	0.659%	−43.06%	−0.399%	−19.47%	0.552%	−8.77%	0.393%	14.43%
	东北	−1.983%	129.54%	−0.635%	−30.98%	−0.644%	10.23%	−0.780%	−28.59%
	总和	0.318%	−20.79%	0.000%	0.00%	0.086%	−1.37%	0.094%	3.45%

1. 区域水平效应解析

表 7-7 是对中国劳动报酬占比的区域结构分解结果。整体来看，区域水平效应对劳动报酬占比变动占据主导地位，是劳动报酬占比升降的关键。在 1993~2016 年整个样本区间内，区域水平效应拉低劳动报酬占比 1.849 个百分点，解释力为 120.79%。分区域看，中部、西部对这一时期劳动报酬占比变动都具有拉低效应，分别拉低 1.374 个百分点、1.066 个百分点；而东部、东北地区则对劳动报酬占比呈现拉升效应，分别拉升 0.540 个百分点、0.051 个百分点，但拉升效应不大。

（1）在 1993~1998 年劳动报酬占比上升阶段，中国劳动报酬占比上升 2.050 个百分点，区域水平效应解释全部的劳动报酬占比上升，解释力为 100.00%。分区域看，这一阶段四大区域都对这一时期劳动报酬占比变动呈现拉升效应，其中，东部地区拉升效应最大，拉升 0.953 个百分点，其次是中部地区、东北地区，西部地区拉升效应最小。

（2）在 1998~2011 年劳动报酬占比下降阶段，区域水平效应拉低劳动报酬占比 6.384 个百分点，解释力为 101.37%。分区域看，这一阶段四大区域对劳动报酬占比变动均呈现出拉低效应，其中，中部地区拉低效应最大，拉低 2.431 个百分点，其次是东部、西部地区，分别拉低 1.700 个百分点、1.623 个百分点，东北地区拉低效应最小，拉低 0.630 个百分点。

（3）在 2011~2016 年劳动报酬占比上升阶段，区域水平效应拉升中国劳动报酬占比 2.633 个百分点，解释力为 96.55%。分区域看，这一阶段四大区域对中国劳动报酬占比均呈现拉升效应，其中东部地区拉升效应最大，拉升 1.792 个百分点，而中部、西部、东北地区拉升效应相对有限。

2. 区域结构效应解析

表 7-7 中下半部分是中国劳动报酬占比不同升降阶段区域结构效应分解。相对于区域水平效应，区域结构效应对中国劳动报酬占比升降的解释力度较弱，对中国劳动报酬占比变动影响有限。在整个样本区间，区域结构效应对中国劳动报酬占比呈现拉升效应，拉升 0.318 个百分点，解释力为-20.79%。其中，东部、中部和西部地区分别拉升劳动报酬占比 1.061 个百分点、0.581 个百分点和 0.659 个百分点，而东北地区则拉低 1.983 个百分点。

（1）在 1993~1998 年劳动报酬占比上升阶段，区域结构效应对中国劳动报酬占比作用为 0。其中东部和中部分别拉升劳动报酬占比 0.910 个百分点和 0.124 个百分点，而西部和东北则分别拉低劳动报酬占比 0.399 个百分点和 0.635 个百分点。

（2）在 1998~2011 年劳动报酬占比下降阶段，区域结构效应对中国劳动报酬占比呈现拉升效应，但影响有限，仅拉升 0.086 个百分点，解释力为-1.37%。其中，东部、中部和西部均呈现拉升效应，而东北则呈现拉低效应，但拉升与拉低效应都不大。

（3）在 2011~2016 年劳动报酬占比上升阶段，区域结构效应拉升中国劳动报酬占比 0.094 个百分点，解释力仅为 3.45%。其中，东部、中部和西部均呈现拉升效应，分别拉升 0.226 个百分点、0.254 个百分点、0.393 个百分点，解释力分别为 8.31%、9.31%、14.43%；东北地区则呈现拉低效应，拉低 0.780 个百分点，解释力为-28.59%。

由以上分析可知，无论在上升还是下降阶段，中国区域水平效应对劳动报酬占比的升降具有重要影响，能解释绝大部分的中国劳动报酬占比变动，而区域结构效应对劳动报酬占比变动影响较小。这意味着，区域内部劳动要素的边际生产率所代表的区域水平效应对中国劳动报酬占比变动具有决定性作用。

7.3　机构部门结构视角下劳动报酬占比的变动因素分析

中国正规和非正规部门之间内部劳动报酬占比的悬殊差异，有必要解析经济结构及其内部劳动报酬占比变化对总体劳动报酬占比变动的影响。

7.3.1　方法原理和数据说明

劳动报酬占比的机构部门结构分解公式：

$$a_t - a_0 = \left(\sum a_{it} \times \mathrm{vsh}_{it} - \sum a_{i0} \times \mathrm{vsh}_{it} \right) + \left(\sum a_{i0} \times \mathrm{vsh}_{it} - \sum a_{i0} \times \mathrm{vsh}_{i0} \right)$$
$$= \sum \left(a_{it} \times \mathrm{vsh}_{it} - a_{i0} \times \mathrm{vsh}_{it} \right) + \sum \left(a_{i0} \times \mathrm{vsh}_{it} - a_{i0} \times \mathrm{vsh}_{i0} \right) \quad (7\text{-}5)$$

其中，a_t 和 a_0 分别为报告期和基期的总体劳动报酬占比；a_{it} 和 a_{i0} 分别为报告期和基期机构部门的劳动报酬占比；vsh_{it} 和 vsh_{i0} 分别为报告期和基期部门 i 增加值在机构部门增加值中的占比。显然，式（7-5）中第 2 行相加的两项分别表示机构部门的水平变动影响和结构变动影响。

本节数据来源于《中国统计年鉴》中的资金流量表数据和第 5 章口径调整后的劳动报酬占比数据，其中包括 1992~2012 年的中国正规部门、农户和个体经营户的劳动报酬占比相关数据。

7.3.2　结果分析

依照式（7-5）对中国 1992~2012 年劳动报酬占比进行机构部门结构分解，具体结果见表 7-8。

表 7-8　中国 1992~2012 年劳动报酬占比的结构分解

分析区间	总变动	水平变动	结构变动	正规部门水平变动	正规部门结构变动	农户水平变动	农户结构变动	个体经营户水平变动	个体经营户结构变动
1992~2012 年	−8.33%	−5.24%	−3.09%	−3.05%	0.94%	0	−9.48%	−2.19%	5.45%
1992~1993 年	−4.42%	−3.50%	−0.92%	−2.78%	1.27%	0	−1.69%	−0.72%	−0.50%
1993~1997 年	1.76%	1.86%	−0.10%	1.81%	−1.16%	0	−1.15%	0.05%	2.21%
1997~2011 年	−8.06%	−5.38%	−2.68%	−3.47%	0.86%	0	−6.68%	−1.91%	3.14%
2011~2012 年	2.39%	2.38%	0.01%	1.32%	0.04%	0	0.04%	1.07%	−0.06%

1. 部门水平效应解析

从整个区间看，劳动报酬占比的水平变动能够解释 5.24 个百分点的劳动报酬占比下降，约占总下降的 62.91%。进一步地，在水平变动的影响中，正规部门劳动报酬占比由 47.53% 下降到 43.3%，农户劳动报酬占比保持不变，为 90%，个体经营户由 63.67% 下降到 52.11%；由于正规部门的增加值比重远高于个体经营户，计算得到正规部门的影响最大，为 -3.05 个百分点，其次为个体经营户，为 -2.19 个百分点，农户的影响为 0。显然，正规部门和个体经营户的劳动报酬占比水平变动是影响中国劳动报酬占比变动的关键因素。

分阶段地看，水平变动的影响在劳动报酬占比下降阶段（1992~1993 年和 1997~2011 年）为负，分别解释了 3.50 个百分点和 5.38 个百分点的下降，占对应阶段总体变动的 79.19% 和 66.75%；而在劳动报酬占比上升阶段（1993~1997 年和 2011~2012 年）则为正，几乎解释了全部的变动。显然，水平变动的作用由负转正是中国劳动报酬占比在部分年份提高的根本原因。此外，从各个阶段来看，正规部门的水平变动要大于非正规部门（即个体经营户）。

2. 部门结构效应解析

从整个区间看，部门结构变动能够解释劳动报酬占比 3.09 个百分点的下降，约占总下降的 37.09%。农户的影响很大，可以解释 9.48 个百分点，甚至超过了总变动量；个体经营户的影响较为强烈，且与农户的影响部分抵消；正规单位的影响相对较小。1992~2012 年，农户增加值占比由 19.61% 下降到 9.07%，个体经营户则由 10.37% 上升到 18.93%，而正规部门变动幅度很小，由 93.61% 下降到 93.20%。农户和个体经营户相对剧烈的结构变动影响与农户过高的劳动报酬占比密切关联。由于农户与正规单位和个体经营户之间劳动报酬占比差距的悬殊，随着农户经济比重的下降，部门内部结构变动必然引起巨大的负向影响。

分阶段看，无论是在劳动报酬占比下降阶段还是上升阶段，部门结构变动的影响均为负（2011~2012 年，结构变动影响很小），这种负向影响也是农户与正规单位、个体经营户之间悬殊的劳动报酬占比差距在部门结构变动规律作用下的必然结果。

综上所述，水平变动对劳动报酬占比变动的影响要大于结构变动。农户劳动报酬占比估计过高（90%），再加上经济快速转型过程中农户重要程度的急剧下降、劳动报酬占比较低的正规部门和个体经营户重要程度的上升，导致整体的劳动报酬占比下降。由于结构变动是经济发展过程中的一般规律，因而由其引发的中国劳动报酬占比下降并不是收入分配格局调节政策关注的重点。相反，由于中国正规部门和个体经营户劳动报酬占比不但远低于农户劳动报酬占比，而且中国正规部门劳动报酬占比与美国相比还有不小差距。因此，中国收入分配格局调节政策设计应着眼于从根本上解决企业、行政事业单位和个体经营户中劳动报酬占比偏低的问题，这与张车伟（2012）提出的"提高就业雇员化程度可自动提高总体劳动报酬占比"的结论有根本不同。

7.4　机构部门结构视角下居民部门收入占比的变动因素分析

7.4.1　方法原理和数据说明

本节借鉴刘扬和梁峰（2013）的方法，用居民部门可支配收入与 GDP 的比来表示居民部门收入占比，如式（7-6）所示。

$$\text{居民部门收入占比=居民部门可支配收入/GDP} \qquad (7\text{-}6)$$

居民部门收入占比由居民增加值比重、居民初次分配收入比重、居民再分配收入比重三部分构成，每一部分又可以细分为不同的收支项目。居民初次分配收入净额等于初次分配阶段各项收入的和减去各项支出的和，如式（7-7）所示。

$$\text{PD} = l + i + r + s + q - T - I - R - Q \qquad (7\text{-}7)$$

居民再分配收入净额等于再分配阶段各项收入之和减去各项支出之和，如式（7-8）所示。

$$\text{SD} = w + h + f - X - W - F \qquad (7\text{-}8)$$

居民部门可支配收入等于居民部门增加值加上初次分配净额、居民再分配收入净额，如式（7-9）所示。

$$\text{PDI} = \text{VA} + \text{PD} + \text{SD} \qquad (7\text{-}9)$$

式（7-9）两端同时除以年度的 GDP，得到年度居民可支配收入（personal disposable income，PDI）占国民收入比重与各分配阶段收入占国民收入比重之间的关系，如式（7-10）所示。

$$\frac{\text{PDI}_t}{\text{GDP}_t} = \frac{\text{VA}_t}{\text{GDP}_t} + \frac{\text{PD}_t}{\text{GDP}_t} + \frac{\text{SD}_t}{\text{GDP}_t} \qquad (7\text{-}10)$$

其中，t 表示年度，年度 k 与年度 t 之间居民可支配收入比重变动如式（7-11）所示。

$$
\begin{aligned}
\frac{\text{PDI}_t}{\text{GDP}_t} - \frac{\text{PDI}_k}{\text{GDP}_k} &= \left(\frac{\text{VA}_t}{\text{GDP}_t} + \frac{\text{PD}_t}{\text{GDP}_t} + \frac{\text{SD}_t}{\text{GDP}_t} \right) - \left(\frac{\text{VA}_k}{\text{GDP}_k} + \frac{\text{PD}_k}{\text{GDP}_k} + \frac{\text{SD}_k}{\text{GDP}_k} \right) \\
&= \left(\frac{\text{VA}_t}{\text{GDP}_t} - \frac{\text{VA}_k}{\text{GDP}_k} \right) + \left(\frac{\text{PD}_t}{\text{GDP}_t} - \frac{\text{PD}_k}{\text{GDP}_k} \right) + \left(\frac{\text{SD}_t}{\text{GDP}_t} - \frac{\text{SD}_k}{\text{GDP}_k} \right)
\end{aligned} \qquad (7\text{-}11)
$$

式（7-11）反映了居民可支配收入比重变动等于各分配项目比重变动之和。根据式（7-7）、式（7-8），PD_t 与 SD_t 可以进一步分解为各子项目，如式（7-12）所示。

$$\Delta S_{PDI_{t,k}} = \Delta S_{VA_{t,k}} + \Delta S_{PD_{t,k}} + \Delta S_{SD_{t,k}}$$
$$= \Delta S_{VA_{t,k}} + \left(\Delta S_{I_{t,k}} + \Delta S_{i_{t,k}} + \Delta S_{r_{t,k}} + \Delta S_{s_{t,k}} + \Delta S_{q_{t,k}} - \Delta S_{T_{t,k}} - \Delta S_{I_{t,k}} - \Delta S_{R_{t,k}} - \Delta S_{Q_{t,k}} \right)$$
$$+ \left(\Delta S_{w_{t,k}} + \Delta S_{h_{t,k}} + \Delta S_{f_{t,k}} - \Delta S_{X_{t,k}} - \Delta S_{W_{t,k}} - \Delta S_{F_{t,k}} \right)$$

$$(7\text{-}12)$$

其中，ΔS 表示比重的变动，等于 k 年度的比重减去 t 年度的比重，$k > t$；式（7-12）右端第一个括号内容为初次分配项目，第二个括号内容为再分配项目。根据式（7-12），可以测算各分配项目对居民可支配收入比重变动的贡献，如式（7-13）所示。

$$C_Z = \frac{\Delta S_{Z_{t,k}}}{\Delta S_{PDI_{t,k}}} \tag{7-13}$$

其中，Z 表示式（7-12）中第二个等号右边的各项；C_Z 是反映各分配项目变动对居民收入比重变动影响程度的指标，指标取值的大小直接反映了分配环节或分配项目对居民可支配收入变动影响的程度。

本节数据来源于《中国统计年鉴》资金流量表数据，其中包括 2000~2015 年 13 项初次分配和再分配阶段的相关系列数据（居民增加值、利息收入、红利收入、其他收入、生产税、利息支出、地租支出、社会保险福利等）。

7.4.2　结果分析

依照式（7-13）测算 2000~2015 年各分配项目变动对居民部门收入占比变动的贡献，将数据区间划分为上升和下降两个阶段进行分析，具体结果见表 7-9。

表 7-9　各分配项目变动对居民部门收入占比变动的贡献

分析项目	2000~2015 年	2000~2008 年	2008~2015 年
居民部门收入占比变动	−5.73%	−7.86%	2.13%
变动趋势	下降	下降	上升
居民增加值贡献率	136.57%	70.81%	−106.01%
利息收入贡献率	0.99%	−2.90%	−13.38%
红利收入贡献率	−3.63%	−1.34%	4.83%
其他收入贡献率	−6.53%	−4.22%	1.98%

分析项目	2000~2015 年	2000~2008 年	2008~2015 年
生产税贡献率	−9.79%	−6.50%	2.36%
利息支出贡献率	6.50%	0.69%	−14.91%
地租支出贡献率	0.05%	0.06%	0.06%
初次分配贡献率	98.95%	92.82%	76.35%
社会保险福利贡献率	−57.11%	−9.62%	118.08%
社会补助贡献率	−12.35%	−8.32%	2.54%
其他经常转移收入贡献率	−2.31%	−7.97%	−23.18%
收入税贡献率	10.92%	6.62%	−4.93%
社会保险缴款贡献率	50.62%	19.39%	−64.58%
其他经常转移支出贡献率	11.30%	7.07%	−4.28%
再分配贡献率	1.07%	7.17%	23.65%

在 2000~2015 年，我国居民部门收入占比表现出一定程度的下降，降幅为 5.73 个百分点，初次分配和再分配的贡献率分别为98.95%和1.07%，其中，红利收入、其他收入、生产税、社会保险福利、社会补助和其他经常转移收入共 6 个分配项目的贡献率为负值，说明红利收入、其他收入、社会保险福利、社会补助和其他经常转移收入占 GDP 的比重在上升，生产税占 GDP 的比重在下降，但这未能改变居民部门收入占比的下降，主要原因在于居民增加值占比的下降和社会保险缴款占比的上升。

在 2000~2008 年，我国居民部门收入占比表现出较大程度的下降，降幅为 7.86 个百分点，初次分配和再分配的贡献率分别为92.82%和7.17%，其中，利息收入、红利收入、其他收入、生产税、社会保险福利、社会补助和其他经常转移收入共 7 个分配项目的贡献率为负值，说明利息收入、红利收入、其他收入、社会保险福利、社会补助和其他经常转移收入占 GDP 的比重在上升，生产税占 GDP 的比重在下降，但这未能改变居民部门收入占比的下降，主要原因在于居民增加值占比的下降和社会保险缴款占比的上升。

在 2008~2015 年，我国居民部门收入占比表现出一定程度的上升，增幅为 2.13 个百分点，初次分配和再分配的贡献率分别为 76.35%和23.65%，其中，居民增加值、利息收入、利息支出、其他经常转移收入、收入税、社会保险缴款和其他经常转移支出共 7 个分配项目的贡献率为负值，说明居民增加值、利息收入和其他经常转移收入占 GDP 的比重在下降，利息支出、收入税、社会保险缴款和其他经常转移支出占 GDP 的比重在上升，但这未能改变居民部门收入占比的上升，主要原因在于社会保险福利和红利收入的上升。

7.5　本　章　小　结

我国居民收入分配份额变动较为复杂，既应考虑水平效应的影响，又不可忽视结构效应的影响。厘清居民收入分配份额结构变动规律对于合理优化收入分配政策具有重要意义。本章从产业行业结构视角、区域结构视角和机构部门结构视角对劳动报酬占比和居民部门收入占比变动进行结构解析，以期解析我国劳动报酬占比和居民部门收入占比升降背后的推动因素。具体研究分析表明：

（1）在产业行业结构视角下劳动报酬占比变动因素分析中，分别使用省份收入法 GDP 核算数据和投入产出表核算数据进行研究。通过对省份收入法 GDP 核算数据进行产业结构视角和产业行业结构综合视角解析发现，产业水平效应对劳动报酬占比升降的影响总体上要比产业结构效应大一些。从升降类型看，产业水平效应在劳动报酬占比的上升阶段表现相比下降阶段更为突出一些，产业结构效应在劳动报酬占比的下降阶段表现相比上升阶段更为突出一些。中国劳动报酬占比变动整体上符合"U"形规律，目前正处于谷点附近，即将进入上升阶段，而经济结构的变动是一种客观规律，不具有政策调控性。在当前我国经济结构不断优化及劳动报酬占比上升的右半侧阶段，提高劳动报酬占比要注重对水平作用的调控。

（2）使用省份收入法 GDP 核算数据从区域结构视角对劳动报酬占比变动进行结构解析发现，近 20 年来，经济越发达的区域劳动报酬占比越低，反之，经济越不发达的区域劳动报酬占比越高。1993 年以来，东部和东北地区的劳动收入份额波动相对平稳，略有上升；中部和西部地区的劳动收入份额有一定程度的下降。区域水平效应对劳动报酬占比的升降具有重要影响，解释绝大部分的变动，而区域结构效应的影响则较小。

（3）使用资金流量表核算数据从机构部门结构视角对劳动报酬占比变动进行结构解析发现，居民部门的占比呈下降趋势，政府部门的占比呈先上升后下降的趋势，企业部门的占比呈上升趋势，居民部门降低的劳动报酬占比主要流向了企业部门；在正规和非正规部门中，水平变动对劳动报酬占比变动的影响要大于结构变动。

（4）使用资金流量表核算数据从分配项目结构视角对居民部门收入占比变动进行结构解析发现，2000~2015 年，我国居民部门收入占比呈现下降后缓慢波动上升的趋势，提高社会保险福利水平的效果初显，应进一步着重提高居民增加值占比，并降低社会保险缴款水平。

第8章 基于省份数据修正的中国劳动报酬占比决定因素再研究

准确测算劳动报酬占比变动趋势，深入分析其背后的变动原因并给出相应的政策建议，是破解收入分配领域发展不平衡不充分问题进而实现共享发展的一项基础性研究工作。本章充分考虑中国劳动者报酬核算口径两次重大变更的现实情况，借助两个鉴别准则和多种估算方法对各省份劳动报酬数据进行核算口径甄别与修正调整，在真正完整意义的核算口径下重新测算了1993~2016年省份层面劳动报酬占比数据。然后通过构建省份面板数据模型来剖析中国省份劳动报酬占比变动背后的基本规律，揭示劳动报酬占比升降背后的决定因素变化。

8.1 引　言

1992年以来，基于不同核算资料测算的中国劳动报酬占比呈现出幅度差别较大的波动态势。先是在20世纪末前后出现幅度不同的下降趋势，又在2008年前后出现程度不同的回升趋势。在相应时间段内，中国劳动报酬指标的核算口径不但与真实完整意义上的口径存在一些差别，而且还经历了两次重大调整；GDP数据也在几次全国经济普查后经历过相应的修订，这些问题也会干扰劳动报酬占比变动幅度的准确判断（吕光明，2015）。同时，中国劳动报酬变动和世界其他国家近三十年来的劳动报酬占比不再是常数的情形吻合（Karabarbounis and Neiman，2014；Autor et al.，2017），因而必然需要探求经济方面的发生逻辑。因此，中国的劳动报酬占比变动是一个统计核算和经济分析两方面问题交织的复杂问题。正因为如此，准确测算中国劳动报酬占比变动趋势并深入分析其背后的变动原因，就成为近年来国内学术界的研究热点。

就统计核算问题研究而言，早期的国内文献多根据既有的统计资料进行直接计算。李扬和殷剑峰（2007）、安体富和蒋震（2009b）等依据全国资金流量表资料研究发现，中国劳动报酬占比自 1995 年后开始下降，到 2003 年已累计下降5 个百分点左右；李稻葵等（2009）、罗长远和张军（2009a）等借助于省份收入法 GDP 数据测算发现，同时间段劳动报酬占比的下降幅度接近 14 个百分点。由此引发了学术界对劳动报酬占比下降幅度的争论。后来，随着两次全国经济普查结果的公布以及其他系统性初次分配核算资料的出版，越来越多的研究开始从核算口径、数据修订等角度探讨其中的统计核算问题。白重恩和钱震杰（2009b）、张车伟和张士斌（2010）、吕光明（2011）、李琦（2012）、李清华（2013）、徐霭婷（2014）等分析了第一次全国经济普查结果公布前后的劳动报酬占比指标的核算口径差别和可能存在的数据质量问题，并探讨了相应的修正办法。许宪春（2011）剖析了第二次全国经济普查结果公布前后劳动报酬占比的核算口径差别。在此基础上，吕光明（2015）总结归纳了全部数据质量问题，对其中修订方法尤其是个体经营户和农户混合收入规模估算与分劈方法进行全面梳理和系统评述。此外，肖文和周明海（2010a）、吕冰洋和郭庆旺（2012）、吕光明（2015）等经过比较研究认为，与省份收入法 GDP 数据相比，全国资金流量表数据对有关质量问题修订相对及时，核算结果的可靠性更高一些。

就经济分析问题研究而言，郝枫（2013）、王晓霞和白重恩（2014）等依据新古典综合理论、后凯恩斯理论、刘易斯发展经济学理论等将劳动报酬占比的决定因素大致分成以下几类：①以人均 GDP 和经济结构表示的发展阶段变化；②以物质资本深化和人力资本积累表示的技术因素特征；③所有制、要素市场和产品市场等市场化进程特征；④国际贸易和国际投资等国际联系情况等。在此基础上，相应的因素分析主要有统计指数因素分解和计量经济模型分析两类，其中以后者居多。前者以白重恩和钱震杰（2009b）、罗长远和张军（2009b）、肖文和周明海（2010b）、石涛和张磊（2012）、吕光明和李莹（2015）为代表，主要借鉴 1958 年 Solow 提出的方法将劳动报酬占比变动分解为产（行）业内水平变动与各产（行）业结构变动两部分。后者则以白重恩和钱震杰（2010）、罗长远和张军（2009a）、张全红（2010）、方文全（2011）等为代表，研究多依托省份面板数据模型进行，而且受限制于劳动报酬口径发生变动而省份相关数据修订迟缓的影响，研究样本多局限于 2004 年以前。

不难看出，针对劳动报酬占比的统计核算和经济分析两类问题，国内学术界尽管研究开展较多，成果也比较丰富，但二者的侧重点存在较大差别，仍有较大的交叉改进空间。统计核算问题方面研究对核算理论和方法探讨较多，但实证测算则较多依据全国资金流量表数据进行；经济分析问题方面研究则更多依据2004 年之前的省份面板数据开展，其核算口径与真正完整意义上的核算口径尚有差距。这种局面不利于在更新、更长的样本区间内准确分析并揭示中国劳动报酬占比变动背后的根本原因，进而为相关决策提供科学的决策依据。为此，本书充分考虑中国劳动者报酬核算口径两次重大变更的现实情况，借助于两个鉴别准则和多种估算方法对各省份劳动报酬数据进行核算口径甄别与修正调整，在真正完整意义的核算口径下重新测算了 1993~2016 年省份层面劳动报酬占比数据。在此基础上，构建省份面板数据模型来剖析中国省份劳动报酬占比变动背后的基本规律，揭示劳动报酬占比升降背后的决定因素变化。

与已有研究相比，本章的主要贡献如下：①提出了省份劳动报酬数据核算口径甄别的基本方法，并在真正完整意义的核算口径下对劳动报酬数据进行修正调整。借助于两个鉴别准则和多种估算方法对各省份劳动报酬数据进行核算口径甄别与修正调整，在真正完整意义的核算口径下重新测算了中国 1993~2016 年省份层面劳动报酬占比数据①。②在可靠的数据处理分析的基础上探析了中国劳动报酬占比升降背后的决定因素变化。受数据样本长度限制以及数据核算口径的影响，以往的定量分析主要局限于劳动报酬占比下降区间，较少涉及近年来的劳动报酬占比上升阶段。本章依托较为全面的证据对劳动者报酬数据进行修正调整，明确了劳动报酬占比数值由下降到上升的反转时间，并以此为节点借助于省份面板数据模型探析劳动报酬占比升降背后的决定因素变化。

8.2 劳动报酬占比变动决定因素的省份面板实证研究

本部分立足于构建省份面板数据模型来分析揭示省份劳动报酬占比的变动规律和决定因素。

8.2.1 省份面板数据模型构建

为揭示中国劳动报酬占比的变动规律和决定因素，本章构建劳动报酬占比变动决定因素省份面板数据模型，其形式如下：

$$\text{LS\_}R_{it} = \alpha_1 \text{TI\_}R_{it} + \alpha_2 K/Y_{it} + \alpha_3 \text{LNEDUY\_}A_{it} + \alpha_4 \text{FDI\_}R_{it} \\ + \alpha_5 \text{TRADE\_}R_{it} + \alpha_6 \text{GEXP\_}R_{it} + \alpha_7 \text{SOE\_}R_{it} + Yr + \alpha + \mu_{it} \tag{8-1}$$

---

① 具体修正见第 6 章。

其中，被解释变量和解释变量说明见8.2.2；下标i和t分别表示省份①和年份；α表示个体异质性的截距项；μ_{it}表示随机误差项。

8.2.2 变量选择及数据说明

1. 被解释变量

结合第6章修正调整前后的省份劳动报酬数据，这里计算了1993~2016年修正调整前后的省份加权平均（全国）劳动报酬占比，分别记为LS和LS_R，二者的变化趋势如图8-1所示。从图8-1可以看出，调整前省份加权平均劳动报酬占比的波动幅度较大，尤其在核算口径两次重大变更年份（即2003~2004年、2007~2008年）出现剧烈波动，降幅和升幅分别为4.32%和3.70%。整体来看，调整前的劳动报酬占比在核算口径两次重大变更年份之间出现较大幅度的低估，而在其他年份则出现较大幅度的高估。显然，如果不对数据进行修正调整，即使模型构建、变量选择和估计方法毫无差错，也无法揭示出劳动报酬占比背后的真实决定因素。为此，这里特地选择修正调整后省份劳动报酬占比（LS_R）作为被解释变量。

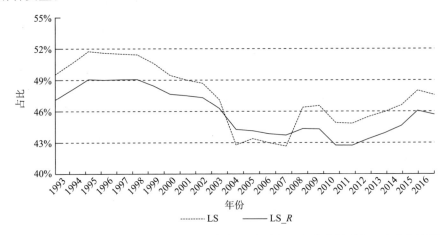

图8-1 1993~2016年修正调整前后省份加权平均（全国）劳动报酬占比变化趋势图

2. 解释变量

参考国内已有文献做法，本章选择发展阶段变化、技术因素特征、国际联系

---

① 由于重庆、西藏缺失数据较多，因此在面板回归分析中剔除了这两个样本，面板回归仅包括中国29个省区市（不含港、澳、台）。

情况、体制制度因素四类因素七个变量作为解释变量。四类因素变量的选择及数据说明如下。

（1）发展阶段变化。按照经济发展阶段理论，经济发展阶段变化可从经济发展水平和经济结构变动两个方面刻画。前者可以用实际人均 GDP 表示，但由于大部分解释变量都通过 GDP 来刻画结构因素，如果模型继续引入 GDP 数据，可能会引起多重共线性。因此，这里用经济结构变动来刻画发展阶段因素，经济结构可用各地区第三产业增加值占 GDP 比重得到，表示为 TI_R，数据来源于国家统计局网站。

（2）技术因素特征。技术因素特征可以从物质资本和人力资本两个方面考量。前者用表征物质资本深化的资本产出比（K/Y），其中1993~2005年各省份资本存量数据源自复旦大学中国社会主义市场经济研究中心，之后数据根据该中心张军等（2004）的方法外推得到，产出数据按 2000 年可比价折算的实际 GDP 得到。后者用各地区 6 岁及以上人口平均受教育年数[①]对数形式表示（LNEDUY_A），数据来源于1994~2016 年的《中国人口和就业统计年鉴》、Wind 数据库。

（3）国际联系情况。在经济全球化的背景下，中国主要通过国际投资和国际贸易两方面来参与国际经济分工，因此，这里分别用各地区 FDI 占 GDP 比重（FDI_R）和各地区国外贸易进出口总额占 GDP 比重（TRADE_R）来反映两个方面的国际联系情况。考虑到国家统计局网站中FDI 实际使用额和对外贸易进出口总额都以美元计价，这里根据各年美元兑人民币汇率的平均值将二者换算为人民币计价。

（4）体制制度因素。在中国经济社会体制改革中，社会制度的变迁对要素分配具有重要影响。这里选择国有及国有控股企业工业总产值在各地区工业总产值中所占比重（SOE_R）来反映体制变迁中所有制结构变化。同时，选择地方财政一般预算支出总额占 GDP 比重（GEXP_R）来反映地方财政体制制度变化。数据来源于国家统计局网站、Wind 数据库。

被解释变量和所有解释变量的统计描述见表 8-1。

表 8-1　被解释变量和所有解释变量的统计描述

变量类型	变量	变量解释	样本数	标准差	平均值
劳动报酬占比	LS_R	调整后劳动报酬占比	696	0.065 4	0.469 4
发展阶段变化	TI_R	各地区第三产业增加值占 GDP 比重	696	0.080 2	0.401 4
技术因素特征	K/Y	资本产出比（2000 年价格）	696	0.809 8	2.370 8

---

① 平均受教育年数= $r_1 + 6r_2 + 9r_3 + 12r_4 + 17r_5$，其中，$r_1$、$r_2$、$r_3$、$r_4$、$r_5$分别表示 6 岁及以上人口中文化程度是不识字或很少识字、小学、初中、高中、大专及以上人口的比重。

变量类型	变量	变量解释	样本数	标准差	平均值
技术因素特征	LNEDUY_A	各地区 6 岁及以上人口平均受教育年数	696	0.154 5	2.095 7
国际联系情况	FDI_R	各地区 FDI 占 GDP 比重	696	0.034 5	0.030 1
	TRADE_R	各地区国外贸易进出口总额占 GDP 比重	696	0.396 5	0.311 2
体制制度因素	SOE_R	国有及国有控股企业工业总产值在各地区工业总产值中所占比重	696	0.208 4	0.474 7
	GEXP_R	地方财政一般预算支出总额占 GDP 比重	696	0.081 8	0.161 1

8.2.3　面板数据模型的估计分析

鉴于中国劳动报酬占比升降特点，这里分别从完整样本（1993~2016 年）、下降阶段样本[①]（1993~2011 年）、上升阶段样本（2011~2016 年）三个层面估计省份面板数据模型，结果见表 8-2。

在表 8-2 中，面板回归方程的结果包括全部变量估计结果、剔除回归系数较小且不显著的变量的估计结果。省份面板模型形式的选择根据豪斯曼检验结果判断：如果在 10%的统计水平下不能拒绝代表个体异质性的截距项与解释变量不相关的原假设，那么选择个体固定效应（fixed effects，FE）模型，反之选择个体随机效应（random effects，RE）模型。由于完整样本（1993~2016 年）、下降阶段样本（1993~2011 年）和上升阶段样本（2011~2016 年）下省份面板模型估计结果在回归系数的显著性、符号、大小都存在一定差异，因此，这里分别分析如下。

1. 完整样本的估计结果分析

在完整样本（1993~2016 年）下，不同因素对劳动报酬占比变动的影响存在较大差别。从发展阶段变化看，TI_R 变动对中国劳动报酬占比变动呈现出显著的同向影响，回归系数为 0.376 6，与白重恩和钱震杰（2009b，2010）、罗长远和张军（2009a）、肖文和周明海（2010b）等的研究结果的符号一致。

从技术因素特征看，K/Y 的回归系数为负，且不显著。依据新古典要素分配理论，这意味着要素替代弹性可能接近于 1，物质资本深化对劳动报酬占比无显著影响。同时，$LNEDUY\_A$ 回归系数为负，且不显著。这表明人力资本积累增加对中国劳动报酬占比仅有微弱的反向影响。原因可能在于：中国人力资本的积累提高主要表现在高技能劳动者身上，但由于高技能劳动者劳动报酬增长速度相

---

① 根据图 8-1 可知，在 1993~1995 年，劳动报酬占比有一定上升趋势，这里根据劳动报酬占比变动的"U"形规律（本章研究也对此也做了验证），将 1993~1995 年划为劳动报酬占比下降阶段样本。

表 8-2　省份层面劳动报酬占比变动决定因素面板数据模型估计结果

解释变量	LS_R								
	完整样本（1993~2016 年）			下降阶段样本（1993~2011 年）			上升阶段样本（2011~2016 年）		
	方程 1	方程 2	方程 3	方程 4	方程 5	方程 6	方程 7	方程 8	方程 9
TI_R	0.376 6*** (0.052 3)	0.388 5*** (0.049 9)	0.376 4*** (0.051 6)	0.202 8*** (0.059 7)	0.211 8*** (0.059 2)	0.206 1*** (0.059 0)	0.235 2*** (0.065 6)	0.239 2*** (0.061 8)	0.234 1*** (0.065 3)
K/Y	-0.003 8 (0.004 8)		-0.003 7 (0.004 7)	-0.010 3 (0.007 7)		-0.010 6 (0.007 6)	0.021 9*** (0.005 2)	0.022 3*** (0.004 8)	0.022 0*** (0.005 2)
LNEDUY_A	-0.074 9 (0.051 9)	-0.075 7 (0.051 8)	-0.075 0 (0.051 7)	-0.085 1* (0.050 4)	-0.089 3* (0.050 2)	-0.086 8* (0.050 3)	-0.047 2 (0.055 9)	-0.050 0 (0.054 5)	-0.047 6 (0.055 7)
FDI_R	-0.342 1*** (0.078 1)	-0.353 2*** (0.076 7)	-0.342 1*** (0.078 1)	-0.260 4*** (0.086 6)	-0.293 1*** (0.083 2)	-0.263 4*** (0.086 2)	0.355 6* (0.200 6)	0.356 8* (0.198 9)	0.357 4* (0.198 9)
TRADE_R	0.012 4 (0.011 9)	0.012 6 (0.011 9)	0.012 4 (0.011 9)	0.017 5 (0.012 2)	0.020 1* (0.011 9)	0.016 8 (0.012 1)	-0.039 6** (0.017 7)	-0.040 6** (0.016 4)	-0.039 4** (0.017 6)
GEXP_R	0.330 3*** (0.048 1)	0.323 5*** (0.047 3)	0.330 3*** (0.048 1)	0.267 8*** (0.060 9)	0.260 8*** (0.060 8)	0.269 8*** (0.060 6)	0.015 4 (0.074 5)		0.012 3 (0.072 5)
SOE_R	-0.000 2 (0.014 1)	-0.000 2 (0.014 1)		0.010 8 (0.024 2)	0.012 8 (0.024 1)		-0.001 8 (0.008 5)	-0.001 5 (0.008 3)	
Yr	是	是	是	是	是	是	是	是	是
α	0.473 3*** (0.100 7)	0.464 6*** (0.100 1)	0.473 3*** (0.100 6)	0.559 9*** (0.098 7)	0.547 3*** (0.097 6)	0.568 2*** (0.097 2)	0.385 6* (0.123 8)	0.392 9*** (0.119 9)	0.386 7*** (0.123 3)
R²	0.389 7	0.389 2	0.389 7	0.379 2	0.378 4	0.378 6	0.532 5	0.532 3	0.532 4
豪斯曼检验	13.86 (0.085 4)	14.18 (0.048 0)	13.29 (0.065 2)	10.37 (0.240 2)	11.91 (0.103 7)	9.69 (0.206 8)	9.70 (0.286 7)	9.59 (0.213 0)	9.68 (0.207 6)
样本量	696	696	696	551	551	551	174	174	174

*、**、***分别表示回归系数在 10%、5%、1%的显著性水平下显著。豪斯曼检验第一行为检验统计量值，第二行为对应 P 值。Yr 为年份哑变量

注：括号中数字为回归系数的标准误。

对较慢，人力资本积累并未有效改善劳动报酬占比，同时由于技能-资本互补效应影响（Barro，1991；王忠等，2013），资本的增加挤压了劳动要素的收入。这也与 Diwan（2000）研究发现的"高收入国家人力资本积累越多，劳动报酬占比越高，低收入国家人力资本积累越多，劳动报酬占比越低"结论吻合。

从国际联系情况看，FDI_R 变动对中国劳动报酬占比变动具有显著反向影响，这与已有研究中达成的共识一致。FDI_R 增加能对劳动报酬占比变动产生34.21%的拉低效应。该结果的可能原因包括：地方政府招商引资的激烈竞争，弱化了劳动力的谈判力量，同时，以邻国或地区寻求优惠为主的 FDI 流入压缩了劳动报酬上升空间（罗长远和张军，2009a；唐东波，2011）。TRADE_R 回归系数在完整样本期间为正，且不显著。这表明：TRADE_R 变动对中国劳动报酬占比变动整体上呈现微弱的同向影响，这也符合古典贸易理论，即对外贸易增加会增加对劳动的需求，从而提高劳动者收入。

从体制制度因素看，GEXP_R 回归系数显著为正，系数大小为0.330 3。这表明政府财政支出扩张有助于劳动报酬占比的改善，这与罗长远和张军（2009a）、唐东波（2011）等的研究结论一致。原因在于：自1996年开始，中国财政支出占 GDP 的比重一直呈现上升趋势，政府为推进城市化，将相当一部分财政支出投入基础设施建设领域，这直接扩大了劳动力需求，促进了劳动报酬占比的改善，这也是劳动报酬占比反周期特征产生的一个重要原因。所有制结构 SOE_R 回归系数为负，且不显著，原因在于：随着经济水平的不断提升，市场扭曲有所改善，非国有经济能够正常反映劳动要素分配，而国有经济具有垄断属性，且随着国有企业改制推进，资本谈判力量的上升会导致劳动报酬占比的下降（李稻葵等，2009）。

2. 下降阶段样本的估计结果分析

在劳动报酬占比下降阶段样本（1993~2011 年）下，面板模型估计结果与完整样本下估计结果在回归系数符号、显著性方面差异较小，主要原因在于：完整样本区间中劳动报酬占比的下降相比上升幅度更大、持续时间更长。各变量回归系数符号方面，只有 SOE_R 回归系数在完整样本下为负，在下降阶段样本下为正，其他系数符号都未发生变化。

在变量回归系数显著性方面，LNEDUY_A 回归系数在完整样本下不显著，而在下降阶段样本下在 10%的显著性水平下显著为负，为-0.085 1。其他变量的显著性都未发生变化。变量回归系数在下降阶段样本和完整样本估计结果存在较大差异，下降阶段样本下 TI_R、GEXP_R、FDI_R 的回归系数的绝对值低于完整样本下的估计结果。SOE_R、TRADE_R、LNEDUY_A、K/Y 的回归系数的绝对值略高于完整样本下的估计结果。

3. 上升阶段样本的估计结果分析

在劳动报酬占比上升阶段样本（2011~2016 年）下，省份面板估计结果与完整样本及下降阶段样本下存在较为明显的差异，主要表现如下。

下降阶段样本和完整样本下 *K*/*Y* 回归系数估计为负且不显著，而在上升阶段样本下显著为正，为 0.021 9。这表明上升阶段样本下要素替代弹性小于 1，劳动报酬占比会随着资本深化增加而增加，资本和劳动要素之间的互补关系表明中国的资本积累处于吸收劳动的阶段（罗长远和张军，2009a）。事实上，郝枫和盛卫燕（2014a）、张车伟和赵文（2015）等的研究估计得到中国资本和劳动替代弹性小于 1。张车伟和赵文（2015）认为即使资本和劳动替代弹性小于 1，但要素价格扭曲导致资源错配，使得资本要素很容易获得超额收益，进而会加剧劳动报酬占比下降。在下降阶段样本期间，要素替代弹性可能更接近于 1，资本深化对其劳动报酬占比无显著影响。

FDI 和对外贸易在上升阶段样本下对劳动报酬占比的影响与完整样本和下降阶段样本下方向相反。在上升阶段样本下 FDI_*R* 回归系数在10%的显著水平下显著为正，为 0.355 6，是上升阶段样本中国劳动报酬占比的重要提升力量。这可能与近年来随着《关于清理规范税收等优惠政策的通知》等外资优惠政策的出台，国内外市场竞争环境、要素分配环境的不断改善有关。TRADE_*R* 回归系数显著为负，为−0.040 6，而在完整样本和下降阶段样本下为正，且不显著。这意味着对外贸易的增加在该阶段不利于劳动报酬占比的提升，这与古典贸易理论相悖。原因可能是，当前，全球化的发展更像是一场资本逐利运动。随着全球化不断加深，资本的全球逐利会弱化劳动者的谈判能力，因而对外贸易的增加将不利于劳动报酬占比的提升，这与王忠等（2013）、柏培文和吴红（2017）的研究结论一致。但应注意到，自 2013 年开始中国对外贸易额有所下降，对外贸易对劳动报酬占比的实际作用效应可能相对较小。

GEXP_*R* 回归系数在完整样本和下降阶段样本下都在 0.26 以上，而在上升阶段样本下为正，且不显著，这表明上升阶段样本下政府财政支出增加对劳动报酬占比的提升作用下降较大。可能原因在于，中国经济步入新常态之后，受高政府债务、高劳动力成本和产业技术转型升级的制约，政府支出更为谨慎，开始较多地投向技术密集型产业、技术改造部门，这类产业对普通劳动力吸纳有限，财政支出成为资本友好型支出，从而挤占了劳动收入份额。上升阶段样本下 SOE_*R* 估计结果与完整样本下一致，都为负且不显著，而下降阶段样本下回归系数为正，且不显著。原因在于：中国地区经济发展差异很大，经济发展水平相对较低的省份，国有企业改制相对迟缓，国有企业对劳动的吸纳、报酬支付要优于非国有企业，因而整体上国有经济的比重越高越有利于劳动报酬占比的上升。但分阶段来看，这种提升效应会随着经济发展水平的提高、非国有经济比重上升以及国有企业改制的推进逐渐减弱，最终会对劳动报酬占比变动产生一定负向影响。

其他差异主要在回归系数大小方面，上升阶段样本下 TI_R 回归系数为 0.235 2，高于下降阶段样本下的 0.202 8，低于完整样本下的 0.376 6，这表明第三产业占比增加在上升阶段对劳动报酬占比的提升效应要大于下降阶段。上升阶段样本下 LNEDUY_A 回归系数为-0.047 2，下降阶段样本和完整样本下分别为-0.085 1 和-0.074 9，上升阶段样本下的拉低效应要更小一些。SOE_R 回归系数大小与完整样本下的差距较小。

8.3　估计结果的稳健性分析

为进一步检验本章省份面板数据模型估计结果的稳健性，本节分别从替换核心变量和分析不同下降阶段样本两个方面进行稳健性分析。

8.3.1　替换核心变量的稳健性分析

本节分别用第二产业增加值占 GDP 比重（SI_R）替换第三产业增加值占 GDP 比重（TI_R），用对外贸易进口总额占 GDP 比重（IMPT_R）、对外贸易出口总额占 GDP 比重（EXPT_R）替换对外贸易进出口总额占 GDP 比重（TRADE_R）来展开分析，结果见表 8-3。

在表 8-3 中，方程 1、方程 4、方程 7 分别是用第二产业增加值占 GDP 比重（SI_R）替换第三产业增加值占 GDP 比重（TI_R）的完整样本、下降阶段样本、上升阶段样本估计结果。可以看出，SI_R 的回归系数在三个样本下都显著为负，这与产业结构调整对劳动报酬占比变化影响作用理论一致，且下降阶段样本下 SI_R 回归系数绝对值要大于上升阶段样本。方程 2、方程 5、方程 8 是分别用对外贸易进口总额占 GDP 比重（IMPT_R）替换对外贸易进出口总额占 GDP 比重（TRADE_R）的完整样本、下降阶段样本、上升阶段样本的估计结果，结果显示，IMPT_R 在完整样本、下降阶段样本下对劳动报酬占比具有同向影响，且不显著，而在上升阶段样本下具有显著的反向影响。方程 3、方程 6、方程 9 是分别用对外贸易出口总额占 GDP 比重（EXPT_R）替换对外贸易进出口总额占 GDP 比重（TRADE_R）的完整样本、下降阶段样本、上升阶段样本的估计结

表 8-3 替换核心变量省份面板数据模型稳健性分析估计结果

解释变量	LS_R								
	完整样本（1993~2016 年）			下降阶段样本（1993~2011 年）			上升阶段样本（2011~2016 年）		
	方程 1	方程 2	方程 3	方程 4	方程 5	方程 6	方程 7	方程 8	方程 9
TI_R		0.3738*** (0.0527)	0.3819*** (0.0519)		0.1979*** (0.0607)	0.2152*** (0.0583)		0.2323*** (0.0659)	0.1931** (0.0612)
K/Y	-0.0012 (0.0046)	-0.0038 (0.0048)	-0.0036 (0.0048)	-0.0026 (0.0076)	-0.0108 (0.0076)	-0.0104 (0.0077)	0.0218*** (0.0051)	0.0212*** (0.0052)	0.0204** (0.0052)
LNEDUY_A	-0.0409 (0.0426)	-0.0725 (0.0520)	-0.0781 (0.0520)	-0.0394 (0.0493)	-0.0837 (0.0504)	-0.0840* (0.0506)	-0.0320 (0.0543)	-0.0536 (0.0557)	-0.0489 (0.0566)
FDI_R	-0.2346*** (0.0759)	-0.3413*** (0.0780)	-0.3371*** (0.0775)	-0.1705** (0.0859)	-0.2609*** (0.0868)	-0.2498*** (0.0857)	0.4107** (0.1191)	0.3151 (0.2001)	0.3651* (0.2049)
TRADE_R	0.0039 (0.0107)			0.0098 (0.0119)			-0.0336** (0.0164)		
GEXP_R	0.2889*** (0.0442)	0.3295*** (0.0482)	0.3316*** (0.0481)	0.2714*** (0.0594)	0.2645*** (0.0609)	0.2696*** (0.0612)	-0.0092 (0.0741)	0.0297 (0.0721)	0.0390 (0.0744)
SOE_R	-0.0202 (0.0135)	-0.0004 (0.0141)	-0.0003 (0.0141)	-0.0152 (0.0240)	0.0098 (0.0241)	0.0107 (0.0242)	-0.0022 (0.0083)	-0.0024 (0.0085)	-0.0017 (0.0085)
SI_R	-0.3447*** (0.0375)			-0.3060*** (0.0499)			-0.2655*** (0.0617)		
IMPT_R		0.0202 (0.0200)			0.0289 (0.0204)			-0.0491** (0.0235)	
EXPT_R			0.0213 (0.0238)			0.0295 (0.0246)			-0.0619 (0.0417)
Yr	是	是	是	是	是	是	是	是	是

续表

解释变量	LS_R								
	完整样本（1993~2016 年）			下降阶段样本（1993~2011 年）			上升阶段样本（2011~2016 年）		
	方程 1	方程 2	方程 3	方程 4	方程 5	方程 6	方程 7	方程 8	方程 9
α	0.700 1*** (0.079 7)	0.470 4*** (0.100 7)	0.477 4*** (0.100 7)	0.677 9*** (0.093 9)	0.561 3*** (0.098 8)	0.553 9*** (0.098 6)	0.580 1*** (0.129 8)	0.396 2*** (0.123 4)	0.401 5*** (0.124 6)
R^2	0.416 0	0.389 7	0.389 5	0.402 8	0.378 9	0.378 1	0.548 3	0.526 3	0.522 2
豪斯曼检验	12.10 (0.146 8)	13.69 (0.090 3)	13.87 (0.085 3)	8.42 (0.393 4)	10.11 (0.257 5)	9.66 (0.289 8)	10.37 (0.239 9)	8.64 (0.373 8)	11.57 (0.171 7)
样本量	696	696	696	551	551	551	174	174	174

*、**、***分别表示回归系数在 10%、5%、1%的显著性水平下显著

注：括号中数字为回归系数的标准误。豪斯曼检验第一行为检验统计量的值，第二行为对应 P 值。Yr 为年份哑变量

果，结果表明，EXPT_R 在完整样本、下降阶段样本下对劳动报酬占比具有同向影响，而在上升阶段样本呈现反向作用，且都不显著。对比分析表 8-2 和表 8-3可知，面板估计方程在替换核心变量、删除不显著变量后，估计结果中，除个别解释变量回归系数、系数显著性大小有一定变化外，大部分解释变量回归系数的显著性、符号、大小变化很小。因此，可认为本章构建的省份面板数据模型估计是稳健的。

8.3.2　不同下降阶段稳健性分析

这里通过估计劳动报酬占比不同下降阶段样本来进行模型稳健性分析。根据数据修正调整后中国劳动报酬占比变动趋势（图 8-1），主要分 1995~2011 年、1995~2007 年、1995~2004 年三个下降阶段，其估计结果见表 8-4。

表 8-4　不同下降阶段省份面板数据模型稳健性分析估计结果

解释变量	LS_R		
	1995~2011 年	1995~2007 年	1995~2004 年
	方程 1	方程 2	方程 3
TI_R	$0.206\ 9^{***}$ （0.065 5）	$0.284\ 8^{***}$ （0.091 7）	0.095 4 （0.078 9）
K/Y	−0.011 2 （0.008 4）	$-0.032\ 7^{**}$ （0.014 4）	−0.021 4 （0.014 9）
LNEDUY_A	−0.069 0 （0.055 8）	0.039 7 （0.072 0）	$-0.060\ 1^{*}$ （0.059 2）
FDI_R	$-0.227\ 8^{**}$ （0.106 4）	−0.125 0 （0.122 2）	−0.162 1 （0.111 5）
TRADE_R	0.015 2 （0.014 6）	$0.036\ 4^{**}$ （0.016 6）	0.003 5 （0.017 4）
GEXP_R	$0.224\ 2^{***}$ （0.064 8）	$0.433\ 8^{***}$ （0.120 6）	$0.236\ 0^{**}$ （0.114 3）
SOE_R	0.017 5 （0.025 7）	$-0.059\ 0^{*}$ （0.033 7）	$-0.064\ 0^{**}$ （0.031 8）
Yr	是	是	是
α	$0.561\ 6^{***}$ （0.112 3）	$0.363\ 3^{***}$ （0.148 4）	$0.641\ 1^{***}$ （0.121 8）
调整 R^2	0.386 5	0.409 0	0.305 5
豪斯曼检验	13.00 （0.112 0）	15.85 （0.044 6）	8.87 （0.361 6）
样本量	493	377	290

*、**、***分别表示回归系数在 10%、5%、1%的显著性水平下显著

注：括号中数字为回归系数的标准误。豪斯曼检验第一行为检验统计量的值，第二行为对应 P 值。Yr 为年份哑变量

对比表 8-4 和表 8-2 估计结果可知，在 1993~2011 年下降阶段样本下，LNEDUY_A 在 10%的显著性水平下显著为负，在 1995~2011 年下降阶段样本下的估计结果不显著，其他解释变量在系数大小、系数符号、系数显著性方面与 1993~2011 年下降阶段样本下的估计结果基本一致；在 1995~2007 年下降阶段样本下的估计结果中，LNEDUY_A、SOE_R 回归系数显著和符号发生了变化，K/Y 和 TRADE_R 回归系数变得显著，FDI_R 回归系数变得不显著，其他解释变量估计结果的变化较小；1995~2004 年下降阶段样本估计结果中，TI_R、FDI_R 回归系数变得不显著，SOE_R 回归系数符号和显著性发生了变化，其他解释变量估计结果与 1993~2011 年下降阶段样本下的估计结果差异不大。

8.4 本 章 小 结

本章基于第 6 章真正完整意义的核算口径下重新测算的 1993~2016 年省份层面劳动报酬占比数据，通过构建省份面板数据模型来剖析中国省份劳动报酬占比变动背后的基本规律，揭示劳动报酬占比升降背后的决定因素变化。研究得到的主要结论如下。

（1）在完整样本（1993~2016 年）下，第三产业增加值占比、政府财政支出占 GDP 比重增加对中国劳动报酬占比变动具有显著同向影响；FDI 占 GDP 比重增加对中国劳动报酬占比变动具有显著反向影响。

（2）第三产业增加值占比变动在下降阶段样本（1993~2011 年）下和上升阶段样本（2011~2016 年）下均对劳动报酬占比变动具有显著同向影响，且后者的影响效应要大于前者，其他因素在下降阶段样本和上升阶段样本呈现差异化影响。在下降阶段样本下，FDI 占 GDP 比重、6 岁及以上人口平均受教育年数变动对劳动报酬占比具有显著反向影响，政府财政支出占 GDP 比重变动具有显著的同向影响。在上升阶段样本下，FDI 占 GDP 比重、资本产出比的增加对劳动报酬占比变动具有显著同向影响，进出口总额占 GDP 比重变动具有显著反向影响。

上述结论具有重要的启示。准确测算的劳动报酬数据是对中国国民收入分配格局进行深入研究的基础。要深入分析中国省份劳动收入报酬占比背后的变动原因，首先要考虑劳动报酬数据的核算口径调整问题，将相关分析建立在口径统一的真实可靠的基础数据之上。

第9章 基于省份数据估计的要素替代弹性与劳动报酬占比关系解析

本章首先运用 CES 和 VES 两种生产函数形式及单方程和系统估计两类估计方法对我国 31 个省区市（不含港、澳、台）1993~2016 年资本–劳动替代弹性及有偏技术进步进行估计，进而分析各省份技术进步及要素配置情况，然后基于省份替代弹性的估计结果，从面板维度证实德拉格兰德维尔假说中的分配效应部分"资本–劳动要素替代弹性与劳动报酬占比负相关关系"的存在性。

9.1 要素替代弹性相关研究综述

要素替代弹性是指任意两种生产要素投入的相对量变化与相对价格变化之间的比值（Hicks，1932）。要素替代弹性不但是衡量两个要素之间相互替代难易程度的重要参数，而且还可以作为劳动报酬占比的重要动力反映要素配置对收入分配的影响（de La Grandville，1989）。显然，要素替代弹性的估计是分析要素配置及其收入分配效应的基础性工作。

20 世纪 90 年代以来，尽管中国国民经济整体保持着较高速增长的态势，但要素分配格局发生了较大变化，结构性矛盾逐渐显现。其中的突出表现就是，劳动报酬占比持续出现下降趋势。2012 年，中国经济增长开始出现明显的放缓趋势，增速由以前的 10%左右下降到 7%左右。2013 年，以习近平同志为总书记的党中央审时度势做出了新常态的形势判断。在此基础上，2014 年提出供给侧结构性改革的思路，致力于改善我国当下的要素配置情况和提高资本与劳动的使用效率，进而实现经济快速可持续增长。在此背景下，估计并分析要素替代弹性逐渐成为国内学术界研究关注的焦点。

梳理已有文献可以发现，国内要素替代弹性估计研究在总量生产函数形式和估计实现方法上基本都是借鉴国外成熟的研究。就总量生产函数而言，常见的形式有 Cobb 和 Douglas（1928）提出的 C-D 生产函数，Solow（1960）提出的 CES 生产函数，David 和 Klundert（1965）提出的包含要素增强型技术进步的 CES 生产函数，Sato 和 Hoffman（1968）提出的 VES 生产函数，Christensen 等（1973）提出的超越对数生产函数，等等。就估计方法而言，常见的方法主要有单方程估计法和 Klump 等（2007）提出的标准化供给面系统方法等。其中，单方程估计法包括基于 CES 生产函数，Arrow 和 Solow（1961）提出的利润最大化法，Moroney（1970）提出的成本最小化法，Kmenta（1967）提出的级数展开法，以及针对 VES 生产函数 Revankar（1971）提出的方法。借助于上述生产函数和估计方法，国内关于替代弹性估计研究的成果非常丰富（表 9-1）。按照技术进步假设的不同，相关研究可以分为两大类。

表 9-1　国内要素替代弹性估计研究文献一览表

研究文献	数据样本	生产函数形式	假定	估计方法	替代弹性估计结果
张明海（2002）	1952~1999 年省份	CES	中性技术进步	单方程模型（面板回归）	1992 年前：0.466。1992 年后：2.146
张车伟和赵文（2015）	1978~2011 年省份	CES	中性技术进步	单方程模型（泰勒级数估计和面板回归）	0.95 和 0.84
常进雄和杨坤（2013）	1992~2008 年省份	CES	中性技术进步	单方程模型（面板回归）	0.835 1（东部），1.312 0（中部），1.233 2（西部）
孙中栋和李辉文（2007）	1978~2004 年省份	CES	中性技术进步	单方程模型（泰勒级数估计和OLS）	1992 年前 0.91（西部），0.83（东部）；1993 年后 1（西部），1.4（东部）
戴天仕和徐现祥（2010）	1978~2005 年全国	CES	有偏技术进步	标准化供给面系统模型（FGNLS）	1978~2005 年：0.736。1978~2003 年：0.813
雷钦礼和徐家春（2015）	1978~2012 年全国	CES	有偏技术进步	标准化供给面系统模型（FGNLS）	0.637
封永刚等（2017）	1978~2015 年全国	CES	有偏技术进步	标准化供给面系统模型（NLSUR）	1.073
郑猛（2016）	1980~2011 年跨国和地区	CES	有偏技术进步	标准化供给面系统模型（NLSUR）	1.322
陈晓玲和连玉君（2012）	1978~2008 年省份	CES	有偏技术进步	标准化供给面系统模型（NLSUR）	均值0.833
郑猛和杨先明（2017）	2000~2012 年省份	VES	有偏技术进步	单方程模型（OLS回归）	均值1.073
雷钦礼（2012）	1990~2010 年全国	CES	有偏技术进步	标准化供给面系统模型（SUR 和 3SLS）	0.525 和 0.553
郝枫和盛卫燕（2014a）	1978~2011 年省份	CES	中性技术进步	单方程模型（EGLS）	0.304 和 0.903
			有偏技术进步	单方程模型（EGLS）标准化供给面系统模型（GMM）	0.885 和 0.470

续表

研究文献	数据样本	生产函数形式	假定	估计方法	替代弹性估计结果
章上峰等（2017）	1978~2013 年省份	CES	有偏技术进步	单方程模型（NLS）和标准化供给面系统模型（GMM）	0.52 和 0.93

注：OLS：ordinary least square，普通最小二乘法。EGLS：estimated generalized least square，估计的广义最小二乘法。GMM：generalized method of moments，广义矩估计。NLSUR：non-linear seemingly unrelated regression，非线性似不相关回归。FGNLS：feasibility generalized non-linear least square，可行性广义非线性最小二乘

（1）中性技术进步假定下的研究。张明海（2002）在 CES 函数形式下运用利润最大化法对 1952~1999 年我国资本-劳动替代弹性进行分段回归估计，结果显示，1992 年前后的估计值分别为 0.466 和 2.146，资本和劳动之间由互补关系变换为替代关系。张车伟和赵文（2015）借助于 1978~2011 年省份面板数据同样在 CES 函数形式下分别对我国雇员经济部门、自雇经济部门和总体部门的资本-劳动替代弹性进行了估计，结果分别为 0.88~0.91、0.91~1.03 和 0.84~0.95，全部表现为互补关系。常进雄和杨坤（2013）采集 1992~2008 年省份面板数据借助类似的函数形式和估计方法研究发现，我国总体资本-劳动替代弹性先是大于 1 的替代关系，而后为小于 1 的互补关系，同时，东部地区与中西部地区存在显著差别，前者为小于 1 的互补关系而后者为大于 1 的替代关系。孙中栋和李辉文（2007）采集 1978~2004 年省份面板数据运用类似的方法进行东西部对比研究后发现，我国东部地区的资本-劳动替代弹性从 1978~1992 年 0.83 的互补关系变化为 1993~2004 年 1.4 的替代关系，而西部地区的替代弹性在相应时间段内变化很小，为较弱的互补关系。

（2）有偏技术进步假定下的研究。戴天仕和徐现祥（2010）在 CES 函数形式下运用标准化供给面系统方法估计得出 1978~2005 年和 1978~2003 年我国资本-劳动替代弹性值分别为 0.736 和 0.813，总体表现为互补关系。雷钦礼和徐家春（2015）借助类似的函数形式和估计方法研究发现，1978~2012 年我国资本-劳动替代弹性估计值为 0.637，总体呈现出互补关系。封永刚等（2017）同样在 CES 函数形式下采用非线性似不相关方法通过对替代弹性初始值多重值域的设定，估计得到 1978~2015 年我国资本-劳动替代弹性为弱替代的 1.073。郑猛（2016）在相同的设定下采集 1980~2011 年 71 个跨国家和地区样本，估计得到中国资本-劳动替代弹性为 1.322，呈现为替代关系。陈晓玲和连玉君（2012）采集 1978~2008 年省份面板数据借助类似的函数形式和估计方法研究发现，我国省份资本-劳动要素替代弹性估计值存在较明显的差异，东部省份多表现为替代关系，而中西部省份则多表现为互补关系。郑猛和杨先明（2017）基于包含要素效率水平的 VES 生产函数并采集 2000~2012 年中国省份

面板数据,通过回归得到我国 28 个省份资本-劳动替代弹性估计值均值为1.073。此外,雷钦礼(2012)在 CES 函数形式下基于企业利润最大化的一阶条件,分别使用似不相关回归法(seemingly unrelated regression,SUR)和三阶段最小二乘法(three-stage least squares,3SLS)对全国 1990~2010 年资本-劳动替代弹性进行估计,发现两种估计结果十分接近,均为中等水平的互补关系;郝枫和盛卫燕(2014a)分别使用单方程估计法和标准化供给面系统模型法比较了 CES 函数形式下不同技术设定下的估计结果,发现1978~2011 年中国资本-劳动要素替代弹性尽管有上升趋势,但均为小于 1 的互补关系;章上峰等(2017)基于要素增强型 CES 生产函数及我国省份面板数据,主要使用标准化供给面系统模型法估计得到我国 1978~2013 年全国资本-劳动替代弹性为0.93,并推断认为各年替代弹性有向 1 收敛的趋势,进而得出单方程模型可能存在系统性误差的结论。

随着替代弹性估计研究逐步完善,de La Grandville(1989)首先认识到资本-劳动替代弹性对经济增长的重要性。他认为,人均产出的持久增长与替代弹性的大小密切相关,一个国家的资本-劳动替代弹性越大,经济增长越能从中获益,在固定投入产出比条件下,具有较高替代弹性的国家将具有更高的经济增长率。文献中将这一观点称为德拉格兰德维尔假说(de La Grandville hypothesis)。之后,Irmen 和 Klump(2009)通过理论与经验分析认为资本-劳动替代弹性主要通过直接的"效率效应"和间接的"分配效应"对经济增长产生影响。其中"效率效应"表现为替代弹性的提高有利于资本边际产出的增加,此处不进行展开。"分配效应"表现为替代弹性的大小会影响资本积累。具体来看,替代弹性通过对资本和劳动报酬的影响而作用于总储蓄,储蓄转化为投资进而影响人均资本存量,因此,替代弹性通过分配效应间接影响人均产出。在资本收入的储蓄率高于劳动收入的储蓄率的条件下,资本-劳动替代弹性越大,资本收入份额将越高,也就越有利于人均资本存量的提高。换言之,资本-劳动替代弹性越大,劳动报酬占比将越低。

郑猛和杨先明(2017)使用有偏技术进步假定下 VES 生产函数对 2000~2012年中国 28 个省份的要素替代弹性进行了估计,进而衡量并分析技术进步偏向及收入分配情况,通过实证研究发现资本-劳动替代弹性的大小决定了生产决策选择,当资本-劳动要素替代弹性提高时,为实现成本最小化(或者产出最大化)的目标,企业将对要素投入组合进行调整,具体表现如下:首先,增加资本投入,而且将改变其生产技术的偏好,进而导致技术进步偏向资本;其次,在国民收入的初次分配中,要素收入占比取决于要素的产出弹性,即要素对产出的贡献,而要素产出弹性的大小主要取决于投入数量和边际产出。因此,当技术进步越来越偏向资本要素时,不但资本的投入量会增加,而且资本边际产出也会不断提高，即随着资本偏向型技术进步不断增强，资本与劳动间收入份额差距也将随之扩大。综上可知，资本-劳动替代弹性的提高会降低劳动报酬占比，进一步恶化要素收入分配。在以上研究基础上，提出两个猜想。

猜想 1：要素替代弹性与劳动报酬占比呈负相关关系，即伴随要素替代弹性增长，劳动报酬占比呈下降趋势。

猜想 2：要素替代弹性分配效应强弱呈现出较为明显的地区差异，即不同地区要素替代弹性增长对降低劳动报酬占比的作用效果不同。

本章首先采集 31 个省区市 1993~2016 年的面板数据，运用 CES 和 VES 两种生产函数形式及单方程和系统估计两类估计方法，力求稳健可靠地估计我国省份要素替代弹性，在此基础上从面板维度对省份要素替代弹性的分配效应进行实证检验分析。与已有研究相比，本章的主要贡献如下：①在要素替代弹性估计方面，与已有研究多使用一种生产函数及估计方法不同，本章使用 CES 和 VES 两种生产函数形式及单方程和系统估计两类估计方法进行稳健测算，以期在全面比较的基础上得到省份要素替代弹性的可靠结果；②在检验要素替代弹性的分配效应方面，本章从面板维度使用多种估计方法对德拉格兰德维尔假说进行实证检验以保证所得结果的稳健性。同时，还通过划分子样本并建立面板模型，进一步对比分析我国各地区要素替代弹性分配效应的强弱差异。

9.2　省份要素替代弹性估计的模型方法与变量数据说明

综合考虑已有文献中模型适用性及估计方法的效果，本章分别选择使用基于不含要素效率水平 VES 生产函数的单方程估计法和基于附加要素效率水平 CES 生产函数的标准化供给面系统估计法，从动态和静态两个视角估计省份资本-劳动替代弹性。

9.2.1　省份要素替代弹性的估计模型

1. 基于不含要素效率水平 VES 生产函数的单方程估计法

Revankar（1971）给出了 VES 生产函数的一般形式：

$$Y = \gamma K^{\alpha(1-\delta\rho)}\left[L + (\rho-1)K\right]^{\alpha\delta\rho}, \gamma > 0, \alpha > 0, 0 < \delta < 1, 0 \leqslant \delta\rho \leqslant 1 \quad (9\text{-}1)$$

其中，Y 表示产出水平；K、L 分别表示资本、劳动两要素的投入量；γ、α、

δ、ρ 均表示外生参数。

假定技术进步为 Hicks 中性，综合参考 Sato 和 Hoffman（1968）、陈庆能（2008）的推导计算过程，令 $\alpha = 1$，$\delta\rho = \dfrac{c}{1+c}$，$\rho = \dfrac{b}{1+c} + 1$，$\gamma = A$，并构造隐函数：$F(K, L, Y) = Y^{1+c} - A^{1+c} K \left[L + \left(\dfrac{b}{1+c} \right) K \right]^c$，进而计算得到资本-劳动边际技术进步率为 $\mathrm{MRTS} = \dfrac{\mathrm{MP}_L}{\mathrm{MP}_K} = \dfrac{cK}{(L + bK)}$ 及资本-劳动替代弹性为 $\sigma = \dfrac{\mathrm{dln}(K/L)}{\mathrm{dln}(\mathrm{MRTS})} = 1 + bK/L$。

为估计要素替代弹性，可通过对 VES 生产函数取对数并进行泰勒级数展开得到目标估计方程为

$$\ln Y = \ln A + \frac{1}{1+c} \ln K + \frac{c}{1+c} \ln L + \frac{K}{L} \times \frac{bc}{(1+c)^2}$$
$$= \beta_0 + \beta_1 \ln K + \beta_2 \ln L + \beta_3 \times \frac{K}{L} \tag{9-2}$$

相应地，要素替代弹性 σ 的估计公式为

$$\sigma = 1 + b \times \frac{K}{L} = 1 + \frac{\beta_3}{\beta_1 \beta_2} \times \frac{K}{L} \tag{9-3}$$

由式（9-3）可知，要素替代弹性取值会随各年资本-劳动比率变化而发生变化，从而具有时变性。

2. 基于附加要素效率水平 CES 生产函数的标准化供给面系统估计法

在有偏技术进步假定下，David 和 Klundert（1965）给出了附加要素效率水平 CES 生产函数的一般形式：

$$Y_t = \left[\left(E_t^K \times K_t \right)^{\frac{\sigma-1}{\sigma}} + \left(E_t^L \times L_t \right)^{\frac{\sigma-1}{\sigma}} \right]^{\frac{\sigma}{\sigma-1}} \tag{9-4}$$

其中，Y_t 表示产出水平；K_t 和 L_t 分别表示资本和劳动要素投入量；σ 表示要素替代弹性（假设在样本期内保持不变）；E_t^K 和 E_t^L 分别表示资本和劳动的效率水平，分别反映资本增强型技术进步和劳动增强型技术进步。假定两种要素的效率水平呈指数形式，即有 $E_t^K = E_{t_0}^K \times \mathrm{e}^{\gamma_K(t-t_0)}$，$E_t^L = E_{t_0}^L \times \mathrm{e}^{\gamma_L(t-t_0)}$，其中 γ_K、γ_L 分别表示资本和劳动增强型技术进步的增长率，亦即资本和劳动效率水平的提升速度。

系统估计法是指将生产函数与有关均衡条件联立起来对参数进行估计的方法。已知在非完全竞争条件下劳动收入在全部要素收入中所占份额可表示为

$$1 - \pi_0 = \frac{\omega_0 L_0}{\omega_0 L_0 + r_0 K_0} = \left(1 + \mu\right)\frac{\omega_0 L_0}{P_0 Y_0} \qquad (9\text{-}5)$$

其中，ω_0、r_0 和 P_0 分别表示 t_0 期工资率、资本租金率和价格水平率；μ 表示由需求价格弹性决定的价格加成。

根据企业利润最大化的一阶条件，可计算资本需求函数、劳动需求函数及最优条件下的生产函数，进而可得标准化供给面系统估计方程组：

$$\begin{cases} \ln r_t = \ln\left(\frac{\overline{\pi}}{1+\mu} \times \frac{\xi \overline{Y}}{\overline{K}}\right) + \frac{1}{\sigma}\ln\left(\frac{Y_t / \xi \overline{Y}}{K_t / \overline{K}}\right) + \frac{\sigma-1}{\sigma}\gamma_K\left(t - t_0\right) \\[3mm] \ln \omega_t = \ln\left(\frac{1-\overline{\pi}}{1+\mu} \times \frac{\xi \overline{Y}}{\overline{L}}\right) + \frac{1}{\sigma}\ln\left(\frac{Y_t / \xi \overline{Y}}{L_t / \overline{L}}\right) + \frac{\sigma-1}{\sigma}\gamma_L\left(t - t_0\right) \\[3mm] \ln\left(\frac{Y_t}{\overline{Y}}\right) = \ln\xi + \frac{\sigma}{\sigma-1}\ln\left\{\overline{\pi}\left[\frac{K_t \times e^{\gamma_K(t-t_0)}}{\overline{K}}\right]^{\frac{\sigma-1}{\sigma}} + \left(1-\overline{\pi}\right)\left[\frac{L_t \times e^{\gamma_L(t-t_0)}}{\overline{L}}\right]^{\frac{\sigma-1}{\sigma}}\right\} \end{cases} \qquad (9\text{-}6)$$

针对式（9-6），首先，沿用 Klump 等（2007）的处理方法，将 $\overline{Y}$、$\overline{K}$、$\overline{L}$ 取省份实际产出、资本投入、劳动投入的几何平均值，参数 $\overline{\pi}$ 则取省份资本收入份额算数平均值；其次，关于变量初始值的设定，参照 Leon-Ledesma 等（2010）的研究，令 $\xi(0)=1$，$\mu(0)=0.1$，$\gamma_K(0)=0.000\,1$，$\gamma_L(0)=0.002$；最后，综合考虑已有研究结论及数据可得性，将 t_0 设定为 1993 年，资本–劳动替代弹性参数的初始取值为 0.02。

9.2.2　相关变量和数据说明

依据所选择的估计模型和方法，结合数据可得性，本章构建了 1993~2016 年我国 31 个省区市面板数据集，其中的基本变量包括产出变量、资本和劳动投入变量、要素收入份额变量和要素价格变量，基础数据来源是 Wind 数据库和国家统计局网站。下面对相关变量和数据进行简要说明。

1. 产出变量

产出变量采用实际 GDP（Y）衡量，具体根据各省份生产法 GDP 现价数据与 GDP 指数推算得到 1993 年价格 GDP。

2. 资本投入变量

资本投入（K）使用 Goldsmith（1951）提出的永续盘存法（perpetual inventory method，PIM）对资本数据进行估算，计算公式为 $K_t = I_t / P_t + (1 - \delta_t) K_{t-1}$。所需各变量数据处理如下。

（1）省份基期资本存量（K_{1993}）。参考单豪杰（2008）的处理方法，尝试用 1994 年资本形成总额比上折旧率和 1994~1998 年固定资产投资形成年均增长率之和来估算 1993 年资本存量，其中，省份年均增长率数据为各年固定资本形成总额算术平均值。

（2）省份资本折旧率（δ_t）。首先借鉴张军等（2004）将省份建筑、设备和其他类型投资的折旧率分别设定为 6.9%、14.9%和 12.1%，然后基于全国数据计算得到 1993~2016 年以上三类资本品在总固定资产中的比重序列，通过加权平均的方法得到各年固定资本形成总额的经济折旧率序列。

（3）资本形成额（I_t）。与众多研究的做法相同，选用省份固定资本形成总额作为衡量其各年资本形成额的指标。其中重庆市缺少 1993~1995 年数据，使用对应年份全社会固定资产投资额增长率数据推算。

（4）投资品价格指数（P_t）。投资品价格指数选用省份固定资产投资价格指数，其中西藏自治区全部数据和广东省 1993~2000 年数据缺失，参照 Zhang 等（2007）、Wu（2003，2008）、张健华和王鹏（2012）的方法，使用对应的 GDP 平减指数插补。

3. 劳动投入变量

本章借鉴张健华和王鹏（2012）的方法，将劳动投入（L）的质量纳入考虑，以期更全面地反映省份劳动要素的投入及作用。具体选用全部从业人员受教育年限和作为省份劳动投入量的衡量，计算公式为

$$\text{有效劳动} = \text{从业人员数} \times 6 \text{岁以及} 6 \text{岁以上人口平均受教育年限} \tag{9-7}$$

其中，平均受教育年限的计算公式为

$$\text{平均受教育年限} = （\text{小学人数} \times 6 + \text{初中人数} \times 9 + \text{高中及中专人数} \times 12$$
$$+ \text{大专及以上人数} \times 16）/ 6 \text{岁以及} 6 \text{岁以上总人数} \tag{9-8}$$

4. 要素收入份额变量

要素收入份额为某一要素收入占总收入的比重，其中要素收入一般使用各省份收入法 GDP 及其分项数据进行测度。这里假定只存在资本和劳动两种要素，

对应的资本收入份额和劳动报酬占比记为 π 和（$1-\pi$）。由于 1993~2016 年我国劳动者报酬指标的核算口径经历了两次变动，根据 SNA 对劳动报酬定义并借鉴吕光明和于学霆（2018）的研究，这里依据省份劳动价格与劳动报酬占比数据在最新核算口径下进行统一测算，并参考郝枫和盛卫燕（2014a）的做法剔除了生产税净额的影响。

5. 要素价格变量

这里将要素价格界定为单位资本或单位劳动的平均收入。具体处理上，将各省份实际 GDP 与本章计算得到的资本收入份额的乘积作为资本要素的实际总收入，而实际 GDP 与劳动报酬占比之积视为劳动要素的实际收益，从而得到资本和劳动价格计算公式分别为

$$资本租金率（r）=（实际 GDP×资本收入份额）/资本实际投入量 \qquad (9-9)$$
$$工资率（\omega）=（实际 GDP×劳动收入份额）/劳动投入量 \qquad (9-10)$$

在上述计算的基础上，通过取对数、对比等统计处理后得到相关变量的基本统计描述，如表 9-2 所示。

表 9-2　省份要素替代弹性估计相关变量的基本统计描述

变量	定义	样本量/个	均值	标准差	最小值	最大值
$\ln Y$	实际 GDP 对数值	744	7.876 6	1.267 0	3.622 2	10.678 4
$\ln K$	实际资本存量对数值	744	8.794 4	1.325 6	4.284 7	11.601 7
$\ln L$	年末就业人员数对数值	744	0.249 1	1.007 6	-3.599 2	1.797 8
KL	劳均资本（资本/劳动）	744	7 403.774 0	6 431.985 0	574.590 2	39 784.030 0
$\ln YK$	$[（产出/Y_0）/（资本/K_0）]$ 对数值	744	0.000 0	0.251 2	-0.782 4	0.748 4
$\ln YL$	$[（产出/Y_0）/（劳动/L_0）]$ 对数值	744	0.000 0	0.542 5	-1.117 8	1.167 2
$\ln YY_0$	（产出/初始值 Y_0）对数值	744	0.000 0	0.753 2	-1.450 8	1.432 0
KK_0	资本/初始值 K_0	744	1.561 6	1.489 6	0.134 8	7.329 3
LL_0	劳动/初始值 L_0	744	1.028 8	0.249 1	0.467 7	2.212 4
$\ln r$	资本租金率对数值	744	-1.746 7	0.358 2	-3.602 3	-0.667 3
$\ln w$	劳均工资对数值	744	7.028 5	0.636 7	5.574 6	8.640 5

注：其中初始值 Y_0、K_0 和 L_0 分别取各省份实际产出、资本投入和劳动投入的几何平均值

9.3　省份要素替代弹性的估计分析

依据上述变量数据，在 VES 和 CES 两种总量生产函数形式下，分别选用广义

线性模型（generalize linear model，GLM）和 NLSUR 估计方法，对 1993~2016 年我国 31 个省区市要素替代弹性及有偏技术进步进行估计。限于篇幅，这里主要展示 CES 生产函数估计结果，而对 VES 生产函数估计结果进行简要分析。

9.3.1 省份层面要素替代弹性估计结果及分析

基于 CES 生产函数的设定，采用标准化供给面系统估计法得到我国 31 个省区市要素替代弹性及相关变量的截面估计值。表 9-3 分别列出了省份模型中包含参数的估计值。同时，表 9-3 还用 γ 表示 γ_K 与 γ_L 估计值之差，以反映技术进步偏向。若 $\gamma > 0$，表示技术进步使得资本效率水平上升更快；反之则表示劳动效率水平上升速度更快。

表 9-3 CES 函数形式下省份要素替代弹性和有偏技术进步的 GLM 估计结果

省区市	替代弹性 σ	γ_K	γ_L	γ	ξ	μ
北京	0.805 1*** （0.007 7）	0.028 4*** （0.004 0）	0.025 2*** （0.002 6）	0.003 2	0.740 9*** （0.011 3）	0.002 7*** （0.000 7）
天津	1.150 0*** （0.029 6）	0.017 8 （0.012 0）	0.045 1*** （0.011 2）	-0.027 3	0.688 6*** （0.014 6）	0.009 1*** （0.002 2）
河北	0.999 9*** （0.000 7）	3.299 2 （14.116 4）	-3.203 5 （13.954 8）	6.502 7	0.772 7*** （0.012 7）	0.002 9*** （0.001 0）
山西	0.995 3*** （0.001 2）	0.774 1*** （0.110 7）	-0.727 3*** （0.116 3）	1.501 4	0.724 1*** （0.006 2）	0.000 4 （0.000 5）
内蒙古	1.210 4*** （0.018 2）	0.030 8*** （0.008 3）	0.047 7*** （0.006 5）	-0.016 9	0.614 1*** （0.017 5）	0.002 8*** （0.001 4）
辽宁	0.905 1*** （0.007 6）	0.039 0*** （0.011 8）	0.036 1*** （0.008 2）	0.002 9	0.653 2*** （0.015 6）	0.003 2*** （0.001 0）
吉林	1.446 0*** （0.044 4）	0.027 8*** （0.003 7）	0.032 9*** （0.002 9）	-0.005 1	0.683 9*** （0.021 8）	0.003 1 （0.002 4）
黑龙江	1.084 2*** （0.012 3）	0.013 2 （0.009 3）	0.025 7** （0.010 3）	-0.012 5	0.797 5*** （0.011 0）	0.001 6 （0.000 5）
上海	0.864 4*** （0.006 3）	0.040 0*** （0.003 4）	0.023 5*** （0.004 0）	0.016 5	0.693 3*** （0.009 4）	0.001 4*** （0.000 4）
江苏	1.133 1*** （0.007 5）	0.043 1*** （0.003 9）	0.046 2*** （0.003 2）	-0.003 1	0.594 0*** （0.009 2）	0.000 7** （0.000 3）
浙江	0.994 5*** （0.003 4）	0.378 8** （0.152 7）	-0.303 5** （0.144 4）	0.682 2	0.730 3*** （0.009 4）	0.001 0** （0.000 4）
安徽	1.285 4*** （0.034 7）	0.030 3*** （0.002 4）	0.040 4*** （0.002 6）	-0.010 1	0.653 1*** （0.008 4）	0.004 4*** （0.000 8）

续表

省区市	替代弹性 σ	γ_K	γ_L	γ	ξ	μ
福建	0.907 7*** (0.008 2)	0.037 9*** (0.006 5)	0.009 8* (0.005 1)	0.028 1	0.775 9*** (0.007 6)	0.001 3*** (0.000 5)
江西	1.503 3*** (0.040 6)	0.028 6*** (0.001 4)	0.031 8*** (0.001 6)	−0.003 2	0.691 0*** (0.005 3)	0.001 3 (0.001 2)
山东	1.019 1*** (0.010 9)	0.003 9 (0.043 6)	0.054 9 (0.048 7)	−0.051 0	0.723 8*** (0.008 4)	0.001 6*** (0.000 4)
河南	1.009 6*** (0.027 3)	0.021 8 (0.170 0)	0.022 1 (0.132 4)	−0.000 3	0.775 6*** (0.012 0)	0.006 8*** (0.001 7)
湖北	1.001 4*** (0.002 9)	1.109 7 (1.223 7)	−0.853 6*** (0.978 1)	1.963 3	0.732 9*** (0.011 3)	0.005 1*** (0.001 3)
湖南	1.299 5*** (0.062 9)	0.037 7*** (0.005 8)	0.047 9*** (0.003 9)	−0.010 2	0.592 7*** (0.006 8)	0.010 3*** (0.002 0)
广东	1.162 7*** (0.013 7)	0.028 0*** (0.006 7)	0.038 0*** (0.004 4)	−0.001 0	0.675 1*** (0.012 4)	0.002 0*** (0.000 7)
广西	1.232 0*** (0.043 7)	0.033 5*** (0.005 4)	0.046 6*** (0.003 3)	−0.013 1	0.606 9*** (0.007 5)	0.003 0** (0.001 3)
海南	0.880 3*** (0.002 9)	0.052 1*** (0.004 5)	0.037 4*** (0.004 9)	0.014 7	0.601 0*** (0.021 0)	0.001 0** (0.000 4)
重庆	1.001 3*** (0.001 8)	1.817 3 (1.352 4)	−1.385 9 (1.027 6)	3.203 2	0.781 8*** (0.012 8)	0.005 1*** (0.000 7)
四川	1.113 7*** (0.018 3)	0.057 2*** (0.010 8)	0.022 5** (0.009 6)	0.034 8	0.650 5*** (0.010 4)	0.003 8*** (0.001 0)
贵州	1.149 7*** (0.013 9)	0.014 8 (0.010 0)	0.042 9*** (0.009 0)	−0.028 1	0.692 2*** (0.026 1)	0.005 7*** (0.001 3)
云南	0.889 1*** (0.008 7)	0.024 9*** (0.005 1)	0.015 9*** (0.003 6)	0.009 0	0.802 2*** (0.009 4)	0.001 4*** (0.000 5)
西藏	1.024 5*** (0.083 6)	−0.068 9 (0.359 6)	0.055 6 (0.117 7)	−0.124 5	0.755 1*** (0.026 1)	0.031 2*** (0.008 8)
陕西	1.318 6*** (0.078 0)	0.040 2*** (0.005 1)	0.048 3*** (0.005 2)	−0.008 1	0.586 6*** (0.007 1)	0.011 4*** (0.002 7)
甘肃	1.000 8*** (0.013 2)	−0.034 7 (1.577 1)	0.079 2 (1.281 9)	−0.113 9	0.723 7*** (0.008 9)	0.002 0*** (0.000 5)
青海	1.236 5*** (0.029 9)	0.027 6*** (0.006 4)	0.011 2** (0.005 5)	0.016 4	0.806 3*** (0.018 2)	0.005 9*** (0.001 8)
宁夏	1.067 0*** (0.010 0)	0.004 7 (0.013 1)	0.030 0*** (0.008 8)	−0.025 3	0.791 6*** (0.009 1)	0.001 3*** (0.000 3)
新疆	0.865 4*** (0.004 8)	0.030 6*** (0.003 5)	0.017 1*** (0.003 6)	0.013 5	0.761 8*** (0.011 6)	0.000 8* (0.000 5)

*、**、***分别表示估计结果在 10%、5%、1%的显著性水平上显著

注：括号内为估计参数的标准误

由表 9-3 可知，绝大部分参数估计结果均在 1%的水平上显著，同时各模型拟合优度较高，均表明所得结果是较为可靠的。具体结果可表述如下。

（1）31 个省区市资本–劳动替代弹性估计结果的均值为 1.082 4，这一数值与封永刚等（2017）使用类似模型和方法得到的 1978~2015 年全国估计值 1.072 8 十分接近。具体地，所有要素替代弹性估计值均分布在 0.805 1~1.503 3，最大值为江西，最小值为北京。其中，10 个省份的替代弹性估计值小于 1，剩余 21 个省份估计值均大于 1。

（2）呈现出资本增强型技术进步与劳动增强型技术进步特点的省份数量基本相当。

（3）使用系统估计法得到的各省份规模因子 ξ 估计结果均值为 0.705 6，而要素价格加成系数 μ 估计结果均值为 0.004 3，二者与其对应初始值较为接近，比较符合预期。

9.3.2 省份技术进步偏向估计结果的引申分析

根据 Acemoglu（2003）的定义，有偏技术进步可分为要素增强型技术进步和要素偏向型技术进步，前者根据要素相对效率水平的变化界定，而后者根据生产中使用的要素比例的变化（即要素偏向）进行界定。具体来说，如果技术进步使资本效率水平提高得更快，则技术进步总体表现为资本增强型技术进步；反之则为劳动增强型技术进步。正如陈晓玲和连玉君（2012）所指出，仅通过要素相对效率水平的变化无法确定技术进步对要素相对边际产量的影响和生产中要素的使用偏向，还需要结合要素替代弹性的取值来判断。具体来看，如果是资本增强型技术进步，同时资本和劳动间呈互补关系（即替代弹性小于 1），那么技术进步将使劳动的边际产量提高更多，故生产中会相对更多地投入劳动，此时资本增强型技术进步同时也是劳动偏向型（labor-biased）技术进步；而若此时资本和劳动是替代的关系（即替代弹性大于 1），则企业在生产中将会更多地使用资本，故此时资本增强型技术进步同时也是资本偏向型（capital-biased）的。

结合表 9-3 和表 9-4 可知，尽管大部分省份样本期内资本–劳动替代弹性估计值大于 1，但资本和劳动同样是要素替代关系，由于估计得到的资本与劳动技术进步率不同，不同省份的技术进步类型呈现出较大的差异。其中，湖北、重庆、四川和青海 4 个省市的资本效率水平提高速度大于劳动，故这些省市的技术进步表现出净资本增强型和资本偏向型的特点；天津、江苏、江西、广东、西藏、甘肃等多数省区市的资本技术进步率小于劳动，其技术进步类型为劳动增强型和劳动偏向型。此外，北京、上海、浙江、河北、辽宁、云南等省区市要素替代弹性估计结果小于 1，且资本和劳动呈现互补关系的省份均同时表现出资本增强型的技术进步特点，故其同时也是劳动偏向型的。

表 9-4　我国省份有偏技术进步的类型划分

	$\sigma > 1$	$\sigma < 1$
$\gamma_K > \gamma_L$	资本增强型、资本偏向型： 福建、湖北、重庆、四川、青海	资本增强型、劳动偏向型： 北京、河北、山西、辽宁、上海、浙江、 海南、云南、新疆
$\gamma_K < \gamma_L$	劳动增强型、劳动偏向型： 天津、内蒙古、吉林、黑龙江、江苏、 安徽、山东、江西、河南、湖南、广东、 广西、贵州、西藏、陕西、甘肃、宁夏	劳动增强型、资本偏向型： 无

类似地，还可以对我国省份要素配置情况进行探讨分析。在 VES 生产函数形式下的估计结果显示，1993~2016 年省份资本劳动投入比率（K/L）均呈现出增大趋势。资本投入衡量使用的是剔除价格因素影响的实际数值，表明期间省份资本投入量的增长速度高于劳动投入量。从表 9-4 结果可知，样本期内除湖北、重庆、四川、青海这 4 个省外，其余 27 个省区市在样本期内技术进步均呈现出劳动偏向型的特点。换言之，要实现资源合理、有效配置，我国大部分省区市在生产过程中应当相对更多地投入劳动而非资本，这一结论与近年来各省区市资本投入增速大的实际情况并不相符，反映出我国多数省区市存在着生产要素配置不合理的问题。

此外，对比 VES 和 CES 两种函数形式估计结果发现，CES 函数形式下要素替代弹性估计值的截面差异较大，而 VES 函数形式下各省区市要素替代弹性估计值不但在截面上而且在时序走势上均存在明显差异。由于各地区间现实发展情况存在复杂性和异质性，同时数据统计口径及数据质量等因素也存在不同，同一国家不同地区之间的资本-劳动替代弹性估计结果不尽相同。这一过去研究达成的一致认识在本章的实证研究中也得到证实。

9.4　省份要素替代弹性分配效应的实证研究

在前面分析的基础上，为进一步检验要素替代弹性与收入分配之间关系的德拉格兰德维尔假说，这里选取 1993~2016 年我国 31 个省区市的面板数据进行资本-劳动替代弹性分配效应的实证研究。

9.4.1 变量选择与数据处理

德拉格兰德维尔假说检验分析的核心变量是中国各省份要素替代弹性及劳动报酬占比，同时还需要考虑控制变量。基础数据来源是 Wind 数据库和国家统计局网站。相关变量选择及数据处理的说明如下。

1. 要素替代弹性变量

要素替代弹性（sigma_VES）变量直接来源于上述要素替代弹性研究中基于中性技术进步下的 VES 生产函数形式所得到的估计结果。考虑到使用 VES 生产函数设定得到的要素替代弹性是面板维度的数值，数据量相对更大，包含信息较全面，故后续的实证检验基于面板数据进行。

2. 控制变量

借鉴陈晓玲和连玉君（2012）及郑猛和杨先明（2017）的研究，相关控制变量主要是对地区经济增长有重要影响的政府行为、全球化水平及人口结构特征因素。具体地，选取政府支出占 GDP 比例（GOV）作为政府行为因素的衡量；选取城镇人口占总人口比例（URBAN）作为城镇化水平的衡量；选取进出口总额占 GDP 比例（OPEN）作为对外开放度的衡量；选取资本存量（作者根据永续盘存法估算得到）与有效劳动投入比值的对数值（LNKL）作为资本深化程度的衡量；选取实际利用外商直接投资额占 GDP 比例（FDI）作为全球化水平的衡量。具体变量及面板数据情况如表 9-5 所示。

表 9-5　要素替代弹性分配效应分析变量的基本统计描述

变量	定义	个数	均值	标准差	最小值	最大值	平稳性
pi_L	劳动报酬占比	744	0.554 6	0.078 6	0.395 1	0.929 6	$I(1)$
sigma_VES	VES 生产函数设定下要素替代弹性估计值	744	0.605 7	2.038 1	−13.162 2	8.918 3	$I(1)$
GOV	政府支出占 GDP 比例	744	0.147 2	0.054 4	0.072 0	0.522 6	$I(1)$
URBAN	城镇人口占总人口比例	672	0.456 9	0.168 4	0.162 9	0.896 0	$I(1)$
OPEN	进出口总额占 GDP 比例	674	0.042 4	0.053 2	0.003 9	0.315 0	$I(1)$
LNKL	资本存量与有效劳动投入比值的对数值	744	8.545 3	0.886 0	6.353 7	10.591 2	$I(1)$
FDI	实际利用外商投资额占 GDP 比例	721	0.004 1	0.004 3	0.000 0	0.040 2	$I(0)$

9.4.2　省份要素替代弹性分配效应的检验分析

根据德拉格兰德维尔假说相关的延伸论断可知，要素替代弹性提高对资本收入份额应该有正向的影响，换言之，伴随要素替代弹性的增加，劳动报酬占比应呈现下降的趋势。由省份劳动报酬占比估计值（pi_L）与 VES 生产函数设定下要素替代弹性估计值（sigma_VES）之间的散点图（图 9-1）可知，二者之间存在负相关关系，整体上支持分配效应的相关假说。

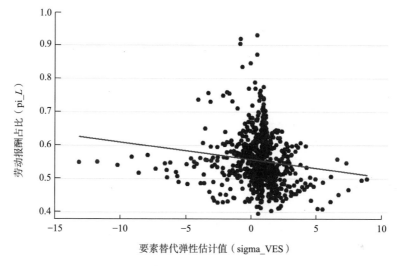

图 9-1　省份要素替代弹性与劳动收入份额散点图

1. 定量回归分析

基于 VES 函数形式的替代弹性估计结果及分析变量序列，考虑到要素替代弹性估计可能存在偏误会引发内生性问题，且要素替代弹性与收入分配二者间可能互为因果，同时使用固定效应模型和工具变量法对参数进行估计。参考众多文献研究的处理方法，使用要素替代弹性的滞后项作为要素替代弹性的工具变量，使用两阶段最小二乘法（two stage least square，2SLS）进行了估计。为进一步探究地区差异，通过划分子样本的方式比较分析了不同地区要素替代弹性分配效应的强弱。所选用的划分依据为国家统计局 2011 年公布的《东西中部和东北地区划分方法》，据此将我国 31 个省区市划入东部、中部、西部以及东北四类中，然后分别使用面板数据模型和加入工具变量的模型对各类数据进行建模与分析。整理以上所有实证研究结果如表 9-6 所示。

表 9-6　替代弹性增长效应的面板数据模型及工具变量法估计结果

	FE	2SLS	2SLS+FE	RE	2SLS+FE
		IV=sigma_VES（−1）			IV=sigma_VES（−1）
	全国			东部	
sigma_VES	−0.000 5 (0.003 1)	−0.004 7*** (0.000 9)	−0.000 8 (0.001 7)	−0.008 7** (0.004 4)	−0.001 4 (0.005 2)
GOV	0.265 9* (0.153 7)	0.616 4*** (0.058 7)	0.248 4*** (0.072 1)	0.157 6 (0.126 4)	−0.012 8 (0.153 5)
URBAN	0.014 2 (0.058 5)	−0.029 0 (0.033 6)	0.016 0 (0.031 0)	−0.102 9 (0.069 6)	−0.232 2*** (0.087 2)
OPEN	−0.133 3 (0.150 0)	0.067 4 (0.065 5)	−0.120 3 (0.146 6)	−0.172 6 (0.113 9)	−0.117 7 (0.156 0)
LNKL	−0.073 5*** (0.026 9)	−0.036 2*** (0.005 1)	−0.078 0*** (0.012 3)	0.027 9** (0.012 8)	−0.071 6*** (0.027 2)
FDI	2.463 2 (3.364 3)	1.151 3 (0.882 0)	2.791 9** (1.251 2)	5.454 5*** (1.555 7)	5.681 0*** (1.719 0)
时间效应	是		是		是
个体效应	是		是		是
常数项	1.082 9*** (0.202 4)	0.779 9*** (0.034 2)	1.133 2*** (0.097 9)	0.294 4*** (0.089 1)	1.149 8*** (0.218 4)
豪斯曼检验	16.95 (0.017 7)			7.05 (0.423 8)	
R^2	0.254 1	0.327 4	0.240 8	0.023 4	0.340 5
F/Wald	58.84 (0.000 0)	216.96 (0.000 0)	17.91 (0.000 0)	26.09 (0.000 0)	10.07 (0.000 0)
N	609	593	593	183	179

	FE	2SLS+FE	RE	2SLS+FE	FE	2SLS+FE
		IV=sigma_VES（−1）		IV=sigma_VES（−1）		IV=sigma_VES（−1）
	中部		西部		东北	
sigma_VES	−0.002 0 (0.003 0)	−0.003 4 (0.003 1)	−0.005 9* (0.003 5)	−0.003 4 (0.004 2)	0.012 6 (0.004 5)	0.012 5** (0.005 6)
GOV	0.502 3 (0.317 5)	0.372 8 (0.329 4)	0.318 0*** (0.086 9)	0.219 3** (0.105 5)	−1.036 9 (0.470 0)	−1.080 8*** (0.369 4)
URBAN	−0.278 5 (0.353 4)	−0.327 5 (0.382 5)	−0.106 3* (0.062 4)	−0.142 6* (0.076 7)	0.242 3** (0.038 7)	0.241 7*** (0.073 1)
OPEN	−2.383 1** (1.181 1)	−2.156 9* (1.213 6)	−0.108 7 (0.474 1)	−0.553 8 (0.545 5)	0.863 8 (1.594 6)	1.220 9 (1.191 9)
LNKL	0.158 1*** (0.043 8)	0.132 8*** (0.046 8)	−0.025 4*** (0.007 1)	−0.050 2** (0.023 2)	0.004 9 (0.048 2)	0.000 2 (0.051 5)
FDI	2.013 9 (4.238 4)	1.206 1 (4.302 2)	6.723 2** (3.095 6)	9.899 9*** (3.667 5)	−1.801 1 (2.888 5)	−2.302 0 (3.992 8)
时间效应	是	是		是	是	是
个体效应	是	是		是	是	是

续表

	FE	2SLS+FE IV=sigma_VES（−1）	RE	2SLS+FE IV=sigma_VES（−1）	FE	2SLS+FE IV=sigma_VES（−1）
	中部		西部		东北	
常数项	−0.471 2 （0.370 4）	−0.245 3 （0.392 2）	0.779 7*** （0.049 7）	1.009 8*** （0.171 1）	0.384 7 （0.390 8）	0.445 8 （0.448 0）
豪斯曼检验	71.77 （0.000 0）		13.96 （0.051 8）		9.65 （0.008 0）	
R^2	0.109 7	0.153 0	0.377 5	0.299 5	0.807 7	0.817 5
F/Wald	24.88 （0.000 0）	20.94 （0.000 0）	82.50 （0.000 0）	15.76 （0.000 0）		
N	144	138	218	215	64	61

*、**、***分别表示估计结果在 10%、5%、1%的显著水平上显著

注：括号内为估计参数的标准误

　　由表 9-6 可知，所有模型均在 1%显著性水平下通过 F（或 Wald）检验，表明模型整体效果较好，参数估计结果可靠。同时通过豪斯曼检验对面板模型形式进行选择，发现大部分模型的检验结果均在 10%的显著性水平下拒绝原假设，即选择 FE 模型进行分析更为合适。

　　在全国层面上，使用不同模型设定及估计方法得到的资本-劳动替代弹性系数估计值均为负值，最大取值为−0.004 7 且在 1%水平下显著，支持要素替代弹性分配效应相关假说成立。

　　在地区层面上，除东北地区外，其余地区要素替代弹性系数估计结果均为负数，表明考察期内各地区要素替代弹性对其劳动报酬占比变动基本起到了负向的抑制作用。但是，不同地区估计结果的显著性存在较明显的差异，反映出分配效应的地区差异较大。中部地区要素替代弹性取值与劳动报酬占比间呈现出较为微弱的负相关关系，但并不显著；西部地区二者之间呈现出较强的负向关系；东部地区要素替代弹性与劳动报酬占比呈相对最为显著的负相关关系；而东北地区二者则呈现出较为明显的正相关关系，得到与预期以及假设不符的结论。换言之，就各地区要素替代弹性分配效应强弱程度而言，东部地区相对更强，其次是西部及中部地区，而替代弹性提高对劳动报酬占比降低作用最弱的为东北地区。此外可以发现，除东北地区外，其余各模型结果中其他控制变量的估计值差异不大，故此处不做详细分析，但需留意东北地区估计结果所具有的特殊性。

　　综上，基于省级层面 VES 的估计结果，使用多种估计模型及方法得到的要素替代弹性系数估计值基本为负值，一定程度上支持要素替代弹性的分配效应在我国成立。通过划分子样本，进一步对我国东部、中部、西部及东北部地区的要素替代弹性增长效应进行比较分析发现，我国不同地区要素替代弹性增长效应强弱存在较显著的差异，具体表现为，东北地区要素替代弹性分配效应相对最弱，其

次是中部与西部地区，其替代弹性对劳动报酬占比的负向作用表现明显，而二者的负向关系在东部地区表现得更加明显。基于实证分析猜想1和猜想2得到证实。

2. 稳健性检验

为了保证省份要素替代弹性增长效应估计结果的稳健性，同时考虑到已有研究指出若异方差存在，GMM 比 2SLS 更有效率（陈强，2014），这里主要从换用迭代 GMM 方法估计的角度进行稳健性分析。估计结果如表9-7所示，分析可知，相比 2SLS 和 OLS 估计，使用迭代 GMM 估计得到的要素替代弹性及其他变量系数符号与取值没有发生实质性变化，而各变量（尤其是要素替代弹性）系数的整体显著性有了较明显的提高，因而可以认为前面所得到的回归结果是稳健的。

表 9-7　省份要素替代弹性增长效应的迭代 GMM 再估计

pi_L	稳健性检验：迭代 GMM				
	IV=sigma_VES（−1）　& sigma_VES（−1）^2				
	全国	东部	中部	西部	东北
sigma_VES	−0.003 6*** (0.000 6)	−0.014 3*** (0.002 0)	−0.005 7*** (0.001 5)	−0.001 2 (0.001 7)	0.001 3 (0.003 2)
GOV	0.624 7*** (0.058 6)	0.325 7*** (0.092 0)	−0.306 5 (0.271 8)	0.626 9*** (0.103 7)	−0.878 2*** (0.287 1)
URBAN	−0.020 9 (0.032 8)	0.008 4 (0.040 5)	−0.037 9 (0.128 2)	−0.174 5 (0.113 5)	0.290 7*** (0.027 0)
OPEN	0.063 5 (0.064 9)	−0.043 3 (0.084 1)	−5.777 3*** (0.900 2)	0.385 9 (0.403 6)	1.808 8*** (0.399 8)
LNKL	−0.037 3*** (0.005 0)	0.005 1 (0.008 4)	−0.046 6** (0.018 6)	−0.029 2** (0.012 2)	−0.026 1*** (0.005 7)
FDI	1.023 1 (0.878 6)	3.535 1*** (1.167 4)	14.570 6*** (3.556 5)	13.372 2*** (3.158 9)	−4.061 9 (2.886 3)
时间效应					
个体效应					
常数项	0.785 0*** (0.033 9)	0.416 2*** (0.063 4)	1.021 1*** (0.106 1)	0.758 0*** (0.053 2)	0.648 8*** (0.075 0)
R^2	0.326 3	0.157 6	0.486 7	0.414 7	0.790 9
F/Wald	215.96 (0.000 0)	89.32 (0.000 0)	173.80 (0.000 0)	180.97 (0.000 0)	422.85 (0.000 0)
N	593	179	138	215	61

、*分别表示估计结果在5%、1%的显著水平上显著

注：括号内为估计参数的标准误

根据以上的研究结论可以发现，针对中国省级层面的数据，猜想 1 和猜想 2 均可得到证实，即要素替代弹性具有分配效应，伴随要素替代弹性增长，劳动报

酬占比将呈下降趋势；要素替代弹性分配效应强弱呈现出较为明显的地区差异，综合实证研究结果发现，该差异具体表现如下：东部>中部；西部>东北。以上结论对于分析近年来我国劳动报酬占比下降的成因、影响以及地区发展差异均有重要的意义。

9.5 本章小结

要素替代弹性作为经济研究中的关键参数，对要素配置和经济增长都有着直接或间接的影响。近年来，伴随经济进入新常态，从要素替代弹性出发研究中国要素收入分配已成为学术研究的重要切入点。本章首先运用 CES 和 VES 两种生产函数形式及单方程及系统估计两类估计方法对我国 31 个省区市 1993~2016 年资本-劳动替代弹性及有偏技术进步进行估计，进而分析各省份技术进步及要素配置情况，然后基于省份替代弹性的估计结果，从面板维度对德拉格兰德维尔假说中的分配效应部分"资本-劳动要素替代弹性与劳动报酬占比负相关关系"在我国的适用性进行实证检验。得到的主要结论如下。

（1）从替代弹性的估计结果来看，样本期内我国省份资本-劳动替代弹性均值及时变特征均存在明显差异，其中大部分省份资本与劳动呈替代弹性大于 1 的替代关系。结合有偏技术进步估计结果来看，技术进步为资本增强型的省份数目与劳动增强型相当，但仅有湖北、重庆、四川和青海技术进步为资本偏向型，其余省份均为劳动偏向型。这一结论与所有省份资本-劳动实际投入比率均上升的实际情况相矛盾，表明我国多数省份经济存在生产要素错配问题。

（2）从要素替代弹性与收入分配关系的检验结果来看，面板维度的实证估计均支持德拉格兰德维尔假说成立，即要素替代弹性与劳动报酬占比之间呈显著的负相关关系。进一步区分地区研究发现，要素替代弹性对劳动报酬占比的负向作用在东部及中部地区表现最明显，其次是西部地区，最后是东北地区。

供给侧结构性问题是新常态下经济发展的主要矛盾，而供给侧结构性改革又是解决这一矛盾的重要出路。供给侧的核心要素主要有劳动力、资本、土地、制度创造、技术创新等，因此联系资本和劳动二者的要素替代弹性应当作为落实供给侧结构性改革这一目标过程中值得重视的关键变量。优化结构提升要素利用效率，必须矫正要素配置过程中存在的扭曲。通过本章的分析，发现我国多数省份存在生产要素错配的问题。相比增加劳动投入，吸引投资在实际中的确更容易实现，但是通过分析不同地区要素替代弹性与技术进步特征可以发现，一味地增加资本投入并不是对所有省份的经济发展都能起到促进作用，本章认为当下较为普遍的投资过度、产能过剩等问题正是要素配置缺乏效率的表现之一。因此，各地制定相关引导政策需要关注要素替代弹性，同时结合当地的技术进步特点及情况，注重要素配置的结构与效率。

对于地区要素错配问题的普遍性，考虑到其技术进步表现出劳动偏向型的特点，本章认为可以从以下三个方面应对甚至改善这一问题：①适当限制资本投入。主要为了优化投资结构，提高资本的利用效率，改善资本"高库存"、利用效率低的情况。②努力提高劳动投入。劳动投入包含两个层面的数据——劳动数量及劳动质量，人口数量短期内难以进行控制和调整，但政策引导可以从提升劳动质量（即受教育程度上）入手，鼓励技能教育进而提高技能劳动力所占比重不失为一种应对举措，以实现有效劳动投入量的提升。③引导技术进步向资本偏向型的方向发展。具体来说，需要综合考虑当地的要素替代弹性水平，若当地资本与劳动之间为互补关系，则可鼓励劳动增强型技术进步；若为替代关系，则需要鼓励资本效率水平提升型技术进步。

第10章　基于省份面板模型的我国工资与劳动生产率关系分析

劳动收入份额变动和工资与劳动生产率关系存在密切联系。近十年来，我国实际工资增长率持续超过劳动生产率增长率。这种现象不仅与我国低劳动力成本优势的历史情况不符，也和经典的新古典理论相悖，值得深入研究。为此，本章首先纳入相对生产率、劳动力供给、劳动力转移、投资规模占比与投资结构三类五大结构因素，搭建工资与劳动生产率非一致性变动的结构分析框架，然后采集1998~2014年我国31个省（区、市，不含港、澳、台）数据构建省份面板模型，从全国和地区两个层面定量揭示工资增长率超过劳动生产率增长率背后的结构诱因及其驱动机理，以期为近年来的劳动报酬占比变动提供解释。

10.1　问题的提出

工资和劳动生产率是国民经济运行中反映劳动者投入与生产贡献之间关系的一对变量，也是经济学研究中备受关注的一大主题。经典的新古典理论认为，在完全竞争、信息充分、生产组织方式不变等完美假设条件下，处于均衡状态时劳动要素的价格（即工资）等于边际生产率。在此基础上，工资与劳动生产率之间的比例关系应基本稳定，工资和劳动生产率的增长速度应基本一致。

然而，观察 1978~2014 年我国人均劳动生产率增长率和实际工资增长率变化图（图10-1）可以发现：二者关系在1998年前后发生明显变化，后者在1998年前的多数年份都低于前者，而在 1998 年后绝大多数年份则超过前者。蔡昉（1999）、都阳和蔡昉（2004）等研究认为，我国城市部门在20世纪90年代中后期才有了实质性的市场化改革措施，而在之前的计划经济年代，政府为实现并不具有比较优势的重工业优先发展的赶超型战略而采用"高积累、低工资"制度，这是导致工资增长慢于劳动生产率的根本原因。同时，赵耀辉和李实（2002）等研究认为，在政府对工资进行管制的背景下，企业会通过发放实物工资来规避工资管制的策略。1998 年后，伴随着劳动力市场化进程的加快，企业为职工支付的实物性福利补贴逐步取消，我国工资增长在最初几年开始补偿性地加快，其增长速度高出劳动生产率不少，但此后的工资增长并没有回归到与劳动生产率增长基本同步的水平上，而是呈现出持续的、轻微的超劳动生产率增长的态势。这种态势不仅和我国低劳动力成本优势的历史情况不符，也和经济理论相悖，有必要深入挖掘其背后的故事，揭示其产生的深刻原因。

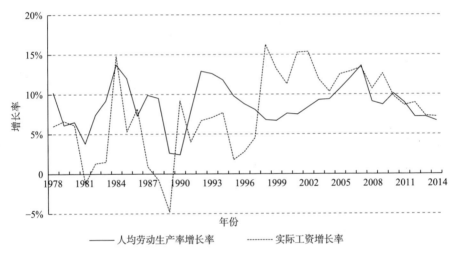

图 10-1　1978~2014 年我国人均劳动生产率增长率和实际工资增长率变化图

劳动生产率采用的是人均形式，而非常见的劳均形式，这么做的原因是，二者高度相关且人均形式相对容易获得。实际工资是指经 CPI（consumer price index，消费者物价指数）平减后城镇非私营单位就业人员年平均工资

与全国性的、统一的竞争性产品市场不同，我国劳动力市场存在城乡、地区和行业分割，这明显违背了完美市场假设。正因为如此，相关文献更多地立足于新古典理论，要么分析验证工资增长与劳动生产率增长的一致性，要么分析揭示工资相对于边际劳动生产率的扭曲问题。就前者而言，丁元（2007）通过脉冲响应分析后发现，广东省劳动生产率是工资增长的内生决定性因素，工资会随劳动生产率的提高而有效提高。宁光杰（2007）研究发现工资变化与劳动生产率增长之间的联系逐渐增强。王宏（2014）则发现工资中长期增长趋势与劳动生产率接近，但二者关系存在地区差异。宋晶和李会敏（2014）则发现，工资黏性、地区生产总值和劳动生产率是影响工业企业工资增长的主要因素。就后者而言，大量学者对工资和边际劳动生产率的扭曲方向及程度进行测算（邵敏和包群，2012；

张军和刘晓峰，2012；杨振兵和张诚，2015；王宁和史晋川，2015），无一例外地显示出我国工资水平存在向下扭曲，即工资水平低于边际劳动生产率。与此同时，部分研究从劳动力供求均衡角度并结合改革转型特征，分析了我国工资增长的独特决定因素。蔡昉等（蔡昉和都阳，2011；蔡昉，2012）认为工资的快速增长与刘易斯转折点到来导致的劳动供给下降直接相关；丁守海（2011）从家庭分工视角分析认为，当前的工资上涨并非由劳动力枯竭所导致，而是由于家庭分工约束导致劳动剩余下的供给不足；徐清（2012）认为劳动力供给增长无法跟上持续的高投资引致的劳动力需求增长，进而促进城市工资加速上涨。虽然上述单一结构因素分析可以部分解释当前工资增长，且有很好的启发性，但与我国转型相伴的是多维结构变化，并且各结构变化之间存在较强关联，因此，仅靠单一因素结构分析无法完整阐释我国工资超劳动生产率增长的长期存在逻辑。

本章首先纳入相对生产率、劳动力供给、劳动力转移、投资规模占比与投资结构三类五大结构因素，搭建工资与劳动生产率的非一致性变动的结构分析框架，然后采集1998~2014年我国31个省（区、市，不含港、澳、台）数据构建省份面板模型，从全国和地区两个层面定量揭示工资增长率超过劳动生产率增长率背后的结构诱因及其驱动机理。与已有文献相比，本章的主要贡献如下：①已有研究更多地立足于论证我国工资和劳动生产率增长的一致性，而本章则立足于论证我国工资和劳动生产率增长的非一致性，并从结构变动角度来阐释这种非一致性的存在逻辑。②本章采集囊括多维结构变动因素在内的省份数据构建面板模型进行分析，不但可以从全国层面上揭示我国工资长期超劳动生产率增长的结构诱因，而且可以剖析这些结构诱因在地区作用表现上的差异。

10.2　工资与劳动生产率非一致性变动的结构分析框架

10.2.1　工资与劳动生产率非一致性变动的基本模型

假定生产函数是 C-D 形式，且技术进步是 Hicks 中性的，则有

$$Y = F(L,K) = AL^{\alpha}K^{\beta} \tag{10-1}$$

其中，Y 为产出；A 为技术进步；L 为劳动投入；K 为资本投入；α 和 β 分别为劳动和资本的产出弹性。在完全竞争条件下，劳动的实际价格（工资水平）由劳动的边际产出决定：

$$w = \mathrm{MP}_L = A\alpha L^{\alpha-1}K^{\beta} = \alpha Y/L = \alpha y \qquad (10\text{-}2)$$

其中，w 为工资水平；MP_L 和 y 分别为边际产出和劳动生产率。

在趋于均衡的经济体中，劳动的产出弹性系数（收入份额）基本保持不变，表明工资与劳动生产率是同比例变动的，即两者的增长应该具有一致性。

10.2.2 工资与劳动生产率非一致性变动的结构诱因及作用机理

工资与劳动生产率一致增长结论的得出是需要严格的近似于完美的市场条件。然而，对于我国这样一个处于市场化改革和结构转型进程中的国家，一些结构冲击因素会引致工资与劳动生产率非一致增长，突出表现在两个方面三个类别，具体如下：一方面，劳动生产率行业差异与工资水平行业趋同之间的矛盾会引发全社会工资与劳动生产率的非一致增长。在我国，各个行业间存在较大的劳动生产率差异，而劳动力要素潜在的流动性迫使低劳动生产率行业尽可能提高工资以留住劳动力，因而高劳动生产率行业向低劳动生产率行业"工资溢出"，进而导致工资水平出现行业趋同。由于全社会的劳动生产率是高劳动生产率行业与低劳动生产率行业的加权平均，劳动生产率行业差异与工资水平行业趋同之间的矛盾必然引发全社会平均工资与劳动生产率之间的增长差异，进而使得在行业部门层面可能成立的工资与劳动生产率一致增长结论在全社会加总层面不一定成立。另一方面，投入要素供给和需求状况的变化也会引发劳动的供需不均衡以及要素边际产出递减，进而也会引致工资与劳动生产率之间的增长非一致性。在我国现阶段，这方面表现比较突出的因素有两类：一类是劳动力供给的减弱；另一类是资本要素投入对劳动力的引致需求的变动。

上述三类结构因素引致工资与劳动生产率非一致性变动的作用机理如下。

1. 相对生产率变动的巴萨效应

假定全社会中存在两类部门：生产能够进入国际贸易产品的可贸易部门和生产不能进入国际贸易产品的不可贸易部门。巴拉萨-萨缪尔森效应（Balassa-Samuelson effect，以下简称巴萨效应）假说认为，在追赶型经济体中，可贸易部门劳动生产率相对于不可贸易部门的快速提高将会引起不可贸易部门的工资及物价上涨，最终导致本国的实际汇率上升。该假说在第二次世界大战后的日本和德国得到验证。卢锋和刘鎏（2007）发现我国的两部门经济中，人民币汇率存在巴萨效应；王泽填和姚洋（2009）、王雪珂和姚洋（2013）采用跨国面板数据验证了结构转型对巴萨效应的抑制作用。

巴萨效应假说涉及一系列复杂的传递过程，且有严格假定条件。其中最核心的一步包括：在资本回报既定的条件下，可贸易部门相对于不可贸易部门劳动生产率的提高，导致可贸易部门工资水平的提高。若劳动力可以跨部门自由流动，那么工资的差别必然引起劳动力由低工资的不可贸易部门向高工资的可贸易部门流动，不可贸易部门为吸引劳动力而提高工资水平，进而导致全社会平均工资水平提高。本节将其称为产业部门间的"工资水平溢价"。

$$\frac{y_T}{y_N} \uparrow \xrightarrow{\quad w_T = w_N \quad} w \uparrow \tag{10-3}$$

其中，y_T 和 y_N 分别为可贸易部门与不可贸易部门劳动生产率；w_T 和 w_N 分别为可贸易部门与不可贸易部门平均工资；w 为全社会平均工资。

2. 劳动力供给冲击的效应

人口红利是我国改革开放以来经济快速增长的动力之一，而如今劳动适龄人口以及农村剩余劳动力两个层面的红利都在逐渐消失，劳动力供给冲击驱动了工资超增长。

1）劳动力供给总量下降带来的工资提升效应

作为劳动的价格反映，工资在短期是由劳动力市场的供需均衡决定的。在我国，均衡工资的达成发生在城镇劳动力市场上。我国的计划生育政策与改革开放政策几乎同步实施，计划生育人为地降低了被抚养人口占比，增加了总人口中的劳动力数量，但计划生育是一把双刃剑，出生率被压低意味着未来劳动力供给的减少，从而加速了老龄化速度。我国 15~64 岁人口比重和总量分别在 2010 年和 2013 年达到峰值后开始逐年下降，而这部分人群正是城镇劳动力供给的源泉。在需求不变时，劳动力供给数量的减小驱动了全社会工资水平的提高。

2）农村剩余劳动力存量减少带来的工资提升效应

改革开放以来，农村劳动生产率提高解放了农村的劳动力，生活水平低于城市的农村剩余劳动力向城市转移，进而压低了城市工资水平。但近些年来，农村剩余劳动力无限供给状态逐步结束，自 2003 年以来，沿海地区"民工荒"现象持续出现，国家统计局公布的农民工监测调查报告显示，自 2011 年以来农民工总量增速持续回落，这意味着能够向城镇转移的农村剩余劳动力存量减少；与此同时，"80 后"和"90 后"成为外出农民工中坚力量，与父辈追求生存的目的不同，年轻一代农民工更加注重生活的品质与尊严，进一步驱动了工资的超增长。

3. 资本投资冲击的效应

1）投资规模占比变动冲击的效应

中国经济依靠投资驱动的事实长期存在，尤其是 2008 年金融危机以后，一揽子经济刺激计划带来投资规模的急剧攀升。投资规模占比的扩大一方面促进企业引入新的设备提高劳动生产率来间接地提高工资水平。伴随投资规模占比的扩大，充足的劳动力供给可阻止资本报酬递减现象出现（蔡昉，2012），但在劳动力无限供给逐渐结束的背景下，投资回报率逐渐下降，产能过剩问题加剧。该问题不仅出现在传统行业，一些新兴行业（如太阳能行业）同样面临产能过剩，这意味着提高投资率并不能带来持续的劳动生产率和工资增长。另一方面，高投资拉动了劳动力需求，虽然在劳动力供给充足时并不会带来工资的大幅增长，但在人口红利逐渐消失时，由需求增加引致的工资超增长逐步明显；当然，资本与劳动之间也存在替代关系，在劳动力成本不断提高时，"招工难"会促使企业加大资本投入来购买自动化装备，进而降低对劳动力的需求，减小工资超增长压力。总体来看，投资规模占比变动对工资的影响与劳动力供给状态紧密相关。

2）投资结构变动冲击的效应

除投资规模外，投资结构也会对工资产生巨大的影响。按照投资的主体不同可以将投资划分为国有投资、民间投资以及外商（包括港澳台）投资[①]，其中，国有投资与民间投资在固定资产投资总额中占有绝对优势。

国有投资与民间投资主体面临的工资决定函数不同以及产业分工的差异会引致工资差距，具体来说，投资结构通过两种方式影响工资水平：第一，1990年中后期的企业改制中，国家重点发展上游垄断型国有企业，行政垄断企业员工的工资不再满足式（10-2）的表述，其工资不仅包含劳动的边际报酬，还包含一部分垄断利润，下游非国有企业的发展会提高上游国有企业垄断利润进而进一步提高国有企业工资水平（邓伟和叶林祥，2012）。第二，从产业分工来看，大型国有企业多为资本密集型企业，投资规模占比的扩大对劳动力需求的拉动小于以劳动密集型为主的非国有企业，因此，民间投资占比的扩大对工资的拉动比国有企业更为明显，从而提高整体的平均工资水平。总体来看，民间投资规模的扩大将驱动工资超增长。

根据以上分析，可以得到本章的分析框架，如图 10-2 所示。

---

① 外商投资与其他类型的私人投资有着许多不同，通常在负税方面享受区别待遇，本章暂不考虑此类经济类型的投资。

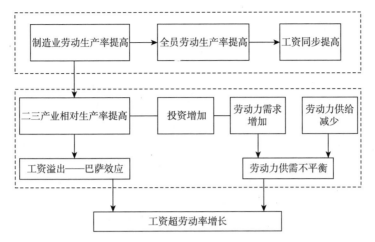

图 10-2　工资与劳动生产率非一致性变动分析框架

10.3　省份面板模型和变量数据说明

10.3.1　省份面板模型说明

为反映劳动生产率与工资之间的长期关系，对式（10-2）两侧取对数可得

$$\ln w = \ln \alpha + \ln y \tag{10-4}$$

进一步构建如下的省份面板数据模型：

$$\ln w_{i,t} = \beta_0 + \beta_1 \ln y_{i,t-1} + \alpha_i + u_t + \varepsilon_{i,t} \tag{10-5}$$

其中，i 为省份；t 为时间；α_i 为省份 i 的个体效应；u_t 为时间效应；$\varepsilon_{i,t}$ 为残差项。该模型既可以控制不随时间变动的个体效应，也可以控制一些随个体不变的时间效应，这样的回归结果更加可靠。

出于数据连续性考虑，被解释变量的工资水平选择"城镇单位就业人员平均工资"作为代理变量，具体采用对数形式（即 $\ln w_{i,t}$）；解释变量选择人均实际GDP 作为代理变量，工资和劳动生产率采用对数形式以纠正分布的非对称性，考虑到工资调整的滞后性以及工资与劳动生产率之间可能的反向因果，解释变量采用现有研究的常见做法（赵伟和隋月红，2015），即滞后一期的对数形式 $\ln y_{i,t-1}$，以减弱反向因果导致的内生性；回归系数 β_1 的含义是工资对劳动生产率的弹性系数，即劳动生产率提高 1%后导致工资提高的百分比例。

为了考察结构因素对劳动工资的影响，这里在基准面板数据模型基础上纳入结构因素及控制变量，其形式如下：

$$\ln w_{i,t} = \beta_0 + \beta_1 \ln y_{i,t-1} + \Gamma Z_{i,t-1} + \gamma \mathrm{edu}_{i,t-1} + \alpha_i + u_t + \varepsilon_{i,t} \qquad (10\text{-}6)$$

与劳动生产率类似，结构因素和控制变量也均采用一阶滞后形式以减弱反向因果导致的内生性偏误，即 $Z_{i,t-1}$ 和 $\mathrm{edu}_{i,t-1}$。

鉴于我国结构转型的渐进性，为反映结构因素和劳动生产率对工资影响随时间推移的变动趋势，我们在式（10-6）的基础上分别加入结构因素与时间的交乘项以及劳动生产率与时间的交乘项，分别得到式（10-7）和式（10-8）。

$$\ln w_{i,t} = \beta_0 + \beta_1 \ln y_{i,t-1} + \beta_2^m \left(Z_{i,t-1}^m \times t \right) + \Gamma Z_{i,t-1} + \gamma \mathrm{edu}_{i,t-1} + \alpha_i + u_t + \varepsilon_{i,t} \qquad (10\text{-}7)$$

其中，$Z_{i,t-1}^m$ 表示第 m 个结构因素，若 β_2^m 是其对应的时间交乘项系数，Γ^m 为第 m 个结构因素的估计系数，若 β_2^m 显著并且符号与 Γ^m 一致，表明第 m 个结构因素对工资超增长的影响逐步加强；若二者符号相反，则表明该结构因素的影响逐步减弱，由 β_2^m / Γ^m 可以得到结构因素对工资影响方向发生逆转的具体时间；第 t 年结构因素影响工资的系数应为 $\Gamma^m + \beta_2^m \times t$。

$$\ln w_{i,t} = \beta_0 + \beta_1 \ln y_{i,t-1} + \beta_3 \left(\ln y_{i,t-1} \times t \right) + \Gamma Z_{i,t-1} + \gamma \mathrm{edu}_{i,t-1} + \alpha_i + u_t + \varepsilon_{i,t} \qquad (10\text{-}8)$$

其中，β_3 的符号解释与 β_2 类似。

借助于豪斯曼检验，同时考虑到每个省份存在不随时间而变的遗漏变量，本章采用固定效应模型对模型进行估计，这也是省份面板数据模型的常用估计方法。

10.3.2 结构因素的变量选择说明

根据前述相关理论，本章的结构因素依次选择反映巴萨效应工资传导机制的相对生产率变量、劳动力供给与劳动力转移冲击变量、投资规模占比与投资结构变量。

1. 相对生产率变量

参考卢锋和刘鎏（2007）、王泽填和姚洋（2009）的做法，本章将可贸易部门与不可贸易部门的相对生产率（rprod）作为检验追赶型经济体巴萨效应的代理变量，具体采用对数形式。通常认为制造业和服务业是最接近可贸易与不可贸易部门定义的行业，但受制于省份制造业的不连续性，本章选择第二产业代表可贸易部门；根据巴萨效应，如果第三产业工资上涨而劳动生产率未能同步提高，则会导致第三产业价格上升。发达国家"名义产出中服务业份额的增长应归结于服务业与制造业劳动生产率增长的不平衡对服务相对价格的影响"。类似现象也出现在国家统计局公布的以不变价格和当年价格计算的第三

产业增加值贡献率中[①]，因此本章采用实际相对生产率来作为巴萨效应的代理变量，具体表示为

$$相对生产率(rprod) = \frac{第二产业实际增加值/第二产业就业人数}{第三产业实际增加值/第三产业就业人数} \quad (10\text{-}9)$$

2. 劳动力供给与劳动力转移冲击变量

劳动力供给（labor）用劳动适龄人口占比来衡量，具体为 16~64 岁人口在总人口中的占比，劳动适龄人口占比越高，表明直接的劳动供给越充足。

劳动力转移（urban）用城镇化水平来衡量，即城镇常住人口在总人口中的占比，城镇化水平越高，表明本地区劳动力转移程度越高，农村剩余劳动力越少。

3. 投资规模占比与投资结构变量

投资规模占比（invrt）用固定资产投资完成额在 GDP 中的占比来衡量，投资规模占比反映一个社会或地区对资本的依赖程度。其中固定资产投资完成额的名义值通过固定资产投资价格指数平减得到实际量[②]，GDP 的实际值则是通过 GDP 指数获得。

投资结构（invstr）采用民间投资占比作为代理变量，用全社会固定资产投资减去国有经济投资、港澳台投资、外商投资作为民间投资，由于港澳台投资、外商投资与其他私人投资不同，享受的政策待遇、税负等方面差异较大，民间投资不包括这两种类型的投资（余靖雯等，2013）。

此外，基于舒尔茨的人力资本理论和明瑟收入方程可知，个人受教育水平提升或人力资本积累可以提高劳动技能与专业技术水平，进而提高个人收入水平。我国自 1999 年开始的大学扩招极大地提高了高等教育人口的数量，通过提升劳动生产率进而提高工资水平。唐茂华（2007）指出，教育水平整体提高也带来劳动力市场"金字塔"形结构的上移，在对低技能劳动力需求增加的同时，低技能劳动的供给相对减少，带来低技能劳动者工资水平的上升。本章采用 6 岁及以上人口中大专及以上学历人口占比作为教育水平（edu）的代理变量，该变量值越大，表明相应的人力资本水平越高。

10.3.3　样本数据说明

本章基于 1998~2014 年 31 个省（区、市，不含港、澳、台）数据样本进行分

---

① 以不变价格计算的第三产业增加值贡献率低于当年价格计算的第三产业增加值贡献率。

② 由于本章搜集数据自 1996 年开始较为完整，所以涉及实际值时均为 1996 年不变价的实际值。

析。其中，民间投资数据来源于各年份《中国统计年鉴》和《中国固定资产投资统计年鉴》，其他数据来源于CEIC数据库和中经网数据库。本章之所以选择1998年作为样本起点有两方面考虑：一是20世纪90年代后期城镇劳动力市场经历了企业改革的冲击，国有企业和集体企业私有化，大量工人下岗，这次冲击对工资产生了巨大影响；二是现行的社保制度也始于1998年，考虑到省份数据可得性的限制，选择1998年作为开端显然更为合适。回归变量的统计描述如表10-1所示。

表 10-1　回归变量的统计描述

变量	变量含义	均值	标准差	最小值	最大值	样本量
lnrwage	实际工资对数	9.661	0.636	8.426	11.159	589
lny	实际劳动生产率对数	9.417	0.760	7.625	11.330	589
lnrprod	相对生产率对数	0.614	0.329	−0.185	1.756	589
invrt	投资规模占比	0.529	0.238	0.224	1.609	589
invstr	投资结构	0.512	0.161	0.038	0.872	589
labor	劳动力供给	0.718	0.046	0.604	1.152	589
urban	劳动力转移	0.456	0.163	0.184	0.896	589
edu	教育水平	0.072	0.057	0.001	0.412	589

10.4　省份面板模型在全国层面的估计分析

10.4.1　结构因素和劳动生产率对工资影响的估计分析

首先在结构因素纳入前对式（10-5）进行估计，得到的结果见表 10-2 第（1）列。可以看出：工资对劳动生产率的弹性系数为 0.303，表明劳动生产率提高 1%导致工资增长 0.303%。

表 10-2　全国层面的劳动生产率、结构因素与工资增长

变量	（1）	（2）	（3）	（4）	（5）	（6）	（7）	（8）
L.lny	0.303*** （6.192）	0.178*** （4.289）	0.164*** （2.972）	0.185*** （4.094）	0.123*** （2.802）	0.133*** （3.007）	0.176*** （4.092）	0.164*** （4.017）
L.lnrprod		0.069*** （3.587）	0.070*** （3.538）	0.082* （1.947）	0.070*** （3.438）	0.078*** （3.718）	0.068*** （3.496）	0.060*** （3.058）
L.invrt		0.131*** （3.117）	0.143*** （3.024）	0.133*** （3.241）	0.581*** （5.220）	0.166*** （3.771）	0.136*** （3.181）	0.225*** （4.820）
L.invstr		0.205*** （3.706）	0.199*** （3.423）	0.203*** （3.640）	0.190*** （3.532）	−0.092 （−1.013）	0.200*** （3.534）	0.144*** （2.608）

续表

变量	（1）	（2）	（3）	（4）	（5）	（6）	（7）	（8）
L.labor		-0.224^* （-1.965）	-0.226^* （-1.945）	-0.227^{**} （-1.992）	-0.125 （-1.372）	-0.035 （-0.385）	-0.300 （-1.448）	-0.258^* （-1.879）
L.urban		0.213^{***} （3.318）	0.208^{***} （3.277）	0.204^{***} （2.743）	0.184^{***} （3.565）	0.135^{***} （2.886）	0.212^{***} （3.307）	0.019 （0.307）
L.edu		0.789^{***} （3.805）	0.735^{***} （2.959）	0.776^{***} （3.528）	1.010^{***} （4.635）	0.862^{***} （4.042）	0.751^{***} （3.387）	0.120 （0.460）
L.lny $\times t$		0.001 （0.433）						
L.lnrprod $\times t$			-0.001 （-0.389）					
L.invrt $\times t$				-0.029^{***} （-4.221）				
L.invstr $\times t$					0.031^{***} （3.934）			
L.labor $\times t$						0.009 （0.435）		
L.urban $\times t$								0.030^{***} （3.902）
时间效应	是	是	是	是	是	是	是	是
个体效应	是	是	是	是	是	是	是	是
常数项	6.555^{***} （14.021）	7.459^{***} （18.947）	7.586^{***} （14.856）	7.404^{***} （17.831）	7.729^{***} （19.556）	7.842^{***} （18.990）	7.531^{***} （16.738）	7.767^{***} （19.626）
样本量/个	527	527	527	527	527	527	527	527
调整 R^2	0.986	0.989	0.989	0.989	0.990	0.989	0.989	0.989

*、**、***分别代表 10%、5%、1%的显著性水平（下同）

注：L.lny 表示 lny 的滞后一期，其他变量同理。括号中的数字为稳健标准误对应的 t 值

其次在纳入结构因素后对式（10-6）进行估计，得到的结果见表 10-2 第（2）列。可以看出：工资对劳动生产率的弹性系数下降到 0.178，幅度在 40%以上。同时，三类五大结构因素均显著影响工资水平，表明结构因素极大地驱动了我国工资水平的超劳动生产率增长。

第一，从相对生产率来看，工资对相对生产率的弹性系数为 0.069，并且在 1%显著性水平下显著，表明可贸易部门劳动生产率相对于不可贸易部门每提高 1 个百分点可驱动全国平均工资超增长 0.069%，说明以"工资水平溢价"为核心的巴萨效应工资传导机制在全国层面成立，同时也意味着城镇劳动力至少在二三产业之间可以相对自由流动，第三产业正在取代第一产业成为城镇劳动力的"蓄水池"。

第二，从投资角度看，投资规模占比扩大 1 个百分点可以带来工资超增长

0.131%，而民间投资占比扩大 1%则可以驱动工资超增长 0.205%，这表明投资结构对工资的影响高于投资规模占比。其原因如下：民间投资占比扩大一方面会增加劳动力需求，另一方面会提高上游垄断企业的垄断利润。

第三，从劳动力供给来看，劳动适龄人口占比每减小 1 个百分点，能够驱动工资超增长 0.224%，我国劳动适龄人口占比在 2010 年达到峰值 74.5%，截至2014 年时下降到了 73.4%，下降了 1.1 个百分点，由此计算可得造成工资超增长0.25%。从劳动力转移程度来看，城镇化水平每提高 1 个百分点能够驱动工资超增长 0.213%，而我国城镇化水平的增速远高于劳动适龄人口占比的变动，从1998 年的 33.35%迅速上升到 2014 年的 54.77%。换句话说，1998~2014 年城镇化水平的提高累计可以解释 4.6%的工资超增长。

第四，除结构因素外，控制变量的人力资本的提高对提高工资水平的效果最为明显，大专及以上人口占比每提高 1 个百分点，可以导致平均工资水平增长0.789%，表明人力资本积累也是引致工资超增长的一大因素。

10.4.2　结构因素和劳动生产率对工资影响的变动趋势分析

结构因素和劳动生产率对工资的影响并非一成不变。为考察二者对工资影响随时间的变动趋势，借助式（10-7）和式（10-8）得到如表 10-2 第（3）~（8）列所示的回归结果。可以看出：

首先，相对生产率与时间交叉项系数为-0.001，经济意义很小，且统计意义上不显著，这表明相对生产率对工资的驱动影响在样本期内具有稳定性。与相对生产率类似，劳动生产率对工资的影响在样本期内也保持相对稳定。

其次，从促进劳动力需求的投资视角来看，加入投资规模占比与时间的交乘项后，投资规模占比的低次项系数增大到 0.581，而投资规模占比与时间的交乘项系数为-0.029，在 1%水平上显著，这表明在 1998~2014 年，投资规模占比扩大对工资超增长的拉动效应是逐年递减的，而这可能是投资的就业效应在减小（徐清，2012）。从投资的内部结构来看，民间投资与时间的交乘项系数为正值，但民间投资的低次项系数变为负值，表明民间投资对工资收入的负向影响逐年减弱，由 β_1/β_2 可知，仅需要 3 年，即在 2001 年以后，民间投资对工资收入转为正向影响，并逐年增大。由 $(\beta_1+\beta_2)\times t$ 计算可知，在 2014 年，民间投资占比每扩大 1 个百分点可以带来工资超增长 0.403%。

最后，从劳动力供给来看，加入劳动适龄人口占比与时间的交乘项后，低次项的系数绝对值略有提高，但交乘项系数很小，并且在统计意义上不显著，表明劳动适龄人口占比对工资超增长的驱动力在近 20 年来保持稳定。与其形成对比的是，代表劳动力转移程度的城镇化水平对工资超增长的驱动力却在逐年递增。城镇化水平提高 1 个百分点，在 1998 年驱动工资超增长 0.019 个百分点，而在 2014 年驱动工资超增长 0.499 个百分点。劳动力转移程度越高，农村剩余劳动力数量越少，对工资超增长的驱动作用越大。

10.5　省份面板模型地区层面的估计分析

我国东中西部地区经济发展存在着很大的阶段差异，将 31 个省（区、市，不含港、澳、台）划分为三大地区①后借助式（10-5）和式（10-6）进行回归估计，得到的结果见表 10-3。

表 10-3　三大地区的劳动生产率、结构因素与工资增长

变量	（1）东部	（2）中部	（3）西部	（4）东部	（5）中部	（6）西部
L.ln$y$	−0.049 7 (−0.846 1)	0.166 4 (1.045 8)	0.548 2*** (10.283 5)	−0.252 5*** (−3.753 6)	0.045 5 (0.325 4)	0.443 5*** (7.747 3)
L.lnrprod				0.149 4*** (4.661 0)	−0.136 4*** (−3.734 3)	−0.001 4 (−0.048 5)
L.invrt				0.084 3 (1.195 2)	0.321 3*** (4.034 0)	0.186 9*** (2.621 0)
L.invstr				0.145 7** (1.983 1)	0.111 1 (1.168 3)	0.067 3 (0.595 9)
L.labor				−0.921 2*** (−3.175 3)	0.209 0 (1.595 0)	−1.053 0*** (−3.220 3)
L.urban				0.430 2*** (3.402 0)	0.253 8 (1.239 4)	0.151 2** (2.158 8)
L.edu				0.180 9 (0.824 0)	0.999 5* (1.816 9)	1.343 5* (1.759 3)
时间效应	是	是	是	是	是	是
个体效应	是	是	是	是	是	是
常数项	9.922 5*** (17.933 6)	7.283 0*** (5.417 5)	3.913 0*** (8.381 0)	12.094 1*** (19.786 7)	7.925 1*** (6.725 4)	5.376 9*** (10.289 2)
样本量/个	187	136	204	187	136	204
调整 R^2	0.988 1	0.990 1	0.983 7	0.994 1	0.993 0	0.985 3

---

① 东部地区包括北京、天津、河北、辽宁、上海、山东、江苏、浙江、福建、广东、海南，共 11 个省（市）；中部地区包括山西、吉林、黑龙江、安徽、江西、河南、湖北、湖南，共 8 个省；西部地区包括内蒙古、广西、重庆、四川、贵州、云南、西藏、陕西、甘肃、青海、宁夏和新疆，共 12 个省（区、市）。

10.5.1　东部地区省份面板模型的估计分析

在结构因素纳入前的表 10-3 第（1）列估计结果显示，东部地区劳动生产率与平均工资水平的联系在统计意义上并不显著。在纳入结构因素变量后基于式（10-6）的估计结果见表 10-3 第（4）列，东部地区工资对劳动生产率的弹性进一步下降到-0.252 5，这意味着劳动生产率提高对工资呈现显著的负向影响，这从侧面说明东部地区工资增长更多地表现为结构因素驱动的超增长。

从具体结构因素的估计结果看，东部地区平均工资对第二产业与第三产业相对生产率的弹性高达 0.149 4，即可贸易部门劳动生产率相对于不可贸易部门提高 1%可驱动工资超增长 0.149 4%，是全国水平的 2 倍。从投资角度来看，投资规模占比的扩大对东部地区没有显著影响，但民间投资占比扩大 1 个百分点，可驱动工资超增长 0.149 4 个百分点，这表明投资结构比投资规模占比对东部地区的驱动力更大，但仍然低于全国平均水平。从劳动力供给来看，劳动适龄人口占比的回归系数为-0.921 2，是全国平均水平的 4 倍以上，城镇化水平估计系数是全国水平的 2 倍，表明东部地区的潜在劳动力供给不足程度要高于全国平均水平。

总之，相对生产率提高带来的巴萨效应以及潜在劳动供给总量的减少、劳动力转移程度加深是驱动东部地区工资超增长的结构诱因。

10.5.2　中部地区省份面板模型的估计分析

在结构因素纳入前的表 10-3 第（2）列估计结果中，中部地区工资对劳动生产率的弹性为 0.166 4，约为全国水平的一半；在纳入结构因素变量后的表 10-3 第（5）列估计结果中，中部地区工资对劳动生产率的弹性下降了 73%，仅为 0.045 5，并且在统计意义上不显著，这说明劳动生产率提高对中部地区工资上涨的解释力度很弱。

从具体结构因素的估计结果看，与预期不同的是，巴萨效应的工资传导机制在中部并不成立，符号甚至相反，意味着中部地区第二产业劳动生产率相对于第三产业提高并不能驱动工资超增长。从投资角度看，从回归系数大小来看，投资规模占比提高 1 个百分点可驱动工资超增长 0.321 3 个百分点，是全国平均水平的 2.5 倍，民间投资占比的 3 倍；从显著性上来看，中部地区投资规模占比在 1%水平上显著，民间投资占比估计系数在统计意义上不显著，这意味着：投资规模占比扩大极大地驱动了中部地区工资的超增长，也拉高了全国范围内投资规模占比对工资水平的影响力。从劳动供给角度看，无论是劳动力供给还是劳动力转移对工资超增长均无显著影响。

总之，投资规模占比扩大引致的劳动力需求增加是中部地区工资超增长的结构诱因。

10.5.3 西部地区省份面板模型的估计分析

在结构因素纳入前的表10-3第（3）列估计结果中，西部地区工资对劳动生产率的弹性为0.548 2，高于全国平均水平的0.303；在纳入结构因素变量后的表10-3第（5）列估计结果中，西部地区工资对劳动生产率弹性下降到 0.443 5，下降了19%，但变动幅度远小于东部和中部，这表明西部地区劳动生产率与工资之间关系更为紧密，结构因素对二者关系的扭曲最小。

从具体结构因素的估计结果看，西部相对生产率的系数并不显著，巴萨效应的工资传导机制在西部也不成立。从投资角度看，与中部地区类似，投资规模占比的影响高于投资结构。投资规模占比扩大 1 个百分点导致工资超增长 0.186 9个百分点，但民间投资占比的提高对工资超增长的驱动作用很微弱，且在统计意义上不显著。从劳动供给来看，西部地区已经受到潜在劳动力供给下降的影响，劳动适龄人口每下降1个百分点，将导致工资水平超增长0.053 0个百分点；城镇化水平每提高 1 个百分点，可以导致工资水平超增长0.151 2个百分点，表明劳动适龄人口占比下降比劳动力转移程度加深对工资超增长的驱动作用更大。

总之，尽管西部地区工资也受到了投资规模占比、劳动力供给及劳动力转移等结构因素的显著驱动，但与劳动生产率提高带来的正常增长相比，这些驱动作用带来的超增长要小得多。

10.5.4 对结构因素估计结果地区差异的进一步讨论

前面仅从地区内部分析了省份面板数据模型的估计结果，仍需要进一步讨论结构因素估计结果的地区差异。

1. 相对生产率估计系数的地区差异

巴萨效应工资传导机制仅在东部地区成立，而在中西部地区不成立，可能原因如下：

第一，过大的农村剩余劳动力规模会抑制工资水平的超增长，王泽填和姚洋（2009）通过对 184 个经济体的面板数据研究发现，当可贸易部门的劳动生产率提高时，农村剩余劳动力的进入会抑制工资的超增长，进而导致巴萨效应的工资传导机制减弱。王雪珂和姚洋（2013）发现，当城镇化水平不足 0.5 时，巴萨效应将会完全消失甚至相反。从我国三大地区城镇化水平变化图（图10-3）可知，东部地区城镇化水平早在 2005 年就超过了 0.5，中部地区城镇化水平在 2014 年才超过 0.5，西部地区的城镇化水平截至 2014 年仍然在 0.5 以内，也在一定程度上印证了东部巴萨效应工资传导机制与中西部不同的研究结论。

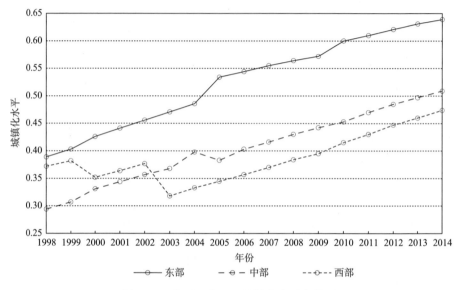

图 10-3　我国三大地区城镇化水平变化图

根据 CEIC 数据库的省份数据加权计算得到

第二，劳动力市场分割（包括城乡分割、行业分割等）会抑制巴萨效应工资机制的传导。蒙大斌和杨振兵（2016）发现，中西部地区的劳动力市场分割程度高于东部地区，而劳动力市场分割从两个渠道抑制工资的提升：一方面，吴愈晓（2011）研究发现，低学历劳动者工资提升依赖于职业流动，而劳动力市场分割会降低低学历劳动者的职业流动，进而抑制工资的提升；另一方面，劳动力市场分割导致工业部门劳动力供给相对过剩（付文林和赵永辉，2014），进而抑制工业部门工资水平的提升。两个渠道的综合作用不但抑制了中西部第二产业内部工资的上涨，而且抑制了产业间的"工资水平溢出"，进而阻碍了巴萨效应工资机制在由东部地区向中西部地区的传导。

2. 投资规模占比与投资结构估计系数的地区差异

从投资规模占比的回归系数来看，投资规模占比扩大对工资超增长的驱动作用大小关系为中部>西部>东部，这与改革开放以来我国不同时期实施的区域发展战略密切相关。从图 10-4 中三大地区投资规模占比变动看，自 20 世纪 80 年代沿海地区逐步开放开始，东部沿海地区投资规模占比在不断扩大，直到 2000 年，东部投资规模占比仍高于中西部地区；中央政府自 2000 年、2003 年和 2004 年分别开始施行"西部大开发"、"振兴东北老工业基地"及"中部崛起"战略，西部和中部地区的投资规模占比分别在 2001 年和 2004 年开始大幅提高。1998~2014年，东部、中部和西部投资规模占比分别扩大了 73.76%、185.61% 和 178.80%，投资规模占比的迅速扩大对就业的拉动效应明显，但随着投资规模占比扩大的持续，其产生的就业效应不可持续（徐清，2012），进而对工资水平的影响效应在递减，这与全国范围内投资规模占比驱动影响逐年递减的结论完全一致。

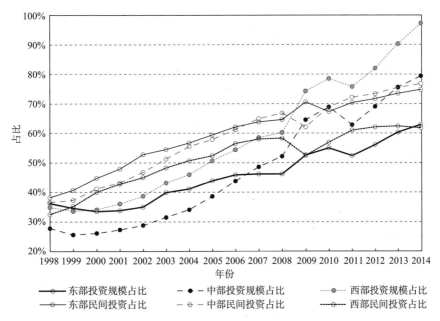

图 10-4　我国三大地区投资规模占比与民间投资占比变化图

根据 CEIC 数据库的省份数据加权计算得到

　　此外，中西部投资的对象存在差异，"西部大开发"的基础阶段重点在于提高西部的基础设施水平，而中部地区的投资重点则是关注优势产业的结构调整、提高自主创新能力，尤其是原有的以工业为主的省份，投资偏向对劳动力需求更为直接的制造业，因此投资对中部工资的提升更为明显。

　　从图 10-4 中民间投资占比走势来看，东部沿海地区劳动力成本的提高，导致企业向中西部转移，虽然近年来东部和中部的民间投资占比相当，高于西部地区 10 个百分点以上，但东部地区更加完善的制度环境、基础设施建设以及更高民间投资效率创造了更多的劳动力需求，使得民间投资占比对工资水平提高的大小随东、中、西部依次递减，仅在东部地区统计显著。

3. 劳动力供给与劳动力转移估计系数的地区差异

以劳动适龄人口占比代表的劳动力供给对东部和西部工资超增长的驱动作用较为显著，但对中部地区工资超增长的驱动作用不够显著。由于东中西部的劳动适龄人口占比相当，因此劳动适龄人口占比的大小无法解释影响力的地区差异，那么导致驱动作用存在地区差异的可能原因如下：相对于劳动力需求而言，中部的劳动力供给相对充足，这可以从农民工流动方向上得以说明。表 10-4 为 2008~2014 年输出地农民工跨省流动比例。可以发现，东部地区以省内流动为主，中西部地区以跨省流动为主，全国合计的农民工跨省流动比例在呈递减趋势，到 2011 年已经开始下降到一半以下，而中部地区农民工跨省流动比例在三个地区中最高，仍保持在 60% 以上。2013 年全国农民工监测数据显示，中部跨省流动农民工中有 89.9% 流向东部[①]，成为东部地区外来农民工的主要来源。农民工跨省流动就业的原因如下：一方面，本省提供的就业机会少，农民工难以找到匹配的工作；另一方面，东部地区劳动力短缺，提供更高工资或福利水平以吸引外来农民工。劳动适龄人口占比对工资的影响在全国范围内随时间保持稳定，表明当前劳动力供给缺乏是结构性的，主要在东部和西部部分区域凸显，而对中部影响不大，因此，促进劳动力跨地区的自由流动有助于减缓工资过快增长。

表 10-4　2008~2014 年输出地农民工跨省流动比例

年份	东部	中部	西部	合计
2008	20.3%	71.0%	63.0%	51.8%
2009	20.4%	69.4%	59.1%	51.2%
2010	19.7%	69.1%	56.9%	50.3%
2011	16.6%	67.2%	57.0%	47.1%
2012	16.3%	66.2%	56.6%	46.8%
2013	17.9%	62.5%	54.1%	46.6%
2014	18.3%	62.8%	53.9%	46.8%

资料来源：国家统计局 2008~2014 年《全国农民工监测调查报告》

以城镇化水平代表的劳动力转移程度对工资超增长的驱动作用大小关系如下：东部>中部>西部，与城镇化水平大小排序一致。这说明城镇化水平越高，农村剩余劳动力数量越少，城镇化水平对工资超增长的驱动作用就越大。随着地

---

① 仅 2013 年的《全国农民工监测调查报告》公布了相应数据。

区城镇化水平的上升，城镇化对工资超增长的驱动作用逐年递增。剩余劳动力的减少对工资上涨的驱动不再是结构性的，而是全国范围内普遍存在的，且影响逐年加深。

10.6　估计结果的稳健性分析

考虑到实证估计结果稳健性方面可能存在的问题，本节从如下三个方面进行相关讨论。

10.6.1　更换核心变量代理变量的稳健性检验

1. 不同劳动生产率代理变量的检验

不同劳动生产率的测度方法可能对本章的计量结果产生影响，基准模型中本章采用了人均 GDP 作为劳动生产率的代理变量，与以"城镇单位就业人员平均工资"表示的工资水平的统计口径不一致，本节进一步采用二三产业的劳均生产率作为劳动生产率的代理变量，主要是由于第二产业和第三产业集中在城镇中，与以城镇单位就业人员平均工资的统计口径更加接近，在全国层面和分地区层面的回归结果如表 10-5 所示。从表 10-5 的计量结果来看，参数大小以及显著性水平与表 10-2 和表 10-3 相近，说明不同劳动生产率的测度方法对结果的影响并不明显。

表 10-5　二三产业劳动生产率作为代理变量的回归结果

变量	全国	东部	中部	西部
L.lny	$0.124\,5^{***}$ $(4.346\,6)$	$-0.138\,2^{**}$ $(-2.524\,0)$	$0.033\,0$ $(0.516\,7)$	$0.207\,4^{***}$ $(5.947\,4)$
L.lnrprod	$0.050\,2^{**}$ $(2.504\,0)$	$0.194\,2^{***}$ $(6.451\,0)$	$-0.138\,9^{***}$ $(-3.969\,4)$	$-0.006\,2$ $(-0.187\,7)$
L.invrt	$0.146\,7^{***}$ $(3.543\,6)$	$0.009\,8$ $(0.144\,8)$	$0.328\,3^{***}$ $(3.938\,1)$	$0.207\,2^{**}$ $(2.557\,2)$
L.invstr	$0.185\,7^{***}$ $(3.374\,3)$	$0.148\,5^{**}$ $(1.980\,8)$	$0.100\,8$ $(1.001\,2)$	$0.003\,9$ $(0.036\,6)$
L.labor	$-0.166\,1^{*}$ $(-1.842\,8)$	$-1.005\,2^{***}$ $(-3.473\,7)$	$0.203\,7$ $(1.623\,7)$	$-0.304\,2$ $(-0.925\,2)$
L.urban	$0.228\,3^{***}$ $(3.926\,0)$	$0.365\,3^{***}$ $(2.878\,7)$	$0.278\,9$ $(1.398\,7)$	$0.158\,2^{**}$ $(2.405\,6)$
L.edu	$0.778\,7^{***}$ $(3.877\,2)$	$0.148\,2$ $(0.677\,4)$	$0.966\,7^{*}$ $(1.805\,7)$	$1.580\,2^{**}$ $(2.300\,5)$

续表

变量	全国	东部	中部	西部
时间效应	是	是	是	是
个体效应	是	是	是	是
常数项	8.972 8*** (91.412 7)	9.982 7*** (39.730 8)	8.290 9*** (76.132 6)	8.561 3*** (36.412 6)
样本量/个	527	187	136	204
调整 R^2	0.989 0	0.994 0	0.993 0	0.984 4

2. 采用劳均资本存量代替投资规模变量

为了简便计算，在前文中采用投资规模（固定资产投资完成额在 GDP 中的占比）来反映一个社会或地区对资本的依赖程度，但在 C-D 生产函数中，资本和劳动均为存量概念，因此本节继续采用劳均资本存量代替投资规模变量做进一步的检验。资本存量数据借鉴张军等（2004）的方法进一步估算到 2014 年（1952 年不变价），根据张军等（2004）给出的各省（区、市，不含港、澳、台）固定资产投资价格指数以及国家统计局公布的该价格指数，将资本存量折算为 1996 年不变价的资本存量，劳均资本存量根据"劳均资本存量=资本存量/就业人数"来获得，并取对数（变量名为 lncapit），估计结果见表 10-6，劳动生产率增长与工资增长之间的非一致性依然存在。

表 10-6　劳均资本存量代替投资规模的估计结果

变量	全国	东部	中部	西部
L.lny	0.294*** (4.277)	−0.058 (−0.684)	0.240 (1.303)	0.703*** (7.167)
L.lnrprod	0.088*** (4.596)	0.156*** (5.284)	−0.164*** (−4.214)	0.009 (0.323)
L.lncapit	−0.040 (−1.202)	−0.090* (−1.794)	−0.119*** (−2.699)	−0.158*** (−2.967)
L.invstr	0.258*** (4.426)	0.179** (2.306)	0.266*** (2.755)	0.237** (2.233)
L.labor	−0.187* (−1.786)	−1.195*** (−4.003)	0.122 (0.865)	−0.155 (−0.363)
L.urban	0.061 (1.339)	0.468*** (3.690)	0.518** (2.476)	−0.013 (−0.228)
L.edu	0.302* (1.657)	0.103 (0.542)	0.491 (0.850)	−0.224 (−0.348)
常数项	6.652*** (11.330)	10.622*** (14.755)	6.397*** (4.164)	2.731*** (3.194)
时间效应	是	是	是	是
个体效应	是	是	是	是
样本量/个	476	187	136	170
调整 R^2	0.990	0.994	0.992	0.989

10.6.2　《中华人民共和国劳动合同法》对工资与劳动生产率关系的影响

自 2008 年 1 月 1 日正式施行的《中华人民共和国劳动合同法》（以下简称《劳动合同法》）旨在保护劳动者的合法权益，规范劳动关系，可能促进了工资提高，尤其是最低工资水平提高进而提高整体平均工资。按照《劳动合同法》实施的年份构建一个虚拟变量 contract，未实施《劳动合同法》的年份（1998~2007年）contract=0，在实施了《劳动合同法》的年份（2008~2014 年）contract=1，作为控制变量加入模型中，回归结果如表 10-7 所示。发现《劳动合同法》显著提高了平均工资水平，但劳动生产率变量与经济结构变量除对工资的回归系数大小略有变动外，显著性水平保持稳定。

表 10-7　加入《劳动合同法》作为控制变量的回归结果

变量	全国	东部	中部	西部
L.lny	0.178*** （4.289）	−0.253*** （−3.754）	0.046 （0.325）	0.444*** （7.747）
L.lnrprod	0.069*** （3.587）	0.149*** （4.661）	−0.136*** （−3.734）	−0.001 （−0.048）
L.invrt	0.131*** （3.117）	0.084 （1.195）	0.321*** （4.034）	0.187*** （2.621）
L.invstr	0.205*** （3.706）	0.146** （1.983）	0.111 （1.168）	0.067 （0.596）
L.labor	−0.224* （−1.965）	−0.921*** （−3.175）	0.209 （1.595）	−1.053*** （−3.220）
L.urban	0.213*** （3.318）	0.430*** （3.402）	0.254 （1.239）	0.151** （2.159）
L.edu	0.789*** （3.805）	0.181 （0.824）	0.999* （1.817）	1.344* （1.759）
常数项	7.459*** （18.947）	12.094*** （19.787）	7.925*** （6.725）	5.377*** （10.289）
contract	1.116*** （14.930）	1.847*** （17.533）	1.375*** （5.984）	0.724*** （6.750）
时间效应	是	是	是	是
个体效应	是	是	是	是
样本量/个	527	187	136	204
调整 R^2	0.989	0.994	0.993	0.985

注：contract 是一个 0，1 的虚拟变量

10.6.3 劳动生产率对工资的非线性影响机制是否成立

劳动生产率对工资的影响跟地区有关，在东中西部之间回归系数劳动生产率系数变动较大（表 10-3），需要考虑是否存在劳动生产率对工资的非线性影响机制。这里在全国的模型估计式（10-5）和式（10-6）中分别引入劳动生产率的二次项加以检验，仍然采用双固定效应估计方法，得到二次项的估计系数分别为 0.001 和 −0.007，在 10% 的显著性水平下均为通过检验，这意味着：无论是否加入经济结构变量都无法识别劳动生产率对工资的非线性影响。当然，非线性影响的不显现也可能与研究数据时间段较短有关。

与现有研究结果比较发现，陆铭等（2015）同样发现东部地区劳动生产率对工资的影响并不显著（系数为负），中西部整体中劳动生产率对工资有显著的正向影响，与本章的结论基本一致。

10.7 本 章 小 结

在完美的假定条件下，工资应该等于边际劳动生产率，工资和劳动生产率的增长速度应该基本一致。然而，自 1998 年以来，我国实际工资增长率却呈现出持续超劳动生产率增长的态势。本章首先结合我国的转型背景纳入相对生产率、劳动力供给、劳动力转移、投资规模占比与投资结构三类五大结构因素，搭建工资与劳动生产率的非一致性变动分析框架，然后采集 1998~2014 年 31 个省（区、市，不含港、澳、台）数据构建省份面板模型，从全国和地区两个层面定量揭示工资超劳动生产率增长背后的结构诱因及其驱动机理。结果发现：

（1）从全国层面来看，工资对劳动生产率的弹性在纳入结构因素前后由 0.303 下降到 0.178，这说明结构因素极大地驱动了工资水平的超劳动生产率增长。具体从三类结构因素看，以"工资水平溢价"为核心的巴萨效应工资传导机制在全国层面成立；投资规模占比和民间投资占比每扩大 1 个百分点分别驱动工资超增长 0.131% 和 0.205%；劳动适龄人口占比每减少 1 个百分点和以城镇化水平代表的劳动力转移程度每提高 1 个百分点分别驱动工资超增长 0.224% 和 0.213%。加入时间维度考察后发现，劳动生产率对工资增长的作用随时间保持稳定，相对生产率和劳动适龄人口占比对工资超增长的驱动作用随时间保持稳定，民间投资占比、城镇化水平的驱动作用逐年增强，投资规模占比的驱动作用逐年减弱。

（2）分地区来看，结构因素对工资超增长的驱动作用大小与地区劳动生产率水平差异密切相关。劳动生产率水平越高的地区，结构因素对工资超增长的驱动作用越强，劳动生产率对工资的影响则会相对弱化。具体地，东部地区工资超增长的结构诱因是相对生产率提高带来的巴萨效应、劳动力供给和剩余劳动力的减少；中部地区工资超增长的结构诱因则是投资规模占比扩大引致的劳动力需求增加；西部地区工资由结构因素驱动的超增长与劳动生产率提高带来的正常增长相比要小得多。

工资是广大劳动者的主要生活来源。在经济发展的基础上，保持广大劳动者工资水平的适度增长，让推动经济发展的广大劳动者共享到经济发展的成果，不仅是广大人民的热切期盼，也是坚持发展成果由人民共享的根本要求。上述结论对共享发展理念的贯彻执行具有重要的启发意义。

首先，要充分认识工资超劳动生产率增长的合理性，不能人为随意压低工资的合理增长。当前国内有一种舆论认为，工资过快增长，推高了生产经营成本，导致中国经济衰退。本章关于工资超劳动生产率增长的结构诱因和驱动机理分析有效地回击了这种舆论观点。相反，鉴于劳动者在国民收入分配和工资谈判中的弱势地位，政府还应该对工资的合理增长做出较为充分的保护。

其次，应该认识到工资超劳动生产率的增长是以劳动生产率特别是制造业劳动生产率的快速增长为条件的。制造业及其他行业劳动生产率的快速增长不但可以直接拉动工资增长，而且可以通过诱发结构变动进而推动工资的超增长。近两三年来，我国总体劳动生产率增长和制造业劳动生产率增长开始呈现双双放缓的势头。这种局面长期持续下去必将扭转当前工资水平的快速增长势头。为此，必须重振劳动生产率，夯实工资增长基础。一方面，充分发掘劳动生产率的改革提高空间。短期内应充分借助资本市场等提高储蓄转化为投资的能力，长期内应充分挖掘人力资本积累、技术创新等渠道潜力。另一方面，当前经济转型不能轻言放弃制造业。中国在电子、机械制造、高铁等领域的产业升级已经取得长足的进步，应该在现有基础上鼓励创新升级，甚至在服装等低端的制造业领域，也存在从低附加价值端向高中端价值端转移的巨大潜力。

最后，要充分挖掘和借助工资超增长的结构诱因，在劳动生产率增长的基础上促使劳动者工资合理增长，为未来一段时间内贯彻实现共享发展理念服务。

第四篇

政策研讨篇

第 11 章　居民收入分配公平理论与测度方法

收入分配关系到经济持续发展和社会稳定，一直受到各国政府和社会公众的高度关注。构建公平合理的收入分配制度，不仅是社会公平的重要体现，也是我国实现共同富裕、全面建成小康社会目标的重要方法。一方面，在收入初次分配中，消除机会不平等、提高收入来源的公平性，可以提高初次分配效率，为提高工资奠定基础，同时，还可以将灰色收入变为白色收入，增加居民收入分配份额。另一方面，总体居民收入严重不平等程度处于高位的态势仍未改变，在再分配中仍需提高收入公平性，补足民生领域短板，增加低收入者收入，扩大中等收入群体，调节过高收入，提高居民收入分配份额。

本章首先辨析了收入分配公平的相关概念与关系，包括收入均等与收入公平的概念辨析、收入分配公平与效率的关系辨析、收入分配均等与公平的关系辨析、居民收入分配公平的现实判断问题；其次论述了居民收入分配公平观的演进过程，包括传统的功利主义公平观、古典自由主义的收入公平观、以机会平等为核心的收入公平观发展及以机会不平等为核心的收入公平性的经济学表述；最后论述了居民收入公平性的测度方法，包括收入公平性的传统测度方法和以机会不平等为核心的测度新方法。

11.1　收入分配公平的相关概念与关系辨析

11.1.1　收入均等与收入公平的概念辨析

在梳理居民收入分配公平理论与测度方法之前，有必要先区分均等和公平两个概念。

中文"均等"或者"不均等"，即英文单词 equality 和 inequality。其中，equality 的含义为 the state or quality being equal，而 equal 的含义比较明确，为均等的、相同的、平等的。具体到收入分配来说，均等和不均等是对收入分配结果是否均等的事实判断。如果收入分配结果的差距很大，基尼系数或泰尔指数很高，就会认为收入分配不均等程度很高。但是，这种格局是否公平，那就另当别论了。

中文"公平"概念对应的英文单词很多，不太统一，如 fairness、justice、equity 等。其中，fairness 的含义是 treating people equally without favouritism or discrimination，即不能在机会选择和权利选择中区别和差别待人，要一视同仁；justice 的含义是 the quality of being morally right，fair and reasonable，从词义上来看是"正义或公正"，较多地指在制定和遵守规则方面以及在运用法律和决策程序及过程上的公平；equity 一般被译为"公平"，是指结果公平，即分配结果的公平程度。

11.1.2　收入分配公平与效率的关系辨析

公平是一种社会价值判断，由于本身所具有的抽象性、高度概括性、历史性以及个体认知差异性，在政治哲学与经济伦理学中，不同学派对公平的理解千差万别。效率一般是指经济运行过程中资源投入与产品和劳务产出的对比关系，也就是对经济资源的有效利用和合理配置，即用尽可能少的要素投入生产出尽可能多的产品或服务，并且使这些相对有限的产品或服务来满足尽可能多的社会消费需要，尽可能使资源配置和经济运行趋近于帕累托最优。从公平和效率的定义看，公平与效率是两个不同经济运行过程的运行原则。公平更多从属于分配过程，是分配过程应遵循的评价原则，其作用是以公平定收入，它贯穿于收入分配的全过程；而效率更多存在于生产过程，是生产过程应遵循的评价原则，其作用是以效率判断一个经济体是否健康运行，它贯穿于生产的全过程。

收入分配改革的核心始终是效率和公平的关系问题。自十一届三中全会以来，按照"初次分配强调效率，再分配强调公平"的主导原则，我国逐步建立起以按劳分配为主体、多种分配方式并存的中国特色社会主义收入分配制度。党的十三大提出"在促进效率提高的前提下体现社会公平"；党的十四大调整为"兼顾公平与效率"；党的十四届三中全会通过的《中共中央关于建立社会主义市场经济体制若干问题的决定》修改为"效率优先，兼顾公平"；党的十六大在肯定这一点的同时又强调了"初次分配注重效率，发挥市场的作用，鼓励一部分人通过诚实劳动、合法经营先富起来。再分配注重公平，加强政府对收入分配的调节职能，调节差距过大的收入"；党的十六届六中全会通过的《中共中央关于构建社会主义和谐社会若干重大问题的决定》提出"在经济发展的基础上，更加注重社会公平"；党的十七大又提出"初次分配和再分配都要处理好效率和公平的关系，再分配更加注重公平"。在中国特色社会主义市场经济体制建设过程中，这一制度设计极大地激发了广大劳动者和生产要素所有者的积极性，推动了中国经济高速增长，改善了社会民生和公共服务。与此同时，随着我国经济飞速发展，收入分配矛盾逐渐凸显。宏观层面，主要表现为劳动者报酬、社会保障、民生和公共服务水平、公平正义的社会环境在整体上与经济和社会财富增长不相匹配。中观和微观层面，城乡之间、区域之间、行业部门之间以及居民个体之间的收入差距较为明显。自党的十八大报告提出"初次分配和再分配都要兼顾效率和公平，再分配更加注重公平"，到十九大报告再次明确"坚持在经济增长的同时实现居民收入同步增长、在劳动生产率提高的同时实现劳动报酬同步提高"，其核心内涵，就是在深入贯彻以人民为中心的发展思想下，将效率和公平原则贯穿于收入分配各环节，实现初次分配效率原则的公平性与再分配公平原则的效率性辩证统一。

11.1.3　收入分配均等与公平的关系辨析

收入公平与否与平等与否不存在对应的关系，在纳入效率后进一步对两个概念进行辨析。

第一，收入平等不一定是收入公平，在市场经济体制下，对于机会平等的收入公平观，平等主义的分配是不公平的。

第二，公平与效率并非不可兼得，以机会平等代表的收入公平与效率并不矛盾。

第三，绝对的平等有损效率，不问投入多少只求结果平等，是对分配规则公平的破坏，绝对的平等打击生产的积极性，甚至导致社会动乱，破坏提高社会效率的环境。

第四，对于发展中国家而言，面临的突出问题不是不平等，而是不公平，由不公平因素导致的不平等最容易引起社会的不满。

判断分配是否公平仅依据分配的结果是不够的，还必须看分配机会和分配规则是否公平。机会的公平是公平分配的前提。更大的机会平等会带来更大的收入平等。源于机会不平等的经济不平等，比机会平等时出现的经济不平等更加令人不能忍受。规则的公平是公平分配的尺度，只有在公平分配规则下取得与投入相对应的收入才是合理的、合法的。自 20 世纪 80 年代起，拉美国家长期陷入"中等收入陷阱"，其出现的一大背景如下：机会不平等所造成的收入差距过大，导致低收入群体的不满，从而加剧社会冲突。

11.1.4　居民收入分配公平的现实判断

在现实中，判断一个国家的居民收入分配是否公平，不能仅看其基尼系数和收入不良指数，更重要的是看这个国家市场竞争环境是否公平，能否保障收入分配机会公平和规则公平。具体地，机会公平程度可以通过各社会成员面临分配机会的平等程度进行直接判断，也可以用收入流动性来间接反映；规则公平程度主要看政府制定的分配制度和政策是否存在歧视。

学术研究发现，即使在基尼系数较高的情况下，只要不同收入群体之间居民的收入流动性较高，就不仅能在实质上减少收入分配的不平等，也能够缓解收入不平等产生的社会压力和冲突。美国就是一个典型例子。近年来，美国居民收入差距显著扩大，目前已达到 OECD 所有成员国的最高水平，但是，美国家庭的收入流动性比较高，这种收入流动特点在时间和空间上不断地改变着收入分配的内在结构，促使收入在不同群体间发生流动；同时向上流动大于向下流动的收入流动性质在一定意义上缓解了收入不平等。据测算，收入流动性使美国工资不平等程度在 1979~1991 年下降了 12%~26%，这在一定程度上也缓解了不平等的生活压力和反应。在我国，与改革开放的前 30 年相比，如今社会向社会成员提供的借以改变自身地位、向上流动的机会在减少，成本在增加。

11.2　居民收入分配公平观的演进

公平是一种社会价值判断。在政治哲学与经济伦理学中，不同学派对公平的理解千差万别。公平是一个历史范畴，在人类社会发展的不同阶段有着不同的历史内涵。本节从收入分配框架内讨论西方政治哲学与经济伦理学中公平理念的演变，重点讨论什么是收入分配公平及如何实现收入分配公平，对传统的功利主义公平观、古典自由主义的收入公平观以及以机会平等为核心的收入公平观发展进行介绍。

11.2.1　传统的功利主义公平观

以庇古为代表的传统的功利主义公平观认为在竞争性市场中，理想的收入分配结果与实际情况之间存在巨大差异，贫困以及过大的收入差距会削弱整体的社会福利。功利主义的目标是最大化社会成员的效用（效用可以是收入、消费、财富等）总和，在出发点上并不考虑如何在个体之间进行分配。功利主义在追求效用最大化时，认为个体效用函数相同，并忽略个体在效用之外的差异。从表面上看，功利主义与收入分配公平之间不存在必然联系；然而，由于追求效用总和最大化的必要条件是分配结果使每个个体的边际效应相同，而边际效应相同与个体效用函数相同又推导出每个个体的最终效用相同，从而达到个体之间的均等，这种巧合使建立在功利主义公平观基础上的福利经济学具有强烈的平均主义色彩。

功利主义公平观对经济学理论的推动在于：第一，将价值判断引入经济学，从而使经济学具有社会价值判断的伦理色彩，不再仅是技术性的实证经济学；第二，强调对收入不平等与贫困的关注，提出政府为增加全社会福利，应该对社会财富进行再分配。功利主义公平观对应的税收政策为实行累进税，通过对高收入群体征税来增加社会福利设施，通过增加货币的边际效用来增加社会整体的福利总量。但功利主义公平观忽视个体差异，采用仅关注效用的一元论方法，因此受到众多批判。

11.2.2　古典自由主义的收入公平观

古典自由主义的收入公平观在政治哲学上以休谟为代表人物、在经济学上以亚当·斯密为代表人物，哈耶克、弗里德曼则是当代的主要代表人物。古典自由主义的收入公平观追求对收入分配结果公平的批判，推崇自由竞争市场中的机会平等。

古典自由主义的收入公平观实质是分配起点的"权利主义"和分配结果的"虚无主义"，意味着收入分配公平不能以单一的分配结果（如收入或获得的效用）作为标准，而应该旨在保障自由与权利。在市场经济中，如果一种分配方式可以保障个人的基本权利不受侵犯，那么无论分配结果如何，这种分配方式都是公平的。

古典自由主义的收入公平观对经济理论的推动表现在三方面：第一，推崇市场机制，认为市场是实现收入公平的根本保障，因此强调市场秩序中的机会公平，反对再分配；第二，否定政府在促进收入分配公平中的作用，认为政府旨在促进收入分配公平的政策可能会破坏市场效率，同时难以促进收入公平；第三，面对贫困，主张建立符合市场效率要求的社会保障制度，但政府单纯为了公平信念而进行的再分配与自由、效率不相容。

11.2.3　以机会平等为核心的收入公平观发展

最早有关机会平等内涵的界定出现在传统的社会选择理论中，主张均等化个人福利或效用，将机会平等解释为保证个体面临机会集的平等。然而由于这一界定过于抽象，也难以量化，并且没有涉及个体在选择机会、偏好方面的责任，因此在后续研究中受到政治哲学家的质疑。

对什么是机会平等的研究一直是经济学、社会学、政治学领域的热点问题。机会平等概念经历了一系列的演变和发展：从 Rawls（1971）的基本物品平等，到 Dworkin（1981a）的资源平等，再到 Sen（1992）的能力平等，最后到 Roemer（1993）提供清晰、实用的机会平等概念。下面对这些以机会平等理论为核心的收入公平观进行详细介绍。

学术界对机会不平等的集中讨论源于 20 世纪七八十年代政治哲学的发展。以 Rawls（1971）为代表的大量学者开始尝试将"对平等的需求"从个体成就领域推广到机会集领域，这对传统的功利主义公平观形成巨大挑战，而这一发展得益于公平主义观念开始认识到个体责任的重要性。Rawls 提出用基本物品的概念来取代福利或效用，基本物品包括权利、自由、收入、财富等个人在实现所有理性的人生计划时都有用的东西。

在基本物品概念基础上，Rawls 形成了两个平等原则：一是在这些基本物品中，自由被赋予最大优先权，因此限制了居民基本自由的制度，即使能够获取更多的收入也不是合理的制度安排；二是包含了对效率的考虑，称为"差别原则"，是指最优的分配方式可以最大限度地改善社会底层个体的基本物品水平（经济学家也称该原则为最大化最小原则）。一般将第一个平等原则应用于政治领域，将第二个平等原则应用于经济领域，主要指收入与财富的分配。

进一步地，Rawls 设计了各个社会群体共同参与社会公平与平等原则制定的"无知之幕"决策机制，即所有个体在制定公共物品分配原则时，均不知晓自身在现实社会中的特征，仅能依赖人类心理与基本的经济原理来制定公共物品分配原则，这种决策机制使个体会考虑自己在现实中可能处于低收入群体，因此会尽可能地公平分配社会公共物品，保证了差异原则公平公正地实现。

自 Rawls 开始，机会平等成为当代西方社会中社会公平领域的流行理论。Rawls 的理论虽然在一定程度上隐含了社会应该均等化个人责任之外的分配结果不平等，但"无知之幕"的决策机制难以准确捕捉；对于基本物品，后续研究也有所批判，Dworkin（1981a，1981b）认为基本物品的概念没有充分考虑个体需求与能力差异，忽略了个体将基本物品转化为个人福祉的能力差异。为了解决这一问题，Dworkin（1981a，1981b）进一步区分个体偏好与资源，其中资源包括人身资源（如家庭背景、基因组成）和非人身资源（如财富、收入），并指出平等理念至少要求个体间的资源平等，也就是说个体应该对自身的偏好而不是对资源负责。Dworkin 还在"无知之幕"背后引入保险市场，用于人身资源与非人身资源之间的补偿转移。总而言之，Dworkin 明确按照个体能否承担责任，将个体属性做了二元区分，允许个人责任差异引起的分配结果不平等，将不属于个人责任部分引起的分配结果不平等称为机会不平等。

Cohen（1989）及 Arneson（1989，1990）不赞同 Dworkin 对资源和偏好的划分方式，Arneson 认为这种区分无法合理地界定个体责任，并且应该平等的不是资源，而是获取福利的机会。

诺贝尔经济学奖获得者阿玛蒂亚·森的能力分析法是福利经济学中最具影响力的分析法之一，Sen（1980）指出，对于公平而言，适当的评估域既不是功利主义公平观的效用，也不是 Rawls 主张的基本物品。如果不平等的目标集中在个体实现其目标的实际机会上，那么不仅需要考虑个体所拥有的基本物品，还需考虑相关的个体特征，这些特征对于将基本物品转化为个体改善生活状况的能力而言至关重要。

Sen 在能力法中引入了"功能"和"能力"概念，"功能"是指一个人处于何种状态以及能够做什么，一系列功能的集合就组成了个体的生活，影响人们的福祉。"能力"则指个体可以自由实现各种生活内容的组合，以及可以自由地选择过什么样的生活。已经实现了的生活内容（个体事实上能够做到的）以及这种自由选择本身（实际机会，或称"能力集合"）共同构成一个人的福祉。虽然能力分析法没有明确指出责任在不平等评估中的作用，但对于生活内容以及能力集合的区分类似于结果与机会的区分（Chávez-Juárez，2015）。

基本物品平等观、资源平等观以及能力平等观均蕴含了机会平等成分（Roemer，1993），但这些平等观都没有明确界定个人责任。在上述观念的基础上，Roemer（1993，1998）总结和发展了机会不平等理论，并清晰地界定了个体责任，给出了清晰并实用的机会不平等内涵——"环境-努力"二元分析框架。

在"环境-努力"二元分析框架下，Roemer 认为分配结果是环境和努力共同作用的结果，其中，环境是指个体无法自我控制或社会无法问责，但又对分配结果产生影响的因素集合，最为典型的环境因素即家庭背景、种族等；努力是指社会能够问责、个体能够自我控制的影响结果的个体行为，如工作时间。分配结果可以是个人收入、教育、健康等。在政策干预下，机会平等是指分配结果只受努力差异的影响，而不受环境影响的情形，换句话说，就是无论个体面临何种环境，只要具有相同的努力程度（或责任），就应该有相同的结果。

Roemer 在理论上清晰地界定了环境与努力，但"环境-努力"二元分析框架面临的难点是，在实际操作中环境因素与努力程度界限并不明确，如个人教育既是个人努力的结果，也会受到父母教育水平、家庭环境的影响，如何划分教育因素对后续的机会不平等的测度影响很大。

分配结果决定因素具有多样性，虽然"环境-努力"二元分析框架是当前机会不平等研究中的主流分析框架，但环境、努力无法涵盖所有决定因素，Lefranc 等（2009）在"环境-努力"二元分析框架下引入运气因素，构造环境、努力、运气的三元分析框架。运气可以划分为四种类型：第一，社会背景运气，是指与家庭出身相关的因素，如家庭或社会关系网络；第二，遗传运气，如有助于个人成功的遗传才能；第三，选项运气，是指个人在有意承担可计算、分离、预测或规避风险时出现的运气因素；第四，后原生运气，以个人成为选择和偏好的责任主体为界，原生运气被划分为初原生运气和后原生运气（Vallentyne，2002）。研究较为一致地认为四类运气中社会背景运气应归入环境集，需要政策予以完全补偿；选项运气可能是环境，也可能是努力，需要部分补偿；多数研究认为遗传运气与后原生运气在一定程度上属于环境因素，也只需部分补偿。由于三元分析框架在实证研究中将运气归并到环境或努力集中，因此可以将其看作"环境-努力"二元分析框架的应用。

11.2.4　以机会不平等为核心的收入公平性的经济学表述

作为当前机会不平等研究中的主流分析框架，Roemer 的机会平等是从公平的政策设计出发的（Roemer，2006；Bourguignon et al.，2007a），理论分析主要按照如下思路展开。

假定社会中存在 N 个个体，需要从伦理视角评估他们的优势分布，优势可以是收入、受教育程度、健康程度、挣钱能力甚至是福利水平。优势是环境和努力的函数，同时优势的大小还取决于国家采取的政策。

首先将个体按照环境变量进行分类，在一个类别里面，所有个体拥有相同的环境。设定优势函数（advantage function）$u(c,e,\phi)$ 是环境变量 c、努力程度 e 以及社会政策选择 ϕ 的函数，将人口按照环境的差异分为 J 类，每种类别内部个体所处环境相同，但努力程度有差异，第 j 类的优势累积分布函数依赖政府的政策选择，表示为 $F_\phi^j(u)$，Roemer 对函数 $u(c,e,\phi)$ 的假定如下。

（1）在第 j 类内部，个体优势的差异仅来源于努力程度。

（2）$u(c,e,\phi)$ 是努力程度的增函数。

定义"间接优势函数" $v^j(\pi,\phi)$，该函数是关于优势累积分布函数中个人排序（或分位数）的函数：

$$v^j(\pi,\phi) = F_\phi^{j^{-1}}(\pi) \tag{11-1}$$

Roemer 定义的机会平等的政策 φ^* 需满足：

$$\max_\varphi \min_j v^j(\pi,\phi) \tag{11-2}$$

式（11-2）的含义如下：促进社会机会平等的政策 φ^* 应该最大化各类别内处于最不利地位的个体的优势。

尽管 Roemer 没有给出机会平等的经济学定义，但后续研究（Bourguignon et al., 2007b）在给定外生政策和努力程度的条件下，得到严格标准和弱标准的机会平等的表达式。

（1）严格标准的机会平等。严格标准的机会平等是从收入分布出发，即环境因素完全不影响优势函数大小，不同类别的优势分布函数是无差异的。这意味着如果两个人分属不同的环境类别 j 和 k，但只要其努力程度在各自类别内分布位置相同，那么两人应该拥有相同的优势水平。

$$F^j(u) = F^k(u), \forall j,k \tag{11-3}$$

（2）弱标准的机会平等。由于严格标准的机会平等概念应用性不强，弱标准的机会平等不再要求不同环境下优势的分布函数相同，只要满足均值相同即可。放松假定得到弱标准的机会平等：

$$\mu^j(u) = \mu^k(u), \forall j,k \tag{11-4}$$

11.3　居民收入公平性的测度方法

相比直接减小收入不平等，降低机会不平等、保证机会平等的公共政策和制度更容易得到大众的认可，正如阿玛蒂亚·森在经典著作《论经济不平等》中所指出的：解决不平等问题必须从测度不平等开始。梳理当前的研究，将居民收入公平性的测度方法分为两大类（图 11-1）：第一，传统测度方法，根据调查问卷中被调查者对机会不平等相关问题的主观判断进行衡量，以及将流动性指标作为机会不平等代理指标的衡量方法；第二，前沿测度方法——机会不平等测度，主要是在 Roemer 的"环境-努力"二元分析框架下的测度方法发展。下面对各种方法进行详细介绍。

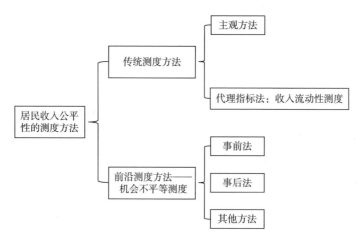

图 11-1　居民收入公平性的测度方法分类

11.3.1　收入公平性的传统测度方法

1. 根据主观判断的机会不平等测度

机会不平等的量化较为困难，但是民众对机会不平等有感性的认识与主观判断。事实上，普通民众很少关注专业文献，也不一定具备专业知识，但个人行为与观点受到主观判断的影响，因而主观判断指标对学术界粗略了解机会不平等具有重要的现实意义。近年来发展日益成熟的微观数据库，包含了价值观模块，尤其是问卷中包含民众对机会不平等的直观判断，为根据主观判断测度机会不平等提供了基本条件。

世界价值观调查数据旨在发现世界各国或地区价值观变化并探求变动原因，该项调查是由美国密歇根大学发起的滚动调查数据，每 5 年一轮。第一轮调查始于 1981~1984 年，至今已经进行了 6 轮调查。以最新一轮调查中的中国数据为例，由北京大学中国国情研究中心组织的 2012 年全国公民价值观状况调查问卷，其中包含了居民对收入看法的量表：

"收入应该尽可能均等还是应该加大收入差距以鼓励个人努力工作？"

"长远来看，努力工作通常能够带来更好的生活还是努力工作并不总能带来成功，更多的是靠运气和关系？"

对上述两个问题，要求在 1~10 分进行打分，分数越低，表示越认同"收入应该尽可能均等"和"长远来看，努力工作通常能够带来更好的生活"；分数越高，表示越认同上述的相反面。

第一个问题实际上反映的是大众对绝对的收入平等与公平合理的收入平等

之间的看法；第二个问题则反映了现实社会中机会不平等的大小，分数越高，表明主观判断的机会不平等程度就越高。世界价值观调查数据由于包含了几十个主要国家和地区，可以用于主观判断机会不平等的国际比较分析。

类似地，国内的中国综合社会调查（Chinese general social survey，CGSS）数据库也包含了类似的反映大众对社会机会不平等程度的感知与判断。

CGSS2013 中包括"现在有的人挣的钱多，有的人挣得少，但这是公平的"，回答选项包括同意、不同意、不知道，该问题反映了受访者对收入领域机会不平等的直观判断；问卷中还包括"只要孩子够努力、够聪明，都能有同样的升学机会"，回答选项依然是同意、不同意、不知道，反映了受访者对教育领域机会不平等的直观判断。

CGSS2006 中的居民问卷则从成功可控性角度给出了有关机会不平等的判断，如要求被调查者对影响成功的因素重要性进行选择，这些因素包括家境富裕、父母教育程度高、自己受过良好教育、年龄、天资和容貌、性别、出生在好地方、个人的聪明才智、有进取心和事业心、努力工作、社会关系多、认识有权的人、政治表现、命运。潘春阳（2011）按照 Roemer 的"环境-努力"二元分析框架对上述因素进行划分并采用相同权重构建机会不平等指标，越认为成功取决于努力因素的居民，越认为社会是机会平等的；反之，越认为成功取决于环境因素的居民，则越认为社会中存在机会不平等。

根据大众的主观判断来构造指标进行机会不平等测度，方法简洁，含义明确，准确测度依赖于大众对机会不平等的实际感知，但感知会因人而异，从而可能使主观判断偏离客观现实（潘春阳，2011）。此外，虽然调查问卷从不同角度对机会不平等进行了描述，但仍很难覆盖机会不平等的所有方面，因此对机会不平等的测度不够全面。

2. 以收入流动性作为机会不平等代理指标的测度

收入流动性包括代内流动性与代际流动性。代内流动性是指个体或家庭在一段时期内收入变化导致其所拥有的收入份额或所在的收入组别发生变动；代际流动性涉及收入跨代间的传递，即两代人之间的收入地位变动与联系，或子代在收入分布中所处位置相对于父代的变动情况。收入流动的基本要义就是机会平等（权衡，2012），一个机会平等的社会，人们可以通过自身努力改变自身的经济和社会地位，促进不同社会群体之间的流动，因此收入流动性的高低在一定程度上反映了机会的平等程度（Solon，1992；Piketty，2000）。

代内流动性可以通过转移矩阵、基于收入水平变动的流动性指标、基于不平等变化的流动性指标等进行测度（洪兴建，2010）；代际流动性则主要通过代际收入转移矩阵以及代际收入弹性来判断父代收入对子代收入的影响程度。代内流动性或代际流动性越高，意味着机会平等程度越高。国内研究中，王洪亮等（2012）从收入流动性的视角研究中国居民获取收入机会的公平性，发现居民获取收入的公平性在下降，收入分配格局存在僵化趋势。

相比主观测度方法，收入流动性对机会不平等的定量刻画和反映有其先进性，但仍然存在一些不足。第一，代内流动性是个体环境因素与努力因素共同作用的结果，由于没有将其区分开来，因此代内流动性大小可能与真实的机会不平等程度存在差异；第二，代际流动性在机会平等方面的确切含义取决于代际流动的内在原因与具体的传递机制（陈琳，2011）。从代际流动性角度考察机会不平等存在两方面的不足。

（1）代际流动性大小受到两方面因素的影响：一方面，父代和子代之间变量本身的传递性大小以及该变量的回报率（Breen，2010）。以种族变量为例，一般来说，父代与子代之间的种族的传递性具有稳定性，但如果种族对收入的影响力减弱，那么代际的收入传递将会减小，同时机会不平等程度也会减弱，二者方向一致。另一方面，并非所有的变量均与种族的作用机制类似。以教育为例，假定父代与子代之间教育的代际传递性保持不变，但降低教育回报率，代际的收入传递性同样会降低，但对机会不平等的程度并不产生影响。因此从代际收入传递的两个机制上来看，代际收入流动性的提高并不意味着机会不平等程度的下降，这与引起代际收入流动性变动的具体原因相关。

（2）从影响代际流动性和机会不平等的因素来看，Smeeding（2014）将机会不平等环境集概括为家庭、劳动力市场和公共政策三大类，代际流动性仅刻画了家庭背景对子代收入的影响，是机会不平等的重要组成部分；从家庭背景对子代收入的影响机制来看，权力寻租导致的代际传递属于机会不平等，但父代对子代更多的物质资本投入、基因遗传等影响了子代的努力程度或个人选择，其导致的代际传递存在一定的合理性。因此严格来说，代际收入流动与机会不平等也不一致。

11.3.2 以机会不平等为核心的测度新方法

近年来，一些学者开始探索更合理的机会不平等测度方法。Kranich（1996）、Ok（1997）等从形式化机会不平等概念出发，将环境集模型化，再直接测度环境集联合分布的不平等程度或其他统计指标（如一阶矩）。由于一些环境指标不可观测，再加上这类方法对信息量的巨大要求很难在实证测度中得到满足，因此测度环境集不平等程度的机会不平等测度方法在实证应用中极少见到。

当前的主流方法不是将环境集本身作为测度机会不平等的核心，而是将环境集下的优势或结果作为环境集与努力集的反映，如收入、健康、教育等，通过构建优势的反事实分布来测度机会不平等程度。

既有文献对机会不平等的测度大多依据公理准则，与收入不平等测度中不平等指标需要满足公理化准则类似。因此，在正式讨论机会不平等测度方法之前，需要先引入机会不平等中的两大政策原则——补偿原则与回报原则，这两大原则也是为保证机会平等实现的政策原则。

考虑一个人口为 N 的社会，个体可以利用（y，c，e）来刻画，y 为优势（这里研究主要是指收入）；c 为环境变量；e 为努力变量。该社会可以用两种方式来划分：根据环境变量的差异来划分类别，同一类别内部个体的环境变量取值相同；也可以根据努力程度的差异来划分群组，同一群组内部个体的努力程度相同。假定可以划分为 n 类（用 $i=1,2,\cdots,n$ 来表示）或分为 m 个群组（用 $j=1,2,\cdots,m$ 表示）具有相同环境以及相同努力程度的所有个体称为一个基组，社会状态如表 11-1 和表 11-2 所示。

表 11-1　收入矩阵

环境变量	e_1	e_2	$\cdots$	e_m
c_1	y_{11}	y_{12}	$\cdots$	y_{1m}
c_2	y_{21}	y_{22}	$\cdots$	y_{2m}
$\vdots$	$\vdots$	$\vdots$	$\vdots$	$\vdots$
c_n	y_{n1}	y_{n2}	$\cdots$	y_{nm}

表 11-2　人口占比矩阵

环境变量	e_1	e_2	$\cdots$	e_m
c_1	p_{11}	p_{12}	$\cdots$	p_{1m}
c_2	p_{21}	p_{22}	$\cdots$	p_{2m}
$\vdots$	$\vdots$	$\vdots$	$\vdots$	$\vdots$
c_n	p_{n1}	p_{n2}	$\cdots$	p_{nm}

表 11-1 对应的是 $n \times m$ 的收入矩阵，y_{ij} 表示环境变量为 c_i 且努力变量为 e_j 的个体的收入，表 11-2 对应的是 $n \times m$ 的人口占比矩阵，p_{ij} 表示环境变量为 c_i 且努力变量为 e_j 的个体在全社会中的比重。

1. 机会不平等政策评价的两大原则

1）补偿原则

补偿原则认为，政策设计要补偿环境因素差异导致的不平等（Fleurbaey，1995），根据是否需要识别努力程度，可以将政策具体实施方法分为事前补偿原则和事后补偿原则。事前补偿原则和事后补偿原则在风险领域指的是解决不确定性的时机（Ferreira and Peragine，2015），在机会不平等领域不存在不确定性，相应的"时机"指的是努力程度的识别，事前补偿原则不需要识别努力程度，而事后补偿原则需要识别个体的努力程度。

事前补偿原则最早由 van de Gaer（1993）、Kranich（1996）在不同框架下提出。首先引入机会集概念，个体 k 的机会集是给定环境变量 c_i 下可能获得的各种收入水平的一个集合 v_i，如果让所有个体面临相同的机会集，则需要消除环境变量差异。事前补偿方法致力于机会集的测度，一般将同一类别内部所有个体收入的集合作为该类别的机会集，即表 11-2 中每一行可以看作一个机会集，因此事前补偿原则关注的是不同类别之间的分配结果期望值的差异。

如何基于事前补偿原则来判断不同收入分布的机会不平等差异？Lefranc 等（2009）、Peragine（2002）基于随机占优方法进行判断，另一类方法则是根据机会集构造代表第 i 类别收入期望值的统计量 $\mu_i = \sum_{j=1}^{m} p_{ij} y_{ij}$。van de Gaer（1993）基于对类别间不平等的极端厌恶原则，提出了排列分布的社会福利准则：

$$\min_i\left(\mu_1, \cdots, \mu_n\right) \tag{11-5}$$

该福利准则一般称为"最小化均值"准则（"min of means" rule），对应的最优分配政策应该是最大化 $\max_i\left(\mu_1, \cdots, \mu_n\right)$。

事后补偿原则最早由 Roemer（1993，1998）、Fleurbaey（1995）提出，事后补偿原则关注的是付出相同努力程度的个体所组成的群组内的分配结果不平等，因此需要测度的是群组内部（表 11-2 的列向量）的不平等。在实施中，事后补偿原则不需要评估机会集，但是却需要识别努力程度。Roemer 基于对组间不平等的极端厌恶原则，提出了排列分布的社会福利准则：

$$\frac{1}{m} \sum_{j=1}^{m} \min_i\left(x_{1j}, x_{2j}, \cdots, x_{nj}\right) \tag{11-6}$$

该福利准则一般称为"均等化最小值"准则（"mean of mins" rule）。对应的事后补偿原则的政策含义是最大化群组内的最低收入值，但这需要针对不同群组实施不同的政策，因此最优政策可以放松为对 $\frac{1}{m} \sum_{j=1}^{m} \max_i\left(x_{1j}, \cdots, x_{nj}\right)$ 进行最大化。由于事后补偿原则需要识别努力程度，Roemer 给出了一个常用的识别假设：如果不同类别的收入条件分布的百分位水平相同，则可以认为它们的努力程度相同。

从事前补偿原则和事后补偿原则蕴含的政策意义来看，事前补偿原则旨在补偿不同环境集之间（类别间）的分配结果不平等，而不关注环境集内部（同一类别）分配的不平等；事后补偿原则旨在补偿同一努力水平个体间（群组内部）的不平等。这两种补偿原则通常是互相矛盾的（Fleurbaey and Peragine，2013），只有当努力程度与环境分布独立时，完全的事后机会平等才能推出完全的事前机会平等，其他情形下二者并不兼容。

Ramos 和 van de Gaer（2012）提供了一个简单例子对矛盾性做出直观解释。假设存在两种以收入水平表示的社会状态 Y^1 和 Y^2：

$$Y^1 = \begin{bmatrix} 20 & 15 \\ 15 & 10 \\ 30 & 6 \\ 25 & 1 \end{bmatrix}, \quad Y^2 = \begin{bmatrix} 21 & 15 \\ 15 & 9 \\ 30 & 7 \\ 24 & 1 \end{bmatrix}$$

从状态 Y^1 到状态 Y^2 经历两步变化：第一步，增加第一行与第二行之间的收入差距（20→21，10→9）；第二步，增加第三行与第四行之间的收入差距（6→7，25→24）。根据事前补偿原则，Y^1 的机会不平等程度低于 Y^2，社会状态 Y^1 比 Y^2 更合意。从社会状态 Y^2 到 Y^1 同样可以经过两步：第一步，扩大第一列内部的收入差距（21→20，24→25）；第二步，扩大第二列内部的收入差距（9→10，7→6）。由事后补偿原则可知，社会状态 Y^2 优于 Y^1。这个例子就反映出满足事前补偿原则的机会不平等与满足事后补偿原则的机会不平等之间并不兼容。

2）回报原则

与补偿原则相对应的是回报原则，补偿原则旨在消除类别之间或群组内部的不平等，而回报原则关注的是如何公平对待环境特征相同而努力程度不同的个体。常见的回报原则包括自由主义回报原则、功利主义回报原则以及不平等厌恶回报原则。

自由主义回报原则最早由 Bossert（1995）提出，这一原则与再分配政策相关，认为政府实施的税收与转移支付应该尊重个体的努力差异对结果的影响。因此，自由主义回报原则试图尽可能减小努力程度差异与再分配政策之间的相关性，意味着无论个体的努力程度如何，同类别内部的个体应该缴纳相同数额的税收或接受相同的转移支付。

功利主义回报原则主张政府尊重努力程度差异导致的收入差异，进一步指出不应该对这部分不平等持厌恶态度；功利主义回报原则认为，类别内部如何分配是其次，而重点关注的是如何最大化同一类别整体效用（收入）总和。

不平等厌恶回报原则反对功利主义回报原则对同一类别内部结果差异持零不平等厌恶的做法，认为即使在环境因素相同的同一类别内部，结果差异不一定都是努力因素的合理回报，因此仍需补偿。Lefranc 等（2009）最先意识到除了环境和努力外，还有随机因素影响收入分配。Roemer（2010）明确提出运气是影响收入的第三类因素，认为环境和运气造成的不平等都需要补偿。引入运气因素的原因有两个方面：第一，个人是厌恶风险的，收入在关于环境的条件分布下是随机的，因此在评价环境集时也应该采用风险厌恶方法；第二，从事后来看，即使补偿了可观测环境因素的不平等，结果差异中仍保留了一些不可观测因素引起的差异，但这类差异不能看作努力因素的回报，所以仍需补偿。

3）补偿原则与回报原则的区别和联系

补偿原则与回报原则的区别主要表现如下。

第一，自由主义回报原则与事后补偿原则不相容，Ramos 和 van de Gaer（2012）提供了一个简单例子，用 2×2 的矩阵 $\boldsymbol{Y}^3$ 表示一个税前收入的社会状态：

$$\boldsymbol{Y}^3 = \begin{bmatrix} 30 & 5 \\ 20 & 10 \end{bmatrix}$$

如果采用事后补偿原则，通过税收降低机会不平等程度，对于第一列应该是 $\boldsymbol{Y}_{11}^3$ 向 $\boldsymbol{Y}_{21}^3$ 进行转移支付，对于第二列应该是 $\boldsymbol{Y}_{22}^3$ 向 $\boldsymbol{Y}_{12}^3$ 进行转移支付，二者的转移支付方向相反，与自由主义回报原则中同类别内（行向量）个体接受相同转移支付的理念相悖。

第二，功利主义回报原则与事后补偿原则不相容，假设存在两种 2×2 的收入矩阵 $\boldsymbol{Y}^3$ 和 $\boldsymbol{Y}^4$ 描述的社会状态：

$$\boldsymbol{Y}^3 = \begin{bmatrix} 30 & 5 \\ 20 & 10 \end{bmatrix}, \quad \boldsymbol{Y}^4 \begin{bmatrix} 30 - \lambda & 5 + \varepsilon \\ 20 + \dfrac{p_{22}}{p_{21}}\varepsilon & 10 - \varepsilon \end{bmatrix}$$

同时 $\lambda > \dfrac{p_{22}}{p_{21}}\varepsilon$。

由 $\boldsymbol{Y}^3$ 变动到 $\boldsymbol{Y}^4$ 时，第一列与第二列内部的不平等均下降了，那么根据事后补偿原则，$\boldsymbol{Y}^4$ 比 $\boldsymbol{Y}^3$ 更合意。单按照功利主义回报原则分析社会状态由 $\boldsymbol{Y}^3$ 变动到 $\boldsymbol{Y}^4$，第二行的总量不变，即 $20p_{21} + 10p_{22} = \left(20 + \dfrac{p_{22}}{p_{21}}\varepsilon\right)p_{21} + (10 - \varepsilon)p_{22}$，如果

$\lambda > \dfrac{p_{22}}{p_{21}}\varepsilon$，则第一行总量 $30p_{11} + 5p_{12} > (30 - \lambda)p_{11} + (5+\varepsilon)p_{12}$，意味着功利主义回报原则下 $\boldsymbol{Y}^3$ 比 $\boldsymbol{Y}^4$ 更合意。

第三，不平等厌恶回报原则与事后补偿原则不相容，假设存在两种 2×2 的矩阵 $\boldsymbol{Y}^5$ 和 $\boldsymbol{Y}^6$ 描述的社会状态：

$$\boldsymbol{Y}^5 = \begin{bmatrix} 10 & 40 \\ 20 & 30 \end{bmatrix}, \quad \boldsymbol{Y}^6 = \begin{bmatrix} 10 & 40 \\ 19 & 31 \end{bmatrix}$$

根据不平等厌恶回报原则，$\boldsymbol{Y}^5$ 比 $\boldsymbol{Y}^6$ 更合意；但根据事后补偿原则，$\boldsymbol{Y}^6$ 比 $\boldsymbol{Y}^5$ 更合意。

基于上述分析可知，回报原则都是基于事前的方法，回报原则与补偿原则之间的冲突实质上是回报原则与事后补偿原则，或者说是事前分析法与事后分析法之间的冲突（Fleurbaey and Peragine，2013）。由于事后补偿的条件较强，环境因素与努力因素相互交织，从而导致补偿原则与回报原则难以兼容。考虑到事后补偿原则需要识别努力程度，对数据质量要求更高，再加上事后补偿原则与回报原则的冲突，在实证测度机会不平等中，更多学者倾向采用事前补偿原则。

对于补偿原则与回报原则的不兼容问题，现有研究还通过两类折中的"分配规则"（allocation rule）来解决。第一种分配规则优先考虑自由回报，称为"条件平等"（conditional equality）：考虑这样一种情形，对每个个体施加标准的或参考水平的努力程度，但保留个体环境变量方面的特征差异，最优的分配应该是均等化这种特殊情形下的个体优势（如收入），这种分配规则完全符合了自由回报原则，同时至少满足在努力程度参考水平上的事后补偿原则。第二种分配规则优先考虑补偿原则，称为"平等主义的均等化分配"，可以将其看作条件平等分配的对偶形式，即对每个个体施加一个参考水平上的环境集，但保留各自实际的努力程度，并均等化在环境变量参考水平下的收入水平，这种分配方式既满足了事后补偿原则，也满足了环境变量参考水平下的自由主义回报原则。

2. 机会不平等的测度方法梳理

Ferreira 和 Peragine（2015）指出当前学术界最为流行的机会不平等测度方法可以分为两个步骤：第一步，构建反事实收入来剥离机会不平等与公平合理的不平等；第二步，测度原始收入以及反事实收入的不平等程度。反事实收入 $\tilde{Y}$ 的构建就反映了上述的补偿或回报原则，由于事后补偿与回报原则不兼容，因此无法构建一个既满足事后补偿又满足回报原则的反事实收入 $\tilde{Y}$，但可以构建出既满足事前补偿又满足回报原则的反事实收入 $\tilde{Y}$。下面对应用最为广泛的四类反事实收入构建方法和两类其他测度方法进行介绍。

1）类别间不平等测度方法

类别间不平等测度方法（between-types inequality approach）是当前应用最为广泛的测度方法，Peragine（2002）、Bourguignon 等（2007a）、Checchi 和 Peragine（2010）、Ferreira 和 Gignoux（2011）根据 van de Gaer（1993）的"最小化均值"准则构建反事实收入。通过将个体原始收入替代为所在类别（收入矩阵的行向量）内所有个体收入的均值构建反事实收入，这样可以消除类别内部的不平等。

反事实收入矩阵 $\tilde{Y}_{BT}$：对于所有的 $j \in \{1,2,\cdots,m\}$、所有的 $i \in \{1,2,\cdots,n\}$，令 $\tilde{x}_{ij} = \mu_i$，构建反事实收入如表 11-3 所示。

表 11-3　类别间不平等测度方法的反事实收入

	e_1	e_2	$\cdots$	e_m
c_1	μ_1	μ_1	$\cdots$	μ_1
c_2	μ_2	μ_2	$\cdots$	μ_2
$\vdots$	$\vdots$	$\vdots$		$\vdots$
c_n	μ_n	μ_n	$\cdots$	μ_n

一方面，由于环境变量相同的个体收入都用相同的收入来代替，那么表 11-3 无法反映类别内部的不平等，因此该测度方法与功利回报原则一致；另一方面，该方法可以测度类别间的不平等程度，因此又符合事前补偿原则。但由于表 11-3 的矩阵无法反映原始收入群组内的收入差距，因此与事后补偿原则相悖。在表 11-3 的基础上，采用不平等指数分解（Theil，1979；Bourguignon，1979），Checchi 和 Peragine（2010）、Ferreira 和 Gignoux（2011）将不平等分解为环境差异导致的类别间不平等（机会不平等）以及类别内部不平等（公平合理的不平等）。

2）直接不公平测度法

直接不公平测度法由 Fleurbaey 和 Schokkaert（2009）在测度健康与医疗保健方面的不公平问题时提出。该方法基于前述的条件公平方法构建基准的公平收入反事实分布，通过采用参考水平的努力程度 $\tilde{e}$ 代替个体自身实际的努力程度，在给定的函数形式 $y_{ij} = g(c_i, e_j)$ 以及自身环境变量下计算反事实收入值。

具体来说，反事实收入矩阵 $\tilde{Y}_{DU}$：采用 $\tilde{e}$ 作为参考水平的努力程度，那么对于任意的 $i \in \{1,2,\cdots,n\}$ 以及任意的 $j \in \{1,2,\cdots,m\}$，个体的反事实收入可以表示为 $\tilde{y}_{ij} = g(c_i, \tilde{e})$，如表 11-4 所示。

表 11-4　直接不公平测度法的反事实收入（ $\tilde{e} = e_1$ ）

	e_1	e_2	...	e_m
c_1	y_{11}	y_{11}	...	y_{11}
c_2	y_{21}	y_{21}	...	y_{21}
⋮	⋮	⋮		⋮
c_n	y_{n1}	y_{n1}	...	y_{n1}

直接不公平测度法是在构建反事实收入时用参考水平的努力程度计算反事实收入而非直接采用类别内的平均收入，直接不公平测度法满足事前补偿原则，也由于不存在类别内部的不平等，因此在广义上满足了回报原则，但由于没有采用平均收入，因此并不完全满足功利回报原则。由于该方法只能测度参考水平的努力程度上的不公平（第一列），而不能反映其他努力水平上的不公平，因此同样不满足事后补偿原则。

3）群组内部的不平等测度方法

群组内部的不平等测度方法由 Checchi 和 Peragine（2010）以及 Aaberge 等（2011）根据 Roemer 的"平均化最小值"准则提出。引入群组内部反事实收入矩阵 $\tilde{Y}_{\text{WTR}}$，在该反事实收入矩阵中，个体收入实际值根据人口权重 v_j 来调整，$v_j = \sum_{i=1}^{n} p_{ij} y_{ij}$，这个标准化过程旨在消除群组之间的不平等，同时保留群组内部的不平等。

具体来说，反事实收入矩阵 $\tilde{Y}_{\text{WTR}}$：对于所有的 $j \in \{1,2,\cdots,m\}$ 和所有的 $i \in \{1,2,\cdots,n\}$，个体的反事实收入可以表示为 $\tilde{y}_{ij} = y_{ij}/v_j$，如表 11-5 所示。

表 11-5　群组内部的不平等测度方法：反事实收入矩阵

	e_1	e_2	...	e_m
c_1	y_{11}/v_1	y_{12}/v_2	...	y_{1m}/v_m
c_2	y_{21}/v_1	y_{22}/v_2	...	y_{2m}/v_m
⋮	⋮	⋮		⋮
c_n	y_{n1}/v_1	y_{n2}/v_2	...	y_{nm}/v_m

组内不平等测度法与事后补偿原则一致，$\tilde{Y}_{\text{WTR}}$ 可以解释群组内部所有的不平等；但由于 $\tilde{y}_{ij} \neq \tilde{y}_{ih}$，类别内部的不平等仍然存在，所以不符合回报原则。基于这种反事实收入构建方法，Checchi 和 Peragine（2010）将不平等分解为群组内部的不平等——机会不平等，以及组间不平等——努力程度差异导致的公平合

理的不平等。

4）公平差距测度法

传统的不平等测度直接将所有的不平等均视为不公平，任何偏向更为平等的移动均视为公平意义上的改进，但是这种移动可能消除的是不平等中公平合理的成分，而机会不平等进一步加剧。公平差距（fairness gap）测度法[①]是 Fleurbaey 和 Schokkaert（2009）采用事后视角，依据上面所述的平等主义的均等化方法，构建另一种基准分布——公平差距的反事实收入分布矩阵 $\tilde{\boldsymbol{Y}}_{\mathrm{FG}}$。

矩阵 $\tilde{\boldsymbol{Y}}_{\mathrm{FG}}$ 的构建：采用 $\tilde{c}$ 作为参考水平的环境变量值，对于任意 $i \in \{1, 2, \cdots, n\}$，$j \in \{1, 2, \cdots, m\}$，个体的反事实收入可以表示为 $\tilde{y}_{ij} = g(c_i, e_j) / g(\tilde{c}, e_j)$，如表 11-6 所示。

表 11-6　不公平的不平等测度法：反事实收入矩阵（ $\tilde{c} = c_1$ ）

	e_1	e_2	$\cdots$	e_m
c_1	1	1	$\cdots$	1
c_2	y_{21}/y_{11}	y_{22}/y_{12}	$\cdots$	y_{2m}/y_{1m}
$\vdots$	$\vdots$	$\vdots$		$\vdots$
c_n	y_{n1}/y_{11}	y_{n2}/y_{12}	$\cdots$	y_{nm}/y_{1m}

公平差距反事实收入分布矩阵 $\tilde{\boldsymbol{Y}}_{\mathrm{FG}}$ 与事后补偿原则一致，$\tilde{\boldsymbol{Y}}_{\mathrm{FG}}$ 的列向量可以解释群组内部的不平等；除了参考水平环境所在类别（表 11-6 中的第一行），其他类别内部均存在不平等，因此 $\tilde{\boldsymbol{Y}}_{\mathrm{FG}}$ 与回报原则不一致。对反事实收入 $\tilde{\boldsymbol{Y}}_{\mathrm{FG}}$ 的不平等测度可以反映当 $c_i \neq \tilde{c}$ 且 $\tilde{x}_{i,j} \neq \tilde{x}_{i,h}$ 时公平合理的不平等。

5）随机占优法

随机占优（stochastic dominance）法测度的基本原理如下：在事前机会不平等框架的很多情形中，个人机会集的值是同一类别人群收入的增函数。这意味着，只要存在某个类别的累积收入分布一阶随机占优于另一类别，就意味着存在事前机会不平等。因此，类别累积收入分布间不存在一阶随机占优关系可作为事前机会平等存在性的检验标准。在不平等厌恶回报原则下，Lefranc 等（2009）指出，类别累积收入分布间不存在一阶随机占优关系可进一步强化为要求类别累积收入分布间不存在二阶随机占优关系。Ramos 和 van de Gaer（2012）进一步得

---

① 需要注意的是，Roemer（1993）还给出了直接不公平测度法与公平差距测度法不同的构建方式，是否满足事前补偿原则或事后补偿原则需要具体根据反事实收入的构建方式来决定，下面仅指具体给出的反事实收入矩阵。

出，如果 Roemer 识别假设成立，则类别累积收入分布间不存在一阶和二阶随机占优关系的假设被同时拒绝，就意味着存在事后机会不平等。

6）基准测度法

不平等的标准测度并不能区分不平等的公平性，而是将所有不平等均视为不公平，将任何偏向更为公平分布的移动视为公平意义上的改进。然而，类似的移动可能消除的是不平等中的公平成分，进而会导致社会不公平程度上升。因此，可重新设定基准的公平收入分配，进而测算每一个人实际收入与其基准公平收入的偏离程度，这就是基准测度法（norm based measures）。理论上，基准测度中的不平等指标应具备局部对称性和比 Pigou-Dalton 条件更为严格的转移原则。Devooght（2008）将平等主义的均等分配作为基准，采用基于一种广义熵的分布变动测度计算总体偏离程度。Almås 等（2011）基于广义比例分配设定基准收入，采用公平基尼系数汇总每个人的实际收入与基准公平收入的绝对值。

3. 机会不平等前沿测度方法的比较

机会不平等前沿测度方法种类繁多，首先，从方法类型、福利准则和分配规则角度对上述四类测度机会不平等的反事实收入构建方法进行总结，如表 11-7 所示。

表 11-7 福利准则和分配规则与不平等测度方法

方法类型	福利准则和分配规则	不平等测度方法
事前视角	最小化均值	类别间不平等测度方法
	条件平等	直接不公平测度法
事后视角	均等化最小值	群组内部的不平等测度方法
	平等主义的均等化分配	公平差距测度法

根据补偿原则和回报原则这两类核心原则来区分哪些部分被看作公平的不平等（努力因素导致），哪些被看作不公平的不平等（环境因素导致）。采用事前视角，可以构建反事实分布来消除所有公平的不平等并保留所有不公平的不平等；采用事后视角，不太可能构建反事实分布，可以满足完全消除公平的不平等并包含所有不公平的不平等，从这个角度看，基于事前补偿原则的测度方法优于基于事后补偿原则的测度方法。

从对数据质量的要求来看，事后法需要识别努力程度，对数据质量要求更高。Roemer 和 Trannoy（2013）指出努力程度很难精确地测度，通常会存在测量误差，努力测度的稳健性差于环境，因此采用努力变量来区分群组再进行机会不平等测度（即事后测度法）将面临更多的风险；虽然有些环境变量不可观测，但总体上可观测的环境变量测度很少受到其他变量影响，因此采用环境变量来区分类别再进行机会不平等测度（事前法测度）要优于事后法测度。

基于上述考虑，采用事后补偿原则测度方法进行系统的机会不平等测度于国家比较的实证研究中很少；Devooght（2008）和 Almås 等（2011）分别采用平等主义的均等分配和广义比例分配设定基准收入，采用直接不公平测度法和公平差距测度法测度机会不平等，理论上采用这两种基于基准分布的测度方法要求不平等指标应该具备局部对称性和更为严格的转移原则；基于事前补偿原则的类别间不平等测度法是大多数研究最常用的测度方法。但是类别间不平等测度法也在精确性方面存在问题，由于不可观测的环境变量存在，该方法测度到的机会不平等程度是机会不平等真实值的下限；由于数据质量差异（既包含环境变量，也包含结果变量方面的数据质量问题），当前研究对该下限与真实值的差距还未达成共识，进而影响到机会不平等的跨国比较①。

11.4　本 章 小 结

本章从辨析收入分配公平的相关概念与关系入手，包括收入均等与收入公平的概念辨析、收入分配公平与效率的关系辨析、收入分配均等与公平的关系辨析、居民收入分配公平的现实判断问题。均等与否是对收入分配结果的事实判断与客观判断，可以采用基尼系数、泰尔指数等指标来表示。"公平"是一种社会价值判断，由于本身所具有的抽象性、高度概括性、历史性以及个体认知差异性，在政治哲学与经济伦理学中不同学派对公平的理解千差万别。判断一个国家的居民收入分配是否公平，更重要的是看这个国家的市场竞争环境是否公平，能否保障收入分配机会公平和规则公平。收入公平与否、平等与否不存在对应关系，公平与效率也并非不可兼得，以机会平等代表的收入公平与效率并不矛盾。

居民收入分配公平观不断演进。以庇古为代表的传统的功利主义公平观将价值观判断引入经济学，强调对收入不平等与贫困的关注，认为在竞争性市场中，理想的收入分配结果与实际情况之间存在巨大差异，贫困以及过大的收入差距会削弱整体的社会福利，但由于忽视个体差异，采用仅关注效用的一元论方法而受到众多批判。以休谟、斯密、哈耶克、弗里德曼为代表的古典自由主义收入公平观追求对收入分配结果公平的批判、推崇自由竞争市场中的机会平等。自 Rawls 开始，机会平等成为当代西方社会中社会公平领域的流行理论，Roemer 总结和

---

① 除上述方法外，Lefranc 等（2009）还将随机占优法应用于机会不平等的国际比较，将随机占优关系作为事前机会平等是否存在的检验标准。

发展了机会不平等理论，并清晰地界定了个体责任，给出了清晰并实用的机会不平等内涵——"环境-努力"二元分析框架，这一框架成为当前机会不平等研究中的主流分析框架。

从已有的机会不平等文献来看，国外对机会不平等经历了 20 余年的系统性研究，发展了较为成熟的理论体系以及保障机会平等实现的政策原则设计，而国内对机会不平等的研究还停留在定性层面，定量研究中国机会不平等的文献较少。梳理国内外文献，发现机会不平等的测度方法包括两大类：第一，传统测度方法，即根据调查问卷中被调查者对机会不平等相关问题的主观判断进行衡量，以及将流动性指标作为机会不平等代理指标的衡量方法；第二，机会不平等测度的主流与前沿测度方法，主要是在 Roemer 的"环境-努力"二元分析框架下的测度方法发展，包括事前测度法和事后测度法两种。已有文献对机会不平等变动趋势以及机会不平等的生成渠道研究非常少。本书后续将基于传统与前沿的测度方法定量研究中国的机会不平等，以期更加全面地考察收入分配不公。

第12章 基于代际流动性的中国居民收入分配不公测度分析

代际流动性是从动态角度反映收入不公程度，是量化收入分配领域不公平程度的传统方法之一。本章首先基于 CHNS 1989~2011 年 9 轮调查数据，并进行适当的样本归并、测量误差修正和可比性调整等处理，其次从纵向变动和横向异质性两个层面定量刻画中国居民收入代际弹性的变异特征，最后估计分析代际收入弹性变异对收入不平等变动的影响。

12.1 引　　言

在很多经济体中，居民收入分配问题不但表现为分配差距过大，而且持续存在。在这种情况下，相关问题研究可分为两类：一类是静态维度研究，主要研究居民个人或家庭收入的截面静态差异程度及其形成原因，具体借助于基尼系数、泰尔指数、分位数等指标进行分析；另一类是动态维度研究，主要研究居民个人或家庭收入在不同代际之间的持续传递情况，乃至对收入分配差距的影响。准确衡量收入分配的持续动态能够提供经济体中社会流动和经济平等程度信息，同时也反映出居民收入分配公平性，是收入不公平的传统测度方法之一。

在经济学中，收入分配持续动态表现为子代收入在多大程度上由父代收入决定，也就是代际收入弹性。例如，0.5 的代际收入弹性意味着：如果父代收入高出同代人平均收入的10%，那么其子代收入在平均意义上要高于子代同代人平均收入的 5%。显然，代际收入弹性越大，当前收入分配差异持续下去的可能性就越高。Becker 和 Tomes 是代际收入弹性估计的先行者。他们在 1986 年合作发表的论文中，通过 OLS 得到的美国代际收入弹性约为 0.2。然而，他们的估计是基于父子两代的单年收入数据得出的，不符合代际收入弹性估计必须用持久收入的根本要求，因而会出现向下偏误。

美国代际收入弹性会随着收入平均年份的增加而逐渐增大并逼近真值，这意味着为确保估计准确必须选择尽可能大的收入平均年份。Haider 和 Solon（2006）通过研究美国社会保障数据发现，个人终生的收入轨迹呈现倒 "U" 形，30 岁早期和 40 岁早期的单年收入观测值对持久收入的代表性最强，代际收入弹性的估计偏误最小。与此同时，鉴于 OLS 估计存在向下偏误，研究者希望通过将父代和子女具有稳定特征的因素作为工具变量得到代际收入弹性系数的一致估计。Solon（1992）和 Mulligan（1997）认为父代教育和职业等个人特征是反映其持久性收入的合适工具变量。然而，由于这些工具变量与子代收入可能存在独立的正向影响，因而估计结果可能会偏高一些。此外，为分析代际收入弹性在不同收入群体的分布，Eide 和 Showalter（1999）采用分位数回归进行研究。这些都为后续的大量研究提供了参考依据（Solon，1999；Björklund et al.，2012；Black and Devereux，2010；Nybom and Stuhler，2016）。后来，随着数据的积累及可得性的改观，代际收入弹性的国际比较和趋势比较及其驱动因素的研究得以不断出现。Blanden（2009）在总结和比较分析的基础上发现，北欧的高福利国家代际收入弹性要比美英发达国家低不少。Black 和 Devereux（2010）认为，代际收入弹性差异可以由与初等教育关联的技能回报差异和政府教育投资差异所解释。例如，北欧国家的低弹性可以为收入分配压缩所导致的技能低回报或以儿童教育机会均等为中心的教育政策所解释。同时，这些国家高福利状态的形成与代际收入弹性下降密切相关。Mayer 和 Lopoo（2005）、Lee 和 Solon（2009）采用美国收入动态追踪调查（panel study of income dynamics，PSID）数据分别对 1949~1965 年出生的男性以及 1952~1975 年新生儿代际收入弹性变动趋势进行估计。在代际收入弹性趋势估计中，研究者认为过高或过低的估计值在一段较长时间中应该是稳定的，而不会影响代际收入弹性变化趋势，因此通常没有采用很多的计量方法来控制上述估计偏差。

中国的代际收入弹性研究始于王海港（2005），他使用的是父代单年收入，因而得到的结果可能有较大偏误。之后，姚先国和赵丽秋（2006）、王美今和李仲达（2012）、何石军和黄桂田（2013）等采用收入平均方法得到 0.3~0.9 的结果。韩军辉和龙志和（2011）研究了中国父代收入的生命周期偏误特征后发现，年龄大于 34 岁个体的生命周期收入没有明显波动。胡洪曙和亓寿伟（2014）、陈杰和苏群（2015）采用工具变量法估计了中国的代际收入弹性，结果与收入平均方法下并无太大差异。与此同时，一些研究开始关注代际收入弹性对收入不平等的影响。李任玉等（2015）在工具变量分位数回归基础上进行分解后发现，高收入和低收入两类家庭子女间的收入不平等主要来源于教育、工作经验和单位性质等特征差异；徐舒和李江（2015）将以方差衡量的收入不平等分解为子代组内、父代组内以及父代与子代组间三种形式后发现，通过组间收入不平等体现的代际收入传递可以解释整体收入不平等的 35.5%。总的来说，目前国内研究更多停留在代际收入弹性的准确估计上，对代际收入弹性变异特征及其与收入不平等变动的关联影响研究还比较少，尤其缺乏在充分可靠样本基础上对纵向变动特征和横向异质性特征的全面深入解析。鉴于近二十年来中国居民收入分配差距经历较大幅度的变动过程，全国基尼系数先是大幅上升，而后则是小幅下降（吕光明和李莹，2016），由此产生的问题包括：中国的代际收入弹性在准确可比意义上的纵向变动特征是什么？横向异质性特征又是什么？两大变异特征组合与收入不平等程度变动之间有何关联关系？显然，这些问题的解答对理解和解决中国收入分配差距问题具有重要的现实意义。

本章采集 CHNS 1989~2011 年 9 轮调查数据从纵向变动和横向异质性两个层面定量刻画了中国居民收入代际弹性的变异特征，在此基础上估计分析了代际收入弹性变异对收入不平等变动的影响。与已有研究相比，本章的主要贡献如下：第一，将 CHNS 部分调查年份的数据进行合并，同时修正相应的数据测量误差和解决比较的可比性问题，从而既可以在较长时间序列内刻画代际收入弹性的变动趋势，又可以保证横截面内有足够的样本分析刻画代际收入弹性在不同收入水平上的异质性；第二，在揭示代际收入弹性纵向变动趋势以及横向异质性的基础上，进一步估计分析代际收入弹性变异对收入不平等程度变动的动态影响，并结合反事实的分析方法探寻不同收入群体影响的差异性。

12.2　代际收入弹性及其对不平等变动影响的估计方法与数据说明

12.2.1　代际收入弹性的估计方法

Becker 和 Tomes（1979）运用代际收入弹性系数的分析工具给出了传统的代际收入弹性估计模型：

$$y_1 = \alpha + \beta y_0 + \varepsilon \qquad\qquad (12\text{-}1)$$

其中，y_1 和 y_0 分别为子代和父代永久收入的对数；ε 为随机干扰项；β 为代际收入弹性。β 值越大，表示父代对子代的收入传递性越大，代际收入的流动性越低；反之亦反。

由于缺乏长时期的收入数据，一般采用暂时性收入作为永久收入的代理变量，但这会导致暂时性收入测量偏差和生命周期偏误，通常采用引言中提及的平均收入作为永久收入代理变量、适当放宽年龄限制等方式来减小偏误。但当前的代际收入弹性变化趋势研究中往往忽略了不同时期或不同出生队列群体的代际收入弹性可比性问题。事实上，直接估计式（12-1）得到的代际收入弹性并不具有严格的可比性，因此不能进行准确的趋势对比研究。这是因为表征父代收入与子代收入相关程度的皮尔逊相关系数 ρ 与式（12-1）的回归系数 β 之间存在如下关系：

$$\rho = \beta \times \frac{\sigma_0}{\sigma_1} \qquad (12\text{-}2)$$

其中，σ_0 和 σ_1 分别表示父代与子代对数收入的标准差。由式（12-2）可知，当 $\sigma_0 = \sigma_1$，即以方差表示的收入不平等不发生变动时，$\rho = \beta$；若 $\sigma_0 < \sigma_1$，即不平等程度提高时，$\rho < \beta$；同理，当不平等程度缩小时，$\rho > \beta$。由于相关系数 ρ 不会随样本的方差变动而发生变动，而 β 不仅受相关程度的影响，还会随样本方差改变而发生变动，因此，与代际收入弹性 β 相比，代际相关系数 ρ 是进行代际收入弹性比较的优良指标。由式（12-2）可知，将式（12-1）中的收入变量进行标准化处理（减去均值再除以标准差）后再进行 OLS 估计，得到的代际收入弹性与相关系数一致，并且是趋势可比的代际收入弹性。考虑到子代调查样本年龄限制，结合当前研究中处理子代生命周期偏误的方法，在式（12-1）的基础上，加入子代年龄控制变量[①]：

$$y_1 = \alpha + \beta y_0 + \eta \times \text{age} + \omega \times \text{age}^2 + \varepsilon \qquad (12\text{-}3)$$

对式（12-3）中所有变量进行标准化后再进行估计，可以得到消除生命周期偏误的纵向可比代际收入弹性。

12.2.2　代际收入弹性变异对不平等影响的计量估计

虽然先对变量进行标准化后再进行 OLS 估计可以得到可比的代际收入弹性变动趋势，但无法观测到代际收入弹性的异质性，主要体现为不同收入群体的子代受父辈的影响程度可能存在差异，鉴于此，本章继续采用分位数回归方法估计代际收入弹性的异质性特征；相比于 OLS 估计代表的均值回归，分位数回归的

[①] 韩军辉和龙志和（2011）对中国居民收入的生命周期偏误特征研究后发现，年龄大于 34 岁个体的生命周期收入没有显著的波动，后文中样本的描述性统计发现子代平均年龄在 22 岁左右，父代平均年龄在 50 岁左右，可以认为子代的年龄较小，存在生命周期偏误的可能性更大，父代年龄一般超过了 34 岁，生命周期偏误很小，因此不再将父代年龄作为控制变量纳入模型中。

另一个优势是更不易受到极端值的影响，结果更加稳健。

OLS 回归的估计值 $\hat{\beta}$ 可以看作最小化总体平均平方距离的值，"q 分位数回归系数"的估计值 $\hat{\beta}_q$ 则可以看作最小化平均加权距离的值，根据数值点在 q 值之上还是之下进行加权（郝令昕和奈曼，2012），由于分位数回归的距离采用绝对值形式表示，故不可微分，通常采用线性规划的方式求解。

考虑代际收入弹性的异质性后，可以通过方差分解方法，进一步测度代际收入弹性对整体收入不平等的影响程度（徐舒和李江，2015）。假定社会中只存在子代和父代两类群体，并采用方差作为对数收入的不平等测度指标。整体的对数收入不平等由子代和父代各自组内收入不平等以及二者的组间收入不平等组成，借鉴 Krueger 和 Perri（2006）、徐舒和李江（2015）的处理方式，构建如下方程：

$$y = \varphi_0 + \varphi_1 \times g + \varphi_2 \times corr + v \qquad (12\text{-}4)$$

其中，y 为子代和父代的对数收入；g 为子代或父代的虚拟变量，个体属于子代时 $g=1$，个体属于父代时 $g=0$；corr 为采用分位数回归方法估计式（12-2）得到的异质性代际收入弹性，但此时的弹性是未对变量进行标准化处理的。整体的收入不平等程度用 y 的方差 σ_y^2 表示，组内收入不平等程度可以表示为了控制异质性代际收入弹性后的残差项方差 σ_v^2，代际收入弹性对收入不平等的影响体现在组间收入不平等上：

$$T = 1 - \frac{\sigma_v^2}{\sigma_y^2} \qquad (12\text{-}5)$$

根据 OLS 回归原理，$1 - \dfrac{\sigma_v^2}{\sigma_y^2}$ 等价于可决系数 R^2，因此，我们可以根据式（12-5）的可决系数来定量测度收入弹性对不平等的影响程度。

12.2.3 样本选择与变量数据描述

本章使用的数据为 CHNS 调查数据。该调查是由北卡罗来纳大学的卡罗来纳人口中心、营养和食品安全国家研究所与中国疾病预防控制中心三方一起实施的，到目前为止共实施了 9 轮，实施年份分别是 1989 年、1991 年、1993 年、1997 年、2000 年、2004 年、2006 年、2009 年和 2011 年。该调查覆盖了辽宁、黑龙江、山东、河南、江苏、湖北、湖南、广西以及贵州 9 个省（区），在 2011 年新加入北京、上海、重庆 3 个直辖市。每轮的调查家庭样本个数，在 15 000~24 000 个。CHNS 调查数据是当前中国收入流动性研究中应用非常广泛、时间序列较长的微观数据库，能够满足本章的研究目的。

CHNS 提供了经 CPI 调整的 2009 年可比价格的总收入指标，该收入指标包含了四大收入来源：工资（包括退休金）和补助；奖金（包括月度奖金、季度奖金、年终奖、节日奖及其他奖）；农务及商业收入（包括集体农村收入、家禽饲养收入、菜园果园种植收入、渔业养殖收入、小手工业及小型商业经营收入等）和其他来源收入。

首先利用家庭代码、个人代码及家庭关系代码对父子信息进行匹配。样本的具体筛选过程如下：①将父辈年龄限制在 60 岁以内，且与子代年龄差距在 14 岁以上，这样一方面使父代和子代均活跃在劳动力市场中，可以更好地避免同住型偏差和生命周期偏误；另一方面可以通过控制父代与子代年龄差距来删除少量可能存在汇报错误的样本。②剔除年收入水平小于 0 的样本。③出于尽量扩大样本量、保留更多有用信息的考虑，父代并不局限于户主，而是对家庭中包含的所有父子关系均进行了匹配；子代的选择包括信息完整的所有子女，而不局限于家庭中的儿子或长子。由于使用了家庭代码进行匹配，故删除了少量家庭代码转变的样本①。与多数研究一致，父代仅指父亲，不包括母亲，是因为父亲在家庭收入和决策中通常占据支配地位（徐晓红，2015），进入劳动力市场的女性比例比男性更低，尤其是在农村地区大量女性没有正式工作和稳定收入。④经前三步数据筛选后，1989~2000 年单轮调查样本量在 1 000 个以上，但 2004~2011 年的四轮调查样本量在 300~412 个，样本量较少，我们将 2004~2006 年、2009~2011 年样本合并，两轮之间仅隔一年，这在很大程度上可以保证数据合并后分析的有效性。⑤剔除少量异常值，最后得到 1989 年、1991 年、1993 年、1997 年、2000 年、2004~2006 年、2009~2011 年样本量分别为 1 129 个、1 275 个、1 206 个、1 097 个、1 061 个、715 个、744 个，总样本量为 7 227 个，基本满足纵向趋势分析以及横向分位数回归分析对样本量的要求。研究变量的描述性统计见表 12-1，样本中子代平均年龄 22.90 岁，子代对数收入平均值低于父代，而方差高于父代，这也印证了采用可比意义的代际收入弹性的重要性。

表 12-1 研究变量的描述性统计

变量	样本量/个	均值	标准差	最小值	最大值
子代对数收入	7 227	8.10	1.29	0.29	12.04
父代对数收入	7 227	8.37	1.14	0.27	12.06
子代年龄	7 227	22.90	4.03	17.00	42.90

---

① 下面的"父子"如无特殊说明，均为父亲与儿子以及父亲与女儿的简称。

12.3　中国居民代际收入弹性的纵向变动趋势与横向异质性特征

本节着重定量刻画 1989~2011 年中国居民代际收入弹性的纵向变动趋势，并分析不同收入群体代际收入弹性的横向异质性特征。

12.3.1　基于最小二乘法估计的代际收入弹性纵向变动趋势

经过变量标准化后对式（12-3）进行 OLS 估计，结果如图 12-1 所示。从图 12-1 可以看出，1989~2011 年，中国居民代际收入弹性出现"M"形的变动态势。这里进一步划分为四个阶段进行如下分析：

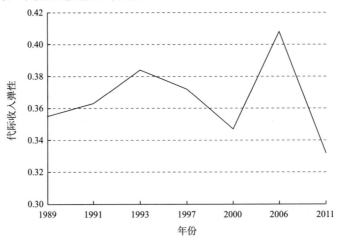

图 12-1　代际收入弹性的纵向变动趋势（1989~2011 年）

第一阶段，代际收入弹性自 1989 年的 0.355 上升到 1993 年的 0.384，这个阶段恰好是中国市场化开始迅速提高的阶段，出现了以体制内精英人群下海经商为特征的创业浪潮，获得了高收入，而这部分群体往往拥有良好的家庭背景以及良好的教育水平，使代际收入弹性有所提高。

第二阶段是 1993~2000 年的下降阶段，表明父代收入与子代收入的相关性逐渐回落，这与相应时间段国有企业改革和城镇劳动力市场逐渐建立的现实情况吻合。

第三阶段是 2000~2006 年的又一次上升，1997 年大学扩招毕业生开始走入职场，但初期教育扩张创造的教育机会通常被优势群体占据，并非惠及所有人群

（李春玲，2010），导致 2005 年前后代际收入弹性上升，但这次上升并未持续。

第四阶段，2010 年左右的代际收入弹性比 2005 年左右有明显下降，大学教育扩招在优势群体的受教育机会达到饱和以后，教育不平等得以下降（李春玲，2010），也降低了家庭背景对教育和收入的影响。与现有研究相比，杨娟和张绘（2015）采用 CHIP 1995 年、2002 年、2007 年分别分析 1967~1973 年、1974~1980 年、1981~1987 年出生队列的代际收入弹性发现代际收入弹性在下降，与本章研究 1989~2011 年的变动趋势基本一致。

12.3.2　基于分位数回归估计的代际收入弹性横向异质性特征

OLS 估计只能从均值角度分析代际收入弹性状况，在收入分布有偏以及存在异常值时，均值不再是反映集中趋势的优良指标。此外，分位数回归估计可以得到不同收入群体居民的代际收入弹性差异，也有利于分析均值意义上代际收入弹性变动的原因。1989~2011 年代际收入弹性的分位数估计结果如图 12-2（a）、图 12-2（b）和图 12-2（c）所示。

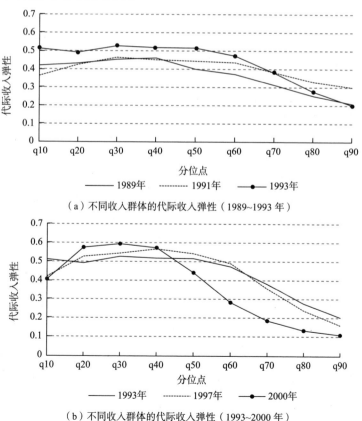

（a）不同收入群体的代际收入弹性（1989~1993 年）

（b）不同收入群体的代际收入弹性（1993~2000 年）

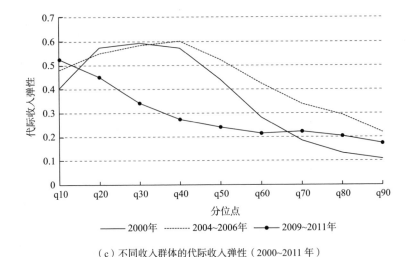

（c）不同收入群体的代际收入弹性（2000~2011 年）

图 12-2　1989~2011 年代际收入弹性的分位数估计结果

　　从所有分析年份的代际收入弹性来看，代际收入弹性均大于 0，但具有很强的异质性，在不同分位点上的代际收入弹性差异很大，变动趋势在不同分析年份也存在差异。1989~2006 年，代际收入弹性随分位点的提高基本呈现先升后降的明显倒"U"形变动趋势，且有一定的非对称性，代际收入弹性最高值出现在收入分布的 q30~q40 分位点上，最低值出现在顶端的高收入群体上。在2009~2011 年的分析样本中，代际收入弹性出现直线下降的变动趋势，分位点越低，代际收入弹性越大，这说明父代的收入群体越低，子女继续停留在父代收入群体的倾向越高。

　　由代际收入弹性在收入分布上的变动趋势会发现中国的收入代际流动存在"贫困陷阱"，即低收入群体的社会固化问题突出，如果父代收入水平较低，则子代处于低收入水平上的概率会较高，从而更可能陷入贫困的代际恶性循环中。因此，政府应该加大对低收入家庭的公共投入，采用精准扶贫等方式来降低家庭背景对子代决策的影响，进而避免低收入家庭代际间的持续贫困。

　　图 12-2（a）中，以 1989 年代际收入弹性为基准，1991 年代际收入弹性平均值上升主要是由于中高分位点上代际收入弹性高于 1989 年导致的，而低分位点上的代际收入弹性有明显的下降；q10~q80 各个分位点上的代际收入弹性相对于 1989 年基本有所上升，这正是 1993 年代际收入弹性平均值提高的根本原因。

　　图 12-2（b）中，与 1993 年代际收入弹性相比，1997 年与 2000 年低分位点（q20~q40）上的代际收入弹性逐年递增，同时在高分位点（q70~q90）上有所

下降，而 2000 年的下降最为明显，代际收入弹性在 q30 分位点上达到最大值（0.594），在 q90 分位点上仅为 0.109，2000 年的高收入群体代际收入弹性的下降拉低了代际收入弹性平均值（0.347）。

图 12-2（c）中，以 2000 年代际收入弹性为基准，2005 年前后（2004~2006年）代际收入弹性在 q40 分位点后虽然呈现下降趋势，但下降的幅度比 2000 年要平缓，即相同分位点上，2005 年前后的代际收入弹性要高于 2000 年；2010年前后（2009~2011 年）的代际收入弹性随分位点的提高而呈下降趋势，q10~q60 分位点连续下降较为迅速，而在 q60~q90 分位点上只有轻微变动，正是 q10~q60 分位点上弹性的下降使得 2009~2011 年均值水平上的代际收入弹性下降到历史最低点，表明低收入群体与中等收入群体的代际传递有所减弱，有利于收入跨群体流动。

上述结果揭示了代际收入弹性的纵向变动趋势和横向异质性存在密切关联，代际收入弹性的纵向变动趋势可以根据代际收入弹性异质性的变动来解释。低收入群体、中等收入群体及高收入群体的代际收入弹性变动均会影响代际收入弹性平均值的变动，只不过在不同分析年份的重要程度不同。

12.4　中国居民代际收入弹性变异对不平等变动的影响分析

在揭示代际收入弹性纵向变动趋势以及横向异质性的基础上，本节进一步估计分析代际收入弹性变异对收入不平等程度变动的动态影响。

12.4.1　不考虑代际收入弹性异质性情形分析

作为对比，在不考虑代际收入弹性异质性时，式（12-4）的 OLS 回归结果如表 12-2 所示。此时，代际收入弹性作为遗漏项包含在残差项中。子代=1 的虚拟变量 g 在各分析年份的系数基本显著为负，表明子代的收入水平要低于父代，与表 12-1 的描述性统计结果一致。1989~2000 年虚拟变量 g 对收入的影响力逐年下降，表明父代与子代之间的收入差距在缩小，2000~2011 年虚拟变量 g 对收入的影响力略有提高，意味着父代与子代之间的收入差距略有扩大，但变动程度相当微弱。

表 12-2 不考虑代际收入弹性异质性的式（12-4）的 OLS 回归结果

变量	1989 年	1991 年	1993 年	1997 年	2000 年	2004~2006 年	2009~2011 年
g	-0.437^{***} （-10.359）	-0.422^{***} （-11.080）	-0.368^{***} （-8.145）	-0.208^{***} （-4.596）	-0.091^{*} （-1.820）	-0.111 （-1.553）	-0.133^{**} （-2.491）
常数项	8.047^{***} （269.888）	7.986^{***} （296.560）	8.038^{***} （251.662）	8.344^{***} （260.690）	8.451^{***} （238.960）	8.795^{***} （174.536）	9.658^{***} （257.635）
N	2 258	2 550	2 412	2 194	2 122	1 430	1 488
R^2	0.045	0.046	0.027	0.010	0.002	0.002	0.004

*、**、***分别表示回归系数在 10%、5%、1%的显著水平显著

同样，以可决系数 R^2 表示的父代与子代组间的收入差距对整体收入不平等的贡献率从 4.5%下降到 0.2%后，在 2010 年前后（2009~2011 年）反弹至 0.4%。总体而言，父代与子代组间收入差距对整体收入不平等的贡献在 5%以内，贡献度较低。

12.4.2 加入代际收入弹性异质性情形分析

引入横向异质性的代际收入弹性后，式（12-4）的 OLS 估计结果如表 12-3 所示。与表 12-2 相比，子代=1 的虚拟变量回归系数变动微弱，仍为基本显著的负向影响。异质性弹性变量 corr 的回归系数基本显著为负，而可决系数 R^2 大幅上升。以 1989 年为例，R^2 从 4.5%大幅上升到 22.0%，表明代际收入弹性可以解释 17.5%的整体收入不平等。代际收入弹性对整体收入不平等的影响如图 12-3 所示。从图 12-3 可以看出，代际收入弹性对整体收入不平等的影响尽管上下波动，但存在上升趋势，尤其在 2010 年前后（2009~2011 年）更是突升至 39.3%，而在解释程度最低的 1991 年仅为 6.3%。

表 12-3 式（12-4）的 OLS 估计结果——引入横向异质性的代际收入弹性

变量	1989 年	1991 年	1993 年	1997 年	2000 年	2004~2006 年	2009~2011 年
g	-0.437^{***} （-11.443）	-0.422^{***} （-11.465）	-0.368^{***} （-9.540）	-0.207^{***} （-4.926）	-0.088^{*} （-1.957）	-0.111^{*} （-1.684）	-0.124 （-3.000）
corr	-4.341^{***} （-22.445）	-3.131^{***} （-13.465）	-3.787^{***} （-29.961）	-2.265^{***} （-19.241）	-2.497^{***} （-22.077）	-3.142^{***} （-15.845）	-4.830 （-31.130）
_cons	9.772^{***} （119.990）	9.350^{***} （89.371）	9.775^{***} （152.557）	9.359^{***} （154.770）	9.501^{***} （165.875）	10.255^{***} （99.361）	11.099 （202.810）
N	2 258	2 550	2 412	2 194	2 122	1 430	1 488
R^2	0.220	0.109	0.291	0.153	0.188	0.151	0.397

*、***分别表示回归系数在 10%、1%的显著水平显著

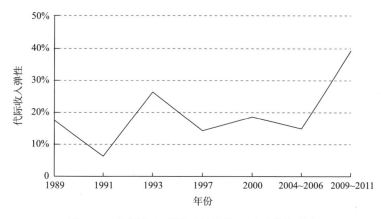

图 12-3　代际收入弹性对整体收入不平等的影响

为了分析代际收入弹性对整体收入不平等影响的差异性，选择解释度最低的 1991 年和解释度最高的 2009~2011 年进行反事实分析。首先，考虑 1991 年的代际收入弹性对不平等的解释度，本节研究继续采用相邻调查年份 1989 年和 1993 年的代际收入弹性作为反事实弹性，重新估计式（12-4），得到的 R^2 数值分别为 27.25% 和 31.96%，均要高于 10.9% 的实际 R^2。由于在 1989~1993 年中，1991 年的低收入群体代际收入弹性最低，这意味着降低低收入群体的代际收入弹性可以最大限度地减弱代际收入弹性对收入不平等的影响。进一步地，采用 1991 年的代际收入弹性作为 2009~2011 年的反事实弹性，重新估计式（12-4）得到的 R^2 仅为 19.3%，进一步验证了低收入群体代际收入弹性对收入不平等影响的重要性。

上述 R^2 变动结果揭示了代际收入弹性对收入不平等的影响，图 12-4 给出了以方差衡量的被解释变量 y 的方差以及回归方程式（12-4）的残差项方差，亦即控制了子代虚拟变量以及代际收入弹性后的方差。从图 12-4 可以看出，残差项方差均要小于对应分析年份的 y 的方差，表明代际收入弹性的横向异质性对整体收入不平等有重要影响。从 y 的方差变动来看，收入不平等程度经历了先升后降的变动趋势，在 2004~2006 年达到顶峰，残差项的方差变动趋势与以方差衡量的整体收入不平等程度变动趋势一致，而收入不平等程度最高的 2004~2006 年也正是代际收入弹性最高的年份。

在式（12-4）的基础上，进一步加入虚拟变量 g 与代际收入弹性 corr 的交乘项 $g \times corr$，以反映代际收入弹性对父代和子代收入的非对称影响，回归结果如表 12-4 所示。交互项系数基本显著为负，并且方程的拟合优度明显提高，表明代际收入弹性对子代收入的负向影响高于父代收入。

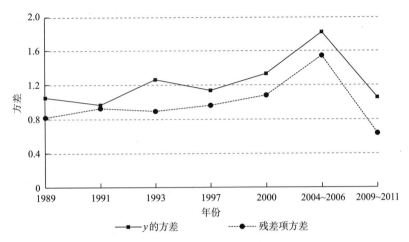

图 12-4 以方差衡量的收入不平等程度变动趋势（1989~2011 年）

表 12-4 异质性代际收入弹性对收入不平等的非对称影响

变量	1989 年	1991 年	1993 年	1997 年	2000 年	2004~2006 年	2009~2011 年
g	1.411*** （9.207）	0.256 （1.245）	1.337*** （11.462）	0.706*** （6.323）	1.068*** （10.495）	0.705*** （3.627）	1.450 （15.874）
corr	−2.020*** （−7.637）	−2.353*** （−7.170）	−1.929*** （−11.309）	−1.254*** （−7.683）	−1.128*** （−7.321）	−2.265*** （−8.128）	−2.226 （−11.347）
$g \times$ corr	−4.649*** （−12.423）	−1.555*** （−3.352）	−3.716*** （−15.403）	−2.036*** （−8.795）	−2.745*** （−12.577）	−1.756*** （−4.456）	−5.260 （−18.867）
常数项	8.850*** （81.738）	9.011*** （61.993）	8.922*** （108.199）	8.906*** （113.228）	8.926*** （124.369）	9.847*** （71.638）	10.322 （160.927）
N	2 258	2 550	2 412	2 194	2 122	1 430	1 488
R^2	0.270	0.113	0.355	0.182	0.245	0.163	0.514

***表示回归系数在 1%的显著水平显著

12.5 本 章 小 结

本章首先采集 CHNS 1989~2011 年 9 轮调查数据，基于代际流动性考察收入不公平的演变趋势，修正相应的数据测量误差和解决比较的可比性问题，其次从纵向变动和横向异质性两个层面定量刻画中国居民收入代际弹性的变异特征，最后估计分析代际收入弹性变异对收入不平等变动的影响。研究发现：

（1）从纵向来看，中国居民代际收入弹性大体呈现出"M"形的变动态势，代际收入弹性在 2005 年前后（2004~2006 年）达到顶峰的 0.408。

（2）从横向来看，代际收入弹性在不同收入分布上存在异质性，低收入群体的代际收入弹性显著高于高收入群体。1989~2006 年，代际收入弹性随分位点的提高基本呈现先升后降的明显的倒"U"形变动趋势，但到 2010 年前后（2009~2011 年）则出现随收入水平提高；代际收入弹性逐步下降的变动趋势，收入水平越低，与父代收入的相关性就越强。

（3）将代际收入弹性变异对收入不平等程度变动的影响分离后可知，代际收入弹性异质性是造成收入不平等程度变动的重要因素，对以方差衡量的不平等程度的解释力有逐渐上升的趋势，2010 年前后的解释程度已接近 40%。

OLS 估计结果显示，代际流动性均值有所改善，但低收入群体较高的代际收入弹性意味着低收入群体很可能陷入"贫困陷阱"，造成贫困的代际传递，也增加了扶贫工作的难度；与此同时，低收入群体代际收入弹性的降低可以更有效地减弱代际收入弹性对收入不平等的解释力，进而切断收入不平等的代际传递。因此，降低低收入群体的代际收入弹性也是降低收入不平等的有效方式。

第 13 章　基于机会不平等的中国居民收入分配不公测度分析

第 12 章在基于传统测度方法的代际流动性基础上衡量收入不公平，本章则采用前沿方法，基于机会不平等的测度来衡量收入不公平，主要工作包括三方面：第一，借助于机会不平等的测度，将收入不平等分解为机会不平等与公平合理的不平等，并描绘分析三类不平等 20 余年来的变动趋势。在机会不平等测度中，本章研究采用合理的数据合并方式，运用最前沿的机会不平等测度方法，并选用可以完全分解、不存在路径依赖性的不平等指标测度，力求机会不平等的测度更为准确。第二，在机会不平等测度结果的基础上，分析机会不平等、公平合理的不平等对收入不平等变动的贡献率，探析两者在收入不平等上升与下降阶段的作用，进而有利于提出更具针对性的政策建议。第三，值得注意的是，我国的收入不平等非常复杂，不仅在城乡、性别、地区存在巨大的收入差距，即使在城镇和农村内部、男性与女性内部及各地区内部，收入不平等问题也非常严峻，本章研究不仅分析了全样本收入不平等变动及根源，还分别讨论了城乡、性别及地区内部的收入不平等变动根源。

13.1　机会不平等的测度方法说明

在中国学术领域，收入分配问题的研究焦点长期集中在分配结果不平等上，相关研究大致可分为两大类：一是立足于分配结果的变化本身，从分布特征变化角度（周云波和马草原，2010；李实和罗楚亮，2011）和来源分解角度展开分析（唐莉等，2006；耿德伟，2014）；二是基于分配结果的形成因素，分别从人力资本（杨俊等，2008；陈斌开等，2009；邹伟和王小梅，2011）、人口特征（陈宗胜和周云波，2002；王卫等，2007）、地区（Cai et al.，2010；齐亚强和梁童心，2016）、行业和所有制（陈钊等，2010；夏庆杰等，2015）等角度测度分析各因素对收入差距的影响。然而，收入分配领域的结果不平等既无法反映收入差距问题的深层次根源，也无法反映收入分配的公平性。以 Roemer（1998）为代表的经济学家开始分析机会不平等，Roemer 将引起收入不平等的因素分为环境因素与努力因素。其中，环境因素是指个体无法自我控制或社会无法问责，但又对分配结果产生影响的因素集合，最为典型的环境因素有家庭背景、种族等。努力因素是指社会能够问责、个体能够自我控制的影响结果的个体行为。在政策干预下，机会平等是指分配结果只受努力差异的影响，而不受环境影响的情形，即无论个体面临何种环境，只要具有相同的努力程度，就应该有相同的结果。社会大众更容易接受努力因素引致的公平合理的不平等，而机会不平等损害劳动者的积极性，是引起大众对收入分配格局不满的主要原因，因此在对收入分配格局进行分析时，在收入不平等的基础上，还应纳入规范视角的机会不平等指标，进而对收入不平等的变动根源有更加深刻的认识。

虽然国内对分配结果的形成因素（如地区、行业等）研究从不同角度印证了机会不平等的存在，但靠单一维度或局部因素的测度分析难以全面揭示机会不平等的整体面貌。近年来，国外学者对机会不平等进行了大量的实证研究（Fleurbaey and Peragine，2013；Ferreira and Gignoux，2011），但国内学者对机会不平等的量化研究仍处于起步阶段，主要着眼于机会不平等的准确测度（江求川等，2014；韩军辉，2014；刘波等，2015）、环境因素对机会不平等的影响分析（陈东和黄旭锋，2015；李莹和吕光明，2016；宋扬，2017），以及讨论机会不平等对经济增长、居民幸福感、公平感的影响（陈晓东和张卫东，2017；雷欣等，2017；潘春阳，2011）。

机会不平等的准确测度一般基于反事实收入的构建，由于样本量的限制，非参数方法一般适用于环境变量个数较少的情况，环境变量选取太多导致类别内或群组内样本量过少而无法测算，而参数方法不受此限制，采用参数方法可以选取更为完备的环境集，因此在样本量不充足时，参数方法优于非参数方法。环境变量既可以直接影响个体收入，也可以通过影响个体努力程度来间接影响个体收入，最典型的例子就是个体受教育水平。在现有的机会不平等研究文献中，一般将个体受教育水平作为努力变量，但无论是我国还是发达国家，个体受教育水平均会受到环境因素的影响，富裕家庭、受教育程度较高的父母或富裕地区的儿童有更多受教育选择权和接受优质教育的机会。个体收入决定方程的函数形式 $y_i = f(c_i, e_i, u_i)$，其中，c 表示环境因素；e 表示努力因素；u 表示残差项。由于部分努力因素受到环境因素的影响，努力变量可以表示为环境变量的函数 $e_i(c_i)$，收入函数可以改写为

$$y_i = f(c_i, e_i(c_i), \varepsilon_i) \tag{13-1}$$

由于本章研究目的是测度机会不平等程度，并非分析某些变量的因果关系或机会不平等的生成渠道，因此可以将式（13-1）具体化为简约形式的半参数模型：

$$\ln y_i = c_i \psi + \varepsilon \tag{13-2}$$

根据 Ferreira 和 Gignoux（2011）的研究，在简约形式下，构建平滑分布（smoothed distribution）$\tilde{\mu}_i$：

$$\tilde{\mu}_i = \exp(c_i \hat{\psi}) \tag{13-3}$$

平滑分布 $\tilde{\mu}_i$ 代表的反事实收入含义如下：个体收入的差异仅来自可观测的环境因素，用 I 表示收入不平等指标，则 $I(\tilde{\mu}_i)$ 反映了类别间的不平等程度。

在简约形式下，还可以构建标准化分布（standardized distribution）$\tilde{v}_i$：

$$\tilde{v}_i = \exp(\bar{c}\hat{\psi} + \hat{\varepsilon}_i) \tag{13-4}$$

其中，$\bar{c}$ 仍为环境变量的参考水平，可以用所有个体环境变量取值的平均值来表示。标准化分布 $\tilde{v}_i$ 的含义是，在均等化可观测环境变量后，个体收入的差异来自可观测环境因素之外的其他因素（由残差项 $\hat{\varepsilon}_i$ 表示），$I(\tilde{v}_i)$ 反映了类别内部的不平等程度。

直接参数法与间接参数法测度的机会不平等绝对量可以分别表示为

$$M^D = I(\tilde{\mu}_i) \tag{13-5}$$

$$M^I = I(y_i) - I(\tilde{v}_i) \tag{13-6}$$

采用直接参数法与间接参数法测度机会不平等相对量，即机会不平等在收入不平等中的占比，可以反映收入不平等的内部结构特征，可以分别表示为

$$\theta_a^D = \frac{I(\tilde{\mu}_i)}{I(y_i)} \tag{13-7}$$

$$\theta_a^I = 1 - \frac{I(\tilde{v}_i)}{I(y_i)} \tag{13-8}$$

只要不平等指标 I 满足路径独立性，就有 $M^D = M^I$、$\theta_a^D = \theta_a^I$，常用的不平等指标（基尼系数、泰尔指数、平均对数偏差[①]）中只有 MLD 满足完全分解和路径独立两个特征，基尼系数与泰尔指数无法测算出总体收入不平等中有多大比例是由机会不平等导致的，因此本章中对机会不平等测度指标选用 MLD，如无特殊说明，本章提到的不平等指标均指 MLD。由于 $\tilde{\mu}_i$ 的构建更为简洁，下面主要采用式（13-3）构建反事实收入，采用式（13-5）的 M^D 与式（13-7）的 θ_a^D 来分别测度机会不平等的绝对量与相对量。需要注意的是，即使选用相对全面的环境

---

① 平均对数偏差：mean log deviation index，MLD。

集，也仅包含可观测到的环境变量，仍然不可避免地有环境变量遗漏问题，因此测度的机会不平等值是机会不平等真实值的下限。为了简化处理，这里将收入不平等与机会不平等的差值定义为公平合理的不平等，相应地，测度的公平合理的不平等是真实值的上限。

13.2　变量选择与数据处理

本书所用数据来源于 CHNS，CHNS 数据库是由美国北卡罗来纳大学人口中心与中国疾病控制和预防中心联合执行的国际合作项目，该数据库包含 1989 年、1991 年、1993 年、1997 年、2000 年、2004 年、2006 年、2009 年、2011 年的 9 轮调查，时间跨度达 20 余年。样本覆盖了辽宁、黑龙江、山东、河南、江苏、湖北、湖南、广西、贵州、北京、上海和重庆，共 12 个省区市，各年的观测家庭数目在 4 000 户左右，城乡比为 1∶2，个体样本在 15 000~24 000 个。

现有研究一般采用多个数据库拼接的方式来扩展研究的时间跨度，但由于不同数据库的样卷调查设计的差异，不同数据库中的指标选取不同，即使是相同指标也可能出现指标口径差异，CHNS 数据库是我国当前时间序列最长的微观数据库，基本包含本章研究所需的各类变量，选用 CHNS 可以尽量避免纵向上的不可比问题，满足本章研究探讨机会不平等演变趋势的研究目的。

13.2.1　变量选择

本章研究选择的反事实收入构建方法关注相同环境及个体组成的类别间的分配结果差异，不需要识别努力变量，只需要确定环境变量，因此研究变量将根据 CHNS 调查问卷选择个人收入变量及影响收入的环境变量。

个人收入变量选取 CHNS 提供的经 CPI 调整为 2009 年、具有可比性的总收入指标，该收入指标包含了四大收入来源：工资（包括退休金）和补助、奖金（包括月度奖金、季度奖金、年终奖、节日奖及其他奖）、农务及商业收入、其他来源收入。

环境变量选择依据如下：在对个体收入有重要影响的变量中，选取个人处境和行为中超出自我控制或社会不能问责的变量。结合国内外文献中环境变量的选取、我国国情及 CHNS 数据库中现有变量，本章研究将环境集中包含的变量分为三大类：个人特征、家庭背景与制度因素。

第一类为个人特征，具体包括影响收入的年龄与年龄的平方项、性别及户籍。根据明瑟收入方程，个人收入会随年龄呈现倒"U"形的变动趋势，因此解释变量既包含年龄的一次项也包含二次项；户籍变量以父亲的户口类型作为代理变量，这是由于个人的城乡户籍会因外出求学与就业而发生改变，而父亲的户籍最接近个人出生时的户籍状态，不受个人努力的影响。具体设定男性=1，城镇=1。

第二类为家庭背景，包括父亲的受教育水平及职业信息。选择最高教育程度来提取样本的受教育信息，将CHNS问卷中有关"最高受教育程度"答案代码换算为具体的受教育年限。CHNS调查中给出13种职业类型，本章研究按照提供的职业等级分类表对不同的职业类型打分，分数越高，代表职业等级越高。

第三类为制度因素，包括工作单位所有制形式、所在地区变量。其中单位所有制类型分为两类——国有部门（国有企业、政府机关和事业单位）与其他，具体设定国有部门=1。将CHNS数据包含的12个省区市划分为东部、中部、西部三个地区，具体设定两个虚拟变量，东部=1及中部=1，东部地区包括辽宁、山东、江苏、北京、上海，中部地区有黑龙江、河南、湖北、湖南，西部地区为广西、贵州与重庆。

在大部分机会不平等测度文献中，均没有将运气作为单独成分来考虑，默认运气属于个人责任的范畴，与其他随机项一样均是个人可控制的。由于一些环境变量不可观测，本章测度的机会不平等程度是机会不平等真实值的下限；一般认为青少年阶段的家庭背景对个体收入具有深远影响，并且严格外生，但由于CHNS未提供个体青少年阶段的家庭背景，只能以当前的家庭背景代替，因此测度的机会不平等程度较为粗略，但并不影响机会不平等趋势的判断。

13.2.2　数据处理

本章研究的数据处理过程如下。

（1）利用家庭代码、个人代码及家庭关系代码对父子信息进行匹配。

（2）在所有个体中，删除学生个体及未就业者，将子代年龄限制在18~60岁，个人收入大于0，这样可以尽量保证个体活跃在劳动力市场中。

（3）保留信息完整的个体。

（4）剔除每个调查年份中1%以下和99%以上的收入极值。

（5）经前四步数据筛选后，1989~2000年单轮调查样本量接近1 000个或1 000个以上，但2004~2011年的四轮调查样本量在312~461个，样本量较少，我们将2004年、2006年样本合并，将2009年、2011年样本合并，两轮之间仅相隔一年，这在很大程度上可以保证数据合并后分析的有效性，为了表示方便，将合并后的2004年与2006年样本简称为2006年样本，将合并后的2009年、

2011 年样本统称为 2011 年样本，样本合并是本章研究能够进行机会不平等长期演变趋势研究的基础。最后得到有效样本量为 7 872 个，1989 年、1991 年、1993 年、1997 年、2000 年、2006 年与 2011 年样本量分别为 1 406 个、1 572 个、1 374 个、1 022 个、974 个、655 个、869 个，基本满足纵向趋势分析对样本量的要求。

主要变量的描述性统计见表 13-1。由表 13-1 可知，个人年收入均值约为 6 764 元，平均年龄约为 25 岁，66%为男性，城镇户籍人口约占 31%。数据样本的地区分布较为均衡，其中，32%来自东部地区，35%来自中部地区。在样本中，35%的人口在国有部门工作。从家庭背景来看，父亲平均受教育水平为 6.51 年，父亲职业评分均值为 4.15。

表 13-1　主要变量的描述性统计

变量	样本量	均值	标准差	最小值	最大值
个人年收入/元	7 872	6 763.93	9 429.10	73.63	159 076.70
年龄/岁	7 872	25.05	6.08	18.00	59.20
年龄平方	7 872	664.51	372.22	324.00	3 504.64
性别（男性=1）	7 872	0.66	0.47	0	1
户籍（城镇=1）	7 872	0.31	0.46	0	1
地区（东部=1）	7 872	0.32	0.47	0	1
地区（中部=1）	7 872	0.35	0.48	0	1
单位性质（国有部门=1）	7 872	0.35	0.48	0	1
父亲受教育水平/年	7 872	6.51	3.55	3	19
父亲职业	7 872	4.15	3.30	1	12

13.3　机会不平等与公平合理的不平等的变动趋势

本节主要讨论中国居民在 1989~2011 年的收入不平等、机会不平等及公平合理的不平等的变动趋势。当前，我国收入分配中还出现了性别工资差别显著、城乡差距过大、地区差距明显的特征，本章研究除全样本的分析外，还对三类不平等的性别、城乡、地区差异进行深入分析。

13.3.1　全样本不平等的演变趋势

通过对式（13-2）的OLS估计可以发现，各环境因素估计系数符号基本符合预期，表明模型中变量的选择是合理的。图 13-1 为以 MLD 衡量的 1989~2011 年收入不平等程度、机会不平等程度及公平合理的不平等程度。

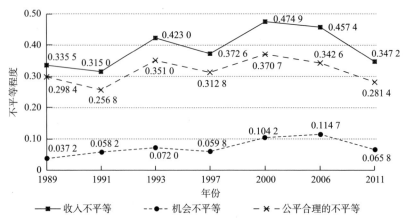

图 13-1　1989~2011 年不平等绝对量（MLD）变动趋势

从不平等程度升降趋势看，收入不平等程度、公平合理的不平等程度及机会不平等程度均呈现出具有波动性特征的先升后降趋势。公平合理的收入不平等程度高于机会不平等程度，并且与收入不平等程度的变动趋势完全一致；机会不平等作为收入不平等的重要组成部分，与收入不平等变动趋势基本保持一致。

具体而言，收入不平等从 1989 年的 0.335 5 上升到 2000 年的最高点 0.474 9，上升了 41.55%，随后下降到 2011 年的 0.347 2，下降了 26.89%；公平合理的不平等自 1989 年的 0.298 4 上升到 2000 年的 0.370 7，上升了 24.23%，随后下降到 2011 年的 0.281 4，下降幅度为 24.09%，公平合理的不平等的上升与下降幅度均要低于相应的收入不平等变动幅度；机会不平等程度从 1989 年的 0.037 2 上升到 2006 年的 0.114 7，提高了 2 倍以上，随后下降到 2011 年的 0.065 8，下降了 42.63%，上升和下降幅度均超过对应的收入不平等的变动幅度。

机会不平等与公平合理的不平等在收入不平等中的占比分析有利于研究收入不平等的结构，同时也更具有可比性。由于机会不平等占比与公平合理的不平等占比相当于硬币的两面，是此消彼长的关系，为了简洁性，本章研究只分析机会不平等相对量变动趋势，如图 13-2 所示。机会不平等占比经历了波动性上升又下降的过程，具体来看，机会不平等占比从 1989 年的 11.08% 迅速上升到 1991 年的 18.48%，在随后的 6 年里缓慢下降 2.42 个百分点；1997~2006 年，机会不平等占比又经历了新一轮的迅速上扬，在 2006 年达到 20 余年来的最高点 25.09%，意味着如果消除机会不平等，那么收入不平等程度将会下降 25.09%。改革开放以来，低收入者抓住机遇、通过自身努力获取了高收入。2006~2011 年，劳动力市场逐步完善，大学教育扩招使得优势群体的受教育机会达到饱和以后，教育不平等得以下降，低收入群体接受高等教育的机会提高，导致 2006~2011 年的机会不平等占比下降了约 6 个百分点。

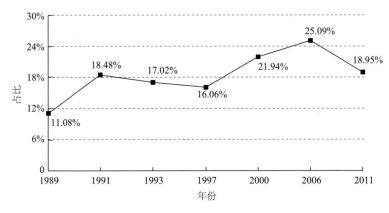

图 13-2　1989~2011 年机会不平等相对量变动趋势

　　下面进行稳健性检验。考虑到个体可以通过努力改变自身的居住地和单位所有制，为考虑这两个因素对测算结果的影响，本章研究将居住地和单位所有制两个变量作为努力变量引入模型，结果如图 13-3 所示，由此获得的机会不平等相对量变动趋势无明显改变。

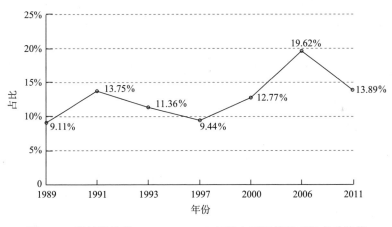

图 13-3　稳健性检验——1989~2011 年机会不平等相对量变动趋势

13.3.2　不平等演变趋势的性别差异

　　按照环境集中的性别变量，将全样本划分为男性样本与女性样本，分别讨论两者内部不平等变动。对 1989~2011 年不平等绝对量变动趋势的性别差异（MLD）进行分析（表 13-2）。男性的收入不平等程度要高于女性，二者均经历先升后降的过程，男性收入不平等自 1989 年的 0.345 上升到 2000 年的 0.510，随后下降到 2011 年的 0.364；女性收入不平等自 1989 年的 0.311 上升到 2006 年的 0.445，随后下降到 2011 年的 0.296。男性和女性机会不平等绝对量存在先升后降的变动趋势，男性在 2000 年达到最大值，女性则在 2006 年达到最大值；男性内部公平合理的不平等高于女性，并且存在先升后降的趋势，而女性的变动趋势不太明显。

表 13-2　1989~2011 年不平等绝对量变动趋势的性别差异（MLD）

调查年份	男性			女性		
	收入不平等	机会不平等	公平合理的不平等	收入不平等	机会不平等	公平合理的不平等
1989	0.345	0.035	0.310	0.311	0.049	0.262
1991	0.326	0.059	0.267	0.286	0.056	0.230
1993	0.406	0.051	0.355	0.437	0.103	0.334
1997	0.376	0.070	0.307	0.363	0.060	0.304
2000	0.510	0.116	0.394	0.396	0.074	0.322
2006	0.462	0.112	0.350	0.445	0.135	0.310
2011	0.364	0.061	0.302	0.296	0.086	0.210

对 1989~2011 年机会不平等相对量变动趋势的性别差异进行分析，如图 13-4 所示。1989~2006 年，男性与女性的机会不平等占比均有所上升，但男性的变动略为平缓，除了 1997 年和 2000 年外，女性内部的机会不平等占比要高于男性，女性内部面临更为严峻的机会不平等问题；与 2006 年相比，男性在 2011 年的机会不平等占比明显降低（下降了 7.41 个百分点），而女性的变动比较微弱，仅下降了 1.43 个百分点，没有明显的好转迹象。

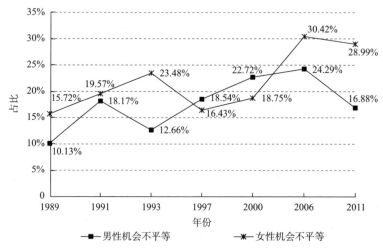

图 13-4　1989~2011 年机会不平等相对量变动趋势的性别差异

13.3.3 不平等演变趋势的城乡差异

将样本按户籍划分为城镇样本与农村样本，分别讨论城乡居民的机会不平等变动趋势。对 1989~2011 年不平等绝对量变动趋势的城乡差异进行分析，如表 13-3 所示。城镇内部的收入不平等程度要低于农村，与采用国家统计局公布的城乡分组数据得到的基尼系数大小关系一致；城镇收入不平等经历较为平缓的上升，在 2000 年 MLD 达到将近 0.3 顶峰，随后迅速下降，在 2011 年 MLD 下降到 0.215 5；农村收入不平等的趋势性不太明显，除 1991 年 MLD 达到低谷的 0.347 4 外，其他年份的 MLD 在 0.4~0.52 上下波动。

表 13-3　1989~2011 年不平等绝对量变动趋势的城乡差异

调查年份	城镇			农村		
	收入不平等	机会不平等	公平合理的不平等	收入不平等	机会不平等	公平合理的不平等
1989	0.196 3	0.008 3	0.188 0	0.401 2	0.040 6	0.360 6
1991	0.215 6	0.026 6	0.189 0	0.347 4	0.052 6	0.294 8
1993	0.248 9	0.028 1	0.220 9	0.517 6	0.104 9	0.412 7
1997	0.226 1	0.029 4	0.196 7	0.410 6	0.061 4	0.349 2
2000	0.299 6	0.053 8	0.245 8	0.499 6	0.087 4	0.412 2
2006	0.270 6	0.044 2	0.226 4	0.488 6	0.064 4	0.424 2
2011	0.215 5	0.033 7	0.181 8	0.408 2	0.057 4	0.350 7

城镇的机会不平等绝对量先升后降，在 20 世纪 90 年代，机会不平等绝对程度的提高较为平缓，但进入 21 世纪后，机会不平等绝对程度迅速提高，虽然之后开始回落，但仍然处于较高水平；相比而言，城镇中公平合理的不平等绝对程度波动幅度更为平缓，在 0.2 上下波动，在 2000~2011 年有所下降，表明城镇居民由努力程度的差异导致的收入差距在缩小。农村的机会不平等绝对量在 1989~2000 年上升了一倍以上，与城镇类似，在 2000 年达到顶峰之后开始回落，表明环境因素导致的不平等程度得以缓解；农村中公平合理的不平等在 1997~2006 年有明显的上升趋势，表明由努力差异导致的不平等在上升，但在 2011 年又回落到 1997 年的不平等水平。

图 13-5 描述了城乡机会不平等相对量的演变趋势。农村和城镇大致经历了机会不平等占比先升后降，但顶点对应的时间与全样本不同。农村的机会不平等占比在 1993 年达到顶峰（20.27%），城镇在 2000 年达到顶峰（17.95%）。一个有意义的现象是，以 2000 年为分水岭，在 1989 年、1991 年、1993 年与 1997 年的四次调查样本中，农村的机会不平等占比均高于城镇，而在此之后，城镇的机会不平等占比反超农村，二者的差距减小。

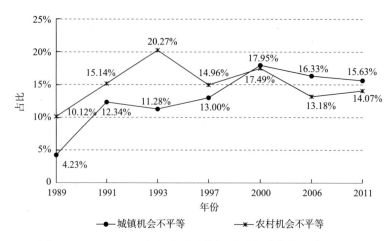

图 13-5　1989~2011 年机会不平等相对量变动趋势的城乡差异

13.3.4　不平等演变趋势的地区差异

　　我国存在不平等演变趋势的地区差异。对 1989~2011 年不平等绝对量变动趋势的地区差异进行分析，如表 13-4 所示，东部的收入不平等在三大地区中最低，中西部地区收入不平等程度经历了 1989~2000 年的波动性上升后开始下降，在 2000 年达到顶峰，MLD 值在 0.5 左右。三大地区机会不平等绝对量从时间趋势上来看变动不太规律，中部的机会不平等绝对量最高。相比于机会不平等，公平合理的不平等绝对量变动更具规律性，其与收入不平等变动趋势一致，中西部在 2000 年分别达到 0.419 6 和 0.466 5 的顶峰；虽然中西部地区收入不平等绝对量相当，但西部地区公平合理的不平等绝对量在三个地区中最高，可以预期西部地区机会不平等相对量要低于中部。

表 13-4　1989~2011 年不平等绝对量变动趋势的地区差异

调查年份	东部			中部			西部		
	收入不平等	机会不平等	公平合理的不平等	收入不平等	机会不平等	公平合理的不平等	收入不平等	机会不平等	公平合理的不平等
1989	0.300 0	0.021 4	0.278 7	0.325 0	0.058 4	0.266 5	0.369 9	0.041 5	0.328 3
1991	0.245 7	0.035 3	0.210 3	0.331 8	0.077 4	0.254 4	0.353 9	0.062 3	0.291 7
1993	0.347 5	0.050 1	0.297 4	0.465 6	0.105 6	0.360 0	0.419 1	0.037 6	0.381 5
1997	0.279 7	0.050 4	0.229 3	0.387 5	0.049 8	0.337 7	0.383 6	0.031 4	0.352 2
2000	0.308 6	0.039 6	0.269 0	0.511 9	0.092 3	0.419 6	0.520 0	0.053 5	0.466 5
2006	0.422 0	0.104 7	0.317 3	0.429 3	0.084 1	0.345 2	0.418 3	0.071 1	0.347 2
2011	0.273 3	0.028 0	0.245 4	0.398 2	0.089 6	0.308 5	0.344 2	0.033 2	0.311 0

1989~2011 年三大地区机会不平等相对量变动趋势如图 13-6 所示。三大地区机会不平等相对量变动趋势并不一致，东部地区机会不平等占比从 1989 年的 7.12%上升到 2006 年的 24.81%，2011 年剧烈下降到 10.23%；中部地区机会不平等占比在 1991 年达到顶峰（23.32%），1997 年触底，对于中部地区更应该关注的是 1997~2011 年持续的机会不平等占比的上升；西部地区机会不平等占比在 1991 年达到第一个顶峰（17.60%），在 2006 年第二次达到顶峰（17.00%），西部地区同样在 1997 年触底，机会不平等占比仅为 8.20%。相较而言，西部地区的机会不平等占比是三个地区中较低的，中部地区近年来的上升趋势需要进行调控。

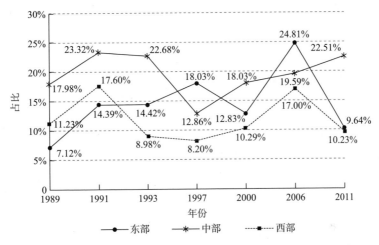

图 13-6 1989~2011 年机会不平等相对量变动趋势的地区差异

13.4 收入不平等变动的根源探析

进一步对收入不平等绝对量的变动情况进行分析，假定有两个时期，这两个时期收入不平等、机会不平等与公平合理的不平等变动之间的关系可以表示为

$$\Delta \text{Inc} = \Delta M^{\text{D}} + \Delta M^{\text{E}} \qquad (13\text{-}9)$$

其中，ΔInc 表示收入不平等绝对量变动；ΔM^{D} 表示直接法测度的机会不平等绝对量变动；ΔM^{E} 表示公平合理的不平等绝对量变动。用 r^{D} 和 r^{E} 分别表示机会不平等、公平合理的不平等对收入不平等变动的贡献率，可以表示为

$$r^{\text{D}} = \Delta M^{\text{D}} / \Delta \text{Inc} \times 100\% \qquad (13\text{-}10)$$

$$r^{\text{E}} = \Delta M^{\text{E}} / \Delta \text{Inc} \times 100\% \qquad (13\text{-}11)$$

贡献率指标可用于分析收入不平等的演变趋势中机会不平等与公平合理的不平等的作用方向与程度。当机会不平等的贡献率为正值时，表明机会不平等的变动方向与收入不平等变动方向一致，机会不平等的上升或下降推动了收入不平等同方向变动；当机会不平等的贡献率为负值时，表明机会不平等的变动方向与收入不平等变动方向相反，而这是公平合理的不平等更大程度的反向变动导致的。公平合理的收入不平等贡献率的符号含义类似。

本章研究对收入不平等变动根源的解析以 2000 年为分界点，具体有两个方面的原因：第一，从收入不平等的变动趋势来看，1989~2000 年整体上呈现上升趋势，2000~2011 年呈现下降趋势，2000 年是收入不平等变动趋势的分水岭；第二，以 2000 年为分界点，前后均间隔 11 年，相同的时间间隔更具有可比性。机会不平等与公平合理的不平等对收入不平等变动的贡献率如表 13-5 所示。

表 13-5　机会不平等与公平合理不平等对收入不平等变动的贡献率

样本类型	1989~2000 年			2000~2011 年		
	收入不平等变动	机会不平等贡献率	公平合理不平等贡献率	收入不平等变动	机会不平等贡献率	公平合理不平等贡献率
全样本	0.139 3	48.09%	51.91%	−0.127 6	30.07%	69.93%
男性	0.165 6	48.91%	51.09%	−0.146 6	37.18%	62.82%
女性	0.084 7	29.88%	70.12%	−0.099 8	−11.63%	111.63%
城镇	0.103 2	44.04%	55.96%	−0.084 1	23.90%	76.10%
农村	0.098 4	47.56%	52.44%	−0.091 4	32.77%	67.23%
东部	0.008 6	212.91%	−112.91%	−0.035 2	33.03%	66.97%
中部	0.186 9	18.11%	81.89%	−0.113 7	2.32%	97.68%
西部	0.150 2	7.96%	92.04%	−0.175 8	11.56%	88.44%

对全样本而言，无论是收入不平等的上升阶段还是下降阶段，机会不平等、公平合理的不平等均同方向变动，其中公平合理的不平等的贡献率高于机会不平等的贡献率，在收入不平等的下降阶段尤为明显。在 1989~2000 年，以 MLD 衡量的收入不平等上升了 0.139 3，其中机会不平等上升与公平合理的不平等上升对收入不平等上升的贡献率分别为 48.09%和 51.91%，公平合理的不平等贡献率高于机会不平等贡献率 3.82 个百分点；2011 年收入不平等比 2000 年明显下降，机会不平等的下降可以解释收入不平等下降的 30.07%，公平合理的不平等是引致收入不平等变动的主要因素。

从性别来看，公平合理的不平等是男性与女性收入不平等变动的主导因素，尤其在女性内部、下降阶段更为突出。就男性而言，1989~2000 年收入不平等上升，机会不平等贡献率低于公平合理的不平等贡献率 2.18 个百分点，而在 2000~2011 年的收入不平等下降中，机会不平等贡献率为 37.18%，公平合理的不平等贡献率比机会不平等贡献率高出 25.64 个百分点。就女性而言，在 1989~2000 年，机会不平等上升可以解释约 30%的女性内部收入不平等上升，但在下降阶段（2000~2011 年），机会不平等贡献率上升幅度小于公平合理的不平等的下降幅度，机会不平等对收入不平等的贡献率为-11.63%。

从城乡来看，公平合理的不平等是城镇和农村内部收入不平等变动的主导因素，尤其在城镇内部、下降阶段更为突出。在城镇内部，1989~2000 年，收入不平等上升了 0.103 2，公平合理的不平等贡献率高于机会不平等贡献率约 12 个百分点；2000~2011 年，收入不平等下降 0.084 1，公平合理的不平等贡献率达 3/4 以上，是这个阶段中收入不平等变动的主要原因。在农村内部，1989~2000 年收入不平等上升，机会不平等贡献率与公平合理的不平等贡献率相当；在 2000~2011 年，公平合理的不平等贡献率约为机会不平等贡献率的 2 倍。

从地区来看，公平合理的不平等是地区内部收入不平等变动的主导因素，但在各地区的贡献率存在显著差异。东部地区，在收入不平等上升阶段（1989~2000 年），机会不平等的上升程度高于公平合理的不平等的下降程度，从而导致收入不平等的上升；在 2000~2011 年，机会不平等的下降可以解释 1/3 的收入不平等下降，剩余的 2/3 则由公平合理的不平等下降导致。在中西部地区，无论是收入不平等的上升阶段还是下降阶段，公平合理的不平等可以解释 80%以上的收入不平等变动。

13.5　本 章 小 结

本章采用 1989~2011 年的 CHNS 数据，基于机会不平等的测度方法，首先，将收入不平等分解为机会不平等与公平合理的不平等，描绘分析了 20 余年三类不平等的变动画面；其次，以 2000 年上升转为下降为分界点，探析前后两个阶段机会不平等、公平合理的不平等对收入不平等变动的影响；最后，基于全样本和地区等分类样本剖析了收入不平等的变动及根源。得到的主要结论如下。

（1）就全样本而言，1989~2011 年，机会不平等先升后降，在 2006 年达到顶峰时，以 MLD 指标衡量的机会不平等绝对量为 0.114 7，机会不平等可以解释 25.09%的收入不平等。女性内部面临更为严峻的机会不平等问题。

（2）以 2000 年为分水岭，在 1989~1997 年的四次调查中，农村的机会不平等占比均高于城镇，而 2000~2011 年，城镇的机会不平等占比反超农村，二者的差距缩小。

（3）从地区差异看，中部地区的机会不平等绝对量最高，三大地区机会不平等占比变动趋势并不一致，西部地区的机会不平等占比最低，中部地区近年来的上升趋势需要进行调控。对收入不平等变动的根源进行探析发现，公平合理的不平等在收入不平等变动中处于主导地位，尤其是在收入不平等的下降阶段，公平合理的不平等贡献率远高于机会不平等。

当前无论是收入不平等还是机会不平等都处于较高水平，解决当前我国收入不平等问题的关键在于降低机会不平等程度，通过降低机会不平等来缩减收入不平等仍有很大空间。对此，本章给出以下政策启示。

第一，在初次分配领域，政府应继续致力于缩小环境因素对收入的影响，为所有社会群体提供均等的收入获取机会，在降低收入不平等的同时保证工作积极性，让改革发展成果更多、更公平地惠及全体人民。

第二，在再分配领域，政府再分配的重点应该是对因外部环境不利而陷入贫困的居民进行救济和补偿。一方面，通过政府的再分配提升弱势群体自身的发展能力，为弱势群体依靠自己的努力取得成功创造条件和提供平台；另一方面，采取财政补贴或税收减免等措施，降低弱势家庭的教育成本，通过提高自身努力程度来消除教育阶层固化对收入不平等的影响。

第14章 居民收入分配份额的国际比较与相关调控经验

通过居民收入分配份额体现收入分配一直以来都是各国政府和社会公众普遍关注且敏感度较高的问题，它关系到经济社会可持续发展和社会和谐稳定。通过调控居民收入份额，不断改善居民收入份额的合理性，实现居民收入分配公平公正，提高全民生活福祉，是现代社会各国政府治国理政的目标。居民收入分配涉及面广、影响因素多，经济发展、体制机制和政策因素等都会影响居民收入份额（余芳东，2012）。因此，分析总结典型国家调控居民收入分配份额的典型做法和经验，对我国制定相关政策具有很高的参考价值和借鉴意义。

本章首先从典型国家 GDP 中雇员报酬占比的变动特征及不足出发，进行真正可比意义下劳动报酬占比变动的国际比较；然后选取日本、美国、俄罗斯和瑞典四个典型国家，结合初次分配中劳动报酬占比和再分配中居民部门收入份额变动，归纳总结这些国家调控收入分配差距和居民收入份额的基本经验。

14.1 劳动报酬占比变动的国际比较

初次收入分配前的格局是国民收入分配最终格局决定的基础，初次收入分配前的劳动报酬占比则是再分配后居民部门收入份额决定的基础。因此，有必要进行劳动报酬占比变动的国际比较。

14.1.1 典型国家雇员报酬占比变动的经验特征

按照 SNA2008 规定，收入法 GDP 可以划分为雇员报酬、产品税和产品补贴、固定资本消耗和营业盈余净额或混合收入净额。SNA2008 这种仅将雇员报酬视为劳动报酬的核算口径处理与欧美发达国家的现实相吻合。在这些国家中，公司化水平高，自我雇佣者生产总值占 GDP 比例很小，因此，基于雇员报酬核算口径测算的劳动报酬占比在发达国家之间具有可比性。

在现行的 SNA2008 的国际核算准则下，依据核算数据测算 GDP 中的雇员报酬占比并进行长期趋势比较就成为劳动报酬占比变动国际比较的开始。本章依据《国际统计年鉴》《OECD 国家国民经济核算》（*National Accounts of OECD Countries*）等的资料数据，测算了 1970~2015 年典型发达国家、部分东亚国家和新兴市场国家（或地区）的雇员报酬占比，结果见表 14-1 和表 14-2。

表 14-1　1970~2015 年典型发达国家（或地区）雇员报酬占比的变动趋势

年份	欧元区	加拿大	美国	法国	德国	英国	澳大利亚	西班牙	新西兰	意大利	荷兰
1970		55.34%	61.35%	49.24%	53.19%	59.35%	53.78%	45.20%		45.46%	55.43%
1980		55.71%	61.04%	56.13%	58.49%	59.67%	52.79%	51.32%	56.60%	47.48%	58.75%
1985		54.29%	59.62%	54.94%	56.01%	55.37%	50.99%	45.76%	49.88%	46.15%	51.84%
1986		54.80%	59.96%	53.42%	58.85%	55.44%	50.55%	45.13%	48.69%	44.90%	52.55%
1987		54.65%	60.31%	52.86%	56.23%	54.52%	49.26%	45.12%	48.91%	44.61%	54.33%
1988		54.56%	60.49%	51.89%	55.53%	54.49%	48.69%	45.32%	48.20%	44.20%	53.72%
1989		54.88%	59.85%	51.40%	54.68%	55.16%	49.81%	45.36%	45.78%	44.27%	52.17%
1990		55.06%	58.31%	52.49%	56.04%	56.72%	48.44%	49.86%	45.06%	46.14%	51.61%
1991	52.53%	56.19%	58.30%	50.88%	56.18%	57.27%	48.09%	51.14%	44.71%	46.29%	52.00%
1992	52.77%	56.26%	58.26%	52.89%	56.74%	56.92%	47.69%	51.70%	44.22%	46.19%	52.90%
1993	52.66%	55.17%	58.00%	52.96%	56.67%	55.68%	47.38%	52.19%	42.75%	45.85%	54.41%
1994	51.38%	53.34%	57.49%	52.07%	55.37%	54.25%	47.62%	50.71%	42.58%	44.31%	51.61%
1995	49.99%	52.46%	57.33%	52.09%	55.34%	53.77%	49.42%	49.91%	42.57%	42.56%	50.86%
1996	49.76%	52.04%	56.77%	52.15%	54.87%	53.20%	50.07%	49.76%	43.26%	42.52%	50.59%
1997	49.30%	52.14%	56.41%	51.52%	52.83%	51.80%	50.10%	49.64%	42.57%	41.57%	50.03%
1998	48.82%	52.79%	57.52%	51.18%	52.59%	53.02%	50.60%	49.52%	42.77%	39.67%	50.78%
1999	49.03%	52.07%	57.62%	51.82%	52.73%	53.38%	50.07%	49.56%	41.34%	39.78%	51.10%
2000	49.04%	50.64%	58.53%	52.07%	54.41%	54.52%	49.87%	49.56%	40.99%	39.21%	50.68%
2001	49.88%	52.22%	58.69%	52.49%	54.10%	56.75%	47.48%	50.05%	41.98%	40.91%	51.34%
2002	49.81%	51.46%	58.52%	52.55%	52.71%	55.64%	48.04%	48.72%	42.16%	39.84%	51.34%
2003	48.89%	51.19%	58.04%	52.51%	52.37%	55.17%	47.56%	48.35%	42.56%	40.16%	51.53%
2004	48.33%	50.91%	57.28%	52.20%	51.46%	54.78%	48.03%	47.69%	42.91%	39.92%	51.11%
2005	48.02%	50.59%	56.28%	52.42%	51.22%	54.02%	48.65%	47.51%	43.15%	40.58%	49.58%
2006	47.70%	51.25%	56.73%	51.77%	49.52%	55.47%	47.87%	47.23%	44.67%	41.15%	49.03%

续表

年份	欧元区	加拿大	美国	法国	德国	英国	澳大利亚	西班牙	新西兰	意大利	荷兰
2007	47.48%	51.34%	56.90%	51.60%	48.85%	54.54%	47.61%	47.29%	44.06%	41.06%	49.33%
2008	47.79%	51.44%	55.99%	51.64%	49.04%	53.40%	48.16%	48.44%	45.03%	41.66%	49.52%
2009	49.22%	53.28%	56.17%	53.55%	51.90%	55.79%	48.12%	50.06%	44.99%	42.80%	52.26%
2010		52.30%	55.32%	53.31%	51.25%	54.41%	47.53%	48.77%	43.66%	42.29%	51.06%
2011			55.39%	53.46%	51.59%	53.72%		47.38%		42.25%	50.80%
2012		50.74%	53.06%	53.38%	51.60%	53.91%	48.70%	46.89%		42.70%	51.59%
2013		50.85%	53.03%	52.37%	50.51%	50.54%	48.21%	47.18%	44.05%	39.71%	49.73%
2014		50.33%	53.17%	52.46%	50.56%	49.12%	48.44%	47.37%	43.05%	39.42%	49.47%
2015		51.64%	53.64%	51.95%	50.60%	49.25%	48.78%	47.94%		39.51%	48.30%

注：全部国家劳动报酬占比的核算口径为联合国推荐世界各国使用的 SNA1993 中的口径，即雇员报酬/GDP，把混合收入划入营业盈余

资料来源：《国际统计年鉴》（1995~2017 年）、National Accounts of OECD Countries（2010 年、2003 年）

表 14-2　1970~2015 年部分东亚国家和新兴市场国家雇员报酬占比的变动趋势

年份	日本	韩国	南非	俄罗斯	墨西哥	委内瑞拉
1970	43.48%		54.88%		35.59%	40.38%
1980	54.29%	39.60%	48.25%		36.04%	41.34%
1985	54.27%	39.54%	53.01%		28.68%	35.13%
1986	54.38%		52.47%		28.54%	37.63%
1987	54.26%	39.81%	52.95%		26.84%	35.06%
1988	53.88%	41.29%	51.30%		26.17%	36.77%
1989	54.23%	43.84%	51.39%		25.71%	34.30%
1990	52.16%	45.87%	53.27%	48.76%	29.53%	30.67%
1991	52.93%	47.01%	53.92%		30.88%	33.30%
1992	53.26%	46.90%			32.88%	34.34%
1993	53.96%	46.70%			34.75%	
1994	54.36%	46.61%	53.73%	38.19%	35.34%	31.49%
1995	54.58%	47.66%	53.31%		31.08%	31.26%
1996	54.04%	48.85%	52.53%		28.86%	31.34%
1997	54.14%	47.20%	52.52%		29.63%	
1998	54.52%	45.23%			30.60%	
1999	54.21%	43.59%			31.23%	
2000	53.89%	42.93%	52.34%	40.25%	30.99%	31.06%

续表

年份	日本	韩国	南非	俄罗斯	墨西哥	委内瑞拉
2001	54.64%	45.47%			32.47%	
2002	53.44%	43.04%			32.56%	
2003	52.74%	44.14%			31.37%	
2004	51.44%	44.22%			29.64%	
2005	51.51%	45.81%	44.49%	43.84%	29.60%	
2006	51.60%	45.40%			28.57%	
2007	51.36%	45.58%			28.44%	
2008	50.99%	46.00%			28.05%	
2009	51.61%	46.35%	44.94%	52.63%	29.24%	
2010	50.60%	44.86%	45.16%	50.14%	28.21%	
2011		45.11%	44.45%	49.77%		
2012	51.87%	45.85%	46.25%	50.57%	26.99%	
2013	51.64%	44.03%	45.56%	51.77%	27.45%	
2014	50.31%	44.51%	45.65%	47.21%	27.17%	
2015	49.35%	44.66%		45.76%	27.19%	

注：全部国家劳动报酬占比的核算口径为联合国推荐世界各国使用的 SNA1993 中的口径，即雇员报酬/GDP，把混合收入划入营业盈余

资料来源：《国际统计年鉴》（1995~2017 年）、National Accounts of OECD Countries（2010 年、2003 年）

由表 14-1 可以看出，从 20 世纪七八十年代之后，发达国家的雇员报酬占比普遍呈下降趋势。从开始时间看，美国、澳大利亚两个国家的下降开始时间是 1970 年，其他国家则基本上是从 1980 年开始的。从下降幅度看，新西兰雇员报酬占比的下降幅度最大，从 1980 年的 56.60%下降到 2014 年的 43.05%，降幅为 13.55 个百分点；其次是英国，从 1970 年的 59.35%下降到 2014 年的 49.12%，降幅为 10.23 个百分点。

由表 14-2 可以看出，在部分东亚国家和新兴市场国家中，日本的雇员报酬占比在 2001 年之前变动幅度不大，2001 年达到最大值并开始呈下降趋势，至 2015 年下降了约 5.29 个百分点；韩国的雇员报酬占比在 1996 年达到最大值 48.85%，1996 年之前基本呈上升趋势，1996 年之后呈下降趋势，至 2015 年下降了约 4.19 个百分点；金砖国家南非的雇员报酬占比自 20 世纪 70 年代便开始呈现显著的下降趋势；金砖国家俄罗斯的雇员报酬占比变化有较大波动；发展中国家墨西哥和委内瑞拉的雇员报酬占比也存在普遍的下降趋势。

当然，需要注意的是，俄罗斯、墨西哥和委内瑞拉等新兴市场国家和发展中

国家 GDP 中雇员报酬占比要比发达国家或高收入国家低一些。其可能原因是,一方面,新兴市场国家和发展中国家的发展阶段较晚,劳动力成本相对发达国家比较低;另一方面,这些国家经济市场化程度和正规化程度不高,除雇员报酬外的其他劳动报酬成分(如非正规经济和自我雇佣经济的劳动报酬)还占有一定比重。这意味着,雇员报酬在 GDP 中的占比低估了劳动在收入分配中的分享程度。因此,在发达国家与新兴市场国家和发展中国家之间进行比较时,基于雇员报酬核算口径测算的劳动报酬占比的可比性并不高。

14.1.2　真正可比意义下劳动报酬占比变动的国际比较

从真正完整意义角度考察,第 4 章所述的口径四是国际国内核算口径转换统一的理想标准,但受制于国外自我雇佣者劳动报酬资料的缺失,很难直接获得口径四的准确数据。Gollin(2002)建议在雇员报酬核算口径的基础上,借助于其他资料间接调整转换得到口径四,这就是第 4 章 Gollin(2002)所述的三种修正方法。

从世界各国核算实践看,分布在正规部门的经济活动核算没有完整的微观会计核算资料支撑,进而导致该部门劳动报酬核算只能采用推算方法进行。由于各国推算方法及非正规部门与正规部门经济结构存在差异,这就造成劳动报酬占比这一综合指标有可能掩盖其中的结构信息。考虑到中国正处于经济正规化的过程中,我们认为,还可以采用正规部门雇员报酬在正规部门 GDP 中的占比比较真实地反映国民收入分配要素格局的变化。

本节依次采用第 4 章所述的口径四和正规部门劳动报酬占比两类核算口径进行国际比较。

1. 口径四下的国际比较

由于非正规部门自我雇佣者大量存在,口径五下的劳动报酬占比无法反映不同发展程度国家的劳动报酬差异,因而将其调整为口径四。这里采用 Gollin(2002)借助于就业调查数据的调整方法,得到的结果见表14-3和表14-4。可以发现,在发达国家中,意大利和日本两国的自雇经济占比较大,口径四下的劳动报酬占比比口径五提高了10个百分点,而其他 5 个国家则提高了5个百分点左右;在发展中国家中,除俄罗斯外的所有国家在口径四下的劳动报酬占比比口径五都有 10 个百分点以上的提高,而且这种提高幅度会随着时间的推移而减小。显然,口径四与口径五下劳动报酬占比的差异与经济发展过程中经济的正规化密切相关。

表 14-3 1992~2012 年典型发达国家口径四下的劳动报酬占比

年份	加拿大	德国	法国	英国	意大利	日本	美国
1992	60.48%	60.73%	57.86%	62.38%	58.22%	65.13%	61.46%
1993	59.57%	60.53%	57.94%	60.59%	58.04%	65.25%	60.90%
1994	57.65%	59.55%	56.96%	59.17%	56.20%	65.52%	60.16%
1995	56.67%	59.67%	56.85%	58.25%	54.33%	65.63%	59.94%
1996	56.41%	59.41%	56.63%	56.69%	54.75%	64.65%	59.61%
1997	56.69%	58.55%	56.10%	57.15%	54.70%	64.47%	59.69%
1998	57.72%	58.37%	55.50%	58.62%	52.33%	64.69%	60.69%
1999	56.51%	58.62%	55.87%	59.64%	52.22%	64.11%	60.68%
2000	55.69%	59.49%	55.69%	59.96%	51.33%	63.25%	61.53%
2001	55.68%	58.78%	55.81%	61.47%	51.42%	62.76%	61.48%
2002	55.62%	58.37%	56.24%	60.54%	51.61%	61.47%	60.35%
2003	55.24%	58.33%	56.35%	60.06%	51.93%	60.17%	59.85%
2004	54.71%	57.58%	55.86%	60.15%	52.34%	58.92%	59.44%
2005	54.32%	56.91%	55.96%	59.50%	52.13%	59.03%	58.54%
2006	54.93%	55.49%	55.81%	60.05%	52.18%	58.49%	58.52%
2007	55.10%	54.19%	55.28%	60.53%	51.84%	57.31%	58.84%
2008	54.57%	54.93%	55.57%	60.19%	52.51%	58.59%	59.07%
2009	57.29%	57.35%	57.45%	61.77%	53.76%	59.06%	58.15%
2010	55.59%	56.27%	57.34%	60.80%	53.48%	57.48%	57.25%
2011	54.94%	56.07%	57.32%	59.43%	52.96%	58.60%	57.21%
2012	55.48%	57.07%		60.06%	53.19%	58.65%	57.13%
均值	56.23%	57.92%	56.42%	59.86%	53.40%	61.58%	59.55%
变动	−4.99%	−3.66%	−0.54%	−2.32%	−5.03%	−6.48%	−4.33%

表 14-4 1992~2012 年典型发展中国家口径四下的劳动报酬占比

年份	墨西哥	俄罗斯	智利	哥伦比亚	土耳其	南非	中国
1992	55.59%						57.53%
1993	58.62%						53.11%
1994	59.56%						53.90%
1995	50.14%						54.12%
1996	45.67%		53.08%				53.84%
1997	47.57%		54.22%				54.87%
1998	47.28%		56.71%				54.42%
1999	47.77%	45.02%	59.11%				54.59%
2000	46.39%	44.76%	56.70%		60.07%		52.70%

续表

年份	墨西哥	俄罗斯	智利	哥伦比亚	土耳其	南非	中国
2001	48.57%	46.87%	57.18%	69.19%	59.04%		52.51%
2002	48.87%	50.76%	56.83%	67.73%	52.81%		53.62%
2003	47.42%	50.94%	56.81%	66.56%	51.59%		52.81%
2004	45.35%	49.81%	52.99%	65.96%	48.30%	55.02%	50.60%
2005	44.28%	47.54%	50.26%	63.46%	46.72%	54.93%	50.30%
2006	42.55%	48.15%	45.17%	60.71%	44.56%		49.10%
2007	42.16%	50.38%	45.07%	59.36%			48.00%
2008	42.13%	51.12%	49.72%	64.20%		53.22%	47.79%
2009	43.40%	56.81%	52.37%	69.56%		53.30%	48.83%
2010	42.22%	53.30%	49.17%	70.67%		53.63%	47.33%
2011	40.79%	53.40%	50.64%	68.40%		53.35%	46.81%
2012	40.70%	54.32%		69.27%		54.21%	49.20%
均值	47.00%	50.23%	52.88%	66.26%	51.87%	53.95%	51.71%
变动	-14.89%	9.30%	-2.44%	0.08%	-15.51%	-0.81%	-8.33%

2. 正规部门下的中美比较

中国存在大量的非正规部门经济，并且农业部门就业人口众多，采用口径四进行劳动报酬占比对比难以规避非正规部门经济推算困难及非正规与正规经济结构差异的影响。因此，有必要进一步比较正规部门劳动报酬占比，这里将比较对象锁定为中国和美国，数据结果见表 14-5。美国正规经济部门 2000~2012 年的劳动报酬占比下降了 4 个百分点，中国正规部门劳动报酬占比始终处于低位，下降不明显，这一期间平均比美国低 16 个百分点左右。中美正规部门劳动报酬占比差距要比基于口径四测算的差距高出 10 个百分点左右，这应该引起足够重视。

表 14-5　1992~2012 年中美正规与非正规部门的增加值占比与劳动报酬占比

年份	正规部门				非正规部门（中国）					
	中国		美国		合计		农户		个体工商户	
	（1）	（2）	（1）	（2）	（1）	（2）	（1）	（2）	（1）	（2）
1992	70.02%	47.53%	93.61%		29.98%	80.89%	19.61%	90.00%	10.37%	63.67%
1993	72.68%	43.71%	93.58%		27.32%	78.13%	17.74%	90.00%	9.58%	56.15%
1994	71.12%	44.80%	93.49%		28.88%	76.31%	17.88%	90.00%	11.00%	54.07%
1995	72.00%	45.35%	93.36%		28.00%	76.65%	17.97%	90.00%	10.03%	52.76%
1996	70.16%	45.68%	93.37%		29.84%	73.02%	17.72%	90.00%	12.12%	48.19%
1997	70.03%	46.30%	93.39%		29.97%	74.89%	16.46%	90.00%	13.51%	56.48%

续表

| 年份 | 正规部门 | | | | 非正规部门（中国） | | | | | |
| | 中国 | | 美国 | | 合计 | | 农户 | | 个体工商户 | |
	（1）	（2）	（1）	（2）	（1）	（2）	（1）	（2）	（1）	（2）
1998	69.23%	45.31%	93.36%		30.77%	74.91%	15.80%	90.00%	14.97%	58.98%
1999	68.69%	45.33%	93.28%		31.31%	74.91%	14.82%	90.00%	16.48%	61.33%
2000	67.83%	43.00%	93.23%	60.58%	32.17%	71.92%	13.56%	90.00%	18.61%	58.75%
2001	69.45%	41.57%	93.01%	60.55%	30.55%	73.81%	12.95%	90.00%	17.60%	61.89%
2002	71.44%	42.86%	92.99%	59.81%	28.56%	75.44%	12.37%	90.00%	16.19%	64.32%
2003	70.96%	42.09%	93.15%	59.62%	29.04%	70.69%	11.52%	90.00%	17.53%	57.99%
2004	72.00%	43.84%	93.20%	58.90%	28.00%	67.99%	12.05%	90.00%	15.95%	51.35%
2005	72.09%	44.11%	93.15%	58.03%	27.91%	66.30%	10.91%	90.00%	17.00%	51.09%
2006	72.22%	42.92%	93.09%	58.03%	27.78%	65.16%	10.00%	90.00%	17.78%	51.18%
2007	72.49%	42.03%	93.10%	58.31%	27.51%	63.73%	9.69%	90.00%	17.82%	49.45%
2008	73.40%	41.36%	92.70%	58.77%	26.60%	65.50%	9.66%	90.00%	16.94%	51.54%
2009	72.86%	42.79%	92.50%	57.95%	27.14%	65.06%	9.30%	90.00%	17.84%	52.05%
2010	72.04%	42.01%	92.84%	57.06%	27.96%	61.04%	9.09%	90.00%	18.88%	47.10%
2011	71.90%	41.47%	93.00%	57.16%	28.10%	60.47%	9.03%	90.00%	19.07%	46.47%
2012	72.00%	43.30%	93.20%	56.63%	28.00%	64.39%	9.07%	90.00%	18.93%	52.11%

注：（1）和（2）为部门增加值在 GDP 中的占比和部门劳动报酬占比。其中，中国正规部门为非金融企业部门、金融机构部门和政府部门，非正规部门为住户部门。美国正规部门为商业（包括农业）、政府部门和为家庭服务的非营利机构，其 GDP 计算是从总 GDP 中扣除自我雇佣者 GDP 得到的，其中，需假定自营就业者人均 GDP 与全社会人均就业者 GDP 相等

资料来源：Economic Report of the President（2013）、《国际统计年鉴（2009~2013 年）》

14.2 典型国家居民收入份额相关调控经验

很多国家和政府为了维护社会公平，充分利用市场力量及政府手段等多种措施来调控收入分配差距，提高或稳定居民收入份额。通过一些国家的国情比对并考虑数据的可获得性，我们选取四个典型国家进行居民收入份额调控基本经验的分析。这四个国家包括：经济发展水平相对较高、收入分配相对公平且文化背景地理位置与我国相似的东亚国家——日本；经济发展水平高、经济体量和国土面积与我国接近的发达国家——美国；与我国一样幅员辽阔、转型过程比较接近的

转轨国家①——俄罗斯；分配职能发挥良好、高福利的北欧国家——瑞典。

14.2.1　日本的相关调控经验

第二次世界大战后，日本进入了经济重建时期。从 20 世纪 50 年代开始，日本经历了 20 年经济高速发展时期，国民的收入水平得到了很大提高。到了 20 世纪 60 年代，日本实施了"国民收入倍增计划"，主要措施包括充实社会资本、产业结构高级化、促进贸易、振兴科技、减税、增加教育医疗支出等，这项计划降低了日本的失业率，提高了国民收入水平，劳动报酬占比由 1970 年的 43.48% 提高到 1980 年的 54.29%②。

20 世纪 80 年代，日本签订了广场协议，自此日本经济陷入长期的徘徊停滞，但其总体经济实力仍不容小觑，国民生活仍维持在较高水平，这主要得益于第二次世界大战后日本积极在政治制度和社会方面实行改革，为收入分配提供了合理的客观环境，收入分配机制逐渐得到完善。

作为一个 OECD 国家，日本于 2015 年开始实行 SNA2008，因此近年来日本劳动报酬占比和居民部门收入占比的统计口径与 SNA2008 差异很小。从表 14-6 和图 14-1 可以看出，1980~2017 年日本的劳动报酬占比和居民部门收入占比均呈现微弱的下降趋势。劳动报酬占比由最高 1983 年的 54.58% 下降到 2017 年的 48.53%。居民部门收入占比由最高 2009 年的 78.70% 下降到 2017 年的 70.45%。日本调控居民收入份额乃至收入分配问题的基本经验可归纳如下。

表 14-6　1980~2017 年日本劳动报酬占比和居民部门收入占比的演变趋势

年份	劳动报酬占比	居民部门收入占比	年份	劳动报酬占比	居民部门收入占比
1980	53.34%	75.92%	1990	51.02%	72.78%
1981	53.80%	76.59%	1991	51.98%	73.55%
1982	54.04%	77.09%	1992	52.31%	74.51%
1983	54.58%	77.77%	1993	53.10%	75.71%
1984	54.14%	76.68%	1994	51.62%	77.51%
1985	52.63%	75.54%	1995	51.36%	76.95%
1986	52.43%	74.70%	1996	50.79%	74.69%
1987	52.06%	73.36%	1997	51.43%	75.27%
1988	51.23%	72.76%	1998	51.30%	77.21%
1989	50.92%	73.10%	1999	51.11%	77.54%

---

① 本部分选择新兴市场国家较少的根本原因是，这些国家的国民经济核算制度普遍不完善，收入分配数据缺失较为严重，与 SNA 的接轨程度普遍不高。

② 根据 Wind 数据库数据计算整理。

续表

年份	劳动报酬占比	居民部门收入占比	年份	劳动报酬占比	居民部门收入占比
2000	50.44%	75.33%	2009	50.17%	78.70%
2001	50.14%	74.15%	2010	49.12%	76.28%
2002	49.13%	74.57%	2011	50.16%	77.00%
2003	48.69%	73.27%	2012	49.86%	76.33%
2004	47.81%	72.37%	2013	48.94%	74.00%
2005	48.02%	71.58%	2014	48.57%	72.76%
2006	48.16%	71.40%	2015	47.50%	71.01%
2007	47.83%	71.10%	2016	48.67%	71.50%
2008	49.36%	73.66%	2017	48.53%	70.45%

资料来源：根据 Wind 数据库数据计算整理

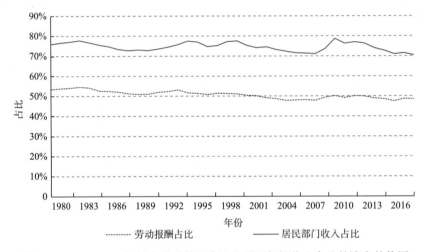

图 14-1　1980~2017 年日本劳动报酬占比和居民部门收入占比的演变趋势图

第一，在初次分配与再分配中强调效率与公平的统一。在 OECD 国家中，日本是居民部门收入占比较高的国家。这与日本在初次分配和再分配中同时强调效率与公平密切相关。在初次分配中，日本不但强调市场作用，利用价格机制、供求机制及竞争机制等，充分调动市场经济主体参与市场经济活动，而且强调政府作用，通过政府立法、监管等措施，促使收入初次分配公平化和合理化，为再分配提供相对公平的基础。在再分配过程中，日本在注重效率的基础上更加重视公平，更加强调政府的作用，充分发挥"看得见的手"的作用，加大税收和社会保障等制度的调节力度，调节不同收入群体的收入水平，缩小收入分配差距，促进收入分配实现均等化。

第二，完善的社会保障制度。收入分配制度不会自行趋于合理化，社会保障制度是收入分配趋于合理化的重要推手。早在 1961 年，日本就开始实施"国民皆保险、国民皆年金"的社会保障制度。此后，一系列涉及就业、环境等社会福利的法律政策陆续出台，逐步形成了当前较为完善的社会保障体系。日本居民并不独立缴纳社会保障税，而是通过保险的形式筹集资金。OECD 数据显示，2010年前后，日本社会保障缴款已占到税收总额的 40%以上。筹到资金后，日本主要通过年金、医疗及教育等方面的转移支付的再分配的手段对不同收入群体提供不同水平的转移支付，调控不同群体的收入水平，缩小收入差距。但值得注意的是，日本建立的比较健全的社会保障制度虽与日本的经济发展程度有关，但过高的转移支付可能会导致政府财政支出过大，引起严重的财政赤字问题。

第三，个人所得税与财产税制度相结合，加大税收对高收入的调节力度。日本在再分配环节，主要通过所得税和财产税调节收入分配差距。征收所得税的主要目的是控制高收入者的收入，缩小收入分配差距。为了进一步加大对高收入群体的收入调节力度，逐步提高高收入群体的个人所得税率，在《社保—税收一体化改革法案》中，将年收入超过 5 000 万日元的个人所得税的税率提高至 45%，并自 2013 年后的 25 年，对所得税加征 2.1%的附加税。财产税主要包括房产税、车船税、遗产税和赠与税等，目的同样是加强对收入分配的调控。新通过的法案将遗产税的起征点进一步调低，由 5 000 万日元下调至 3 000 万日元，并将最高税率由 50%调整至 55%，通过这种方式，加大对高收入群体收入的调节力度，增加政府财政收入，为提高低收入群体的收入奠定基础。

第四，大力发展教育，尤其是义务教育。日本将教育作为立国之本，制定有利于实施义务教育的政策，推进义务教育立法，保证教育的公平化。从日本义务教育的实施来看，在不同阶段，义务教育的培养目标有所差异，通过日本政府长期以来对教育的投入，国民的受教育水平不断提高，教育水平的上升提高了日本的劳动生产率。劳动生产率的提高，促进了日本经济进一步发展，进一步提高了国民的收入水平，收入的增加又会引起国民对教育的重视……如此反复，教育投入增加、劳动生产率提高和国民收入增长形成良性循环。教育投入虽然回报期较长，但一旦进入收益期，就会对经济增长及国民收入提高产生持续的正效应，而且有利于提高国民的整体素质。

第五，制定农村振兴政策，缩小城乡差距。城乡二元经济结构的存在也是收入差距较大的重要原因。为了支持农村地区的发展，日本在第二次世界大战后相继出台了农村土地改革、"一村一品"等措施，推动了农村经济发展，提高了农民的收入，缩小了城乡居民收入差距。为了维护农业的基础地位、保证农业发展政策的连续性，日本还加大了对农业相关的立法，为农村发展提供法律保障，同时还注重对贫困落后地区的扶贫开发，向这些地区提供以财政手段为主，行政手段为辅的支持措施。同时，根据贫困落后地区的实际情况，部分通过居民迁移，部分通过产业结构的调整对其进行扶贫开发，取得了显著成效。

14.2.2　美国的相关调控经验

美国是世界上最发达的资本主义国家，也是市场经济体制最为成熟的国家。美国的收入分配数据主要由国民收入和生产账户（national income and product accounts，NIPA）提供。NIPA 的雏形可追溯到美国国民经济研究局（National Bureau of Economic Research，NBER）委托 Kuznets 承担的商务部国民收入数据编制项目工作。1947 年，美国商务部正式提出 NIPA。SNA2008 颁布后，由于种种原因，美国未能采纳。美国商务部尽管从 SNA1993 颁布开始就一直努力向 SNA 靠拢，但同时也保留其悠久历史时间序列的前后一致性，因此，美国 NIPA 与最新的 SNA2008 仍然存在一些差异。在国民收入相关核算方面主要差异表现如下。

一是机构部门设置上的差别。美国将非法人企业列入企业部门，而不是 SNA2008 规定的住户部门，将国有企业纳入政府部门，而 SNA2008 将其排斥在外。此外，NIPA 并未严格按照 SNA2008 推荐的 50%原则划分市场生产者和非市场生产者。

二是在收入法 GDP 表述处理上的差别。NIPA 将按收入法测算的 GDP 称为国内总收入（gross domestic income，GDI），它在形式上等于雇员报酬+生产税与进口税−补贴+营业盈余+固定资本消费。理论上 GDI 应当等于 GDP，但由于测算时所用的源数据相对独立且存在瑕疵，GDI 的实际测算结果与 GDP 存在差异，NIPA 将这种统计差异计入 GDI 中[①]。

三是住户可支配收入测算处理上的差别。NIPA 将 SNA 住户可支配收入称为个人可支配收入，并在测算处理上与 SNA 有所不同，不但将为住户服务的非营利机构纳入在内，而且纳入了个人支付的利息及其他转移项。此外，个人可支配收入包括缴纳的养老金，但不包括养老保险金权益，而住户可支配收入包括养老保险金权益，但不包括缴纳的养老金。

从表 14-7 和图 14-2 可以看出，根据美国商务部经济分析局数据，从 1929~2017 年总体来看，尽管受 GDI 相比国民可支配收入偏低和其他核算处理差异等因素的影响，用个人可支配收入与 GDI 之比反映再分配后居民部门收入占比有一定的高估因素，用 GDI 中雇员劳动报酬占比反映劳动报酬占比存在一些可比性问题，但不可否认，经过初次分配和再分配后美国的个人可支配收入与 GDI 之比提升明显。从 1929~2017 年分阶段看，初次分配前 GDI 中雇员劳动报酬占比先是稳步上升，由 1929 年的 49.51%上升到 1970 年的 58.37%，随后在 1970~1992 年保持基本稳定，再后则是保持逐步下降态势，由 1992 年的 57.32%

---

① 这变相意味着在测算产出时 GDP 比 GDI 的结果更为可靠，也是美国商务部经济分析局（Bureau of Economic Analysis，BEA）的处理初衷所在。当然，GDP 和 GDI 哪个更可靠在学界中还存在争议。

下降到 2017 年的 53.09%。与此同时，初次分配后个人可支配收入与 GDI 之比先是稳步下降，由 1929 年的 80.48%下降到 1943 年的 68.05%，之后在 1943~1970 年保持基本稳定，再后则是稳中有升趋势，由 1970 年的 71.35%上升到 2017 年的 75.38%。显然，长期以来特别是 1970 年以来，美国为优化收入分配格局和提高居民部门收入比重做了不少行之有效的工作。总结起来，主要包括以下几个方面。

表 14-7　1929~2017 年美国初次分配和再分配中的居民收入比重

年份	GDI 中雇员报酬占比	个人可支配收入与 GDI 之比	年份	GDI 中雇员报酬占比	个人可支配收入与 GDI 之比	年份	GDI 中雇员报酬占比	个人可支配收入与 GDI 之比
1929	49.51%	80.48%	1955	54.48%	68.81%	1981	56.57%	71.30%
1930	50.93%	80.95%	1956	55.24%	68.97%	1982	56.77%	73.07%
1931	52.27%	84.36%	1957	55.37%	69.37%	1983	56.27%	73.47%
1932	52.89%	83.66%	1958	55.09%	70.83%	1984	55.46%	72.94%
1933	52.59%	81.97%	1959	54.83%	69.15%	1985	55.72%	72.52%
1934	52.01%	80.07%	1960	55.44%	69.17%	1986	56.54%	73.24%
1935	50.58%	80.27%	1961	55.15%	69.85%	1987	56.61%	72.16%
1936	51.75%	81.20%	1962	55.02%	69.09%	1988	56.35%	72.18%
1937	51.92%	78.23%	1963	54.85%	68.59%	1989	56.35%	72.80%
1938	52.39%	77.56%	1964	54.93%	69.56%	1990	56.97%	73.61%
1939	52.69%	78.29%	1965	54.67%	69.18%	1991	56.94%	74.13%
1940	51.80%	76.32%	1966	55.57%	68.53%	1992	57.32%	75.07%
1941	51.31%	74.09%	1967	56.24%	69.20%	1993	57.00%	74.73%
1942	52.75%	73.02%	1968	56.61%	68.68%	1994	56.11%	73.51%
1943	55.01%	68.05%	1969	57.52%	68.49%	1995	55.68%	73.45%
1944	56.04%	68.52%	1970	58.37%	71.35%	1996	55.16%	72.88%
1945	56.37%	69.74%	1971	57.56%	71.93%	1997	55.02%	71.92%
1946	54.14%	73.05%	1972	57.50%	70.82%	1998	55.67%	72.10%
1947	53.61%	70.80%	1973	57.26%	71.05%	1999	55.98%	71.30%
1948	52.50%	70.72%	1974	57.73%	71.58%	2000	56.57%	71.66%
1949	53.29%	71.78%	1975	56.67%	73.09%	2001	56.53%	72.62%
1950	52.98%	71.95%	1976	56.59%	71.78%	2002	55.80%	73.64%
1951	54.06%	69.05%	1977	56.53%	70.86%	2003	55.46%	73.95%
1952	55.13%	68.67%	1978	56.56%	70.24%	2004	55.00%	73.44%
1953	55.85%	69.01%	1979	57.21%	70.24%	2005	54.06%	71.69%
1954	55.26%	70.18%	1980	57.68%	71.96%	2006	53.42%	71.49%

续表

年份	GDI 中雇员报酬占比	个人可支配收入与 GDI之比	年份	GDI 中雇员报酬占比	个人可支配收入与 GDI之比	年份	GDI 中雇员报酬占比	个人可支配收入与 GDI之比
2007	54.66%	72.85%	2011	52.80%	76.13%	2015	52.55%	74.61%
2008	55.53%	75.26%	2012	52.17%	76.05%	2016	52.93%	75.24%
2009	54.48%	76.50%	2013	52.19%	73.80%	2017	53.09%	75.38%
2010	53.13%	75.78%	2014	51.95%	74.11%			

注：根据美国经济分析局网站 www.bea.gov 数据计算

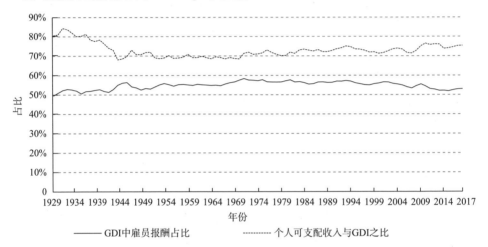

图 14-2　1929~2017 年美国收入分配中居民收入比重的演变趋势图

第一，反垄断及最低工资等注重效率并兼顾公平的初次分配制度设计。美国的收入分配机制建立在市场充分竞争的假设之上，因而市场在初次分配领域发挥着重要的作用。为了调控初次分配中的收入差距，美国政府在初次分配环节通过反垄断及最低工资等措施降低不平等的可能性，在保证市场机制发挥作用的同时还充分保证劳动者的合法权益。美国政府出台《谢尔曼反托拉斯法》、《克莱顿反托拉斯法（1914 年修正案）》和《联邦贸易委员会法（1914 年修正案）》三个法案来实施反垄断。现代反托拉斯条例基本上由这三个法案和近百年以来的判决案例建构而成。美国反垄断的主要目的是尽可能地保护市场完全竞争的可能性，从而保证价格机制、竞争机制等在市场上发挥作用。最低工资制度的主要目的是通过解决劳动者就业、提高劳动者报酬的方式，扩大国内消费者的消费水平，从而拉动经济增长。

第二，层次结构分明、覆盖范围较广、资金来源稳定的社会保障制度。社会保障制度是维护社会稳定的重要手段，美国自 1935 年颁布《社会保障法》以来，不断加大对弱势群体的社会保障倾斜力度，建立健全社会保障体系。当前美国的社会保障服务包含养老、医疗、住房、就业、教育等 300 多项，涉及出生、教育、疾病、退休等与人们生活息息相关的各个方面。另外，美国的社会保障服务种类虽多，但层次分明，社会保障项目的类型十分丰富，社会成员不管处在何种收入群体，都能找到满足需求的社会保障项目。另外，值得注意的是，美国虽社会保障覆盖范围广，保障类型多，但如果没有稳定的资金来源，容易引起政府财政赤字。美国的社会保障体系受发达市场经济体制的影响，具有明显的市场化倾向，除联邦政府外，企业、社会团体及个人都为社会保障措施的实施提供了坚实的物质基础，因此美国的社会保障资金来源较为稳定。

　　第三，税收法律健全，以个人所得税与社会保障税为主体的复合税收制度。美国自 1913 年实行税收制度改革以来，经过长时期的改革和完善，形成了当前以个人所得税与社会保障税为主体，包括财产税、消费税、遗产与赠与税等在内的复合税收制度。这种复合税收制度为收入分配调节职能的发挥提供了坚实的基础。首先，个人所得税约占税收总收入的 50%，是对国民收入的调节力度最大，也是效果最明显的收入分配调节手段。其次，社会保障税占税收总收入的 30%~40%，而其他单一税种收入都未超过税收总收入的 10%，不在主体税范围内。不同税种在不同领域各自发挥其作用机制，调节国民收入水平，缩小高低收入群体的贫富收入水平差距。此外，税收有效缩小收入分配差距的重要前提是完善的税收法律制度。美国税收法律体系十分健全，税收征管的每一个环节都有明确的法律规定，并且针对逃漏、漏税等情况制定了严厉的惩戒措施，而对于依法纳税的公民，会给予贷款优惠、退税优惠等，以此来激励公民积极纳税，充分发挥在再分配过程中税收对国民收入的调节作用。

　　第四，社会力量广泛参与的第三次分配。国民收入主体分配格局下分配流程主要是初次分配和再分配，而第三次分配是社会力量主导下的分配，主要通过慈善、捐赠、救助等方式，调低高收入群体的收入，改善穷人的生活水平，以此来缩小收入差距。美国的第三次分配非常发达，是初次分配和再分配的重要补充，在调节收入差距方面效果显著。美国政府实施第三次分配的主要手段是通过税收引导和促进企业、个人捐赠：如果企业和个人财产用于慈善捐助或公益事业支出，可以享有一定比例的税赋扣除待遇。主要原因如下：首先，美国非常重视慈善等文化价值观念的培育，把帮助别人、回馈社会作为一种积极的社会价值理念，乐于助人的慈善观念深入人心；其次，美国将慈善和税收制度相结合，通过税收优惠政策激励公民或个人积极参与慈善、捐赠等；最后，美国加强对慈善、捐赠等事业的监管，以此来提高第三次分配对调节收入分配的效率。第三次分配能够弥补初次分配和再分配的不足，进一步缩小收入分配差距。

　　第五，下大功夫保护劳动者权益。美国初次分配中 GDI 中雇员劳动报酬比重一直稳定在 50% 以上，主要得益于美国政府的介入，表现如下：一方面，国家及时转变收入分配格局的关注方向，由资本偏向转向劳动偏向。早在 1930 年前后的经济危机后，美国政府就充分认识到劳动者在拉动消费中的作用，而劳动者进行消费的前提就是充分就业，为刺激消费，摆脱危机影响，政府必须千方百计促进就业。2008 年，全球金融危机暴发后，美国低收入群体就业问题再次浮出水面。为促进全面就业，联邦政府出台《2009 美国复苏与再投资法案》，奥巴马政府也提出了旨在创设或维持工作岗位的 7 870 亿美元经济刺激计划。另一方面，国家保护的重点实现了由产权向人权的转移。第二次世界大战后，在发展上，美国由过去单纯倾注于资本的积累利益逐渐转向资本积累利益与社会利益相结合，这样做的目的是平衡财产权和劳动权。为此，美国政府通过《国家劳资关系法》和《公平最低工资法》等法律对劳动环境和劳工标准进行限制，同时，美国劳工部工资工时处建立了严格的监督处罚机制，以充分保证劳动者权益。例如，《国家劳资关系法》规定，劳动者有权参加劳工组织，集体协议工资和其他权益。又如，《公平最低工资法》对每小时的最低工资做出明确规定。

14.2.3　俄罗斯的相关调控经验

自 1989 年苏联解体后，俄罗斯的贫富差距急剧拉大，10%最富有居民的收入与10%最贫困居民的收入的比值由 1988 年的 4.6 倍扩大到 1993 年的 25.1 倍。这种贫富分化主要表现在地区之间、城乡之间、不同经济部门之间收入不平等程度的逐渐扩大上。过大的贫富差距及收入分配的不公平给俄罗斯带来了严重的政治、经济和社会危机，引起俄罗斯政府的极大关注。

20 世纪 90 年代中后期，俄罗斯政府开始着手解决社会贫富分化的问题。近些年来，收入差距逐渐有所好转，基尼系数平稳下降，低收入群体的收入得到极大改观。种种迹象表明，俄罗斯目前已经走出阵痛期，开始步入正常的、较快发展的轨道。在这其中，收入法 GDP 中劳动报酬占比基本稳定接近 50%，家庭收入与 GDP 之比也稳定在 2∶3 左右（表 14-8 和图 14-3）。

表 14-8　1995~2018 年俄罗斯初次分配和再分配中的居民收入比重

年份	收入法 GDP 中劳动报酬占比	家庭收入与 GDP 之比	年份	收入法 GDP 中劳动报酬占比	家庭收入与 GDP 之比
1995	45.40%	63.77%	2000	40.20%	54.53%
1996	51.00%	67.59%	2001	42.70%	59.55%
1997	51.30%	70.71%	2002	46.82%	63.14%
1998	48.10%	67.54%	2003	47.08%	67.39%
1999	40.10%	60.29%	2004	46.07%	64.46%

续表

年份	收入法 GDP 中劳动报酬占比	家庭收入与GDP 之比	年份	收入法 GDP 中劳动报酬占比	家庭收入与GDP 之比
2005	43.84%	63.95%	2012	44.30%	58.54%
2006	44.53%	64.23%	2013	46.20%	61.05%
2007	46.70%	64.10%	2014	47.20%	60.51%
2008	47.40%	61.16%	2015	46.90%	64.41%
2009	52.60%	73.95%	2016	47.90%	62.91%
2010	49.60%	70.18%	2017	47.10%	
2011	49.60%	59.14%	2018	45.70%	

注：根据 Wind 数据库数据计算整理。其中，劳动者报酬包含隐性工资和混合收入

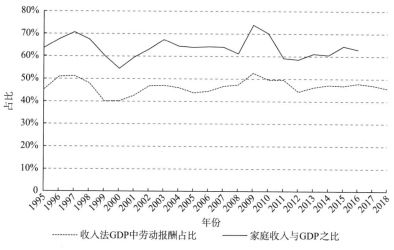

图 14-3　1995~2018 年俄罗斯两大居民收入比重指标的变化趋势图

总结俄罗斯 20 多年来调控收入分配差距和稳定居民收入份额的主要经验，可归结如下。

第一，重视提高个人所得税征收效率和对收入再分配的实际调节效果。根据税收在调节初次分配中造成的收入差距和聚积可供财政使用的财政资金的两个作用，俄罗斯在改革初期就参照发达国家经验，对个人所得实行的是超额累进税率，税率定为 7 级，最高税率为 60%，最低税率为 12%。1993 年，税率减少为 6 级，最低税率定为 10%，最高税率降低为 30%，1997 年，对税率进行进一步调整，减少为 12%、20% 和 30% 的三档累进税率。2000 年俄罗斯联邦政府继续对个人所得税进行改革，由 200 多种税减为 28 种，简化并改善了税收结构，减轻了整体的税收负担。2001 年，继续对税制进行调整，调整了个税的最低起征点，由 53 万卢布调至 10 万卢布，并对大部分收入实行统一的 13% 的单一税率，通过不

断的税制改革，提高了劳动者的积极性，增加了政府的税收收入，降低了纳税人的成本，减轻了穷人的税负，提高了穷人的收入水平，又使得高收入群体能够缴纳较多的税款，极大地缩小了贫富之间的收入差距，改善了收入不平等状况。

第二，完善社会保障体系，确保低收入群体的生活质量。苏联解体后，俄罗斯政府开始加大对弱势群体的社会保障倾斜力度。并在"休克疗法"建立自由市场经济体制的同时，推进社会保障制度的市场化改革。2002年，俄罗斯开始正式实行"统一社会税"制度。该项税收制度将原来的三项基金合在一起，纳入预算，实行统一的上缴额度、统一的核算和监督形式及统一的惩治违法措施，同时小幅度下调社会税率，从原来的39%降至35%。从2004年起，将逐年把统一社会税率再降2%~3%，直到最终达到30%以下。这样，既达到精简税种、减轻税负的目的，又极大提高了政府的征税工作效率，使税种、税制进一步与国际社会实现了"接轨"。俄罗斯的社会保障税具有很强的收入再分配特征。统一社会税使用递减税率，引入三级税率替代原有的四级税率，从2005年起税率再次降低，这一降低使政府每年损失2800亿卢布（约96亿美元）的税收，此外，俄罗斯议会还在2001年通过了《劳动老残恤金法》和《强制老残恤葬保险法》（赵春江和胡超凡，2014）。相关保障措施主要包括：对养老金制度进行了改革，提高了退休人员的最低收入；实行强制医疗保险合同，建立强制医保基金，改善了公众医疗保健质量；保障事业人员的最低生活水平，加大社会弱势群体的帮扶措施。

第三，重视人力资本投入，创造机会公平条件。俄罗斯政府十分重视对教育事业的投入，在全国范围内实行中小学免费教育，有近一半的公立大学也实行免费教育。政府持续加大对教育的财政投入，1993年教育支出占GDP的3.4%，2007~2008年增长到4.8%。此外，根据俄罗斯官方公布的统计数据，2000年俄罗斯联邦政府对教育的支出为376亿卢布，2014年达到4995亿卢布，教育支出提高了12.28倍。教育投入的不断增加，在一定程度上为低收入群体家庭子女提供了相对公平的接受良好教育的机会。同时，2002年，俄罗斯颁布了《2010年前俄罗斯教育现代化构想》，通过实施国家统一考试的形式来保证教育机会公平，进而为个人的平等竞争和社会的公平分配创造了前提条件。

第四，发展慈善事业，发挥第三次分配的调节作用。在俄罗斯传统文化中，慈善美德的思想非常普遍。1995年，俄罗斯通过《俄罗斯慈善活动和慈善组织法》，通过法律形式来促进慈善事业不断发展。在这种背景下，慈善机构如雨后春笋般大量出现。当前俄罗斯的慈善机构大致可以分为三类：企业慈善机构、基金会及中介组织。相对于美国等西方慈善事业较为发达的国家，俄罗斯的慈善事业起步较晚，但在聚集和分配社会财富、缓解和消除贫困，以及缩小收入差距等方面发挥了重要的作用。

14.2.4 瑞典的相关调控经验

作为世界高福利国家和北欧福利性国家的代表，瑞典的基尼系数长期以来一直处于 0.2~0.3，根据联合国开发计划署对基尼系数的规定，属于比较平均的取值范围，是世界上收入分配差距最小的发达国家之一，收入分配状况较为理想。纵观瑞典历史，从 1750~1850 年，再到 1890 年，分配的不平等先是上升，之后在两次战争之间迅速下降，持续到 1960~1970 年。在 1972 年，瑞典的基尼系数达 0.307 的峰值，之后基尼系数稳居 0.3 之下。在较低的收入分配差距下，瑞典 1993~2018 年收入法 GDP 中劳动报酬占比也较为稳定地保持在 40%~50%（图 14-4）。

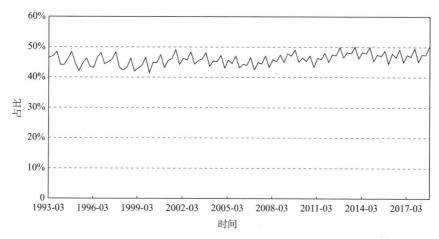

图 14-4　1993~2018 年瑞典季度收入法 GDP 中劳动报酬占比的变化趋势图

总结瑞典控制收入分配差距的基本经验，主要包括以下三个方面。

第一，实行政府、资方和劳动者共同协商的工资制度。合理的工资既可以有效缩小劳动和资本之间的收入差距，广泛地满足人们的基本生活需求，也可以缩小不同收入群体之间的收入差距。瑞典工人工资水平由集体谈判决定，工会代表雇员、雇主协会代表雇主、政府作为管理者，就劳动生产过程中产生的劳资矛盾进行充分协商。且瑞典的工会组织非常强大，不但覆盖广而且密度高，在集体谈判中拥有较强的话语权，因此通过不断有效的集体谈判，极大地提高了工人的工资水平。当然，有效的集体谈判制度也需要完备的法律法规做支撑，瑞典政府积极推进保护工人权益的立法，1928 年出台《集体协议与劳动法庭法》，20 世纪 70 年代后制定并颁布了《雇主扣发工资条例》《工会代表法》《劳动争议诉讼条例》《就业保障法》《就业机会平等法》等法律制度，通过明确的法律制度解决集体谈判中出现的劳资矛盾，确定劳资双方在集体谈判中应遵循的基本原则（杨静，2016）。并且，协商制度分为国家、行业、企业三个层级，国家级协商谈判是主要目的，行业之间和企业之间工资差异可在国家级协商谈判结果的基础上具体再进行协商谈判。

第二，再分配调节效果较强的税收制度。瑞典是较早将税收制度用于调节收入分配关系的国家之一。当前瑞典的税收种类较多，各个领域及环节都进行征税，同时，瑞典将个人所得税划分为劳动收入和非劳动收入，适用不同税率。由于税收种类太多，针对同一收入，可能会多次征税或重复征税。而且瑞典税率也非常高，税收负担极重。2008 年瑞典税收收入占 GDP 的比重为 50.1%，其中劳动收入贡献了 80%以上的税收，为 OECD 成员国的最高水平。瑞典虽税收负担较重，但税收监管体系较为完善，税收机构具有相对独立性，并且实行从上到下的垂直管理方式，不但有效降低了社会成员偷税漏税的可能性，发挥了调节收入分配差距的作用，而且被认为是最有效的再分配收入调节手段，很好地维护了社会的公平正义，有助于合理收入分配格局的形成。

第三，高度福利化的社会保障制度。高福利国家的一个重要标志就是政府财政支出中社会保障支出部门比重较高。2005 年，瑞典中央政府财政支出占 GDP 的比重达到 53.6%，其中用于社会保障的支出占当年中央政府财政支出的 34%，相当于 GDP 的 18.2%。瑞典的社会保障项目十分丰富，与人们生存和发展息息相关的升学、就业、医疗、住房、养老等全都涵盖在内。为了保证社会保障资金运营的充足性，瑞典政府于 1847 年颁布《济贫法》，规定地方政府必须对贫民提供救助，1957 年颁布《社会福利与社会救助法》，规定社会救助资金由中央财政支付。到 1982 年，为尊重受助者，瑞典政府将社会救助纳入社会服务法范畴。瑞典政府逐渐构筑和完善了对低收入者、儿童、妇女、老人、残疾人的基本生活保障。同时，瑞典的社会保障制度坚持了人人平等、人人共享的基本原则，因此所有社会成员平等地共享社会的各项福利和社会保障，提高了社会成员的福利水平，有效缩小了收入分配差距，实现了居民收入分配公平。

14.3　本章小结

核算口径的可比性和参照对象的可靠性是居民收入分配份额的国际比较与分配流程调控效果分析所面临的主要问题。本章首先从典型国家 GDP 中雇员报酬占比的变动特征及不足出发，进行真正可比意义下劳动报酬占比变动的国际比较；然后选取日本、美国、俄罗斯和瑞典四个典型国家，结合初次分配中劳动报酬占比和再分配中居民部门收入份额变动，归纳总结这些国家调控收入分配差距和居民收入份额的基本经验。得到的主要结论如下：

（1）从相对可比的核算口径看，典型发达国家、部分东亚国家和新兴市场国家（或地区）的劳动报酬占比大都出现较为明显的下降，中国也不例外。中国劳动报酬占比与发达国家相比差距明显，尤其是在正规部门；与不少发展中国家也有些许差距。中国劳动报酬占比与发达国家的差距会随着时间的推移和核算口径纳入非正规部门的影响而缩小。

（2）从日本、美国、俄罗斯和瑞典四个典型国家的居民收入份额调控基本经验看，社会保障和税收是比较常规的调控工具，劳动者权益保护和加大人力资本投入教育是比较常见的公平调节手段，此外，还有一些个性化的手段，如慈善、捐赠和救助等。

第 15 章　中国居民收入分配差距的
公平成因及实现对策

习近平总书记在党的十九大报告中指出，"中国特色社会主义进入新时代，我国社会主要矛盾已经转化为人民日益增长的美好生活需要和不平衡不充分的发展之间的矛盾"。收入分配差距较大、收入分配结构不尽合理是收入分配领域不平衡不充分的重要表现之一。如果居民收入分配差距过大且长期得不到有效的调节，就会危及中国国民经济的持续健康发展，甚至波及全面建成小康社会的顺利完成。

遏制我国居民收入分配差距不断扩大的趋势，逐步缩小居民收入分配差距，促进我国国民经济持续稳定快速发展，是党和国家在新时代下贯彻新的发展理念、决胜全面建成小康社会中所面临的重大课题，同时也是一个极为复杂的系统工程。改革开放 40 多年来，我国收入分配制度改革是围绕公平与效率关系的处理展开的。早期的收入分配改革重在效率，而在当前，收入差距扩大和收入分配秩序不规范问题更突出，收入分配改革应更侧重公平正义。本章首先在学术界常用的市场和政府维度上纳入分配公平维度，考察了我国居民收入分配差距的形成过程与原因，剖析了其中不公平因素的作用机制；然后从机会均等、初次分配、再分配、三次分配的角度提出相关促进收入分配机会均等与制度公正政策建议，以期为消除我国居民收入分配不公平现象、实现居民收入分配结果公平提供一些决策参考。

15.1　中国居民收入分配差距成因的公平视角解析

对于我国居民收入分配的差距成因，学术界多沿着市场与政府的维度展开分析，一部分人基于过大的收入差距是市场化改革以后出现的现实，将收入差距扩大的原因简单归结为市场化改革；另一部分人则观察到，在市场机制之外，存在着政府控制、管制和干预，还有大量的制度、规章和政策，则将收入差距扩大的原因归结为政府改革不到位、制度和政策不完善。

　　然而，在目前的中国，社会公众最在意的并不仅仅是居民收入差距的日趋扩大，更是其背后隐藏的不公平。由于收入差距扩大的成因既有与市场经济原则和社会公平原则相容的部分，也有违反社会公平原则的部分，并且这两个部分分别对应着不同的对策措施，因此，仅从市场与政府维度分析居民收入分配差距扩大的原因是不够的，有必要引入公平与不公平维度做进一步分析。本章研究在学术界已有的市场和政府维度的基础上纳入机会、规则和结果三个层面的分配公平与不公平，进而考察我国居民收入分配差距的形成过程与原因，得到二维表格，见表 15-1。

表 15-1　我国居民收入分配差距形成的二维分析框架

分配公平维度		政府与市场维度	
		政府行为（制度、政策）	市场机制
分配公平维度	机会公平与否 公平	①全国政府机关和事业单位相对统一的工资制度； ②全国相对统一的义务教育和高考制度； ③区域平衡发展战略	①全国统一的产品市场； ②全国具有一定市场化特征的要素市场； ③全国相对统一的金融市场
	机会公平与否 不公平	①城乡之间长期的分割制度与政策； ②垄断行业的市场壁垒和利益保护； ③限制生产要素流动的制度与政策； ④公共服务的差别化对待	①要素市场扭曲产生的暴富机会； ②劳动力市场的就业歧视
规则公平与否 公平		①以按劳分配为主体其他分配方式为补充的分配制度； ②在政府部门和国有企业引入竞争机制决定职工收入	①个人教育投资和技能的市场化回报； ②部分保护私人产权的法律法规
规则公平与否 不公平		①重视工业和城市、轻视农业和农村的收益分配政策； ②税收对收入再分配的逆向调节； ③国有企业职工的制度外收入和高管的职务消费； ④官员贪污受贿等腐败行为	①强资本弱劳动的收益分配模式； ②商业回扣、价格欺诈、坑蒙拐骗、欺行霸市、庄家操纵等不正当行为； ③产业结构调整造成的部分人群收入下降
结果公平与否 公平		①政府公务员之间收入差距的扩大； ②国有企业内部收入差距的扩大	①不同文化程度人群之间收入差距的扩大； ②技术人员与非技术人员之间收入差距的扩大； ③纯农户与非农户之间收入差距的扩大
结果公平与否 不公平		①城乡之间收入差距的扩大； ②垄断部门与竞争部门之间收入差距的扩大； ③区域之间收入差距的扩大	①暴富群体与工薪群体之间收入差距的扩大； ②贫富收入差距的"行业固化"和"代际复制"； ③城乡弱势群体收入下降引起的收入差距的扩大； ④男女职工之间收入差距的扩大

注：表 15-1 是在李实和赵人伟的文章《市场化改革与收入差距扩大》（载迟福林主编《破题收入分配改革：推进收入分配改革实现公平与可持续发展的第二次转型》，中国经济出版社，2011 年版）基础上引入三类公平和增加更多因素而形成的

15.1.1 基本描述分析

根据表 15-1，不难看出以下几个方面的内容。

1. 机会公平视角的描述分析

从收入分配机会公平视角考察，导致我国居民收入差距过大的 12 种因素按其与政府行为（制度、政策）和市场机制的关联性可分为四种类型。

（1）与政府行为（制度、政策）相关的机会公平因素，主要是全国政府机关和事业单位相对统一的工资制度；全国相对统一的义务教育和高考制度；区域平衡发展战略。

（2）与政府行为（制度、政策）相关的机会不公平因素，主要是城乡之间长期的分割制度与政策；垄断行业的市场壁垒和利益保护；限制生产要素流动的制度与政策；公共服务的差别化对待。

（3）与市场机制相关的机会公平因素，主要是全国统一的产品市场；全国具有一定市场化特征的要素市场；全国相对统一的金融市场。

（4）与市场机制相关的机会不公平因素，主要是要素市场扭曲产生的暴富机会；劳动力市场的就业歧视。

2. 规则公平视角的描述分析

从收入分配规则公平视角考察，导致我国居民收入差距过大的 11 种因素按其与政府行为（制度、政策）和市场机制的关联性也可分为四种类型。

（1）与政府行为（制度、政策）相关的规则公平因素，主要是以按劳分配为主体其他分配方式为补充的分配制度；在政府部门和国有企业引入竞争机制决定职工收入。

（2）与政府行为（制度、政策）相关的规则不公平因素，主要是重视工业和城市、轻视农业和农村的收益分配政策；税收对收入再分配的逆向调节；国有企业职工的制度外收入和高管的职务消费；官员贪污受贿等腐败行为。

（3）与市场机制相关的规则公平因素，主要是个人教育投资和技能的市场化回报；部分保护私人产权的法律法规。

（4）与市场机制相关的规则不公平因素，主要是强资本弱劳动的收益分配模式；商业回扣、价格欺诈、坑蒙拐骗、欺行霸市、庄家操纵等不正当行为；产业结构调整造成的部分人群收入下降。

3. 结果公平视角的描述分析

从收入分配结果公平视角考察，导致我国居民收入差距扩大的成分大约有 12 种，按照其与政府行为（制度、政策）和市场机制的关联性可分为四种类型。

（1）与政府行为（制度、政策）相关的结果公平收入差距扩大成分，主要是政府公务员之间收入差距的扩大；国有企业内部收入差距的扩大。

（2）与政府行为（制度、政策）相关的结果不公平收入差距扩大成分，主要是城乡之间收入差距的扩大；垄断部门与竞争部门之间收入差距的扩大；区域之间收入差距的扩大。

（3）与市场机制相关的结果公平收入差距扩大成分，主要是不同文化程度人群之间收入差距的扩大；技术人员与非技术人员之间收入差距的扩大；纯农户与非农户之间收入差距的扩大。其中，前两种成分体现了劳动力市场对个人人力资本回报的提高，后一种成分则主要源于城镇劳动力市场面向农村劳动力的局部、有限开放和农村非就业机会的增加。

（4）与市场机制相关的结果不公平收入差距扩大成分，主要是暴富群体与工薪群体之间收入差距的扩大；贫富收入差距的"行业固化"和"代际复制"；城乡弱势群体收入下降引起的收入差距的扩大；男女职工之间收入差距的扩大。

15.1.2　收入分配不公平因素作用机制分析

在上述二维表格框架下，结合居民收入分配差距的三种表现形式，即城乡收入差距、行业间收入差距和地区间收入差距，进一步分析主导因素尤其是不公平因素的作用机制。

（1）城乡收入差距是长期以来我国居民收入分配差距的最重要表现成分。尽管我国过大的城乡收入差距有市场机制因素的作用，主要是城乡劳动力受教育水平和基本素质差异导致其市场化回报的差距，但其更多的是政府制度因素和政策因素作用的结果，表现如下：①城乡之间长期的分割制度与政策，如户籍制度、公共服务资源城乡差异的分配制度、限制农村劳动力流动的政策等，使得城乡居民在获取收入的机会方面存在较大不公平。在中国，没有城市户籍，就不能享受城市生活、教育、就业、福利等制度。②重视工业和城市、轻视农业和农村的收益分配政策，使得城乡收益分配存在规则不公平。通过农产品统购统销制度和人为控制农副产品价格，在工农产品交易过程中，压低农业产品价格，形成了工农产品价格剪刀差。

（2）行业间收入差距是近年来促使我国居民收入差距扩大的主要因素。其产生机理如下：①垄断行业的市场壁垒和利益保护，使得某些行业有获得高收入的机会，同时，由于"所有者缺位"，垄断国有企业存在着制度外收入、职务消费等超额分配行为。垄断是我国行业间收入差距扩大的重要诱因。在我国，垄断行业主要有两类：一是客观技术上的成本劣加性导致只能由一个或几个主要厂商来经营的行业，如石油和天然气开采业、水的生产和供应业、铁路运输业等；二是通过发放数量有限的"行政许可证"也可使其演变成垄断行业，如烟草制品业、电信和其他信息传输服务业、银行业、证券业等。武鹏（2011）分析，在中国97个细分行业中，两类垄断行业共有15个，当这15个垄断行业的收入落入较为合理的区间时，我国的行业收入差距将会下降20%左右。在垄断企业的收益分配过程中，由于其多为国有企业，普遍存在着所有者缺位的问题，其代理人在近乎无监管的环境下进行经营，没有控制企业工资水平的有力外部约束，因此，普遍存在将非垄断部门创造的利润转换为高管职务消费和制度外的收入与福利的问题。②由于要素市场扭曲、市场缺失，产生了一些暴富机会和暴富群体。前者多出现在资本、土地和自然资源等市场化程度较低的生产要素市场，后者则多产生于商业回扣、价格欺诈、坑蒙拐骗、欺行霸市、庄家操纵等不正当的市场收益分配行为和官员腐败行为中。③在各国的市场化改革过程中，由于经济结构调整和市场供求力量失衡等因素，劳动者获得的收入偏低，甚至会出现失业、下岗等现象，成为低收入群体。这迫切需要政府在收入分配中实行节制资本、保护劳动者的制度和政策。

（3）地区间收入差距也不应该忽视。2000年在西部大开发、东北振兴和中部崛起等区域平衡发展战略的作用下，我国地区间收入差距已出现了较大幅度的缩小，但是，受限制生产要素流动的地方保护主义政策、地区间公共服务差异等因素的妨碍，地区差距中还存在一定程度的组间差异和组内差异，未来如果稍不注意，仍有可能反弹。

15.2 中国居民收入分配公平的实现对策

收入分配是经济社会中最基本的激励机制，公平正义的收入分配关系是维护社会公平正义的重要基础。居民收入分配差距较大、收入分配结构不尽合理的问题在很大程度上是由收入分配的不公平引起的。居民收入分配不公平实际上就是不该得到收入的人得到了收入，而该得到收入的人却没有得到。实现居民收入分配公平是中国居民收入分配份额提高的重要前提和保障。如何消除收入分配中的不公平现象，就成为当前中国居民收入分配问题改革和调整需要首要解决的问题。为此，本节从机会均等、初次分配、再分配、三次分配的角度提出相关促进收入分配机会均等与制度公正的政策建议，以期为消除我国居民收入分配不公平现象、实现居民收入分配结果公平提供一些政策参考。

15.2.1　完善政策体制，促进收入分配机会均等

机会均等是市场经济条件下社会公平观念的基本内容，是市场经济有效运行的前提。要全面建成小康社会，破解收入分配领域发展的不平衡不充分，就必须消除由体制等各种原因造成的机会不均等。

1. 发展教育、普及教育，使教育机会均等

推进公民教育机会均等化，是增强社会成员特别是低收入群体就业和收入机会均等的保证。教育机会均等化意味着任何自然的、经济的、社会的或文化方面的落后状况，都应尽可能地从教育制度本身得到补偿。从缓解居民收入差距角度看，基础教育均等是通过提高低收入群体的受教育程度，增加其受教育机会，提高个人素质，增加就业机会和提高就业竞争力，从而缩小由劳动技能差异带来的收入差距。我国全面九年义务教育已经取得了巨大成果，但城乡之间教育水平差异还有进一步改善空间。为此还要进一步大力推进职业教育、高等教育，尤其是解决好贫困家庭子女受教育问题，从而实现教育均等。

2. 推行就业公平政策

人力资本、年龄、性别、户籍所在地等这些劳动要素和非劳动要素都会导致就业机会的严重不公，为此需要完善相关立法并实施特定政策措施改变这种状况。

（1）建立比较完备的实现和维护就业公平机会的法律体系与健全的劳动力市场运行规则，为保障求职者拥有公正平等的就业机会营造有法可依和可操作性强的法治环境。具体要进一步修改完善《中华人民共和国劳动法》，把握有利时机，推行更具针对性的"就业公平法"或"中华人民共和国反就业歧视法"等，设立维护就业公平机会、专门针对就业歧视的准司法机构。

（2）把扩大就业作为经济社会发展和经济结构调整的重要目标，形成"市场配置劳动要素，个人公平竞争就业，政府促进公平就业"的新格局。统筹城乡、不同性别、不同地区、不同文化程度等的就业，解决好城镇新增劳动力、农村富余劳动力、下岗失业人员等的就业问题，加强高校毕业生、退役军人的就业指导和服务。调整和优化产业结构，大力发展包括非公有制经济在内的多种所有制经济、中小企业、劳动密集型企业和第三产业，多渠道、多方式增加就业岗位。大力推进社会创业创新环境，强化就业服务职能，拓宽劳动者就业新渠道。

3. 推行促进财产占有机会公平政策

在决定人们收入的诸因素中，财产状况起着决定性的作用。在西方私有制经济下，普遍采取了促进财产占有机会公平的措施，包括征收高额的遗产税，对非劳动收入（即各种财产收入）征收高额税，对收入和财产征收累进税等。这些措施虽不能消除收入的差距和财富占有的不公平现象，但在防止财产分配不公平状况继续扩大方面起到了较为有效的作用。

15.2.2　建立公平高效的初次分配机制

经济学分析认为，劳动市场是非完全竞争市场，需要用政府这只看得见的手进行干预，来保证公平。在初次分配阶段，要充分认识和把握劳动市场的规律和特征，认清劳动市场上实质的不公平、不平等。这需要采取相关举措，来彻底改变劳动者在劳动市场的不平等地位，努力解决好劳动参与初次分配相关的机会公平、规则公平和过程公平问题，进而提高劳动者的收入水平，缩小劳动要素与资本要素在初次分配中的差距，最终在初次分配领域形成党的十九大报告所提出的"扩大中等收入群体，增加低收入者收入，调节过高收入"。

（1）完善健全相关法律法规体系来弥补劳动市场的缺陷。必须进一步加强和规范劳动市场相关法律法规效力发挥，对劳动力市场的不公正现象实施积极的行政干预，不断依法增强劳动者在收入分配中的话语权，建立工资共决机制，切实保障劳动者合法权益。我国劳动市场法律法规主要有《中华人民共和国工会法》《中华人民共和国劳动法》《中华人民共和国就业促进法》《中华人民共和国妇女权益保障法》《中华人民共和国劳动合同法》《中华人民共和国残疾人保障法》《女职工劳动保护规定》《工伤保险条例》《劳动保障监察条例》《最低工资规定》等。但相关法律法规还需要进一步完善，相当一部分法律法规也并未发挥其自身效力，劳动市场欠薪、就业歧视等现象依然存在。在 21 世纪，完善的劳动市场法律法规体系是决胜全面建成小康社会的内在要求，一方面，要公平公正地保障生产要素（劳动、资本、技术、管理等）按各自贡献参与经济发展成果分配的权利；另一方面，强化最低工资制度在保障中低收入者劳动收入方面的作用，借此来不断提高劳动报酬在初次分配中的比重。

（2）积极发挥政府在劳动市场中的纠偏功能。劳动市场是非完全竞争市场，政府必须发挥应有职能进行规制和干预，制定规章制度、营造良好环境，切实保护劳动者的合法权益，着手改善劳动和资本的强弱关系，促进各生产要素都能公平公正地按贡献参与生产成果的分配。政府需要做到以下几个方面：一是推进劳动市场法律法规体系建设。劳动市场法律法规体系是保障劳动者权益的有力武器。在处理劳动市场相关问题时，应该能做到有法可依。二是加大劳动保障监察执法检查力度。加强对重点企业尤其是小微企业等的日常监管，清理整顿劳动市场乱象，开展对拖欠工资，尤其是农民工工资的专项检查，对各类违法行为进行严厉处罚，规范用人单位行为，保障劳动者合法权益。三是建立和完善最低工资制度。最低工资制度是社会保障制度的重要部分，是对劳动参与分配的最低要求。要提高最低工资标准的计算标准，并根据经济发展水平、行政事业单位工资、社会平均工资、物价水平等按年调整。四是落实好企业工资指导线制度。政府应该根据各地经济发展水平、通货膨胀、失业率等宏观指标，结合企业经营效益、人力成本等确定好职工工资增长水平，促进劳资关系和谐稳定。五是推动并规范职工工资集体协商制度。企业和政府要全面贯彻落实《中华人民共和国劳动法》《中华人民共和国工会法》《工资集体协商试行办法》等法律法规，发挥和提升工资集体协商的作用和效力，促进职工工资随企业经营效益同步增长。

（3）工会组织要切实承担自己的职责。虽然工会组织在劳动力市场有一定的垄断特征，但其在维护劳动者在初次分配中的正当权益，促进市场经济稳定发展中仍然发挥着不可替代的作用。要建立公平高效的初次分配机制，我国工会组织要充分发挥其职能作用，要致力于改善广大劳动者的劳动环境、劳动收入、劳动保障等，让广大劳动者更多地共享经济社会发展成果。并按照党的十九大提出的"坚持按劳分配原则，完善按要素分配的体制机制，促进收入分配更合理、更有序"，根据《中华人民共和国工会法》《中华人民共和国劳动法》和相关法律法规，解放思想，大胆探索，履行职责，在初次分配中维护好职工的正当权益，推动形成工资共决机制和正常增长机制，确保劳动报酬相对于资本、技术等其他生产要素在初次分配中得到其应得份额。

15.2.3　健全税收调节机制，充分发挥再分配的收入调节功能

税收政策是调节收入分配的重要工具，政府通过税收政策，一方面，控制高收入群体收入的过快增长，维护公平；另一方面，可以增加财政收入，然后再通过转移支付、财政支出等方式来增加公共服务，保障低收入者生活，缓解收入差距。目前，我国税收中流转税的比重较大，存在对高收入调节不力，总体税率相对较低，税负的累进性不明显等问题。要发挥税收杠杆的作用，强化税收调节贫富差距的功能，必须做到以下几点。

1. 加快推进税收制度改革，完善税收的调节功能

（1）根据居民收入增长水平适时提高个人所得税起征点，改变一般工薪群

体成为纳税主力的情况。运用有倾向性的政策和手段，使高收入者多纳税，低收入者少纳税甚至不纳税，充分考虑纳税人的税收负担程度，合理确定个人所得税扣除标准。

（2）建立健全的征税环境和培养居民良好的纳税意识，充分发挥个税对个人收入差距的调节作用。

（3）完善支持农业发展的税收政策。由于我国农业的基础地位和较弱的产业特性，我国农业税已取消，但还应在提高农业专业化、产业化和规模化水平，促进现代农业产业集群及农业创新等方面给予政策支持和税收优惠。

（4）加大对中小企业的扶持力度，实行税收优惠或减免政策。

（5）加大对城镇下岗失业人员再就业的税收支持力度，推进就业和再就业。

2. 完善收入分配税收调控体系，逐步扩大对收入征税的范围

建立以个人所得税为主体，以财产税和社会保障税为两翼，以其他税种为补充的收入分配税收调控体系，逐步扩大对收入征税的范围。

（1）对高收入者的存量资产设置调节税种，加大对居民财富存量的调节力度，建立健全相应的财产登记评估制度。

（2）适时开征社会保障税。

（3）考虑对储蓄存款利息课征的个人所得税采用累进税率。

（4）创造条件开征物业税和遗产赠与税等税种。

3. 继续推进消费税改革

充分发挥消费税商品课税再分配功能，对居民生活必需品适用低税率或免税，对奢侈品适用高税率。适度提高部分高档奢侈消费品税率，及时将一些高档消费品或高消费行为（如高档家具、高档健身器具、高尔夫运动、滑翔运动等）纳入消费税调节范围。

4. 加快建立和完善个人收入监测体系，改进征税技术，严格税收征管

（1）通过制定健全的税收法律，使征税人与纳税人的行为得到制约和规范，从而促进依法征纳税。

（2）提高对收入的监控和数据的处理力度，实行纳税人和代缴代扣人的双向申报制度，相互制约，减少收入申报上的漏洞。

（3）强化个人所得税的征管能力，将现行的分类税制改为分类与综合相结合的混合性所得税制。综合征收是指以一家人为单位计算征收，以堵塞个人所得

税方面的漏洞。

5. 采取免捐赠税等政策，鼓励公益捐赠并发展社会慈善事业

收入不应只有由市场对生产要素进行的首次分配和由政府主导的再次分配，还要有由政府引导的社会救助、慈善捐赠、志愿者行动等的第三次分配来调节。实现调节居民收入差距的主体多元化，引入非市场也非政府组织的调节主体，充分发挥它们对收入分配的调节作用，以缓解政府在调节收入分配方面的压力。我国可以借鉴国外的成熟经验，制定有针对性的激励政策，对向公益事业进行的捐赠免税，对捐赠企业和单位实行减税等相关优惠政策，鼓励更多的人和企业参与社会慈善，改善收入分配，而不是像我国大部分富人把财产留给后代，形成了"富二代"甚至"富三代"的特殊群体。

15.2.4　搭建三次分配平台，促进收入分配更趋公平

第三次分配是建立在公众自愿的基础上，在社会道德力量和社会责任作用下，把可支配收入的一部分捐赠出去，实际上是通过高收入群体的自愿捐献，利用社会机制来援助低收入群体而进行的收入分配。第三次收入分配是对初次分配和政府主导的再分配的有益补充，是改进收入现状、缩小收入差距、抑制贫富分化、实现全面小康的重要手段之一，其地位和作用随经济发展水平提高而日益提升。第三次收入分配在发达国家的收入分配中发挥了显著作用。第三次分配在西方发达国家（如美国、英国等）已经日渐成熟、理性。相比之下，我国富裕群体的慈善捐助则相对较少且并不规范。这不仅与整个社会的财富观和消费观有关，也与相关制度的缺失、观念的缺乏有关。

在当前我国社会财富分配不均、贫富差距较大、收入差距较大的背景下，大力倡导和鼓励第三次分配尤为必要。这就需要借鉴成熟市场经济国家的有益经验，搭建好第三次分配的平台，形成社会财富分配更趋公平的三次分配机制。具体做法如下：一是政府要建立和完善慈善捐助的相关制度，如2016年9月正式实施的《中华人民共和国慈善法》，给予慈善捐助的个人或企业针对性的激励政策。二是加强新时代社会主义精神文明建设，企业家和富裕群体要树立积极健康的人生观、价值观和财富观，要以全面小康为目标，以共同富裕为理想，积极投身于美丽和谐社会建设。三是新闻媒体和社会舆论要加强宣传和引导，坚持社会主义核心价值体系，营造美丽和谐稳定博爱的社会大环境。

当前收入差距过大问题关系到新时代经济的持续健康发展，关系到 2020 年全面脱贫，关系到全面建成小康社会的如期实现，关系到社会的和谐稳定。因

而，必须要采取有效措施，从根本上遏制收入差距扩大的趋势，防止出现贫富两极分化。对此，要继续加强对这一问题的理论和实践研究，要不断提高居民收入在国民收入分配中的比重，提高劳动在初次分配中的比重，在初次分配和再分配阶段都要做到效率和公平的统一，且在再分配阶段要更加注重公平。同时还要大力倡导第三次分配，促进社会财富合理分配，让全体人民都能真正共享经济发展的成果。

15.3 本 章 小 结

本章通过考察我国居民收入分配差距的形成过程与原因，剖析其主导因素，提出了相关消除我国居民收入分配不公平现象、实现居民收入分配结果公平的政策建议。

长期以来，中国居民收入分配差距较大、收入分配结构不尽合理的问题在很大程度上是由收入分配的不公平引起的。居民收入差距主要有三种表现形式，即城乡收入差距、行业间收入差距和地区间收入差距。就主导因素来看，城乡收入差距是长期以来我国居民收入差距的最重要表现成分。行业间收入差距是近年来促使我国居民收入差距扩大的主要因素。我国地区间收入差距虽然已出现了较大幅度的缩小，但也不应该忽视。

本章给出的政策建议主要如下：第一，完善政策体制，促进收入分配机会均等。包括发展教育、普及教育，使教育机会均等；推行就业公平政策；推行促进财产占有机会公平政策。第二，建立公平高效的初次分配机制。包括完善健全相关法律法规体系来弥补劳动市场的缺陷；积极发挥政府在劳动市场中的纠偏功能；工会组织要切实承担自己的职责。第三，健全税收调节机制，充分发挥再分配的收入调节功能。包括加快推进税收制度改革，完善税收的调节功能；完善收入分配税收调控体系，逐步扩大对收入征税的范围；继续推进消费税改革；加快建立和完善个人收入监测体系，改进征税技术，严格税收征管；采取免捐赠税等政策，鼓励公益捐赠并发展社会慈善事业。第四，搭建三次分配平台，促进收入分配更趋公平。

第16章　中国居民收入分配份额的优化对策分析

居民收入分配公平是中国居民收入分配份额提高的重要前提和保障，消除居民收入分配不公平可为解决居民收入差距问题、促进居民收入的快速增加创造良好的制度环境。在当前背景下，建立居民收入稳定增长的长效机制，稳步提高中国居民收入所占比重，不仅是中国当前和今后一段时期内优化收入分配格局、促进共享发展的关键途径，也是扩大消费需求、促进经济转型升级的重要举措。与此同时，提高中国居民收入分配份额也是一个较为复杂的系统工程，需要妥善理顺多方面关系，处理多方面的矛盾和问题。

本章在第15章中国收入分配公平成因与实现对策的基础上，首先，对中国居民收入增长状况进行了描述分析，在此基础上分析中国居民收入增长的主要阻碍因素。其次，构建中国居民收入增长长效机制的总体思路。最后，从初次分配、再分配、第三次分配三个阶段，从就业、工资和生产率增长、财政转移支付、税收政策社会保障、扶贫脱贫、社会捐助等多个方面提出增加中国居民收入分配份额的具体途径，以期不断提高居民收入，让广大人民共享改革和发展的成果，使发展成果更多更公平地惠及全人民，朝着共同富裕方向稳步前进，进而推动中国收入分配领域实现更加平衡与充分的发展。

16.1　中国居民收入增长状况的描述分析

描述分析中国居民收入增长的状况是研究居民收入增长长效机制问题的出发点。从历史情况看，中国居民收入的增长状况具有如下特征。

16.1.1 城乡居民收入增速多慢于人均 GDP 增速

无论从名义值还是从实际值看，城乡居民收入增速多慢于人均 GDP 增速。统计资料（表 16-1）显示，从名义值看，1986~2016 年的 31 年中，有 19 个年份城镇居民人均可支配收入增速慢于人均 GDP 增速，有 22 个年份农村居民人均纯收入增速慢于人均 GDP 增速。从实际值看，1986~2016 年的 31 年中，有 20 个年份城镇居民人均可支配收入增速慢于人均 GDP 增速，有 22 个年份农村居民人均纯收入增速慢于人均 GDP 增速。无论是从名义值还是从实际增长率看，城乡居民人均收入的增速多慢于人均 GDP 的增速。这说明：尽管近些年来中国经济高速发展，人均 GDP 增长很快，但经济高速增长的成果并没有完全被城乡居民充分享受到。这一状况自党的十八大以来开始有所改善，无论是实际增长率还是名义增长率，城乡居民人均收入的增速均快于人均 GDP 的增速，这直接影响了近年来中国国民收入比重的提高。但是居民收入增长和经济发展并不同步的局面依然存在，并出现了一些新的特征，经济进入新常态以前，居民收入增长长期滞后于经济发展，而在经济新常态下，居民收入增长快于经济发展。

表 16-1 1986~2016 年全国人均 GDP 与城乡人均可支配收入增长幅度比较

年份	名义增长率			实际增长率		
	人均 GDP	城镇居民 人均可支配收入	农村居民 人均纯收入	人均 GDP	城镇居民 人均可支配收入	农村居民 人均纯收入
1986	12.36%	21.89%	6.58%	7.30%	13.90%	3.24%
1987	15.42%	11.23%	9.15%	9.90%	2.24%	5.19%
1988	22.71%	17.77%	17.81%	9.40%	−2.41%	6.40%
1989	11.47%	16.41%	10.38%	2.60%	0.11%	−1.61%
1990	8.27%	9.92%	14.10%	2.40%	8.55%	1.80%
1991	14.97%	12.61%	3.24%	7.80%	7.22%	1.99%
1992	22.07%	19.17%	10.65%	12.80%	9.65%	5.92%
1993	29.69%	27.18%	17.56%	12.60%	9.53%	3.18%
1994	34.82%	35.65%	32.48%	11.80%	8.51%	5.02%
1995	24.75%	22.50%	29.22%	9.80%	4.88%	5.30%
1996	15.85%	12.98%	22.08%	8.80%	3.89%	8.99%
1997	9.88%	6.64%	8.52%	8.10%	3.42%	4.59%
1998	5.85%	5.13%	3.44%	6.80%	5.77%	4.30%
1999	5.38%	7.91%	2.24%	6.70%	9.31%	3.81%
2000	9.86%	7.28%	1.95%	7.60%	6.02%	3.40%

年份	名义增长率			实际增长率		
	人均 GDP	城镇居民人均可支配收入	农村居民人均纯收入	人均 GDP	城镇居民人均可支配收入	农村居民人均纯收入
2001	9.76%	9.23%	5.01%	7.60%	8.32%	4.64%
2002	9.05%	12.29%	4.61%	8.40%	13.28%	5.25%
2003	12.20%	9.99%	5.92%	9.40%	8.85%	4.77%
2004	17.07%	11.21%	11.98%	9.50%	7.52%	7.29%
2005	15.06%	11.37%	10.85%	10.70%	9.45%	6.68%
2006	16.49%	12.07%	10.20%	12.10%	10.25%	7.89%
2007	22.44%	17.23%	15.43%	13.60%	12.03%	10.05%
2008	17.60%	14.47%	14.98%	9.10%	8.26%	8.52%
2009	8.63%	8.84%	8.25%	8.90%	9.65%	9.03%
2010	17.68%	11.26%	14.86%	10.10%	7.66%	11.43%
2011	17.83%	14.10%	17.88%	9.00%	8.39%	11.39%
2012	9.84%	12.60%	13.46%	7.30%	9.60%	10.71%
2013	9.56%	9.70%	12.40%	7.20%	9.81%	12.51%
2014	7.60%	9.00%	11.20%	6.80%	9.51%	12.33%
2015	6.43%	8.20%	8.90%	6.40%	8.79%	9.43%
2016	7.30%	7.80%	8.20%	6.20%	7.13%	7.61%
年均	14.45%	13.34%	11.73%	8.60%	7.71%	6.49%

注：2013 年以后的城乡居民收入数据为 2013 年城乡一体化调查新口径下的城乡居民收入值，下同

资料来源：国家统计数据库、国家统计局网站

16.1.2　组间收入差距在扩大，高收入分组的收入增长相对较快

从收入等级分组看，组间收入差距在扩大，高收入分组的收入增长相对较快。中国城乡居民收入增长不仅在总体上慢于人均 GDP 的增长，而且在不同收入等级组的表现还存在差异。统计资料（图 16-1 和图 16-2）显示，在 2016 年城镇居民收入等级中，中等偏上收入户及高收入户的人均可支配收入分别达到 41 805 元/年和 70 348 元/年，与 2000 年相比，分别高出 34 318 元和 59 049 元。低收入户和中等偏下收入户的人均可支配收入分别为 13 004 元/年和 23 005 元/年，与 2000 年相比，仅分别高出 9 872 元和 18 431 元。高收入户在 2016 年的收入与 2000 年收入的比值为 6.23，而低收入户两年的比值仅为 4.15。这说明虽然城镇居民家庭高收入户与低收入户的人均可支配收入在 2000 年以后均出现了增长，但高收入户的增长速度明显快于低收入户。这种差距在农村居民家庭各收入

等级中表现得不那么明显，农村居民家庭收入等级中，高收入户在 2016 年的收入与2000年收入的比值为5.48，而低收入户两年的比值为3.75。农村居民收入差距的这一特点可能与他们多从事农业生产经营、农业经营以外的收入较少有关。

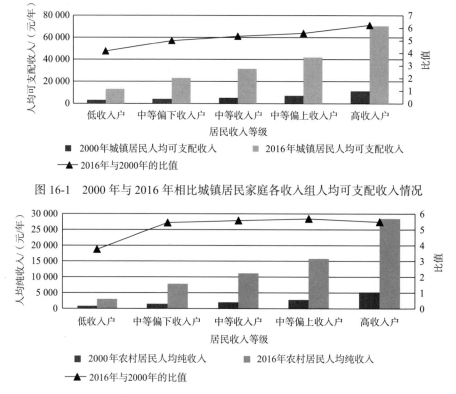

图 16-1　2000 年与 2016 年相比城镇居民家庭各收入组人均可支配收入情况

图 16-2　2000 年与 2016 年相比农村居民家庭各收入组人均纯收入情况

16.1.3　高收入行业和垄断性行业与非垄断性行业收入差距显著拉大

从行业分类看，高收入行业相对固化，行业收入增长过快，导致其与其他行业差距不断扩大。由于社会分工不同，不同行业劳动强度不同，创造的价值也不同，因此不同的行业报酬有其存在的客观必然性。但通过对表 16-2 的 1990~2016 年中国人均工资收入最高的三大行业和人均工资收入最低的三大行业数据进行分析，可以看出，农、林、牧、渔业一直处于低收入行业。2002 年以前，电力、煤气及水的生产和供应业大部分年份都处于高收入行业。但近年来，金融业，科学研究、技术服务和地质勘查业，信息传输、计算机服务和软件业加入了高收入行业，曾经的高收入行业，采掘业和建筑业则一度进入低收入行业。垄断性行业与非垄断性行业的平均工资差距过大。一些行业的垄断现象较为突出,凭借其垄断地位获得高额的垄断利润,从而使得垄断性行业职工的工资远高于非垄断性行业职工的工资,如电力、煤气及水的生产和供应业,交通运输仓储和邮电通信业,金融、保险业,房地产业等的工资增长水平远高于其他行业。而且,过去的几年间垄断性行业的平均工资增速远远超过了非垄断行业的平均工资增速。

表 16-2　1990~2016 年中国人均工资收入最高和最低的三大行业情况

年份	人均工资收入最低的三大行业			人均工资收入最高的三大行业		
1990	农、林、牧、渔业 1 541	批发零售贸易和餐饮业 1 818	制造业 2 073	地质勘查业、水利管理业 2 465	电力、煤气及水的生产和供应业 2 656	采掘业 2 718
1991	农、林、牧、渔业 1 652	批发零售贸易和餐饮业 1 981	教育、文化艺术和广播电影电视业 2 243	地质勘查业、水利管理业 2 707	电力、煤气及水的生产和供应业 2 922	采掘业 2 942
1992	农、林、牧、渔业 1 828	批发零售贸易和餐饮业 2 204	制造业 2 635	采掘业 3 209	地质勘查业、水利管理业 3 222	电力、煤气及水的生产和供应业 3 392
1993	农、林、牧、渔业 2 042	批发零售贸易和餐饮业 2 679	教育、文化艺术和广播电影电视业 3 278	交通运输仓储和邮电通信业 4 273	电力、煤气及水的生产和供应业 4 319	房地产业 4 320
1994	农、林、牧、渔业 2 819	批发零售贸易和餐饮业 3 537	制造业 4 283	科学研究 6 162	房地产业 6 288	金融、保险业 6 712
1995	农、林、牧、渔业 3 522	批发零售贸易和餐饮业 4 248	制造业 5 169	房地产业 7 330	金融、保险业 7 376	地质勘查业、水利管理业 7 843
1996	农、林、牧、渔业 4 050	批发零售贸易和餐饮业 4 661	制造业 5 642	房地产业 8 337	金融、保险业 8 406	地质勘查业、水利管理业 8 816
1997	农、林、牧、渔业 4 311	批发零售贸易和餐饮业 4 845	制造业 5 933	房地产业 9 190	电力、煤气及水的生产和供应业 9 649	金融、保险业 9 734
1998	农、林、牧、渔业 4 528	批发零售贸易和餐饮业 5 865	制造业 7 064	房地产业 10 302	电力、煤气及水的生产和供应业 10 478	金融、保险业 10 633
1999	农、林、牧、渔业 4 832	批发零售贸易和餐饮业 6 417	采掘业 7 521	电力、煤气及水的生产和供应业 11 513	科学研究 11 601	金融、保险业 12 046
2000	农、林、牧、渔业 5 184	批发零售贸易和餐饮业 7 190	采掘业 8 340	电力、煤气及水的生产和供应业 12 830	金融、保险业 13 478	科学研究 13 620
2001	农、林、牧、渔业 5 741	批发零售贸易和餐饮业 8 192	建筑业 9 484	电力、煤气及水的生产和供应业 14 590	金融、保险业 16 277	科学研究 16 437
2002	农、林、牧、渔业 6 398	批发零售贸易和餐饮业 9 398	建筑业 10 279	电力、煤气及水的生产和供应业 16 440	科学研究 19 113	金融、保险业 19 135

续表

年份	人均工资收入最低的三大行业			人均工资收入最高的三大行业		
2003	农、林、牧、渔业 6 969	批发和零售业 10 939	住宿和餐饮业 11 083	科学研究、技术服务和地质勘查业 20 636	金融业 22 457	信息传输、计算机服务和软件业 32 244
2004	农、林、牧、渔业 7 611	住宿和餐饮业 12 535	建筑业 12 770	科学研究、技术服务和地质勘查业 23 593	金融业 26 982	信息传输、计算机服务和软件业 34 988
2005	农、林、牧、渔业 8 309	住宿和餐饮业 13 857	建筑业 14 338	科学研究、技术服务和地质勘查业 27 434	金融业 32 228	软件业 40 558
2006	农、林、牧、渔业 9 430	住宿和餐饮业 15 206	水利、环境和公共设施管理业 16 140	科学研究、技术服务和地质勘查业 31 909	金融业 39 280	信息传输、计算机服务和软件业 44 763
2007	农、林、牧、渔业 11 086	住宿和餐饮业 17 041	建筑业 18 758	科学研究、技术服务和地质勘查业 38 879	信息传输、计算机服务和软件业 49 225	金融业 49 435
2008	农、林、牧、渔业 12 560	住宿和餐饮业 19 321	水利、环境和公共设施管理业 21 103	科学研究、技术服务和地质勘查业 45 512	金融业 53 897	信息传输、计算机服务和软件业 54 906
2009	农、林、牧、渔业 14 356	住宿和餐饮业 20 860	水利、环境和公共设施管理业 23 159	科学研究、技术服务和地质勘查业 50 143	信息传输、计算机服务和软件业 58 154	金融业 60 398
2010	农、林、牧、渔业 16 717	住宿和餐饮业 23 382	水利、环境和公共设施管理业 25 544	科学研究、技术服务和地质勘查业 56 376	信息传输、计算机服务和软件业 64 436	金融业 70 146
2011	农、林、牧、渔业 19 469	住宿和餐饮业 27 486	水利、环境和公共设施管理业 28 868	科学研究、技术服务和地质勘查业 64 252	信息传输、计算机服务和软件业 70 918	金融业 81 109
2012	农、林、牧、渔业 22 687	住宿和餐饮业 31 267	水利、环境和公共设施管理业 32 343	科学研究、技术服务和地质勘查业 69 254	信息传输、计算机服务和软件业 80 510	金融业 89 743
2013	农、林、牧、渔业 25 820	住宿和餐饮业 37 264	水利、环境和公共设施管理业 39 198	科学研究、技术服务和地质勘查业 76 602	信息传输、计算机服务和软件业 90 915	金融业 99 653
2014	农、林、牧、渔业 28 356	住宿和餐饮业 37 264	水利、环境和公共设施管理业 39 198	科学研究、技术服务和地质勘查业 82 259	信息传输、计算机服务和软件业 100 845	金融业 108 273
2015	农、林、牧、渔业 31 947	住宿和餐饮业 40 806	水利、环境和公共设施管理业 43 528	科学研究、技术服务和地质勘查业 89 410	信息传输、计算机服务和软件业 112 042	金融业 11 477
2016	农、林、牧、渔业 33 612	住宿和餐饮业 43 382	居民服务、修理和其他服务业 47 577	科学研究、技术服务和地质勘查业 96 638	金融业 117 418	信息传输、计算机服务和软件业 122 478

注：行业名称后的数字为行业人均收入水平，单位为元

资料来源：历年《中国统计年鉴》

16.1.4　城乡居民收入在主要来源形式及增长贡献率上存在较大差异

从收入来源看，城乡居民收入在主要来源形式及增长贡献率上存在较大差异。统计资料（表 16-3 和表 16-4）显示，2003~2016 年中国城镇居民收入来源中，比重最高的是工资性收入，其数值均在 61%以上，而经营净收入和财产性收入在四项收入来源中是较低的，其中经营净收入即使在比重最高的 2014 年也只占到了 11.37%，而财产性收入的比重就更低，即使在最高的 2014 年和 2015 年，也只占到了 9.75%。与此同时，2003~2014 年中国农村居民收入来源中，经营净收入比重最高，2005~2016 年略低于工资性收入，在整个样本区间其数值均在38%以上，而转移性收入和财产性收入所占比重均相对较低，尤其是财产性收入，即使在比重最高的 2010 年也只占到了 3.42%。由此可以看出，中国城镇居民与农村居民在主要收入来源形式上存在一定的差异，工资性收入与转移性收入是城镇居民家庭收入的主要来源形式，而经营净收入和工资性收入则是农村居民家庭收入的主要来源形式。从各收入来源对居民收入增长的贡献度（表 16-3 和表 16-4）来看，工资性收入、转移性收入和经营净收入的贡献较大，但其贡献力度在城镇居民和农村居民之间存在差别。2003~2016 年，工资性收入对城镇居民家庭人均可支配收入增长的贡献率在49%以上，而对农村居民家庭人均纯收入增长的贡献率在 47.7%的均值水平附近波动。经营净收入对农村居民收入的贡献率均在 20%以上，贡献相对较高。转移性收入对城镇居民收入增长的贡献率在22.5%的均值水平附近波动。尤其需要指出的是，近些年来，对城镇居民而言，工资性收入是稳步提高居民收入的主体力量，经营净收入和财产性收入还有一定的提升空间；而对农村居民而言，尽管经营净收入是居民收入的主要来源，但其对居民收入的增长贡献率却很有限，工资性收入应是稳步提高农村居民收入的重点，转移性收入和财产性收入也有一定的提升空间。

表 16-3　2003~2016 年城镇人均可支配收入各收入来源比重及对增长的贡献率

年份	比重				贡献率			
	工资性收入	转移性收入	经营净收入	财产性收入	工资性收入	转移性收入	经营净收入	财产性收入
2003	70.74%	23.31%	4.46%	1.49%	75.84%	12.34%	8.11%	3.72%
2004	70.62%	22.91%	4.88%	1.59%	69.57%	19.54%	8.44%	2.45%
2005	68.88%	23.41%	6.00%	1.70%	54.08%	27.68%	15.58%	2.66%
2006	68.93%	22.79%	6.36%	1.92%	69.32%	17.73%	9.29%	3.65%
2007	68.65%	22.70%	6.31%	2.34%	67.04%	22.19%	5.99%	4.77%
2008	66.20%	23.02%	8.52%	2.27%	49.29%	25.18%	23.75%	1.78%

续表

年份	比重				贡献率			
	工资性收入	转移性收入	经营净收入	财产性收入	工资性收入	转移性收入	经营净收入	财产性收入
2009	65.66%	23.94%	8.11%	2.29%	60.50%	32.80%	4.20%	2.50%
2010	65.17%	24.21%	8.15%	2.47%	60.94%	26.50%	8.50%	4.07%
2011	64.27%	23.81%	9.22%	2.71%	57.85%	20.93%	16.84%	4.37%
2012	64.30%	23.62%	9.45%	2.62%	64.56%	22.13%	11.36%	1.95%
2013	62.78%	16.33%	11.24%	9.64%	60.05%	21.44%	12.08%	6.44%
2014	62.19%	16.70%	11.37%	9.75%	55.53%	20.74%	12.79%	10.94%
2015	61.99%	17.12%	11.14%	9.75%	59.55%	22.29%	8.38%	9.78%
2016	61.47%	17.58%	11.21%	9.73%	54.85%	23.54%	12.14%	9.46%

资料来源：国家统计数据库、国家统计局网站

表 16-4　2003~2016 年农村人均纯收入各收入来源比重及对增长的贡献率

年份	比重				贡献率			
	工资性收入	转移性收入	经营净收入	财产性收入	工资性收入	转移性收入	经营净收入	财产性收入
2003	35.02%	3.69%	58.78%	2.51%	53.31%	−0.95%	37.36%	10.29%
2004	34.00%	3.93%	59.45%	2.61%	25.50%	5.95%	65.11%	3.44%
2005	36.08%	4.53%	56.67%	2.72%	55.26%	10.02%	30.99%	3.74%
2006	38.33%	5.04%	53.83%	2.80%	60.30%	10.05%	26.04%	3.61%
2007	38.55%	5.37%	52.98%	3.10%	40.01%	7.50%	47.48%	5.01%
2008	38.94%	6.79%	51.16%	3.11%	41.52%	16.27%	39.00%	3.21%
2009	40.00%	7.72%	49.03%	3.24%	52.86%	19.05%	23.22%	4.86%
2010	41.07%	7.65%	47.86%	3.42%	48.29%	7.17%	39.96%	4.58%
2011	42.47%	8.07%	46.18%	3.28%	50.30%	10.43%	36.78%	2.49%
2012	43.55%	8.67%	44.63%	3.15%	51.53%	13.14%	33.15%	2.18%
2013	38.73%	17.47%	41.72%	2.07%	49.37%	17.40%	30.86%	2.37%
2014	39.59%	17.90%	40.40%	2.12%	47.21%	21.67%	28.57%	2.55%
2015	40.27%	18.09%	39.43%	2.21%	47.97%	20.24%	28.59%	3.21%
2016	40.62%	18.83%	38.35%	2.20%	44.85%	27.84%	25.19%	2.13%

资料来源：国家统计数据库、国家统计局网站

16.2　中国居民收入增长的主要阻碍因素分析

改革开放以来，中国实施了市场取向的经济改革，极大地释放了生产力，促

进了经济的高速发展。然而，相对于国家经济的快速发展，城乡居民的收入水平却没有同步跟上，导致居民收入在国民收入分配中的比重不断下降，自党的十八大以来，居民收入在国民收入分配中的比重又开始不断提升。尽管如此，中国居民收入增长与经济发展并不同步，因此，有必要根据城镇及农村居民收入现状，并结合其他实际情况，探寻中国居民收入水平稳定增长的主要阻碍因素，这可为深入研究中国居民收入的增长问题，探寻其发展变化规律，以及尝试构建居民收入增长的长效机制提供具体方向。

16.2.1　劳动者报酬偏低，利益分配格局失衡

（1）企业职工工资增长机制不健全，劳动者权益得不到有效保障。工薪收入是影响中国城镇居民收入高低的主要因素。目前中国企业职工工资增长机制不健全，主要体现在两个方面：一是最低工资标准过低，未达到国际惯例的最低限度。按照最低工资规定国际通行惯例，一个地区的最低工资标准应相当于本地区社会平均工资的 40%~60% 才较为合理。二是工资集体谈判机制不健全。中国至今尚未形成完善、有效的集体谈判机制，同时，相关法律法规的缺失与执行不力，使得劳动者维权缺乏相关的法律武器和良好的法制环境。当权益受到侵害时广大普通劳动者的权益得不到有效保障，这也是中国劳动者报酬偏低的重要原因。

（2）单纯经济主导发展模式，政策倾向资本要素分配，变相挤压劳动者报酬。这主要体现在四个方面：一是有些地方政府片面追求 GDP 的增长，加大资本要素投入与分配，从而弱化或忽略了其他社会目标的增长。二是有些地方政府为了吸引外来资本，"重资轻劳"，不惜以降低工人待遇为手段，人为创造引资"政策洼地"。三是一些地方政府单纯依赖投资拉动经济，片面追求规模效应，对于中小企业的发展重视和扶持不够。四是为了追求经济快速发展，有些地方政府和企业不自觉地形成了政企利益共同体，在分配过程中，不合理地占据了较大的份额。这些地方政府单纯的经济主导发展模式严重挤压着劳动者报酬。

（3）劳动力供求不均衡，就业结构不合理。虽然近年来中国人口增长率、出生率有所下降，但从总量上讲，劳动力的供给在一定时期内仍然大于需求，再加上经济发展方式的转变，资本和技术密集程度不断提高，国民经济增长对就业的拉动效应呈现下降趋势，导致广大劳动者难以就业，劳动者平均报酬长期处于较低水平。

16.2.2 农村居民增收放缓，增收渠道有待拓宽

（1）农民增收传统动力减弱，新动能有待释放。农业的生物质产业特点和天然的生产力水平较低决定了农业产业是弱势产业，加上中国农业人口众多，人均占有土地资源少，这从根本上决定了农村居民依靠土地资源不可能获得较高的收入。2003 年以来，农村免征农业税、粮食直补、良种补贴、农机补贴等一系列政策的集中出台，有力地带动了农民不断增收，但农民增收仍然处于惯性上升阶段。在经济新常态下，中国城乡二元结构仍未改变，城乡差距过大、农村发展不充分是新时代主要矛盾的突出表现。这一时期支撑农民增收的传统动力在不断减弱，农民增收新动能还有待培育和释放。

（2）农村劳动力转移难度不断加大，工薪收入增长有限。随着城镇化进程的推进，农村劳动力持续转移，农民外出务工人数增多，工资性收入成为农村居民家庭收入的来源。然而近年来，受自身文化素质及技能因素的制约，农村劳动力转移的难度不断加大，转移的空间也越来越狭小。

（3）农村投资机制不完善，农民财产性收入较少。目前，中国农村投资机制仍然较为落后，主要表现在四个方面：一是农村金融体系不完善；二是资本市场及投资信息落后；三是受小富即安，惧怕风险心理的影响，大多数农民的投资意识不强；四是农村集体经济组织产权制度还有待进一步改革。

16.2.3 政府再次分配调节居民收入水平作用发挥有限

（1）税收机制不健全，调节收入效果不佳。长期以来中国直接税收入份额虽然持续上升，但仍然不高。税制结构主要是以流转税为主、所得税为辅。中国流转税因累退性强、存在重复征税等因素，累退性的税制对低收入人群产生着不利影响，使得流转税对劳动要素收入份额影响程度高于资本要素；所得税对要素收入分配有明显影响；现行税制结构，尤其是其累退性特征通过对要素收入分配的影响，扩大了经济中供求失衡局面。

（2）目前中国城乡二元结构未根本改变，这也是城乡居民可支配收入出现较大差异的重要原因。政府转移支付调节力度相对较弱，现行的社会保障制度建设依然落后，社会保障税没有开征，无法形成充足的社会保障资金来源，难以全面解决低收入者和贫困者的生活保障问题。同时，城乡分割的收入再分配制度，导致农村居民得到的转移性支付低，低保和社会救济效率并不高。

16.3　构建中国居民收入增长长效机制的总体思路

一般来讲，收入形成机制有两种，一种是通过供求关系和价值规律依靠市场的机制运行；另一种是通过政府宏观调控和收入政策形成的收入运行机制。

在经济新常态下，居民收入的增长与经济增长并不同步，由原来滞后于经济增长，变为超前于经济增长，从而导致政府调节和市场调节在收入分配中出现不一致状况，使得居民持续稳定的收入增长预期并未形成。在这一背景下，就更需要居民收入增长与经济发展水平、价格波动情况等因素挂钩，形成一个动态的、增长的长效机制。在这一长效机制中，首先是通过健全的市场机制决定居民收入，在这一前提下依靠政府来保证居民收入增长的稳定性和市场机制的有效性，实现收入与经济同步、持续、稳定增长。最后通过引入非市场也非政府组织的调节主体来缓解政府调节压力。

建立居民收入长效增长机制的核心内容是适应社会主义市场经济体制的需要，逐步建立以完善的市场机制为基础、可宏观调控的居民收入分配机制。收入分配格局的最终形成是由市场和政府两个主体相互作用的最终结果。市场机制在初次分配中对收入分配格局的最终形成起基础性、决定性作用；而政府在再分配中通过财政税收、转移支付、社会保障等手段进行调控。由居民收入长效增长运行机制图（图16-3）可知，居民收入增长的关键是要实现初次分配与再分配效率和公平的统一，且在再分配阶段要更加注重公平，同时还要注重第三次分配的作用。

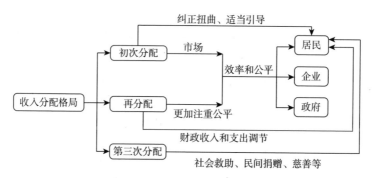

图16-3　居民收入长效增长运行机制图

（1）居民收入的初次分配和再分配都要兼顾效率和公平。在初次分配阶段，充分发挥市场机制的作用。生产经营按照市场规律进行，并按照生产要素在生产经营中的作用大小支付报酬。在这里，劳动报酬是生产经营单位按照劳动要素分配实现。同时，初次分配是本源性的、全局性的，初次分配公平实现是再分配公平实现的基础，初次分配如果不重视公平，必然会导致贫富差距的扩大。这一环节政府应通过制定相关制度和政策进行必要的市场扭曲纠正与适当的趋势性诱导，保证市场主体的平等议价权。此外，在再分配阶段，政府调节收入分配的税收手段和财政支出手段不仅要注重公平还要注重效率，以此来履行好政府再分配调节职能。

（2）居民收入的再分配要更加注重公平。收入公平不仅要求社会成员之间的收入差别能反映各社会成员对劳动成果的真实贡献，能反映同各自投入的劳动、资本等要素成比例，同时还要求能够有效控制部门间收入分配差距，降低差距扩大的可能。正如党的十八大所指出的，加快健全以税收、社会保障、转移支付为主要手段的再分配调节机制。财政制度是促进收入公平分配的重要制度，财政收支政策是国民收入再分配的重要手段。这一环节政府主要通过税收、转移支付和公共支出等手段，实现收入的公平分配，降低居民对未来支出预期的不确定性，保证收入的持续增长。

（3）加强第三次分配的调节作用。收入不应只有由市场对生产要素进行的首次分配和由政府主导的再分配，还要有由政府进行调节和引导社会救助、民间捐赠、慈善等的第三次分配来调节。实现居民收入差距的调节主体多元化，要跳出市场与政府两主体的传统框架，引入非市场也非政府组织的调节主体，充分发挥它们的调节作用，缓解政府的调节压力。中国可以借鉴国外的经验，就是对公益事业的捐献免税，并对企业单位予以减税等优惠政策，鼓励更多的人把自己的财产用于社会慈善。

16.4　中国居民收入分配份额的提升途径

居民收入分配份额提升的前提条件是居民收入的稳定持续增长，居民收入的稳定持续增长既是居民收入分配份额提升的内在要求，也是全体居民共享改革发展成果的重要体现。因此，本章主要从初次分配、再分配和第三次分配三个阶段，从就业、工资和生产率增长、财政转移支付、税收政策社会保障、扶贫脱贫、社会捐助等多个方面提出增加中国居民收入的具体途径，以此来持续提高中国居民收入分配份额。

16.4.1　初次分配阶段居民收入提升途径

初次分配是在物质生产领域进行的分配，是国民总收入直接与生产要素相联系的分配。在这个阶段劳动要素收入以劳动报酬形式获得，要提高劳动要素的收入，需要从提高劳动就业质量、破除市场垄断等方面来不断提高劳动者的劳动报酬。

1. 拓宽就业渠道，提高就业质量

党的十九大报告指出，要坚持就业优先战略和积极就业政策，实现更高质量和更充分就业。就业是民生之本，增加就业是提高低收入者收入的有效途径。中国人口众多，劳动力资源丰富，高质量就业与人民美好生活的实现息息相关。

（1）积极推动农业劳动力转移，提高农民非农产业收入。在经济新常态下，中国低收入人群及贫困人口收入水平低，就业机会缺乏。提高居民收入尤其是低收入人群收入，以及缩小城乡居民收入差距的关键是尽快提高广大农民的收入。要加快提高农民的收入，主要的途径是大力发展新型农业，提高农村劳动力受教育水平，消除城乡劳动力流动壁垒，把城市化进程和进城农民的市民化进程紧密结合起来。

（2）加快农村产业融合，培育农民增收新动能。在经济新常态下，农民传统增收渠道动力渐弱，迫切需要实施乡村振兴计划来拓宽新渠道、挖掘新潜力、培育新动能，以构建稳定长效可持续的农民增收机制。党的十九大报告指出，促进农村一二三产业融合发展，支持和鼓励农民就业创业，拓宽增收渠道。推进农村一二三产业融合发展，是加快转变农业发展方式、推进农业供给侧结构性改革的重要举措，是提高农业效益、增加农民收入的重要途径。这就需要积极鼓励和支持农民创业创新，积极培育新动能，发展高质量农业，以此来形成农民增收的长效机制。

（3）优化就业结构，提高就业质量。中国的经济发展方式正处在由片面追求经济数量扩张向注重提高经济发展质量转变的关键时期。就业质量作为经济发展质量的核心组成部分之一，不仅是提高劳动者报酬、人民实现美好生活的主要途径，也是提高经济发展质量的必然之举。高质量就业对一个个体而言意味着充分的就业机会、合理增长的劳动报酬、公平的就业环境、良好的就业能力、完善的社会保障和体面的社会地位等；对于一个经济体而言，更高质量的就业包括更充分的就业、更优化的就业结构、更高的劳动生产率等。当前提高就业质量，最根本的还是贯彻新发展理念，坚定不移把发展作为第一要务，推动经济持续健康发展，在发展的基础上创造出更多更好的就业机会，在发展的过程中优化就业结构，提高劳动者收入水平（白天亮，2017）。

2. 充分发挥市场机制在要素分配和价格形成中的决定作用

（1）完善要素市场分配机制，降低要素市场价格扭曲。要进一步规范要素市场的收入分配功能，降低要素市场的价格扭曲，推进收入按要素分配的市场化建设，为城乡居民收入增加创造良好的制度环境。具体措施如下：①深化土地资源、水资源、能源矿产资源等要素市场体制改革，加快推进垄断行业改革，规范相关行业的收益分配机制。②推进多层次资本市场建设和保障性住房建设等，逐步完善财产性收入增长的保障机制。③按照"统一、开放、竞争、有序"的要求，建立健全市县乡三级劳动力市场体系，逐步形成市场经济条件下促进农村劳动力转移就业的机制。

（2）规范垄断行业的收入分配秩序。必须规范垄断行业企业的收入分配秩序，建立一套科学的、有效的垄断企业内部分配约束机制和外部调控机制。对竞争性垄断行业要减少市场准入限制，引入国际竞争者，逐步推进其市场化进程；还要继续完善国有企业高管"限薪"制度，严控高管薪酬水平，缩小与公共部门的收入差距，逐步使垄断职工工资与劳动力市场接轨。还要采取一系列规范办法，将垄断收益大部分归于国家财政。

（3）深化工资制度改革，促进形成合理的工资决定机制和增长机制。要保障工资性收入稳步增长，就应遵循市场机制调节、企业自主分配、平等协商确定、政府监督指导的原则，形成反映劳动力市场供求关系和企业经济效益的工资决定机制与增长机制。具体措施如下：①建立具有中国特色的工资集体协商制度，由劳资双方通过工资集体民主协商来决定本企业工资分配的企业工资决定机制；②逐步建立企业职工工资增长与 CPI、企业效益挂钩的合理机制，努力保证职工工资与经济增长同步；③严格执行最低工资保障制度、逐年提高最低工资保障标准。

3. 保持工资和劳动生产率同步增长

在完美的假定条件下，劳动要素的工资应该等于边际劳动生产率，工资和劳动生产率的增长速度应该基本一致。然而，自 1998 年以来，中国实际工资增长率却呈现出持续的、轻微的超劳动生产率增长的态势。在中国工资水平向下扭曲依然普遍存在，劳动报酬占比依然较低的形势下，工资水平的快速上涨是必然现象，其中既有劳动生产率提高的推动，也有结构转型因素的影响，并且存在很大的地区差距。对此，需要以下几方面政策设计。

（1）针对劳动力供给问题，年龄结构在短时间内难以改变，但消除劳动力市场城乡分割，从而有利于劳动力的自由流动，使中西部的剩余劳动力向城镇转移以缓解东部地区劳动力的结构性短缺。具体措施如下：一方面，农业生产率的提高是解放农村劳动力的首要条件，提高农业的机械化、集约化生产水平以提高农村的劳动生产率，使剩余劳动力有条件进行转移；另一方面，城镇地区应该施行吸引劳动力流入的政策，降低城市进入门槛、解决流动人口子女的教育问题等都有利于引入并留住劳动力，提高劳动力资源的配置效率。

（2）针对巴拉萨-萨缪尔森效应的工资传导机制，中西部地区存在二三产业间的劳动力市场分割，从而导致工资传导不畅，而提高劳动力技能有利于打破劳动力市场的产业分割。具体措施如下：一方面，提高通识教育水平并扩大职业教育规模；另一方面，加强岗位培训力度，使劳动者更快地掌握工作技能，降低结构性失业。

（3）对于投资来说，单一的投资规模占比的扩大对工资和生产率的提高不具有持续性，虽然民间投资占比在东中部差异不大，但仅对东部工资上涨作用明显，这表明不仅需要注重民间投资的数量，也要注重质量，才能让市场在工资调整中发挥更大的作用。尤其是近年来，在民间投资增速下降的严峻形势下，加快完善有关民间投资的法规政策，引导金融机构减小民营企业、小微企业的融资约束，在公用事业和基础设施等重点领域去除各类显性或隐性门槛，提高民间投资效率。

4. 拓宽居民劳动收入和财产性收入渠道

党的十九大报告指出，拓宽居民劳动收入和财产性收入渠道。居民劳动收入，主体是工资性收入。财产性收入，主要指居民通过家庭的动产和不动产所获得收入，包括购买股票、债券、理财、房屋出租和出售等。财产性收入的占比，也是衡量一国富裕程度的重要指标。

一方面，要拓宽劳动收入渠道。在新时期大众创业万众创新的背景下，新的业态模式迅速发展，为劳动者就业增收提供了新的方向和广阔的空间，这也是未来劳动增收的重要驱动力，应大力支持。同时，还要大力推进人事制度、劳动制度的改革创新，让各类人才都能有序地流动起来，创造更多的价值。

另一方面，对于拓宽财产性收入渠道，要加强法律法规建设，依法加强对居民家庭财产权的保护，不断规范完善资本市场、金融市场，拓宽金融产品、实物投资、租赁等增收渠道，丰富债券基金、货币基金等基金品种。需要针对性地深化中国的资本市场、金融市场改革，规范和完善资本市场，加快发展多层次资本市场，强化监管措施，落实上市公司分红制度，保护投资者特别是中小投资者的合法权益。推进利率市场化改革，适度扩大存贷款利率浮动范围，保护存款人权益。支持有条件的企业实施员工持股计划。拓宽居民租金、股息、红利等增收渠道。同时推进房地产市场制度改革,切实保障居民不动产财产收入。

对于农民来说,关键是通过深化农村改革赋予农民更多财产权利,让农民拥有更多财产性收入,在城镇化的过程中确保农民的财产权利不受损失。要深化农村集体产权制度改革,推进农村集体资产确权到户和股份合作制改革,让农民可以用土地承包经营权和集体资产所有权入股农业生产合作社与农村经济合作组织,发展多种形式的股份合作,让农民成为股东,除了工资性收入之外能够参与分红,实现农民收入、租金、薪金、奖金、股金的新增分配。

16.4.2 再分配阶段居民收入提升途径

收入再分配是政府通过税收手段、财政支出手段、社保支出手段对生产要素收入进行再次调节的过程。全球主要国家的经验都表明,财政转移支付、税收和社会保障制度设计都能在很大程度上改变居民可支配收入,影响收入差距。本节从再分配的财政、税收和社会保障三大维度来提出提升中国居民收入的具体措施。

1. 财政转移支付维度

1)加大对农业和农村的转移支付力度

中国农村、农业、农民为中国国民经济发展做出了巨大的牺牲。推进城乡发展一体化,让农村农民共享改革发展成果,是实现国家现代化的重要标志。现在必须大力推进工业反哺农业,公共财政覆盖乡村,使广大农村居民平等分享改革发展成果。

一方面,国家财政要加大对农村农民补贴的力度。全面建成小康社会,最艰巨、最繁重的任务在农村,特别是农村贫困地区。这就需要尽快在破解城乡二元结构、推进城乡要素平等交换和公共资源均衡配置上取得重大突破,给农村发展注入新的动力,让广大农民平等参与改革发展进程、鼓励农民就业创业,大幅度增加对农业生产经营的各项补贴,出台各项农业优惠政策,提高农民积极性,为农业现代化注入动力,不断增加农民收入,使农村居民共同享受改革发展成果。

另一方面,财政要增加农村公共服务的长期投入。长期以来,我国公共服务投入不均等,主要偏向城市和城市居民,而农村则长期供给不足,导致农民的生产和生活环境较差,制约了农村居民各要素收入的实现。党的十九大报告指出,要实施乡村振兴战略，始终把解决好"三农问题"作为党的重中之重。因此，政府应该建立健全城乡融合发展体制机制和政策体系，通过调整公共服务的投入格局，实施乡村振兴计划，增加对农村地区，尤其是农村落后地区的公共服务投入力度，构建现代农业产业体系、生产体系、经营体系，健全农业社会化服务体系，以改善农村农民面貌和农业发展经营条件，提高农业现代化水平，进而促进城乡之间、地区之间居民收入差距的不断缩小。

2）继续加大财政专项扶贫资金投入力度

让广大人民群众共享改革发展成果，是社会主义的本质要求。脱贫攻坚对继续缓解农村贫困，促进贫困地区发展，使贫困地区、贫困居民共享改革成果、控制收入差距进一步扩大具有重要意义，也是破解中国收入分配领域发展不平衡、不充分问题的重大举措。脱贫攻坚战的核心问题是持续增加贫困人口的收入，只有收入增加，才能稳定实现脱贫，这也是提高居民收入的必然要求。

2018 年 6 月，党中央和国务院发布了《中共中央　国务院关于打赢脱贫攻坚战三年行动的指导意见》。《中共中央　国务院关于打赢脱贫攻坚战三年行动的指导意见》根据各地区各部门贯彻落实《中共中央　国务院关于打赢脱贫攻坚战的决定》中进展和实践中存在的突出问题，就完善顶层设计、强化政策措施等提出打赢脱贫攻坚战的具体要求。其中特别指出要充分发挥财政在脱贫攻坚中的职能作用，加大扶贫领域专项资金的投入力度，确保脱贫攻坚工作取得实效，为如期脱贫摘帽、打赢脱贫攻坚战提供财力保障。到 2020 年底，稳定实现农村贫困人口不愁吃、不愁穿，义务教育、基本医疗和住房安全有保障，实现贫困地区农民人均可支配收入增长幅度高于全国平均水平，确保中国现行标准下农村贫困人口实现脱贫，贫困县全部摘帽，解决区域性整体贫困。

2. 税收政策维度

1）完善个人所得税调节作用，加大农业产业税收扶持力度

根据居民收入增长水平适时提高个人所得税起征点，改变一般工薪群体成为纳税主力的情况。运用倾向性的政策和手段，高收入者多纳税，低收入者少纳税甚至不纳税，充分考虑纳税人的税收负担程度，合理确定个人所得税扣除标准。建立健全的征税环境和培养居民良好的纳税意识，充分发挥个人所得税对个人收入差距的调节作用。

完善支持农业发展的税收政策措施。农业的基础地位和弱质产业特性，要求政府在取消农业税之后，进一步在提高农业生产专业化和规模化水平、大力发展农业产业集群、健全现代农产品市场体系等方面给予政策支持，具体来讲，要对

农业生产资料采取更加优惠的增值税税率，降低生产资料价格，减轻农民负担。加大对中小企业的扶持力度，实行税收优惠或减免政策，使民营经济得到长足发展。加大对城镇下岗失业人员再就业的税收支持力度，推进就业和再就业。

2）扩大税收征收范围，加强居民财富存量的调节力度

建立以个人所得税为主体，以财产税和社会保障税为两翼，以其他税种为补充的收入分配税收调控体系，逐步扩大对收入征税的范围，提高所得税和财产税的累进性。对高收入者的存量资产设置调节税种，加强对居民财富存量的调节力度，建立健全相应的财产登记评估制度。适时开征社会保障税。考虑对储蓄存款利息课征的个人所得税采用累进税率。全面开征物业税、遗产税等税种。

3）继续推进消费税改革

充分发挥消费税、商品课税再分配功能，对必需品适用低税率或免税，对奢侈品适用高税率。适度提高部分高档奢侈消费品税率，及时将一些高档消费品或高消费行为（如高档家具、高档健身器具、高尔夫运动、滑翔运动等）纳入消费税调节范围。

3. 社会保障维度

1）建立多层次社会保障体系，提高对中低收入群体的保障水平

社会保障体系建设致力于缩小收入差距，更公平地分配公共服务资源，经过20多年改革发展，居民的社保待遇也在不断提高。社会保障对于低收入群体的生活水平及收入水平的提高至关重要。习近平同志在党的十九大报告中明确提出，按照兜底线、织密网、建机制的要求，全面建成覆盖全民、城乡统筹、权责清晰、保障适度、可持续的多层次社会保障体系。这意味着，要构建中国多层次社会保障体系，需要在全民参保、养老保险、医疗保险、失业和工伤保险、社保公共服务水平、城乡救助体系等方面进一步全面深化改革，不断提升社会保障在提升居民收入中的重要作用。

2）加快推进基本公共服务和社会保障制度的均等化，稳步推进农村的城市化进程

打破城乡二元经济体制，除加大农业补贴之外，更应该加快推进基本公共服务和社会保障制度的均等化，稳步推进农村的城市化进程，这样才能从根源上解决城乡之间的差距问题。政府应该以制度创新为突破口，以改革户籍制度为契机，完善土地流转制度，使劳动力转移摆脱土地的束缚。同时，加快推进基本公共服务和社会保障制度的均等化，逐步消除大、中、小城市和小城镇之间，以及

城乡之间在这方面的差距，以扩大农村人口对留乡还是进城、进大中城市还是小城市、小城镇的自主选择权，从引导人口的合理分布，稳步推进农村居民转变为城镇居民的城市化进程。

16.4.3　第三次分配阶段居民收入提升途径

中国第三次分配尚处于起步阶段，有广阔的发展空间。广义的第三次分配包括社会救助、民间捐赠、慈善事业、志愿者行动等多种形式的制度和机制，它是社会互助对于政府调节收入分配的补充。狭义的第三次分配仅包括慈善捐助，慈善捐助建立在公众自愿基础上，把可支配收入的一部分捐赠出去，实际上是通过高收入群体的自愿捐献，利用社会机制来援助低收入群体。第三次分配是再收入分配后的有益补充，能在收入分配调节中发挥重要作用。2016 年 9 月 1 日，《中华人民共和国慈善法》正式实施。经济新常态下提高居民收入分配份额，也需要进一步发挥第三次分配的作用，采取免捐赠税等政策，鼓励公益捐赠并发展社会慈善事业，引导高收入群体和企业向低收入群体转移收入，大力推动慈善事业的发展，最终来改善收入分配结果，提高居民收入分配份额。

16.5　本 章 小 结

本章主要是对中国居民收入分配份额的优化对策进行分析。具体包括中国居民收入增长状况、主要阻碍因素分析、中国居民收入增长长效机制总体思路的构建及中国居民收入分配份额的提升途径四个方面。

本章分析表明中国居民收入增长的状况是研究居民收入增长长效机制问题的出发点，其主要特征如下：城乡居民收入增速多慢于人均 GDP 增速；组间收入差距在扩大，高收入分组的收入增长相对较快；高收入行业和垄断性行业与非垄断性行业收入差距显著拉大；城乡居民收入在主要来源形式及增长贡献率上存在较大差异。

中国居民收入增长与经济发展并不同步，收入增长存在诸多阻碍因素。主要表现如下：第一，劳动者报酬偏低，利益分配格局失衡。第二，农村居民增收放缓，增收渠道有待拓宽。第三，政府再次分配调节居民收入水平作用有限。

基于上述分析，本章认为居民收入增长的关键思路是实现初次分配与再分配效率和公平的统一，且在再分配阶段要更加注重公平，此外，还要注重第三次分配的作用，并以此来构建中国收入增长的长效机制。

参 考 文 献

安体富，蒋震. 2009a. 调整国民收入分配格局　提高居民分配所占比重. 财贸经济，（7）：50-55.

安体富，蒋震. 2009b. 对调整我国国民收入分配格局、提高居民分配份额的研究. 经济研究参考，（25）：2-20.

安体富，蒋震. 2012. 影响中国收入分配不公平的若干产权制度问题研究. 财贸经济，（4）：14-23.

白天亮. 2017-10-30. 就业质量和收入水平如何提高. 人民日报.

白重恩，钱震杰. 2009a. 谁在挤占居民的收入：中国国民收入分配格局分析. 中国社会科学，（5）：99-115.

白重恩，钱震杰. 2009b. 国民收入的要素分配：统计数据背后的故事. 经济研究，（3）：27-41.

白重恩，钱震杰. 2010. 劳动收入份额决定因素：来自中国省际面板数据的证据. 世界经济，（12）：3-27.

柏培文，吴红. 2017. 中国劳动收入占比的影响因素分析. 财政研究，（3）：71-86.

蔡昉. 1999. 转轨时期的就业政策选择：矫正制度性扭曲. 中国人口科学，（2）：1-6.

蔡昉. 2012. 工资与劳动生产率的赛跑. 贵州财经学院学报，（3）：1-5.

蔡昉. 2017-11-01. 十九大报告中的提高人民收入水平. 光明日报.

蔡昉，都阳. 2011. 工资增长、工资趋同与刘易斯转折点. 经济学动态，（9）：9-16.

蔡萌，岳希明. 2016. 从马克思到皮凯蒂：收入分配的跨世纪之辩. 经济学动态，（11）：13-23.

常进雄，杨坤. 2013. 提高劳动者的工资水平能否有效改善我国初次分配状况？数量经济技术经济研究，30（3）：22-35.

常兴华，李伟. 2009. 我国国民收入分配格局的测算结果与调整对策. 宏观经济研究，（9）：20-25.

常兴华，李伟. 2018. 中国宏观收入分配格局再研究. 宏观经济研究，（5）：5-19，61.

陈斌开，杨依山，许伟. 2009. 中国城镇居民劳动收入差距演变及其原因：1990-2005. 经济研究，44（12）：30-42.

陈东，黄旭锋. 2015. 机会不平等在多大程度上影响了收入不平等？——基于代际转移的视角. 经济评论，（1）：3-16.

陈菡. 2017. 产业结构升级对中国劳动收入份额的影响研究. 重庆大学硕士学位论文.

陈杰，苏群. 2015. 中国代际收入流动性趋势分析：1991-2011. 安徽师范大学学报（人文社会科学版），43（6）：769-775.

陈琳. 2011. 中国代际收入流动性的实证研究：经济机制与公共政策. 复旦大学博士学位论文.

陈强. 2014. 高级计量经济学及 Stata 应用. 2 版. 北京：高等教育出版社.

陈庆能. 2008. VES 生产函数的主要性质及其数学证明. 浙江科技学院学报，20（2）：81-86.

陈享光，孙科. 2014. 我国劳动报酬比例变动的结构效应分析. 经济纵横，（9）：35-41.

陈晓东，张卫东. 2017. 机会不平等如何作用于社会公平感——基于 CGSS 数据的实证分析. 华中科技大学学报（社会科学版），31（2）：35-44.

陈晓玲，连玉君. 2012. 资本-劳动替代弹性与地区经济增长——德拉格兰德维尔假说的检验. 经济学（季刊），12（1）：93-118.

陈晓玲，徐舒，连玉君. 2015. 要素替代弹性、有偏技术进步对我国工业能源强度的影响. 数量经济技术经济研究，32（3）：58-76.

陈璋，徐宪鹏，陈淑霞. 2011. 中国转型期收入分配结构调整与扩大消费的实证研究——基于投入产出两部门分析框架. 经济理论与经济管理，（5）：5-16.

陈钊，万广华，陆铭. 2010. 行业间不平等：日益重要的城镇收入差距成因——基于回归方程的分解. 中国社会科学，（3）：65-76，221.

陈宗胜，周云波. 2002. 城镇居民收入差别及制约其变动的某些因素——就天津市城镇居民家户特征的影响进行的一些讨论. 经济学（季刊），（2）：563-574.

笪于哲，陈雪峰. 2015. 美国收入分配运行分析及经验借鉴. 当代经济管理，37（5）：87-91.

戴天仕，徐现祥. 2010. 中国的技术进步方向. 世界经济，33（11）：54-70.

邓伟，叶林祥. 2012. 上游产业垄断与国有企业的高工资——来自省际面板数据的经验分析. 南开经济研究，（3）：95-109.

丁守海. 2011. 劳动剩余条件下的供给不足与工资上涨——基于家庭分工的视角. 中国社会科学，（5）：101-115.

丁元. 2007. 劳动生产率与工资关系的脉冲响应分析——以广东省为例. 中国人口科学，（3）：72-80，96.

董静，李子奈. 2004. 修正城乡加权法及其应用——由农村和城镇基尼系数推算全国基尼系数. 数量经济技术经济研究，（5）：120-123.

都阳，蔡昉. 2004. 中国制造业工资的地区趋同性与劳动力市场一体化. 世界经济，（8）：42-49.

杜宝玲. 2017. 俄罗斯政府解决收入分配不公问题对策研究. 西伯利亚研究, 44（1）: 28-31.

范从来, 张中锦. 2012. 提升总体劳动收入份额过程中的结构优化问题研究——基于产业与部门的视角. 中国工业经济,（1）: 5-15.

方文全. 2011. 中国劳动收入份额决定因素的实证研究: 结构调整抑或财政效应? 金融研究,（2）: 32-41.

封永刚, 蒋雨彤, 彭珏. 2017. 中国经济增长动力分解: 有偏技术进步与要素投入增长. 数量经济技术经济研究,（9）: 39-56.

付文林, 赵永辉. 2014. 价值链分工、劳动力市场分割与国民收入分配结构. 财经研究, 40（1）: 50-61.

高敏雪, 李静萍, 许健. 2007. 国民经济核算原理与中国实践. 2 版. 北京: 中国人民大学出版社.

耿德伟. 2014. 中国城镇居民个人收入差距的演进——一个基于组群视角的分析. 管理世界,（3）: 66-74.

龚锋, 李智, 雷欣. 2017. 努力对机会不平等的影响: 测度与比较. 经济研究, 52（3）: 76-90.

郭庆旺, 吕冰洋. 2012. 论要素收入分配对居民收入分配的影响. 中国社会科学,（12）: 46-62.

郭永旗. 2009. 我国居民收入分配差距问题研究. 工运研究,（19）: 3-10.

郭玉清, 姜磊. 2012. FDI 对劳动收入份额的影响: 理论与中国的实证研究. 经济评论,（5）: 43-51.

国际货币基金组织. 2008. 世界经济展望: 全球化与不平等. 杨冠一译. 北京: 中国金融出版社.

国家发改委社会发展研究所课题组. 2012. 我国国民收入分配格局研究. 经济研究参考,（21）: 34-82.

国家统计局. 2003. 中国国民经济核算体系 2002. 北京: 中国统计出版社.

国家统计局国民经济核算司. 2007a. 中国经济普查年度国内生产总值核算方法. 北京: 中国统计出版社.

国家统计局国民经济核算司. 2007b. 中国经济普查年度资金流量表编制方法. 北京: 中国统计出版社.

国家统计局国民经济核算司. 2008. 中国非经济普查年度国内生产总值核算方法. 北京: 中国统计出版社.

国家统计局国民经济核算司, 中国人民银行调查统计司. 2008. 中国资金流量表历史资料 1992-2004. 北京: 中国统计出版社.

韩军辉. 2014. 机会不等与"二代"收入差距——基于不平等指数和固定效应模型的边界测算. 社会科学研究,（6）: 9-15.

韩军辉，龙志和. 2011. 基于多重计量偏误的农村代际收入流动分位回归研究. 中国人口科学，
　　（5）：26-35，111.

郝枫. 2013. 中国要素收入分配研究进展述评. 经济学动态，（8）：84-94.

郝枫，盛卫燕. 2014a. 中国要素替代弹性估计. 统计研究，31（7）：12-21.

郝枫，盛卫燕. 2014b. 中国要素替代弹性变化趋势及成因初探. 经济统计学（季刊），
　　（1）：137-149.

郝枫，盛卫燕. 2015. 中国要素替代弹性之“索洛猜想”检验. 商业经济与管理，（3）：
　　85-96.

郝令昕，奈曼 D Q. 2012. 分位数回归模型. 肖东亮译. 上海：格致出版社，上海人民出版社.

何石军，黄桂田. 2013. 中国社会的代际收入流动性趋势：2000~2009. 金融研究，（2）：
　　19-32.

洪兴建. 2010. 中国地区差距、极化与流动性. 经济研究，（12）：82-96.

洪银兴. 2018. 兼顾公平与效率的收入分配制度改革 40 年. 经济学动态，（4）：21-29.

胡洪曙，亓寿伟. 2014. 中国居民家庭收入分配的收入代际流动性. 中南财经政法大学学报，
　　（2）：20-29.

胡锦涛. 2012. 坚定不移沿着中国特色社会主义道路前进　为全面建成小康社会而奋斗——在
　　中国共产党第十八次全国代表大会上的报告. 北京：人民出版社.

华生. 2010-10-14. 劳动者报酬占 GDP 比重低被严重误读. 中国证券报.

黄泰岩. 2012. 初次收入分配理论与经验的国际研究. 北京：经济科学出版社.

江求川，任洁，张克中. 2014. 中国城市居民机会不平等研究. 世界经济，37（4）：111-138.

蒋为，黄玖立. 2014. 国际生产分割、要素禀赋与劳动收入份额：理论与经验研究. 世界经
　　济，37（5）：28-50.

科尼亚 G A，基艾斯基 S. 2009. “二战”之后世界收入分配的变化趋势及其原因. 刘和旺译.
　　经济社会体制比较，（4）：32-38.

勒盖耶 F，布莱兹 D. 2017. 理解国民账户. 2 版. 国家统计局国际统计信息中心译. 北京：中
　　国统计出版社.

雷钦礼. 2012. 技术进步偏向、资本效率与劳动收入份额变化. 经济与管理研究，（12）：
　　15-24.

雷钦礼，徐家春. 2015. 技术进步偏向、要素配置偏向与我国 TFP 的增长. 统计研究，32（8）：
　　10-16.

雷欣，程可，陈继勇. 2017. 收入不平等与经济增长关系的再检验. 世界经济，40（3）：
　　26-51.

李春玲. 2010. 高等教育扩张与教育机会不平等——高校扩招的平等化效应考查. 社会学研
　　究，（3）：82-113，244.

李稻葵，何梦杰，刘霖林. 2010. 我国现阶段初次分配中劳动收入下降分析. 经济理论与经济

管理，（2）：13-19.

李稻葵，刘霖林，王红领. 2009. GDP 中劳动份额演变的 U 型规律. 经济研究，（1）：70-81.

李洁. 2013. GDP 核算中自有住房服务虚拟计算的中日比较. 统计研究，（11）：11-19.

李林芳. 2012. 我国国民收入分配格局测算正解. 先驱论坛，（5）：7-8.

李琦. 2012. 中国劳动份额再估计. 统计研究，（10）：23-29.

李清华. 2013. 中国功能性分配格局的国际比较研究. 统计研究，（4）：21-29.

李任玉，杜在超，何勤英，等. 2015. 富爸爸、穷爸爸和子代收入差距. 经济学（季刊），
　　14（1）：231-258.

李实. 2011. 城镇内部差距拉大：当前中国收入分配差距新动向. 党政干部参考，（5）：
　　30-31.

李实. 2018. 中国收入分配格局新变化. 治理研究，（5）：35-42.

李实，罗楚亮. 2011. 中国收入差距究竟有多大？——对修正样本结构偏差的尝试. 经济研究，
　　（4）：68-79.

李实，万海远. 2018. 中国收入分配演变 40 年. 上海：格致出版社.

李实，岳希明. 2015. 《21 世纪资本论》到底发现了什么. 北京：中国财政经济出版社.

李昕. 2014. 欧洲福利危机对中国福利改革的启示. 经济问题探索，（2）：95-102.

李学林，李晶. 2011. 中国区域间收入分配差距的实证研究——基于扩展的投入产出模型. 西
　　安财经学院学报，24（5）：60-64.

李扬，殷剑峰. 2007. 中国高储蓄率问题探究——1992-2003 年中国资金流量表的分析. 经济研
　　究，（6）：14-26.

李莹. 2017. 机会不平等、收入流动性与再分配偏好：中国收入分配不公量化难题的破解研究.
　　北京师范大学博士学位论文.

李莹，吕光明. 2016. 机会不平等在多大程度上引致了我国城镇收入不平等. 统计研究，33（8）：
　　63-72.

联合国，欧盟委员会，经济合作与发展组织，等. 2012. 2008 年国民账户体系. 中国国家统计
　　局国民经济核算司，中国人民大学国民经济核算研究所译. 北京：中国统计出版社.

刘波，王修华，彭建刚. 2015. 我国居民收入差距中的机会不平等——基于 CGSS 数据的实证
　　研究. 上海经济研究，（8）：77-88.

刘鹏飞，李莹. 2016. 劳动生产率与工资增长——基于巴萨效应的分析. 财经科学，（12）：
　　55-66.

刘学民. 2012. 中国薪酬发展报告. 北京：中国劳动社会保障出版社.

刘扬，梁峰. 2013. 居民收入比重为何下降——基于收入和支出的双重视角. 经济学动态，
　　（5）：48-53.

卢锋，刘鎏. 2007. 我国两部门劳动生产率增长及国际比较（1978-2005）——巴拉萨-萨缪尔
　　森效应与人民币实际汇率关系的重新考察. 经济学（季刊），（2）：357-380.

陆铭，张航，梁文泉. 2015. 偏向中西部的土地供应如何推升了东部的工资. 中国社会科学，（5）：59-83，204-205.

陆万军，张彬斌. 2016. 不公平抑或不均等？——中国收入分配问题的制度成因及治理. 东南学术，（6）：107-115.

罗长远. 2010. 卡尔多"特征事实"再思考：对劳动收入占比的分析. 世界经济，（11）：86-95.

罗长远，张军. 2009a. 劳动收入占比下降的经济学解释——基于中国省级面板数据的分析. 管理世界，（5）：25-35.

罗长远，张军. 2009b. 经济发展中的劳动收入占比：基于中国产业数据的实证研究. 中国社会科学，（4）：65-79.

吕冰洋，郭庆旺. 2012. 中国要素收入分配的测算. 经济研究，（10）：27-40.

吕光明. 2011. 中国劳动收入份额的测算研究：1993-2008. 统计研究，（12）：22-28.

吕光明. 2015. 中国劳动报酬占比测算中的几个数据质量问题. 商业经济与管理，（5）：88-96.

吕光明. 2016. 宏观经济统计分析. 北京：中国统计出版社.

吕光明，李莹. 2015. 中国劳动报酬占比变动的统计测算与结构解析. 统计研究，32（8）：46-53.

吕光明，李莹. 2016. 我国收入分配差距演变特征的三维视角解析. 财政研究，（7）：11-21，45.

吕光明，李莹. 2017. 中国工资超劳动生产率增长背后的故事——基于省份面板模型的经验分析. 北京师范大学学报（社会科学版），（3）：84-99.

吕光明，徐曼，李彬. 2014. 收入分配机会不平等问题研究进展. 经济学动态，（8）：137-147.

吕光明，于学霆. 2018. 基于省份数据修正的中国劳动报酬占比决定因素再研究. 统计研究，（3）：66-79.

蒙大斌，杨振兵. 2016. 劳动力市场分割加剧了工资扭曲吗？——来自中国省际工业部门的经验证据. 财经论丛，（9）：10-17.

宁光杰. 2007. 中国市场化进程中的工资形成机制——来自各省面板数据的证据. 财经研究，（2）：119-131.

牛华，宋旭光. 2015. 中国财产收入核算的界定、解析及改进方向. 首都经济贸易大学学报，（3）：79-86.

欧阳煌. 2018-08-04. 改革是农民增收的第一动力. 农民日报.

潘春阳. 2011. 中国的机会不平等与居民幸福感研究. 复旦大学博士学位论文.

潘文轩. 2019. 在新时代下实现更加公平合理的收入分配——习近平收入分配思想探析. 经济学家，（10）：14-20.

彭惜君.2004. GDP 的几次重大修正. 中国统计，（12）：8.

齐亚强，梁童心. 2016. 地区差异还是行业差异？——双重劳动力市场分割与收入不平等. 社会学研究，31（1）：168-190，245-246.

钱震杰. 2011. 中国国民收入的要素分配份额研究. 北京：中国金融出版社.

钱震杰，朱晓冬. 2013. 中国的劳动份额是否真的很低：基于制造业的国际比较研究. 世界经济，（10）：27-53.

邱东，蒋萍. 2008. 国民经济统计前沿问题（中卷）. 北京：中国统计出版社.

权衡. 2008. 收入流动与自由发展：上海城乡居民收入分配与收入流动性分析. 上海：上海三联书店.

权衡. 2012. 收入分配与收入流动：中国经验和理论. 上海：上海人民出版社，格致出版社.

权衡，等.2018. 中国收入分配改革 40 年——经验、理论与展望. 上海：上海交通大学出版社.

权衡，李凌. 2015. 国民收入分配结构：形成机理与调整思路. 上海：上海社会科学院出版社.

任碧云，王智茂. 2009. 从中国国民收入增长路径看居民收入长效增长机制的建立. 中国特色社会主义研究，（2）：94.

伞峰.2006. GDP 数据修订对我国部分经济指标的影响. 中国金融，（6）：24-27.

单豪杰.2008. 中国资本存量 K 的再估算：1952-2006 年. 数量经济技术经济研究，25（10）：17-31.

邵敏，包群. 2012. 外资进入是否加剧中国国内工资扭曲：以国有工业企业为例. 世界经济，35（10）：3-24.

石涛，张磊. 2012. 劳动报酬占比变动的产业结构调整效应分析. 中国工业经济，（8）：18-29.

史新杰，卫龙宝，方师乐，等. 2018. 中国收入分配中的机会不平等. 管理世界，34（3）：27-37.

宋晶，李会敏.2014. 工业企业工资增长影响因素的经验分析. 财经问题研究，（10）：91-98.

宋扬. 2017. 中国的机会不均等程度与作用机制——基于 CGSS 数据的实证分析. 财贸经济，38（1）：34-50.

孙浩进. 2008. 中俄收入分配制度变迁比较研究：兼论对于中国的启示. 西伯利亚研究，35（5）：34-37.

孙中栋，李辉文.2007. 要素替代弹性与地区经济增长差异. 统计与决策，（14）：77-78.

唐东波.2011. 全球化与劳动收入占比：基于劳资议价能力的分析. 管理世界，（8）：23-33.

唐莉，姚树洁，王建军. 2006. 基尼系数分解分析中国城市居民收入不平等. 数量经济技术经济研究，（11）：31-37.

唐茂华.2007. 面临的形势：工资上涨还是劳动力短缺？中国发展观察，（11）：26-27.

唐志芳，顾乃华. 2017. 制造业服务化、行业异质性与劳动收入占比——基于微观企业数据的实证研究. 产经评论，8（6）：54-69.

王弟海. 2012. 我国收入分配格局的变迁和现状：原因、影响及其对策. 社会科学辑刊，
　　（3）：121-129.

王海港. 2005. 中国居民收入分配的代际流动. 经济科学，（2）：18-25.

王宏. 2014. 工资增长、地区分布与劳动生产率的影响因素. 改革，（2）：28-39.

王洪亮，刘志彪，孙文华，等. 2012. 中国居民获取收入的机会是否公平：基于收入流动性的
　　微观计量. 世界经济，（1）：114-143.

王美今，李仲达. 2012. 中国居民收入代际流动性测度——"二代"现象经济分析. 中山大学
　　学报（社会科学版），52（1）：172-181.

王宁，史晋川. 2015. 中国要素价格扭曲程度的测度. 数量经济技术经济研究，32（9）：
　　149-161.

王如峰. 2016. 我国省份劳动报酬占比变动的决定因素——基于数据修订视角的再研究. 北京
　　师范大学硕士学位论文.

王卫，汪锋，张宗益. 2007. 基于人口特征的收入差距分解分析——以重庆市为案例. 统计研
　　究，（3）：62-67.

王小鲁. 2013. 国民收入分配战略. 北京：学习出版社.

王晓霞，白重恩. 2014. 劳动收入份额格局及其影响因素研究进展. 经济学动态，（3）：
　　107-115.

王秀云. 2010. 借鉴国际经验缩小我国收入分配差距的思考. 中央财经大学学报，（8）：
　　18-21.

王雪珂，姚洋. 2013. 两国相对生产率与巴拉萨–萨缪尔森效应：一个经验检验. 世界经
　　济，36（6）：18-35.

王宇露. 粮食主产区农民转移性收入和财产性收入增收探讨. 安徽农业科学，（16）：
　　4993-4994.

王泽填，姚洋. 2009. 结构转型与巴拉萨–萨缪尔森效应. 世界经济，（4）：38-49.

王忠，黄佳祥，黎富森. 2013. 人力资本积累与劳动收入份额：一个新的解释. 北京工业大学
　　学报（社会科学版），（5）：31-37.

韦森. 2008. 当今中国收入分配中平等与效率的两难困境. 经济学家茶座，（6）：76-81.

魏长仙. 2012. 中国收入分配不平等对经济增长的影响研究. 湖北大学硕士学位论文.

吴愈晓. 2011. 劳动力市场分割、职业流动与城市劳动者经济地位获得的二元路径模式. 中国
　　社会科学，（1）：119-137，222-223.

武鹏. 2011. 行业垄断对中国行业收入差距的影响. 中国工业经济，（10）：76-86.

习近平. 2017. 决胜全面建成小康社会　夺取新时代中国特色社会主义伟大胜利——在中国共
　　产党第十九次全国代表大会上的报告. 北京：人民出版社.

习近平. 2019-09-01. 在深度贫困地区脱贫攻坚座谈会上的讲话. 人民日报.

夏庆杰，宋丽娜，Appleton S. 2015. 中国城镇工资结构的变化：1988-2008. 劳动经济研

究，3（1）：3-35.

夏万军，张懿佼. 2017. 中国国民收入分配格局研究. 财贸研究，（12）：40-46.

肖红叶，郝枫. 2009. 中国收入初次分配结构及其国际比较. 财贸经济，（2）：13-21.

肖文，周明海. 2010a. 劳动收入份额变动的结构因素：收入法 GDP 和资金流量表的比较分析. 当代经济科学，（3）：69-76.

肖文，周明海. 2010b. 贸易模式转变与劳动收入份额下降——基于中国工业分行业的实证研究. 浙江大学学报（人文社会科学版），40（5）：154-163.

徐蔼婷. 2014. 劳动收入份额及其变化趋势. 统计研究，（4）：64-71.

徐清. 2012. 城市工资上涨、劳动力转移与投资拉动增长方式——基于中国地级城市面板数据的分析. 中国人口科学，（4）：25-34，111.

徐舒，李江. 2015. 代际收入流动：异质性及对收入公平的影响. 财政研究，（11）：23-33.

徐晓红. 2015. 中国城乡居民收入差距代际传递变动趋势：2002-2012. 中国工业经济，（3）：5-17.

徐晓红，荣兆梓. 2012. 机会不平等与收入差距——对城市住户收入调查数据的实证研究. 经济学家，（1）：15-20.

徐忠，张雪春，张颖. 2011. 初始财富格局与居民可支配收入比重下降趋势. 金融研究，（1）：15-27.

许宪春. 2001. 我国 GDP 核算与现行 SNA 的 GDP 核算之间的若干差异. 经济研究，（11）：63-68，95.

许宪春. 2002. 中国资金流量分析. 金融研究，（9）：19-33.

许宪春. 2006. GDP 数据修订对若干问题的影响. 经济界，（4）：16-23.

许宪春. 2011-12-01. 当前我国收入分配研究中的若干问题. http://magazine.caixin.com/2011-12-14/100337967.html.

许宪春. 2013. 准确理解中国的收入、消费和投资. 中国社会科学，（2）：4-24.

许宪春. 2016. 中国国民经济核算：发展·改革·挑战. 统计研究，25（7）：3-15.

杨静. 2016. 国外典型国家工资集体谈判制度及对中国的启示. 经济研究参考，（4）：76-83.

杨娟，张绘. 2015. 中国城镇居民代际收入流动性的变化趋势. 财政研究，（7）：40-45.

杨俊，黄潇，李晓羽. 2008. 教育不平等与收入分配差距：中国的实证分析. 管理世界，（1）：38-47，187.

杨振兵，张诚. 2015. 中国工业部门工资扭曲的影响因素研究——基于环境规制的视角. 财经研究，41（9）：133-144.

姚先国，赵丽秋. 2006-12-21. 中国代际收入流动与传递路径研究：1989-2000. http://ww2.usc.cuhk.edu.hk/PaperCollection/webmanager/wkfiles/5756_1_paper.pdf.

于国安. 2010. 我国现阶段收入分配问题研究. 北京：中国财政经济出版社.

余斌. 2011. 国民收入分配困境与出路. 北京：中国发展出版社.

余斌，陈昌盛. 2011. 收入分配改革的思路和政策建议. 中国发展观察，（11）：28-30.

余芳东. 2012. 世界主要国家居民收入分配状况. 中国统计，（10）：59-61.

余靖雯，郑少武，龚六堂. 2013. 政府生产性支出、国企改制与民间投资——来自省际面板数据的实证分析. 金融研究，（11）：96-110.

余淼杰，梁中华. 2014. 贸易自由化与中国劳动收入份额——基于制造业贸易企业数据的实证分析. 管理世界，（7）：22-31.

苑林娅. 2008. 中国收入差距不平等状况的泰尔指数分析. 云南财经大学学报，24（1）：30-37.

岳希明. 2016. 如何解决目前我国的收入分配问题. 财经智库，1（1）：129-134，144.

曾五一，薛梅林. 2014. GDP 国家数据与地区数据的可衔接性研究. 厦门大学学报（哲学社会科学版），（2）：110-119.

张车伟. 2012. 中国国民收入分配中劳动份额问题（笔谈）. 山东大学学报，（5）：1-9.

张车伟，张士斌. 2010. 中国初次收入分配格局的变动与问题：以劳动报酬占 GDP 份额为视角. 中国人口科学，（5）：24-35.

张车伟，张士斌. 2014. 中国劳动报酬份额变动的"非典型"特征及其解释. 人口与发展，（4）：2-13.

张车伟，赵文. 2015. 中国劳动报酬份额问题——基于雇员经济与自雇经济的测算与分析. 中国社会科学，（12）：90-112.

张车伟，赵文. 2018. 中国收入分配格局新变化及其对策思考. 北京工业大学学报（社会科学版），（5）：65-76.

张健华，王鹏. 2012. 中国全要素生产率：基于分省份资本折旧率的再估计. 管理世界，（10）：18-30.

张军，刘晓峰. 2012. 工资与劳动生产率的关联：模式与解释. 哈尔滨工业大学学报（社会科学版），14（2）：89-100.

张军，吴桂英，张吉鹏. 2004. 中国省际物质资本存量估算：1952-2000. 经济研究，（10）：35-44.

张军，章元. 2003. 对中国资本存量 K 的再估计. 经济研究，（7）：35-43，90.

张明海. 2002. 增长和要素替代弹性——中国经济增长 1978-1999 年的实证研究. 学术月刊，（8）：78-82.

张全红. 2010. 中国劳动收入份额影响因素及变化原因——基于省际面板数据的检验. 财经科学，（6）：85-93.

张小平，王迎春. 2009. 转型期我国收入分配问题研究. 北京：科学出版社.

张影强. 2010. 我国机会不平等对收入差距的影响研究. 北京交通大学博士学位论文.

章上峰，董君，许冰. 2017. 中国总量生产函数模型选择——基于要素替代弹性与产出弹性视角的研究. 经济理论与经济管理，（4）：19-29.

章上峰，许冰. 2010. 初次分配中劳动报酬比重测算方法研究. 统计研究，（8）：74-78.

赵春江，胡超凡. 2014. 社会公平视角下俄罗斯养老保险制度改革及启示. 学习与探索，
（10）：99-105.

赵伟，隋月红. 2015. 集聚类型、劳动力市场特征与工资—生产率差异. 经济研究，50（6）：
33-45，58.

赵耀辉，李实. 2002. 中国城镇职工实物收入下降的原因分析. 经济学（季刊），（2）：
575-588.

赵忠璨. 2009. 论公平、效率与收入分配. 四川大学学报（哲学社会科学版），（1）：
126-130.

郑猛. 2016. 有偏技术进步下要素替代增长效应研究. 数量经济技术经济研究，33（11）：
94-110.

郑猛，杨先明. 2017. 要素替代增长模式下的收入分配效应研究——基于中国省际面板数据的
经验分析. 南开经济研究，（2）：55-75.

周明海. 2015. 收入不平等的要素来源分解. 劳动经济研究，3（2）：95-123.

周明海，肖文，姚先国. 2010. 中国经济非均衡增长和国民收入分配失衡. 中国工业经济，
（6）：35-45.

周明海，杨粼炎. 2017. 中国劳动收入份额变动的分配效应：地区和城乡差异. 劳动经济研
究，5（6）：56-86.

周明海，姚先国，肖文. 2012. 功能性与规模性收入分配：研究进展和未来方向. 世界经济文
汇，（3）：89-107.

周清杰，朱鹤，史岩. 2014. 我国中央与地方两级 GDP 数据分歧问题研究. 金融评论，（1）：
86-93.

周云波，马草原. 2010. 城镇居民收入差距的"倒 U"拐点及其演变趋势. 改革，（5）：28-35.

邹薇，袁飞兰. 2018. 劳动收入份额、总需求与劳动生产率. 中国工业经济，（2）：5-23.

邹伟，王小梅. 2011. 城镇家庭收入差异演变及其原因解析——基于北京市城镇住户调查数据.
统计与信息论坛，26（3）：101-107.

朱富强. 2012. 初始收入分配如何体现社会公平与正义——兼论两大类型企业中的分配原则.
中山大学学报（社会科学版），（1）：182-191.

Aaberge R，Mogstad M，Peragine V. 2011. Measuring long-term inequality of opportunity. Journal
of Public Economics，95（3）：193-204.

Acemoglu D. 2003. Directed technical change. Review of Economic Studies，69（4）：781-809.

Adams J J，Karabarbounis L，Neiman B. 2014. Labor shares and income inequality. 2014 Meeting
Papers，Society for Economic Dynamics.

Almås I，Cappelen A W，Lind J T，et al. 2011. Measuring unfair（in）equality. Journal of Public
Economics，95（7/8）：488-499.

Armenter R. 2015. A bit of a miracle no more: the decline of the labor share. Business Review, 98（3）: 1-9.

Arneson R J. 1989. Equality and equal opportunity for welfare. Philosophical Studies, 56（1）: 77-93.

Arneson R J. 1990. Liberalism, distributive subjectivism, and equal opportunity for welfare. Philosophy & Public Affairs, 19（2）: 158-194.

Arrow K J, Solow R M. 1961. Capital-labor substitution and economic efficiency. Review of Economics & Statistics, 43（3）: 225-250.

Atkinson A B. 1997. Bringing income distribution in from the cold. Economic Journal, 107: 297-321.

Atkinson A B. 2009. Factor shares: the principal problem of political economy? Oxford Review of Economic Policy, 25（1）: 3-16.

Autor D, Dorn D, Katz L F, et al. 2017. Concentrating on the fall of the labor share. Social Science Electronic Publishing, 107（5）: 180-185.

Autor D, Dorn D, Katz L F, et al. 2020. The fall of the labor share and the rise of superstar firms. The Quarterly Journal of Economics, 135（2）: 645-709.

Barro R J. 1991. Economic growth in a cross section of countries. Quarterly Journal of Economics, 106（2）: 407-443.

Becker G S, Tomes N. 1979. An equilibrium theory of the distribution of income and intergenerational mobility. Journal of Political Economy, 87（6）: 1153-1189.

Beckerman W. 2017. Equality of what? //Beckerman W. Economics as Applied Ethics. New York: Springer International Publishing: 209-226.

Bentolila S, Saint-Paul G. 2003. Explaining movements in the labor share. The B.E. Journal of Macroeconomics, 3（1）: 9.

Bhaduri A, Marglin S. 1990. Unemployment and the real wage: the economic basis for contesting political ideologies. Cambridge Journal of Economics, 14（4）: 375-393.

Björklund A, Jäntti M, Lindquist M J. 2009. Family background and income during the rise of the welfare state: brother correlations in income for swedish men born 1932-1968. Journal of Public Economics, 93（5）: 671-680.

Björklund A, Jäntti M, Roemer J E. 2012. Equality of opportunity and the distribution of long-run income in Sweden. Social Choice and Welfare, 39（2/3）: 675-696.

Black S E, Devereux P J. 2010. Recent developments in intergenerational mobility. Cepr Discussion Papers, 4（1）: 1487-1541.

Blanden J. 2009. How much can we learn from international comparisons of intergenerational mobility? CEE Discussion Papers 0111.

Boggio L, Dall'Aglio V, Magnani M. 2002. On labour shares in recent decades: a survey. Rivista Internazionale Di Scienze Sociali, 118（3）: 283-333.

Bossert W. 1995. Redistribution mechanisms based on individual characteristics. Mathematical Social Sciences, 29（1）: 1-17.

Bourguignon F. 1979. Decomposable income inequality measures. Econometrica, 47（4）: 901-920.

Bourguignon F, Ferreira F H G, Menéndez M. 2007b. Inequality of opportunity in Brazil. Review of Income and Wealth, 53（4）: 585-618.

Bourguignon F, Ferreira F H G, Walton M. 2007a. Equity, efficiency and inequality traps: a research agenda. The Journal of Economic Inequality, 5（2）: 235-256.

Bowley A L. 1937. Wages and Income in the United Kingdom Since 1860. Cambridge: Cambridge University Press.

Breen R. 2010. Social mobility and equality of opportunity geary lecture spring 2010. The Economic and Social Review, 41（4）: 413-428.

Bushinsky M, Hunt J. 1999. Wage mobility in the United States. Review of Economics and Statistics, 81（3）: 351-368.

Cai H, Chen Y, Zhou L. 2010. Income and consumption inequality in Urban China: 1992-2003. Economic Development and Cultural Change, 58（3）: 385-413.

Chávez-Juárez F W. 2015. Measuring inequality of opportunity with latent variables. Journal of Human Development and Capabilities, 16（1）: 106-121.

Checchi D, García-Peñalosa C. 2008. Labour market institutions and income inequality. Economic Policy, 23（56）: 602-649.

Checchi D, García-Peñalosa C. 2010. Labour market institutions and the personal distribution of income in the OECD. Economica, 77（307）: 413-450.

Checchi D, Peragine V. 2010. Inequality of opportunity in Italy. Journal of Economic Inequality, 8（4）: 429-450.

Checchi D, Peragine V, Serlenga L. 2010. Fair and unfair income inequalities in Europe. Iza Discussion Papers.

Christensen L R, Jorgenson D W, Lau L J. 1973. Transcendental logarithmic production frontiers. Review of Economics & Statistics, 55（1）: 28-45.

Cobb C W, Douglas P H. 1928. A theory of production. The American Economic Review, 18（1）: 139-165.

Cogneau D, Mesplé-Somps S. 2008. Inequality of opportunity for income in five countries of Africa. Working Papers, 16（8）: 99-128.

Cohen G A. 1989. On the currency of egalitarian justice. Ethics, 99（4）: 906-944.

Daudey E, García-Peñalosa C. 2007. The personal and the factor distributions of income in a cross-section of countries. The Journal of Development Studies, 43 (5) : 812-829.

David P A, Klundert T V D. 1965. Biased efficiency growth and capital-labor substitution in the U.S. 1899-1960. American Economic Review, 55 (3) : 357-394.

de La Grandville O. 1989. In quest of the slutsky diamond. American Economic Review, 79 (3) : 468-481.

Decreuse B, Maarek P. 2009. Foreign direct investment and the labor share in developing countries. Greqam Working Papers.

Devooght K. 2008. To each the same and to each his own : a proposal to measure responsibility-sensitive income inequality. Economica, 75 (298) : 280-295.

Diwan I. 2000. Labor shares and globalization. World Bank Working Paper.

Dworkin R. 1981a. What is equality? Part 1: equality of welfare. Philosophy & Public Affairs, 10 (3) : 185-246.

Dworkin R. 1981b. What is equality? Part 2: equality of resources. Philosophy & Public Affairs, 10 (4) : 283-345.

Eide E R, Showalter M H. 1999. Factors affecting the transmission of earnings across generations: a quantile regression approach. Journal of Human Resources, 34 (2) : 253-267.

Elsby M W L, Hobijn B, Ayşegül S. 2013. The decline of the U.S. labor share. Brookings Papers on Economic Activity, (2) : 1-63.

Extern D. 2003. To what extent do fiscal regimes equalize opportunities for income acquisition among citizens? Journal of Public Economics, 87 (3) : 539-565.

Feldstein M. 2008. Did wages reflect growth in productivity. Journal of Policy Modeling, 30 (4) : 591-594.

Ferreira F H G, Gignoux J. 2011. The measurement of inequality of opportunity: theory and an application to Latin America. Review of Income and Wealth, 57 (4) : 622-657.

Ferreira F H G, Peragine V. 2015. Equality of opportunity: theory and evidence. Policy Research Paper 7217, the World Bank.

Fleurbaey M. 1995. Three solutions for the compensation problem. Journal of Economic Theory, 65 (2) : 505-521.

Fleurbaey M, Peragine V. 2013. Ex ante versus ex post equality of opportunity. Economica, 80 (317) : 118-130.

Fleurbaey M, Schokkaert E. 2009. Unfair inequalities in health and health care. Journal of Health Economics, 28 (1) : 73-90.

Foster J E, Shneyerov A A. 2000. Path independent inequality measures. Journal of Economic Theory, 91 (2) : 199-222.

Goldsmith R W. 1951. A Perpetual Inventory of National Wealth. NBER Studies in Income and Wealth. New York: National Bureau of Economic Research.

Gollin D. 2002. Getting income shares right. Journal of Political Economy, 110 (2): 458-474.

Gomme P, Rupert P. 2004. Measuring labor's share of income. FRB of Clevel and Policy Discussion.

Guscina A. 2007. Effects of globalization on labor's share in national income. IMF Working Paper. https://ssrn.com/abstract=956758.

Haider S, Solon G. 2006. Life-cycle variation in the association between current and lifetime earnings. American Economic Review, 96 (4): 1308-1320.

Harrison A E. 2002. Has globalization eroded labor's share? Some cross-country evidence. MPRA Paper.

Hart P E, Phelps B E H. 1952. The share of wages in national income. The Economic Journal, 62: 251-277.

Heckscher E F. 1919. The effect of foreign trade on the distribution of national income. Ekonomisk Tids Krift, 21 (2): 497-512.

Hicks J R. 1932. The Theory of Wages. London: Macmillan Press.

Hutchinson J, Persyn D. 2012. Globalisation, concentration and footloose firms: in search of the main cause of the declining labour share. Review of World Economics, 148 (1): 17-43.

Irmen A, Klump R. 2009. Factor substitution, income distribution and growth in a generalized neoclassical model. German Economic Review, 10 (4): 464-479.

Ivan D. 2017. Stability of the labour shares: evidence from OECD economies. MPRA Paper.

Jacobson M, Occhino F. 2012. Labor's declining share of income and rising inequality. Economic Commentary.

Jayadev A. 2007. Capital account openness and the labour share of income. Cambridge Journal of Economics, 31 (3): 423-443.

Johnson D G. 1954. The functional distribution of income in the United States, 1850-1952. The Review of Economics and Statistics, 36 (2): 175-182.

Kabaca S. 2011. Labor share fluctuations in emerging markets: the role of the cost of borrowing. Koç University-TUSIAD Economic Research Forum Working Papers 1122.

Kaldor N. 1961. Capital accumulation and economic growth//Lutz F A, Hague D C. The Theory of Capital. New York: St. Martin's Press.

Kaldor N. 1996. Causes of growth and stagnation in the world economy. Biochemical Pharmacology, 19 (4): 1363-1369.

Kalecki M. 1938. The determinants of distribution of the national income. Econometrica, 6 (2): 97-112.

Karabarbounis L, Neiman B. 2014. The global decline of the labor share. The Quarterly Journal of Economics, 129 (1): 61-103.

Karabarbounis L, Neiman B, Adams J. 2014. Labor shares and income inequality. In 2014 Meeting Papers.

Keynes J M. 1939. Relative movements of real wages and output. Economic Journal, 49 (93): 34-51.

Klump R, Grandville O D L. 2000. Economic growth and the elasticity of substitution: two theorems and some suggestions. American Economic Review, 90 (1): 282-291.

Klump R, Mcadam P, Willman A. 2007. Factor substitution and factor-augmenting technical progress in the United States: a normalized supply-side system approach. Review of Economics & Statistics, 89 (1): 183-192.

Klump R, Preissler H. 2000. CES production functions and economic growth. Scandinavian Journal of Economics, 102 (1): 41-56.

Kmenta J. 1967. On estimation of the CES production function. International Economic Review, 8 (2): 180-189.

Koh D, Santaeulàlia-Llopis R, Zheng Y. 2016. Labor share decline and intellectual property products capital. Dongya Koh, 3 (2): 75-82.

Kongsamut P, Rebelo S, Xie D. 2001. Beyond balanced growth. The Review of Economic Studies, 68 (4): 869-882.

Krämer H. 2010. The alleged stability of the labour share of income in macroeconomic theories of income distribution. IMK Working Paper, 90 (35): 257-276.

Kranich L. 1996. Equitable opportunities in economic environments. Social Choice and Welfare, 14 (1): 57-64.

Krueger A B. 1999. Measuring labor's share. American Economic Review, 89 (2): 45-51.

Krueger D, Perri F. 2006. Does income inequality lead to consumption inequality? Evidence and theory. Review of Economic Studies, 73 (1): 163-193.

Lawrence R Z. 2015. Recent declines in labor's share in US income: a preliminary neoclassical account. NBER Working Paper.

Lee C I, Solon G. 2009. Trends in intergenerational income mobility. Review of Economics and Statistics, 91 (4): 766-772.

Lefranc A, Pistolesi N, Trannoy A. 2009. Equality of opportunity and luck: definitions and testable conditions, with an application to income in France. Journal of Public Economics, 93 (11/12): 1189-1207.

Lefranc A, Pistolesi N, Trannoy A. 2010. Inequality of opportunities vs. inequality of outcomes: are western societies all alike? ISER Working Paper, 54 (4): 513-546.

Leon-Ledesma M, Mcadam P, Willman A. 2010. In dubio pro CES: supply estimation with misspecified technical-change. Working Paper.

Li D P, Rodríguez J G, Rosa D P. 2015. Empirical definition of social types in the analysis of inequality of opportunity: a latent classes approach. Social Choice and Welfare, 44 (3): 673-701.

Li S, Zhao R W. 2011. Market reform and the widening of the income gap. Social Sciences in China, 32 (2): 140-158.

Lutz F A, Hague D C. 1961. The Theory of Capital. New York: St. Martin's Press.

Maloney H D, Weintraub S. 1960. A general theory of the price level, output, income distribution, and economic growth. Journal of Finance, 15 (1): 113.

Marchal J, Ducros B. 1968. The Distribution of National Income. London: Macmillan.

Mayer S E, Lopoo L M. 2005. Has the intergenerational transmission of economic status changed? Journal of Human Resources, 40 (1): 169-185.

Mazumder B. 2005. Fortunate sons: new estimates of intergenerational mobility in the United States using social security earnings data. Review of Economics & Statistics, 87 (2): 235-255.

Morel L. 2006. A sectoral analysis of labour's share of income in Canada. Working Paper, Research Department, Bank of Canada.

Moroney J R. 1970. Identification and specification analysis of alternative equations for estimating the elasticity of substitution. Southern Economic Journal, 36 (3): 287-299.

Mulligan C B. 1997. Parental Priorities and Economic Inequality. Chicago: University of Chicago Press.

Naastepad C W M. 2005. Technology, demand and distribution: a cumulative growth model with an application to the dutch productivity growth slowdown. Cambridge Journal of Economics, 30 (3): 403-434.

Niehues J, Peichl A. 2014. Upper bounds of inequality of opportunity: theory and evidence for Germany and the US. Social Choice and Welfare, 43 (1): 73-99.

Nybom M, Stuhler J. 2016. Heterogeneous income profiles and lifecycle bias in intergenerational mobility estimation. Journal of Human Resources, 51 (1): 239-268.

Ohlin B. 1933. Interregional and International Trade. Cambridge: Harvard University Press.

Ok E A. 1997. On opportunity inequality measurement. Journal of Economic Theory, 77 (2): 300-329.

Olivier D L G. 1989. In quest of the slutsky diamond. American Economic Review, 79 (3): 468-481.

Ortega D, Rodríguez F. 2002. Openness and factor shares. Office of Economic and Financial Advisors (OAEF), National Assembly, Venezuela, October.

Ortega D, Rodríguez F. 2006. Are capital shares higher in poor countries? Evidence from industrial surveys. Wesleyan Economics Working Papers.

Peragine V. 2002. Opportunity egalitarianism and income inequality. Mathematical Social Sciences, 44（1）：45-64.

Phelps B E H, Weber B. 1953. Accumulation, productivity and distribution in the British economy, 1870-1938. The Economic Journal, 63：263-288.

Piketty T. 2000. Chapter 8 theories of persistent inequality and intergenerational mobility. Handbook of Income Distribution, 1：429-476.

Pistolesi N. 2009. Inequality of opportunity in the land of opportunities, 1968-2001. Journal of Economic Inequality, 7（4）：411-433.

Prest A R. 1948. National income of the United Kingdom, 1870-1946. Economic Journal, （58）：31-62.

Ramos X, van de Gaer D. 2012. Approaches to inequality of opportunity: principles, measures and evidence. Journal of Economic Surveys, 30（5）：855-883.

Rawls J. 1971. A Theory of Justice. Boston：Harvard University Press.

Revankar N S. 1971. A class of variable elasticity of substitution production functions. Econometrica, 39（1）：61-71.

Ricardo D. 1817. On the Principles of Political Economy and Taxation. Cambridge：Cambridge University Press.

Robinson J. 1966. An Essay on Marxian Economics. 2nd ed. London：Macmillan.

Rodríguez F, Jayadev A. 2013. The declining labor share of income. Journal of Globalization & Development, 3（2）：1-18.

Roemer J E. 1993. A pragmatic theory of responsibility for the egalitarian planner. Philosophy & Public Affairs, 22（2）：146-166.

Roemer J E. 1998. Equality of Opportunity. Boston：Harvard University Press.

Roemer J E. 2006. Review essay, "the 2006 world development report: equity and development". The Journal of Economic Inequality, 4（2）：233-244.

Roemer J E. 2010. On responsibility-sensitive egalitarian allocation rules. Harvard University, Unpublished Manuscript.

Roemer J E, Trannoy A. 2013. "Equality of opportunity", cowles foundation discussion papers 1921.

Rognlie M. 2015. Deciphering the fall and rise in the net capital share: accumulation or scarcity? Brookings Papers on Economic Activity, （1）：1-69.

Sato R. 1970. The estimation of biased technical change and the production function. International Economic Review, 11（2）：179-208.

Sato R, Hoffman R F. 1968. Production functions with variable elasticity of factor substitution:

some analysis and testing. Review of Economics & Statistics, 50（4）: 453-460.

Sen A. 1980. Equality of what? The Tanner Lecture on Human Values, 1: 197-220.

Sen A. 1992. Inequality Reexamined. Oxford: Clarendon Press, Oxford University Press.

Serres A D, Scarpetta S, Maisonneuve C D L. 2001. Falling wage shares in Europe and the United States: how important is aggregation bias? Empirica, 28（4）: 375-401.

Smeeding T. 2014. Multiple barriers to economic opportunity in the United States. Boston Federal Reserve Conference on Inequality of Economic Opportunity.

Solon G. 1992. Intergenerational income mobility in the United States. American Economic Review, 82（3）: 393-408.

Solon G. 1999. Intergenerational mobility in the labor market. Handbook of Labor Economics, 3: 1761-1800.

Solow R M. 1960. Investment and Technological Progress in Mathematical Methods in the Social Sciences. New York: Stanford University Press.

Spector D. 2004. Competition and the capital-labor conflict. European Economic Review, 48（1）: 25-38.

Sraffa P, Dobb M H. 1951. The Works and Correspondence of David Ricardo. Cambridge: Cambridge University Press.

Theil H. 1979. The measurement of inequality by components of income. Economics Letters, 2（2）: 197-199.

Theil H. 1992. World income inequality and its components//Raj B, Koerts J. Henri Theil's Contributions to Economics and Econometrics. New York: Springer Netherlands.

Vallentyne P. 2002. Equality, brute luck, and initial opportunities. Ethics, 112（3）: 529-557.

van de Gaer D. 1993. Equality of opportunity and investment in human capital. PhD. Dissertation of Ghent University.

Wu Y R. 2003. Has productivity contributed to China's growth? Pacific Economic Review, 8（1）: 15-30.

Wu Y R. 2008. Capital stock estimates for China's regional economies: results and analyses. Working Paper.

Young A T. 1995. The tyranny of numbers: confronting the statistical realities of the East Asian growth experience. The Quarterly Journal of Economics, 110（3）: 641-680.

Young A T. 2010. One of the things we know that ain't so: is US labor's share relatively stable? Journal of Macroeconomics, 32（1）: 90-102.

Young A T, Zuleta H. 2008. Re-measuring labor's share. Documentos De Trabajo, 26（6）: 549-553.

Yuhn K H. 1991. Economic growth, technical change biases, and the elasticity of substitution: a test of the de La Grandville hypothesis. Review of Economics & Statistics, 73（2）: 340-346.

Zhang J, Wu G Y, Zhang J P. 2007. Estimation of China's provincial capital stock series. Paper Presented at Productivity and Efficiency Workshop, Tsinghua University.

Zimmerman D J. 1992. Regression toward mediocrity in economic stature. American Economic Review, 82（3）: 409-429.

Zuleta H, Young A T. 2013. Labor shares in a model of induced innovation. Structural Change & Economic Dynamics, 24: 112-122.